本书为国家社会科学基金西部项目"跨境民族塔吉克族同源节日民俗与文化认同研究"（项目批准号：17XMZ098）、国家社会科学基金一般项目"新疆少数民族体育非物质文化遗产口述历史研究"（项目批准号：18BTY124）和新疆维吾尔自治区人文社会科学重点研究基地——新疆体育文化研究中心2016年度招标项目（XJEDU040616B04）的阶段性成果。

通往学术传承之路

主　编　刘　明
副主编　刘　洋　陈　昭

学苑出版社

图书在版编目（CIP）数据

通往学术传承之路 / 刘明，刘洋，陈昭主编. —北京：学苑出版社，2020.5
ISBN 978-7-5077-5932-7

Ⅰ.①通…　Ⅱ.①刘…②刘…③陈…　Ⅲ.①中华文化—文化传播—研究
Ⅳ.① G125

中国版本图书馆 CIP 数据核字（2020）第 077582 号

责任编辑：周　鼎
出版发行：学苑出版社
社　　址：北京市丰台区南方庄 2 号院 1 号楼
邮政编码：100079
网　　址：www.book001.com
电子信箱：xueyuanpress@163.com
联系电话：010-67601101（营销部）、010-67603091（总编室）
印　刷　厂：三河市灵山芝兰印刷有限公司
开本尺寸：787×1092　1/16
印　　张：19.75
字　　数：350 千字
版　　次：2020 年 5 月第 1 版
印　　次：2020 年 5 月第 1 次印刷
定　　价：98.00 元

献给业师张小军

FOREWORD 前 言

忆往昔，在清华园里待的四年是我求学路上最为重要的一段旅程。转眼间，离开水木紫荆公寓又是四年。常常在倦怠或迷茫时想起业师张小军：在六教楼上对我们的学术 presentation 边点评边解惑，他总是鼓励并启发我；在熊知行楼图书资料浩繁的办公室里，他时常引经据典地推荐各类著述；在甲所老师悉心指导博士论文的话语中，流淌着学术智慧和殷切期望。老师从不吝啬他的新见，往往是这节课才讲的内容，过一段时间就在期刊上看到其文章；或者近几年才讲的"历史人类学"专题，过两年就出版专著《让历史有"实践"——历史人类学思想之旅》。望着老师的黑眼圈，就知道其笔耕不辍的力道。特别是，老师作为智库专家来到新疆，非常惦念我，还专程给予学术指导和生活关怀。同时，让我参与发展人类学学会的相关工作，保持着学术上的联系和情谊。仅以此文集献给业师张小军！

该书是《通往文化传播之路》的姊妹篇。学术要在交流中对话，更需要在传承中创新。学术传承不应局限于话题的延续，还应致力于研究方法和治学态度上的古今沿袭。此文集得到诸多学术好友的支持：刘明孤身前往中亚塔吉克斯坦进行实地调研，希冀实现对诺鲁孜节时间、空间、饮食、服饰、活动、仪式、禁忌等方面较为完整的社会和文化认识；高良敏、齐腾飞远在东非坦桑尼亚，将传统医学与现代医学的对立、并存和博弈刻画得精彩纷呈；余成普透过地方生物学概念将生物和文化过程的地方变异和可塑性、生物文化的整体性和辩证关系、生物—文化连接的微观机制等学理争论呈现得精彩绝伦；方静文着眼于英格兰西北部湖区的名人故居和文化产品，梳理其文化遗产的古今关联，亦如诗如画；陈靖对壮族三声部民歌的考察，充满了思辨性和浓浓的乡土情怀；陈晋对西南川滇边境纳人达巴的"木卡布"仪式进行分析，从唱诵视角将"作为动作的词语"活灵活现地呈现出来，极具现场感和情景化；李文钢关于贫困文化论的反思鞭辟入里并具有启发性；陈昭和刘明针对老年人提出顺应老龄化和时代变化的适老科技也令人眼前一亮；孙海芳有关"臼"部符号背后原始思维、生殖崇拜和亲属制度的阐释，也满载书卷和考古的气息。感谢"以学术为志业"的好友互相成全、互相敦促、共同进步！

基于"语言与文化传播"这一学术研究方向和语言教育对象的现实要求，新疆师范大学国际文化交流学院从2016年至2018年设立中亚文化传播研究所，开展了为期3年侧重文化传播的学术探究。本书正是在这样一个时代环境和学术氛围中所做出的努力。书中的汉语国际教育专栏是我指导的语言学及应用语言学硕士毕业论文，分别是：娜迪热·多力坤的《汉语水平对跨文化交际能力的影响研究——以新疆师范大学中亚留学生为例》（2019）、玛日曼的《中亚留学生汉语社会称谓语使用现状调查——以新疆师范大学为例》（2019）和赵健的《吉尔吉斯斯坦奥什国立大学孔子学院学习者中华才艺需求分析调查研究》（2019）。由于笔者和所带研究生学术水平和研究能力有限，还望读者们不吝赐教！我的电子邮箱是1251645524@qq.com。

独学而无友，则孤陋而寡闻。该文集在最艰难时，感谢自己以学术为志业，不忘初心，矢志不渝。特别感谢孙海芳博士候选人对全书文字和格式进行编辑，感谢刘洋博士一起田野调研时的学术探讨和精神支持，感谢学苑出版社周鼎统筹全书。此书能顺利出版，向所有关心和爱护我的师友表示衷心感谢。怀揣着对学术传承的赤诚之心，筚路蓝缕、薪火相传，是为前言！

2019年9月于紫林枫舍

CONTENTS | 目 录

海外人类学

节日志与写文化：
"一带一路"倡议下塔吉克斯坦诺鲁孜节调查研究 ……………………… 刘　明 / 003

存与续：东非传统医学的叙述与实践 ……………………… 高良敏　齐腾飞 / 022

地方生物学：概念缘起与理论意涵
——国外医学人类学新近发展述评 ……………………… 余成普 / 041

文化遗产

文化遗产的古今关联
——以英国湖区的文化遗产保护实践为例 ……………………… 方静文 / 063

非遗"传承人"制度在民族文艺保护中的悖论 ……………………… 陈　靖 / 075

学术观察

唱诵、仪式行动与仪式过程：以纳人达巴的"木卡布"仪式为例 ……… 陈　晋 / 087

贫困文化论的误用与滥用 ……………………… 李文钢 / 104

科技的温度：作为可行能力者的老年人与适老科技的新意涵 …… 陈　昭　刘　明 / 119

人类学视域下的"臼"字探源研究 ……………………… 孙海芳 / 133

汉语国际教育

汉语水平对跨文化交际能力的影响研究
　　——以新疆师范大学中亚留学生为例 …………………… 娜迪热·多力坤 / 147

中亚留学生汉语社会称谓语使用现状调查
　　——以新疆师范大学为例 ……………………………………… 玛日曼 / 195

吉尔吉斯斯坦奥什国立大学孔子学院学习者中华才艺需求分析
　　调查研究 ……………………………………………………………… 赵　健 / 239

海外人类学

节日志与写文化：
"一带一路"倡议下塔吉克斯坦诺鲁孜节调查研究*

刘 明**

（新疆师范大学国际文化交流学院，新疆乌鲁木齐 830054）

摘 要：民族志是否是部分真理这一命题得到学者们广泛的讨论。民族志与民俗志、节日志在内涵上也有密切关联。依据文献梳理，节日研究有四种路径：节日演变研究、节日文化事项研究、节日互动研究和节日的知态行研究。通过对塔吉克斯坦国家层面的诺鲁孜节和诺鲁孜节的文化事项进行社会分层调研，旨在实现对诺鲁孜节时间、空间、饮食、服饰、活动、仪式、禁忌等方面更为完整的社会和文化认识。与此同时，对写文化提出"部分的真理"给予回应：面对国内知识界对塔吉克斯坦的认知存在"断裂"的现象，我们应当加强民族志、民俗志和节日志的书写。

关键词：节日志；写文化；诺鲁孜；塔吉克斯坦

一、问题的提出

撰写经典民族志可以看作是每一位人类学研究者的成年礼。爬梳民族志书写的历史脉络，我们希冀实现一种学术上的超越。从自由放任、聚焦新奇的业余民族志

---

* 文章的早期版本曾公开发表在《北方民族大学学报》，2019（4）。文章在收录时略有改动。
** 作者简介：刘明（1981—），男，新疆师范大学国际文化交流学院教授、博士、博士生导师，主要从事文化人类学研究。

到树立科学、标榜规范的科学民族志,再到自我反思、维护真诚的反思民族志①,在百余年思想演进史中,学者们孜孜以求的是从想象的异邦到科学的事实。然而,这场学术争论并没有终结。民族志主体、客体、主体间性均成为被质疑的对象,多点民族志、女性视角、反思人类学应运而生具有了学科发展的时代合理性和紧迫性。

民族志既是一种方法,又是一种文体。屡遭批评的民族志要想验明正身就得从田野调查(参与观察和访谈)与文本生产两个维度谨慎地开展工作。如何规避研究者的文化背景和主观性,从而实现民族志的科学性和客观性②,不仅关涉到人类学家能否认识社会和文化的学术能力,还影响到文化人类学作为一门学科能否成为整个社会科学知识体系的基础。近年来,中国学者关注民族志的学术讨论不仅强调田野的拓展,即海外人类学、海外民族志,而且尝试学科的延伸,即民俗志、节日志。就海外民族志之于中国人类学的价值与意义这一话题③,笔者已有探讨,不再赘述。本文要检验的是:海外节日志将田野和学科结合在一起,从实践和写作两个维度更好地省思"民族志是部分的真理"④这一命题的谬误。

随着一批基于海外田野调查的人类学博士论文的出版,北京大学海外民族志研究锻造的学术命题"民主的实现方式的文化基础"得到了充分的磋议。作为一名文化研究者,面对丝绸之路经济带核心区建设与前瞻这一时代话题⑤,我们又该做怎样的学术回应呢?近年来,当文化和旅游部民族民间文艺发展中心汇聚诸方学者之力聚焦中国节日志时,"一带一路"沿线国家的节日志也顺应天时地利人和,呼之欲出。从中国学术话语来看,塔吉克斯坦诺鲁孜节日民俗的研究既是海外人类学研究的一分子,也是跨境民族研究的一部分⑥。本文从节日志视角对"一带一路"沿线国家塔吉克斯坦诺鲁孜节进行调查研究,通过时间、空间、饮食、服饰、活动、仪式和禁忌等维度分析诺鲁孜节日民俗在塔吉克斯坦杜尚别(Dushanbe)、苦盏(Khujand 或者 Khudzhand,也称作"胡占德")、库尔干秋别、吉萨尔、图尔孙佐达、里噶勒等地的文化实践,从而实现节日志与写文化的统一。

---

① 高丙中.民族志发展的三个时代.广西民族学院学报,2006(3).
② 蔡华.当代民族志方法论——对J.克利福德质疑民族志可行性的质疑.民族研究,2014(3).
③ 刘明.海外民族志之于中国人类学的价值与意义.世界民族,2014(6).
④ [美]詹姆斯·克利福德,[美]乔治·E.马库斯.写文化:民族志的诗学与政治学.高丙中等,译.北京:商务印书馆,2006.
⑤ 刘明.丝绸之路经济带核心区建设现状与前瞻性述评——基于俄罗斯学者视角的中亚国家合作研究学术交流动态研究.喀什大学学报,2017(6).
⑥ 马戎.如何认识"跨境民族".开放时代,2016(6).

二、国家层面的诺鲁孜节

塔吉克斯坦全国行政区划分为2个州、1个自治州、1个中央直属区和杜尚别市；下设45个区、22个市、47个镇、354个村；其中有5个中央直辖市，分别是杜尚别、努雷克、科法尔尼洪、图尔孙佐达和罗贡①。在塔吉克斯坦塔吉克语中，Ид（id）②是节日的意思。受苏联历史和社会的影响，在俄语中，Праздник（prazdnik）具有节日的含义。节日在塔吉克人的观念里，就是快乐、欢乐的日子。本文将从国家层面的诺鲁孜节和诺鲁孜节的文化事项两个角度进行文化书写。

诺鲁孜（Navruz、Nowruz、Nawruz、Norooz、Novruz或者Norouz，纳乌鲁兹、诺乌鲁孜、纳鲁孜、努鲁孜、内鲁孜、瑙鲁孜）的意思是新的一天，其在各国的拼写和发音有所不同。诺鲁孜标志着春天的第一天，是天文学上的春分，通常于每年3月21日庆祝。在春分当天，世界各地有3亿多人庆祝诺鲁孜节，并将其视为新年的开始。在巴尔干地区、黑海盆地、高加索、中亚、中东及其他区域，庆祝这一节日已有3000多年的历史。诺鲁孜节也是中国维吾尔族、哈萨克族、柯尔克孜族、塔吉克族、塔塔尔族、乌孜别克族等民族的传统节日。特别是2009年，联合国教育、科学及文化组织将诺鲁孜节列入《人类非物质文化遗产代表名录》；2010年，联合国大会第A/RES/64/253号决议后，诺鲁孜节正式成为国际性节日。③

关于诺鲁孜节的颂词，有这样的记录："像太阳一样高高在上，你是世界著名的主人。收敛于他的胜利的人，很惊讶他们国王的伟大。加姆希德赐予了钻石雨，欢乐的一天，诺鲁孜。那一天源于阿胡拉·玛兹达，那一个月是拜火教正月。忘记烦恼，忘记悲伤，我们用葡萄酒桶上的字符串说话，宴请了所有的贵族，充满了乐趣，每个人都参加了这场节日的盛宴，作为地球上最古老贵族的记忆。"④据说，公元前487年，为了庆祝诺鲁孜节，大流士在波斯波利斯修建了塑有雕像的宫殿。雕像生动地描述了统治区里的人们在节日期间向统治者进贡各类物品的情形。"诺鲁孜"这个词最早是以波斯语的形式出现的。在阿契美尼德王朝时期，里省的长官为统治者大

---

① 刘启芸.塔吉克斯坦.北京：社会科学文献出版社，2006.
② 塔吉克语后面的括号内为拉丁语，下文同。
③ 国际诺鲁孜节，https://www.baidu.com，更新日期：2016-01-21，访问日期：2017-03-21.
④ 初论纳乌鲁兹节的起源，微信公众号TOJIKO，发布日期：2016-03-26，访问日期：2016-03-26.

流士二世（？～公元前 404）带来了礼物，并呈上了这份节日的颂词。依照颂词的描绘，我们注意到：历史上，诺鲁孜与古波斯文化的联系在于拜火教，即琐罗亚斯德教（Zoroastrianism）①。现如今，诺鲁孜节对于加强各国人民建立相互尊重、和平睦邻友好的关系发挥着重要作用。诺鲁孜节的各种传统和仪式反映了东西方文化和古老习俗，并通过人的价值观的相互交流影响着东西方文明。

在塔吉克斯坦节日志研究中，笔者通过当地研究者夏冉所建立的微信公众号 TOJIKO（该公众号始于 2013 年 11 月 29 日），尽可能详尽地收集了 2016～2018 年间有关诺鲁孜节的相关报道材料，试图勾勒出塔吉克斯坦人民的诺鲁孜节记忆和文化呈现。2016 年 3 月 2 日，埃莫马利·拉赫蒙总统正式批准了这一年诺鲁孜节的节日徽标。按照惯例，塔吉克斯坦每年都会制作一个特别的节日徽标。国家机构、企业单位、组织、学校和大众媒体都可以在节日期间使用这枚徽标，并制作节日宣传海报或节日礼品。此外，2016 年的诺鲁孜节，塔吉克斯坦居民休息 4 天，还在市区举办了主题为"狂欢郁金香"的活动，迎接一年一度的诺鲁孜节的到来。苦盏市市长召集了市政府各部门负责人、企业单位、教育机构、公共事业、园林及城市资产管理委员会的负责人，共同商讨关于举办"狂欢郁金香"活动的具体事宜。对城市市区中心地带进行公开招标，为街道广场布置五彩缤纷的郁金香。同时，统一粉刷一些机构单位的门面。3 月 15 日之前完成市区街道上的横幅和标语布置。诺鲁孜节当天的大型活动被安排在 6 个操场进行彩排。诺鲁孜节的活动开幕仪式按照塔吉克民族传统的方式进行。做好苦盏市区的机构、单位及小区单独举办小型庆祝活动的安排。2016 年，受邀出席苦盏市举办的诺鲁孜节庆祝活动的嘉宾有来自全国各地的代表、外交使团、国际机构、知名人士、国内外媒体记者等②。

2016 年 3 月 21 日，诺鲁孜节大型庆祝活动拉开帷幕。塔吉克斯坦全国各大主要城市在 3 月 21 日至 24 日期间举办相关主题的庆祝活动。杜尚别市区的主要活动地点是诺鲁孜宫及旁边的巴拉巴特宫。3 月 21 日上午进行集体游行，下午和晚上在诺鲁孜宫举办大型音乐会，来自全国各地的著名歌唱家用古典音乐来表达对节日的庆祝。2016 年 3 月 23 日，在塔吉克斯坦吉萨尔市郊区的沙赫马巴尔村庄举办了传统的

---

① 西仁·库尔班. 诺鲁孜节与琐罗亚斯德教渊源关系研究. 新疆大学学报，2014（5）.
② 塔吉克斯坦苦盏市将举办"狂欢郁金香"活动来庆祝纳乌鲁兹节，微信公众号 TOJIKO，发布日期：2016-03-08，访问日期：2016-03-08。

"布兹卡什"（叼羊）比赛。"布兹卡什"是中亚地区最为流行的节日运动之一，它是一项古老的游戏，历史文化所赋予的传统意义并没有丢失。苏联时期，塔吉克斯坦运动团队累计在"布兹卡什"锦标赛中获得了14次年度冠军，1976年获得第二名，1977年获得第三名。在过去的岁月里，这项传统运动的比赛几乎在每个大大小小的村庄都会举办，获胜者将获得一只羊或一匹马①。

2017年1月31日，埃莫马利·拉赫蒙总统正式签署了这一年诺鲁孜节统一使用节日徽标的法令。在诺鲁孜节当天，塔吉克斯坦全国所有的部委、部门、地方行政机关单位在设计的宣传海报及彩绘上均需使用这枚节日徽标。2017年，诺鲁孜节活动主场在图尔松佐达市区举办，该市市长萨拉莫佐达表示，节日期间，他们将邀请乌兹别克斯坦、阿富汗和伊朗等国家的代表参加，并期待乌兹别克斯坦大型代表团的到来，还有来自其他地区和城市的艺术家和商人②。在诺鲁孜节当天照例举办大型的叼羊比赛和摔跤比赛。苦盏市区诺鲁孜节的活动主题是关于地毯和纺织品的大型展销会。节日当天，居民可以买到价格比平时便宜20%的物美价廉的地毯等纺织品。根据展销中心的统计数据，诺鲁孜节之前的两天里，累计销售的地毯长度超过9000米③。数以千计的民众纷纷前往展销处，或者观赏五彩缤纷的纺织品，或者携带老少闲逛或采购纺织品。民众纷纷表示，这样的展销会在节日之际举办很有意义，它改变了往日一成不变的歌舞模式。尽管节日里的杜尚别下着小雨，但丝毫没有影响民众参加大型活动的热情。在市区的公园、商业中心，只要是有人的地方，都洋溢着塔吉克斯坦人民的欢声笑语④。

2018年3月1日，埃莫马利·拉赫蒙总统批准了这一年诺鲁孜节的节日徽标。徽标的外部圆环部分的下方是用塔吉克语Наврӯз和英语Navruz两种语言拼写的诺鲁孜，中间用"2018"连接。圆环左上部采用三色国旗的变体图案，国旗上方是一只黑色的燕子，寓意春天的到来。与左部对称的右侧是七彩虹，七彩虹的下方是一朵杏花，杏花也预示着春天的到来，同时，杏也是塔吉克斯坦的一种特色水果。特别是伊斯法拉的杏更是誉满天下，在我国北京就有一片象征着中塔友谊的杏林。圆环中部的

---

① 塔吉克斯坦吉萨尔市在纳乌鲁兹节举办了"叼羊"比赛，微信公众号TOJIKO，发布日期：2016-03-27，访问日期：2016-03-27。
② 埃莫马利·拉赫蒙总统批准了2017年纳乌鲁兹节节日徽标，微信公众号TOJIKO，发布日期：2017-01-31，访问日期：2017-01-31。
③ 纳乌鲁兹节中的苦盏市区，微信公众号TOJIKO，发布日期：2017-03-21，访问日期：2017-03-21。
④ 纳乌鲁兹节中的杜尚别，微信公众号TOJIKO，发布日期：2017-03-21，访问日期：2017-03-21。

背景是世界地图，寓意诺鲁孜节是一个世界性的节日，地图上面的6束杏花象征着居住在世界各地的塔吉克斯坦人。地图下方的绿色植物是麦苗，预示着春季播种时节的到来，同时它也是制作诺鲁孜节特有的美食——苏玛纳克的原料[①]。

2018年3月，塔吉克斯坦居民休息14天。3月的主要节日是母亲节（3月8日）和诺鲁孜节（3月21日）。其中，诺鲁孜节的假期时间为3月21日至3月24日。根据塔吉克斯坦节假日法律规定，如果节假日适逢周末，则次周周一的工作日顺延1天，为节假日。因此，在3月，塔吉克斯坦居民将休息14天。2018年3月21日，国际诺鲁孜节庆祝活动的主场定在彭吉肯特市，埃莫马利·拉赫蒙总统出席了开幕式。同时，他也出席该市一些新的社会公共设施启用的剪彩仪式。诺鲁孜节的活动主场每年都会轮流更换。3月21日这一天，全国各地都会举办各类大型庆祝活动。3月23日，埃莫马利·拉赫蒙总统出席在博赫塔尔市的庆祝活动。3月25日，埃莫马利·拉赫蒙总统出席在"诺鲁孜宫"举办的庆祝仪式。此外，杜尚别政府也在市区赛马场举办赛马和叼羊比赛[②]。

在塔吉克斯坦当代社会，国家机构在诺鲁孜节中扮演怎样的角色呢？第一，作为一项传统节日，由国家确定节日徽标，并以法令的方式深入群众的节日实践中，节日徽标每年都有所变化，且推动了文化产业的发展[③]，它以自上而下的方式形成文化符号。第二，选定节日主场往往具有政治意涵，与国事决策休戚相关，同时，节日主场的选定也加强了不同区域人们的主人翁意识。第三，节假日时长的安排由国家层面设定，这也是最能反映现代国家对人们日常生活时间的管理[④]。当然，不同职业人群对节日时长的调适也充满变数。第四，国家权力机构能够充分调配资源，如大型节日活动、音乐会、叼羊比赛、城区节日文化设置等都需要国家力量的统筹。第五，国家在节日期间也能更好地调动人们的购买欲，从而促进消费，提升经济活力。

[①] 埃莫马利·拉赫蒙总统批准了2018年纳乌鲁兹节的徽标，微信公众号TOJIKO，发布日期：2018-03-01，访问日期：2018-03-01。

[②] 2018年塔吉克斯坦纳乌鲁兹节活动日程，微信公众号TOJIKO，发布日期：2018-02-27，访问日期：2018-02-27。

[③] 高丙中.节日传承与假日制度中的国家角色.绍兴文理学院学报，2009（5）.

[④] 高丙中.民族国家的时间管理——中国节假日制度的问题及其解决之道.开放时代，2005（1）.

三、诺鲁孜节的文化事项

（一）时间

诺鲁孜节是人们外出郊游的日子，是与大自然亲密接触的节日，是新年的第一天，它类似于中国的春节。俄语 С новым годом（s novym godom）译为新年快乐。一说，"Наврўз = Нав（新的）+ рўз（日子），寓意为新的一天。在这个节日里，人们走出自己的家，走向麦田或者山川河流，在生机盎然的大自然中追寻'生'的意义。"① 又说，nav 是"新"的意思，ruz 是"天、日子"的意思，navruz 就是"新的一天"。春天是自然万物开始生长的时节，navruz 标志着春天的开始。在诺鲁孜节这一天，白天和晚上的时间一样长，人们为此欢庆。诺鲁孜节是根据波斯历庆祝的新年，不同于公历新年，类似于中国的春节。波斯历（又名伊朗历或 Jalaali）是目前在伊朗和阿富汗使用的阳历，它的历法是古波斯人基于观察天象，而不是基于规则推算而来。透过德黑兰（或东经 52.5 度子午线）和喀布尔精确的天文观测，确定每年第一天自春分开始。

表 1-1 塔吉克斯坦和中国新年的跨文化比较

序号	国家	公历		跨文化比较
1	塔吉克斯坦	新年（1月1日）	波斯历	诺鲁孜节—新年（3月21日）
2	中国	元旦—新年（1月1日）	农历	春节—新年（变化中）

诺鲁孜节最早可追溯到比古波斯帝国的阿契美尼德王朝更早的年代。根据历史记载，3000 多年前，两河流域的居民已经普遍把诺鲁孜作为新年来庆祝。公元前 20 世纪的巴比伦人和埃兰人就已经以各种形式庆祝诺鲁孜节。至于这个节日为什么和如何出现，则有多个版本。版本一：制度说。按照伊朗传说，世界之王卡尤玛尔斯的后代加姆希德王统治伊朗达 700 年之久。据说，他比前几位王更加深谋远虑，实施了一些之前从未有过的制度，其中就包括诺鲁孜的制定。他与人们共同庆祝这个新春日，也是草木萌生的法尔凡尔月（Farvardin，即 3 月 21 日至 4 月 20 日）的第一天，此历沿用至今。版本二：登基说。传说波斯神话中的英雄、伟大的王中之王加

---

① 一图读懂纳乌鲁兹节，微信公众号 TOJIKO，发布日期：2017-03-22，访问日期：2017-03-22。

姆希德大帝统治着由东至西的大片土地时，他创造了酒，也创造了金碧辉煌的宝座，还创立了诺鲁孜节。相传，加姆希德大帝正是在诺鲁孜节这一天坐上他的宝座的。因此，他举办了盛大的宴会，并相沿成习，每年都隆重庆祝。版本三：诞生说。历史上，塔吉克人长期信奉拜火教，其创始人扎尔多西提（Zarathust）约生活于公元前7~公元前6世纪。相传，他的生日是3月21日，于是以诺鲁孜节的形式延续至今。版本四：进殿说。这一节日缘起于古波斯帝国的阿契美尼德王朝。在阿契美尼德王朝大流士一世的命令下修建了波斯波利斯宫殿，其目的就是为了在此庆祝诺鲁孜节。大约公元前70年的伊朗第一部史书认为，伊朗的新年节日起源于伊朗安息王朝的国王。新年第一天清晨，国王穿着节日礼服，独自步入皇宫。随后，被指定的一些幸运者进入宫殿。国王将大臣们进献给他的珍贵礼品放置在储藏室，而将普通礼品分发给在场的人们。伊朗的新年就是从那时开始作为节日来庆祝的①。

诺鲁孜与拜火教关系密切，肇始于拜火教的原始创世纪。据说，光明神创造宇宙分7个步骤：第一步，创造了天穹；第二步，在天穹下创造了海洋；第三步，在海洋上创造了陆地；第四步，创造了原始植物；第五步，创造了牛；第六步，创造了阴阳合一的原始人；第七步，创造了火和太阳②。现在，诺鲁孜可用于以下语境：第一，作为人名，如苦盏市阿布都玛利克的一位同学的名字就叫诺鲁孜；第二，作为宫殿名，如诺鲁孜宫 Кохи Навруз（kohi navruz）；第三，作为商店名，如诺鲁孜抓饭店 Oshhuma Navruz、诺鲁孜家具店；第四，在语言中，Tojik Aseiz, Navruz Mubarak 译为"亲爱的塔吉克人，诺鲁孜节日快乐"。阿布都玛利克说："过诺鲁孜节不是在家里，而是在大街上大家一起过。人们会去苦盏市历史博物馆旁的公园，老人、中年人、小孩，甚至还在手推车里的婴儿都到公园里享受节日的欢乐，或者去当地的星期五巴扎。2017年，由于总统要来，许多道路都临时被封。"③

在古代，诺鲁孜节的庆祝活动会持续13天。现在，诺鲁孜节的日期较为固定，公历3月21日（春分日），假期一般是从3月21日至3月24日，有时因为星期日休息的缘故放8天假。在塔吉克斯坦，每周6个工作日，只有星期日是正常休息日。所以，不同行业的人们会在诺鲁孜节多留一些休息时间。例如，2017年的诺鲁孜节，按照塔吉克斯坦的法定节日和休息日，19日休息，假期是21日至24日，26日休息，

---

① 热米娜·穆合塔尔.塔吉克肖公巴哈尔节的变迁研究.中央民族大学硕士学位论文，2011.
② 西仁·库尔班.诺鲁孜节与琐罗亚斯德教渊源关系研究.新疆大学学报，2014（5）.
③ 访谈对象：阿布都玛利克，男，22岁，塔吉克族，苦盏市人。访谈时间：2017年3月22日。

这就使得一部分塔吉克人 20 日（周一）和 25 日（周六）通过请假、调休等方式"以假过节"。总之，诺鲁孜节的法定假期是 4 天，实际操作中却可以有 8 天左右的假期。

表 1-2　2017 年塔吉克斯坦诺鲁孜节节假时间安排

日期	18	19	20	21	22	23	24	25	26
星期	六	日	一	二	三	四	五	六	日
安排	工作	休息	工作	节日	节日	节日	节日	工作	休息

应当指出，诺鲁孜节是古波斯文化的遗存。如今，部分当地人将其视为"新天"，也是文化"地质层"叠加的一种表现。"诺鲁孜节的起源和远古人类对于太阳的崇拜，以及拜火教中的信仰有着密切的关联。在该教的经书《阿维斯塔》中，首次正式地提出了诺鲁孜节的名字。除此之外，在阿契美尼德王朝以及萨珊王朝时期的文献中，也保留有大量关于这个节日的详细记载。"①

（二）空间

诺鲁孜节的文化空间主要分布于伊朗、阿富汗、塔吉克斯坦、乌兹别克斯坦、土库曼斯坦、阿塞拜疆、吉尔吉斯斯坦、哈萨克斯坦、阿尔巴尼亚、马其顿、土耳其、俄罗斯（达吉斯坦共和国、鞑靼斯坦共和国、巴什科尔托斯坦共和国）、波斯尼亚和黑塞哥维那、格鲁吉亚、中国（新疆）、伊拉克（库尔德）和印度等国家和地区②。

每年的诺鲁孜节，塔吉克斯坦各地都会举行各种各样的庆祝活动，国家领导人都会选择在不同城市和地方举行国家性的盛大节庆集会。2013 年在库洛布（Kŭlob），2014 年和 2015 年在杜尚别，2016 年选择在埃莫马利·拉赫蒙总统的故乡丹加拉（Danghara）举行节庆集会，2017 年在图尔孙佐达的里噶勒。一些参加过往年塔吉克斯坦诺鲁孜节的受访者说，2016 年 3 月 21 日，他们在杜尚别中心广场的大床上摆出大馕，以示欢庆诺鲁孜节③。2017 年，杜尚别市同样张灯结彩，营造节日氛围。由此可见，每年的诺鲁孜节既会选择一个地方作为国家性盛大节日的举办地，也会在各个城市营造节日气氛。

在前往里噶勒的路上，沿途插着塔吉克斯坦国旗，还有象征国旗的红、白、绿

---

① 吐尔逊·库尔班."阿维斯塔"与民族生活中的琐罗亚斯德教传统研究.中央民族大学学报，2016（5）.
② 国际诺鲁孜节，https://www.baidu.com，更新日期：2016-01-21，访问日期：2017-03-21。
③ 访谈对象：马驰，女，51 岁，塔吉克斯坦民族大学孔子学院公派教师。访谈时间：2017 年 3 月 20 日。

三色旗。尤为突出的是，沿途张贴着埃莫马利·拉赫蒙的节日宣传照，照片中，他或者拿着馕，或者低头手扶棉花，或者手持麦穗，有的是他在西红柿地、茄子地里的照片。另外，其照片的背景还有各种树木、松柏、红花、杏花、葡萄、苹果、橘子等。这充分体现了节日氛围中塔吉克斯坦对农业的重视。诚然，诺鲁孜节本身彰显了人与自然的和谐，体现了建设性劳动与大自然再生周期不可分割的联系，表现了对生命本源关爱和尊重的态度[①]。

2017年的诺鲁孜节，埃莫马利·拉赫蒙总统决定在里噶勒举行庆祝活动，该地以塔吉克族居民为主，还有乌兹别克人居住。由于2017年乌兹别克斯坦新总统沙夫卡特·米罗莫诺维奇·米尔济约耶夫（Shavkat Mironovich Mirziyoyev）和塔吉克斯坦总统埃莫马利·拉赫蒙（Emomali Rakhmon）共同参加庆祝活动，所以活动举办地特别选在塔乌交界处的里噶勒。居住在此的乌兹别克人既会说乌兹别克语，也会说塔吉克语和俄语。2017年诺鲁孜节期间，拉赫蒙总统于3月23日在苦盏某中学、超市和公司剪彩。之后，他去公园了解苦盏市的塔吉克人是如何过诺鲁孜节的。从塔吉克斯坦的首都杜尚别市到北部地区苦盏市，乘飞机一般需要45分钟，如果坐班车大概需要5小时。由于处于早春时节，路上还有很多积雪。车票价格每人80～150索莫尼[②]，主要依据车的好坏、位置及季节来收费。如果包车，一辆车的价格在500～800索莫尼。"以往彭吉肯特在过诺鲁孜节时特别丰富，会在3个不同的地方组织活动，但2017年只有一个地方，可能是政府提倡节俭吧！"一位当地人如是说。

（三）饮食

诺鲁孜节期间，人们会在餐桌上准备一些食物，如苏玛纳克（sumanak）、馕、烤饼子（qapoti，吃起来脆脆的）、茶水、自制果汁[③]、水果（香蕉、苹果、梨子等）、糕点、糖果、开心果、烤鸡肉（鸡翅膀、鸡腿、鸡胸肉）、香肠、酸奶、奶酪和其他奶制品、抓饭[④]、蔬菜拼盘（黄瓜、西红柿、香菜等）、蔬菜烤包子（里面的蔬菜有蒲公英、三叶草等）。

2017年3月16日，为了尽快融入当地生活，笔者在街上找寻节日的前奏。果然，在guldasta（中文译为花园）前的街道，一家花店门口醒目地摆放着苏玛纳克，每份

---

① 郑亮，王艳花.诺鲁孜节日的生态文化阐释.文化遗产，2018（2）.
② 索莫尼，塔吉克斯坦的流通货币，2000年10月30日开始发行。
③ 用杏子、樱桃、苹果、草莓、西瓜、葡萄发酵后酿成的果汁（kanpot）。
④ 塔吉克语osh，俄语плов。

25索莫尼。苏玛纳克是由小麦麦芽等食材熬制成的食品，它包含两层意思：一是实际之意，即麦芽糖汁，是用麦芽泡水发酵后做成的，颜色像巧克力，味道较甜；二是象征之意，绿色作为一种象征物，表明春天来了，万物复苏。还没有做成苏玛纳克前的麦芽苗被当地人称为sabza。3月21日恰好是麦芽可以食用的时节。当地人认为吃了苏玛纳克，生活会越来越好。苏玛纳克是诺鲁孜节最为重要的象征符号。为便于保存，人们还将苏玛纳克存放在清油里或制成固体麦芽糖。

制作苏玛纳克的具体方法是：将甜菜、小麦、面粉、坚果和水按照一定比例放到大锅中不断搅拌熬制。其中，还会放一块小石头。当然，石头并不是用来吃的，而是具有一定的表征意义，即在苏玛纳克出锅时，捞到它的人将会是幸运之人。另外，制作苏玛纳克一般由受人尊敬的女性长者主持，熬制需要24小时。在里噶勒，村民（比如10户）自发组织，一起熬制苏玛纳克，时间是从3月20日凌晨4点至3月21日凌晨4点。人们主动提供小麦、水、油、锅、柴火等食材或用具，有些地方还要加7个核桃，做好后一起分享。

据说，很久以前没有水果，吃的东西也比较少。制作苏玛纳克时，先将小麦放在水里，泡24小时后，放在大盘子里，再泼水，就可以长出绿苗。熬制过程中，1人用木棍搅拌，其他人将1公斤小麦、1公斤水放在锅里后，再放置4公斤面粉、1公斤油，很多人（亲戚、朋友、邻居，男女老少）一起熬制。当地人认为，女性做苏玛纳克前必须沐浴更衣，如果不洗澡，做出的苏玛纳克就会不好吃。同时，人们还会打手鼓、弹奏乐器，载歌载舞。

关于苏玛纳克，在图尔孙佐达的里噶勒有两种传说：其一，原先不叫苏玛纳克，而叫simarnak，即30个天使的意思，这个节日有3000多年的历史了；其二，很久以前，一位母亲有3个孩子，家庭生活很困难，孩子们饿得哇哇直哭，什么吃的都没有。母亲只好用水煮面粉，一直搅拌，后来，她累得睡着了，待母亲第二天醒来时，发现水煮的面粉变成了苏玛纳克。

家住吉萨尔的木合买特告诉笔者："今年（2017年）家里没有做苏玛纳克，就从市场上买的，一瓶3索莫尼。"苦盏市库兰杆村尤素甫江·包勒图巴耶夫路的社区居民说："诺鲁孜节从3月21日至3月26日，哪天做苏玛纳克都可以，主要根据麦苗发芽的时间。麦苗sabza要发芽才开始熬，发芽大概需要5～7天。先是将小麦的种子收到袋子里，用冷水浸泡麦粒2天，放在蛇皮袋1天。再放到温度较高的房间里，放在桌子上麦芽苗就会发芽。发芽到白色时，就可以收掉，再用粉碎机粉碎。如果颜色是绿色，味道就会很苦，粉碎麦芽的残留物就不好。把麦芽水挤出来，加水、油、面和核桃一起熬制17~24小时，就制成了苏玛纳克。人们会一起唱歌、跳舞。如果有人睡觉，就往脸上抹锅底的灰。熬得差不多的时候，还要往锅里扔鹅卵石，铺满锅底，主要是为了隔热，防止糖结黑底。直到火熄掉，还要再焖4个小时。"

阿布都哈米德瓦·费兹尼索（女，1949年出生，塔吉克斯坦苦盏市库兰杆村人）告诉笔者："熬制苏玛纳克并不是固定在谁家，而是找个年纪大的老人开始发动这件事，大家把钱凑到一起买锅、油、水等器具，谁想买什么都可以，各自分头进行准备，在大街上支个锅一起熬。3月21日之前的7~8天开始筹备，走街串巷，互相告知。熬制苏玛纳克预示着新一年的开始，寓意顺利、吉祥，开开心心地度过这一年。"当地还有一种习俗：如果熬制苏玛纳克时下雨了，就预示着苏玛纳克很甜。每次熬完后，把火熄灭，再焖几个小时。熬好后，再挨家挨户地送一碗苏玛纳克。传说哈斯蒂·毕法提玛熬麦芽时睡着了，锅周边围着30个天使，所以就叫sumanak。

努纳瓦特（女，1958年出生，塔吉克斯坦苦盏市库兰杆村人）说："关于苏玛纳克，有这样的传说：有一个女人叫哈斯蒂·毕法提玛，是穆罕默德的女儿。她有3个儿子，他们家特别穷，她在河边采了一些绿色的麦芽苗放在锅里熬，这个后来就成为sumanak，意即30个天使。这个都是口头传说，没有文字记载。"熬制苏玛纳克，主要是女性劳作，男性只是协助烧火，出钱和品尝苏玛纳克。熬制时，食材准备得不必丰盛，但苏玛纳克将社区或村落的人们联系在一起。一些妇女在熬制苏玛纳克时，还会祈祷拥有自己的孩子，当然，也可以在熬制苏玛纳克时许愿。人们认为，如果每天早上都吃苏玛纳克，一年都将顺心如意。因此，苏玛纳克有祈福之意。

家住苦盏市的阿孜木的母亲说："我是1948年出生的，3个月前，我的母亲96岁去世了。制作苏玛纳克不一定一起熬，在自己家单独做也可以，就是没法唱歌、跳舞，缺少一些节日气氛。另外，做的量也不大，用煤气，一锅只能做2~3公斤苏玛纳克。制作苏玛纳克时，要梳洗干净，戴上头巾，心地要善。如果是一起做苏玛纳克，我们会往锅里扔石头用来隔热，一些地方只放7块石头。在盛放苏玛纳克时，将石头一起装进碗里或者罐子里。如果谁吃到了有石头的那一份，就会保存起来，这样，今年一年的运气都会好，或者是离愿望更近一些。因为在熬制时，人们还会许下心愿。我自己身边就有一个同学，她儿子没有孩子。然后，她来我们家里一起做了苏玛纳克，结果第二年就生了儿子。没有到最后不能说愿望没有实现。"

除了苏玛纳克象征节日饮食之外，还有塔吉克饭菜，例如kurutob，它是由酸奶、黄油、面包、西红柿和黄瓜混合制成的食品。

诺鲁孜节来临之际，有亲戚来做客时，餐桌上会摆放波斯语中称为"七鲜桌"或"七C桌"[①]的食物和物品，它是由波斯语中7种首字母以C开头的食物和物品组成，或者是7种首字母发音是Ш的食物和物品。此外，2014年，埃莫马利·拉赫蒙总统又新加了7种首字母以M开头的食物，共计21种，如下表所示。

表1-3 塔吉克斯坦诺鲁孜节"七C桌"的食物和物品

序号	7-СИН（sin）		7-ШИН（shin）		7-МИН（min）	
	汉语	塔吉克语	汉语	塔吉克语	汉语	塔吉克语
1	蒜苗	СИРПИЁЗ（sirpiyoz）	白砂糖	ШАКАР（shakar）	鱼	МОХИ（mohi）
2	苹果	СЕБ（seb）	果汁	ШАРБАТ（sharbat）	大米、菜和肉的汤	МОСТОБА（mostoba）
3	胡萝卜	САБЗЙ（sabzi）	甜品	ШИРИНӢ（shirini）	薄皮包子	МАНТУ（mantu）
4	沙枣	САНЧИД（sanzhid）	希仁布林其（大米牛奶粥）	ШИРБИРИНЧ（shirbirinch）	鸡	МУРГ（murg）
5	醋	СИРКО（sirko）	蜡烛	ШАМЪ（sham）	水果	МЕВА（meva）
6	烤包子	САМБУСА（sambusa）	梳子	ШОНА（shona）	葡萄干	МАВИЗ（maviz）
7	苏玛纳克	СУМАНАК（sumanak）	没有油的kurutob	ШАКАРОБ（shakarob）	果酱	МУРАББО（murabbo）

值得注意的是，有的地方的7-СИН包括：（1）大蒜СИР（sir），（2）苹果СЕБ（seb），（3）青麦苗САБЗА（sabza），（4）沙枣САНЧИД（sanzhid），（5）醋СИРКО（sirko），（6）骆驼蓬ИСПАНД（ispand），（7）苏玛纳克СУМАНАК（sumanak）。其中，（1）（3）（6）与上表7-СИН略有不同。7种以С打头的蔬菜和食品象征着富贵有余、五谷丰登，分别表征光明、温暖、生命、爱、生产、繁荣和自然。新苗象征美好生活的开始，甜品象征植物生根发芽，沙枣象征永远幸福，大蒜象征健康和快乐，苹果和醋象征坚忍。

---

① 刘学堂.中亚古代民族文化中崇七习俗探源.苏州大学学报，2015（6）.

（四）服饰

在塔吉克斯坦，诺鲁孜节意味着自然界万象更新，这一天是生活的全新开始，旧东西要留在过去。节日期间，人们要穿新衣服，将旧衣服和物品扔掉。服饰方面，塔吉克人的传统服装以棉衣和夹衣为主，没有鲜明的四季换装。随着社会的发展和居民文化教育水平的不断提高，一些风俗民情有所改变。许多塔吉克男性西装革履，妇女披纱掩面的情形已经很少见了。通常，戈尔诺-巴达赫尚的塔吉克男性穿肥大的白色衬衫、灯笼裤，外罩一件宽大的长袍、系绣花绸腰带、头戴绣花小圆帽或者羔皮帽，脚穿软质皮靴①。妇女一般穿色彩鲜艳的丝绸长衬衫或外罩彩裙，花布和绸缎的灯笼裤，头上扎白纱巾或丝绸布，或戴绣花小圆帽，佩戴珍珠项链、珊瑚项链、手镯和耳环等②。

当地的青年人告诉笔者："女性之所以喜爱艾特莱斯（一种丝绸），是因为春天来了，花也开了，身着艾特莱斯象征着繁花开放。"男性会身穿塔袍，以示庆祝。一位名叫艾松、家住黑索的17岁男孩告诉笔者，他的诺鲁孜节是从3月20日开始的，直至27日，诺鲁孜节是亚洲人的新年，他喜欢民族传统服饰，但是没有穿，因为住在首都杜尚别，不方便买。

2017年3月17日，塔吉克斯坦孔子学院的学生也忙着筹备歌曲、舞蹈、器乐（笛子）演奏和祝福语。他们身穿具有塔吉克斯坦文化色彩的服饰，男性身着塔袍，女性穿着色彩斑斓的艾特莱斯服饰。这些艾特莱斯服饰是从塔吉克斯坦民族大学借来的，如果丢失，要偿还1800索莫尼，这个价格在当地还是比较昂贵的。当然，性别差异在帽子上是最具标识性的。3月17日下午，笔者来到孔子学院9号教室，该班有18名学生，其中，男生13人、女生5人。由于一些学生已经早早为诺鲁孜节做准备去了，所以，当天只来了13人，有9名男生、4名女生。上课的老师说："今天还没有放假呢，诺鲁孜节还没有来呢！"可是，在塔吉克人眼里，诺鲁孜节已然来了，校园到处都是身着节日盛装的学生。

（五）活动

诺鲁孜节期间，塔吉克人开始从事春季的农业活动，如植树等。此外，还会打扫卫生、穿新衣服、扔旧物品、摔跤、骑马、叼羊、斗狗、斗鸡、赛马、赛跑、拔

---

① （German）Nicola Pacult, Sonia Guss. Social and Economic Change in the Pamirs（Gorno-Badakhshan, Tajikistan）, Translated by Frank Bliss. Routledge: Taylor & Francis Group, London and New York, 2006.

② 刘启芸.塔吉克斯坦.北京：社会科学文献出版社，2006.

河、爬山、骑自行车、春游、跳舞等，也会偿还过往欠下的各类债务。

打扫卫生就是清除冬天积攒的污物。3月18日至3月19日，人们开始打扫房间，还会将房屋周围的树干刷上白漆。3月20日晚上之前，要准备好过节期间所用食物。通过电视媒体，会看到一些当地人通过捡拾路边的垃圾，为节日做准备。政府还会免费给当地人发放小鸡，以示庆祝。

参加不同类别的体育竞技活动，并给获胜者颁发国家级别的奖励。2016年，诺鲁孜节摔跤比赛第一名的奖品是现代NF，第二名是欧宝（OPEL），第三名是拉达07（LADA）。距离城市较远的塔吉克人还专程赶来观看比赛。此外，还有一些摔跤竞技活动并非国家性的比赛，而是为了给诺鲁孜节营造节日氛围。人们按照体重来划分，并没有绝对的第一名、第二名和第三名。一些当地居民会和邻居、朋友一起参加摔跤活动，商量好谁输谁赢，然后共同拿奖品，奖品有地毯和茶壶。当然，体育活动并不单一。人们会到离杜尚别十几公里的吉萨尔参加骑马活动。2017年3月25日，在吉萨尔举行了骑马比赛。当地人告诉笔者："每年的3月21日前后在吉萨尔都有骑马比赛，而在巴扎中心会张贴通知。"人们通过口耳相传获知比赛信息，然后报名参加比赛。如果谁赢得比赛，马和骑手就同时成了当地的英雄。赢得比赛的参赛者的马，其售价也会因此升高，一匹马的价格可高达6万美金。养马人告诉笔者："一天会给马喂4次草料、青稞，这些比赛用的马大多来自俄罗斯、吉尔吉斯斯坦等地。"2016年，在吉萨尔举行叼羊比赛；2017年，在康巴尔（kangtar）举行叼羊比赛。所叼的羊，一般是比赛前一天晚上宰的羊，将羊皮放在水里浸泡，使得羊皮较有韧性，同时，羊皮也不会有血水。当地自发组织的叼羊比赛有近3000人参与。2017年，一位来自瓦勒佐普（Varzob）的驯马人带了7匹高头大马，并获得奖品：地毯、羊和烤箱。为了增强比赛的观赏性，一般是先摆出奖品，再开始比赛。2016年在苦盏市还举行了"达勒瓦孜"（高空走钢丝）、踩高跷和弹口弦。此外，年轻人还会和朋友一起爬山。国家银行机构还组织骑自行车活动，路线是从鲁达基公园骑至瓦勒佐普公园。

除了体育活动，也有一些聚餐活动。在塔吉克斯坦，有一种聚餐活动，当地人称之为马勒卡（malika）即很多人（一般有30多人，甚至50～90人）到某个地方一起玩。马勒卡这个词主要用于如下情形：一是结婚时的聚会，人数200～400人不等；二是人去世时的纪念聚会；三是有钱人给穷人做一个马勒卡，即为穷人们准备的一个聚会；四是节日前在杜尚别市植物园举办的展览会，也可看作一种马勒卡。2017年3月22日，在里噶勒的塔尔科体育场（Talko Alina）举行美食节，主要是选

017

择哪个村子的苏玛纳克做得好吃。围绕诺鲁孜节节庆活动，一些学校还会组织文艺演出、举办国际文化美食节等。2017年3月18日，在杜尚别市植物园，还组织了文化艺术展览会。2017年3月19日，笔者参加了卡夫拉特私立中学组织的诺鲁孜节相关活动。总之，在节日期间有什么才能都可以向他人展示。

古丽噶拉朵尼是塔吉克斯坦的一种传统习俗。塔吉克斯坦各地对于该习俗的称呼不一，在帕米尔地区有此习俗的独特儿歌。在诺鲁孜节的第一天，儿童去山上采摘一些刚开放的花朵，唱着歌将花朵送给成年人，以宣告春天的到来[1]。

2017年3月21日晚，尽管细雨蒙蒙，但都市的年轻人仍旧会去BNDS CLUB放松。俱乐部人头攒动，有人坐在吧台前畅饮Miller啤酒，有人端着鸡尾酒享受音乐。一些来得较早的客人则坐在沙发上享受美食和音乐。即使什么都不点，也可以在俱乐部尽情感受音乐的律动。在艾松（Ehson）家，节日当天早上，他和家人一起观看庆祝诺鲁孜节的电视节目，以便及时了解埃莫马利·拉赫蒙总统在里噶勒的讲话及其他相关活动。之后，他与父母在街上散步，晚饭吃的是抓饭。此外，他还与同学相约摔跤、踢足球。节日期间，他们学校还会举行摔跤、跆拳道、拔河和拳击等比赛。其中，摔跤比赛的第一名可以获得1000索莫尼的奖励，第二名是200索莫尼，第三名是100索莫尼。

2017年3月23日，一些政府官员、学校领导及商人选择在苦盏市的巴黑斯通度假村[2]欢度诺鲁孜节，那里有卡拉库木海滩[3]，空气清新，环境雅致。阿布都玛利克的父母2017年3月18至24日就在这里度过了诺鲁孜节，他的父亲专做日用品和小百货贸易，每年都会到中国义乌3次。在塔吉克斯坦待了7年的李彬说："一些塔吉克人也会趁诺鲁孜节长假到亚美尼亚过节，主要是体验一下不同于国内的较为传统的氛围，可以穿着吊带、露着肩享受阳光。"这也不失为一种过节的新兴方式。

（六）仪式

古代波斯人非常崇拜火，他们认为火有驱散冬日污秽的作用，甚至连刚出生的婴儿也要在父母的帮助下跳火盆，以驱邪去污。在节日前，一些地方还会举行"跨火堆"仪式[4]。这项仪式一般在诺鲁孜节前的最后一个星期二的晚上举行。一些人会

---

[1] 一图读懂纳乌鲁兹节，微信公众号TOJIKO，发布日期：2017-03-22，访问日期：2017-03-22。
[2] Bahoriston Hotel，位于Qayraqqum小镇。
[3] Kairakkum Beach Side，意为黑色的沙子。
[4] 庞晓林. 入华祆教圣火崇拜丛考. 暨南大学硕士学位论文，2018.

在自家门前或街头点起火堆，然后从火堆上跨过去。苦盏市库兰杆村的努纳瓦特说："以前，小男孩从火盆上跳过去，女孩子围着火盆转一转、跳一跳。孩子们围着火盆唱歌、跳舞、开玩笑、玩耍。在熬制苏玛纳克时，人们聚在一起，互相认识、说笑，共同度过这个节日。"

塔吉克语中，有这样一句谚语"Qadri mehmon az qadri padari tu bolotarast"，意为"客人比你的爸爸还重要"。对于首次上门的贵客，当地人会举行"蒲伊昂道斯"仪式。该仪式在俄语里是церемония（seremoniya），在塔吉克语里叫作"玛搭尼雅特"。所谓"蒲伊昂道斯"，有以下意味：第一，客人走进客厅前，主人准备一块艾特莱斯丝绸，让客人踩着丝绸走过去，等客人离去时，主人将这块艾特莱斯丝绸赠送给客人。如果有两位，且都是贵客，就在客厅地毯上铺两块艾特莱斯丝绸，分别赠送。如果是多位重要客人，会铺2～3块艾特莱斯丝绸送给客人。第二，结婚当天，去新娘家时，女方家里会准备好一块艾特莱斯丝绸，让男性亲友拔河，抢这块艾特莱斯丝绸，以示男性的勇敢，争执不下时，女方家人会用剪刀剪开艾特莱斯丝绸，分送给抢丝绸的男宾。

过诺鲁孜节时，主人一般会用羊肉款待客人。较为重要的客人，准备"吉肝尔"（用绵羊肝和羊尾巴油做的烧烤）和羊肉（油炸或烧烤）。还可以准备蛋糕、巧克力、鸡蛋、果汁、水果或者茶具（大碗、小碗）等礼品赠予主人，以示答谢。在里噶勒的村落，每个人都会出钱，用这笔钱买一只绵羊做食材，然后在村子的广场上举行"达勒韦稍纳"的仪式做寿告。

（七）禁忌

诺鲁孜节有一些禁忌涉及传统文化里忌讳的一些事物、行动或语言。在塔吉克斯坦诺鲁孜过节期间，一是不能说别人的坏话，也不能说脏话；二是不能饮酒；三是朋友之间如果吵架了，要在诺鲁孜节期间握手言和；四是熬制苏玛纳克期间，做过坏事或有恶念的人不能来搅这个锅，否则做出的苏玛纳克就会不好吃，另外，熬制时，火不能随意熄灭。通过前文节日活动的田野观察，一些年轻人会去酒吧喝酒，这在某种程度上是打破一些传统文化禁忌的。禁忌的目的是让人们在社会中遵守一定的道德规范和社会秩序，而打破禁忌则在某种层面上是一种反结构化的社会活动。

依照节日志的规范性要求：第一，描绘节日的分布地图；第二，对该节日进行简单的卡片式综述；第三，根据文献、研究成果及调查报告，以条目的方式，采取志略的写作方法，分门别类描述构成节日的各要素，力求清晰、全面、详尽地呈现一个节日的全貌；第四，撰写一篇至数篇关于节日的田野调查报告，调查报告的数量根据节日的流布传承状况及复杂程度而定，调查和描写角度根据节日和研究者所能收集到的材料而定①。根据笔者获得的一手调研材料，可以将诺鲁孜节的文化事项分为时间、空间、饮食、服饰、活动、仪式、禁忌等，围绕这样一种撰写逻辑形成对塔吉克斯坦诺鲁孜节较为全面的认识。诚然，按照一些学者提出的"标志性文化统领式"新式民俗志写作方式②，可以较好地避免作为整体并具有互释性生活文化割裂的危险。依此，春分日、流动的主场、苏玛纳克和"七鲜桌"、塔袍和艾特莱斯、植树、叨羊、跨火堆等事项似乎能更好地揭示塔吉克斯坦的文化特征。

四、节日志与写文化

节日志的书写似乎遇到了与民族志书写同样的困境：部分真实与全面真实之间的矛盾。我们最终呈现的是写作文本，而这一文本被清晰地定位为做好田野笔记、精确绘制地图、详细描写结果③。更令人忧虑的是，我们描写的是碎片化的世界。玛丽·路易丝·普拉特说，"被争论的不是民族志的准确性问题，而是民族志权威、个人经历、科学性和表达之原创性之间令人困惑的关系"④，果真是这样吗？要想直面节日研究与文化书写之间的张力，我们可以从节日研究的路径着手，了解节日文化脉络的可能性和可行性。

通过广泛阅读节日主题的相关研究成果，我们可以梳理出四种节日研究范式：第一，节日的演变研究，主要从其来源、发展、活动、特点等方面勾勒出该节日的起始线索和发展脉络，研究的方法以陈述和考证为主。一些研究者就从波斯、粟特与中国文化往来的历史渊源着手，根据比鲁尼《古代民族编年史》中有关中亚各国历法与节日习俗的内容，考证中古人日节与诺鲁孜节的相似性⑤。第二，节日文化事项，包括口头传统、时间、空间、人物角色、饮食、祭祀/仪式、服饰、表演艺术、

---

① 王建民.跨界民族节日的研究角度和方法.节日研究，2013（1）.
② 刘铁梁."标志性文化统领式"民俗志的理论与实践.北京师范大学学报，2005（6）.
③ [美]詹姆斯·克利福德，乔治·E.马库斯.写文化：民族志的诗学与政治学.高丙中，等，译.北京：商务印书馆，2006.
④ [美]詹姆斯·克利福德，乔治·E.马库斯.写文化：民族志的诗学与政治学.高丙中，等，译.北京：商务印书馆，2006.
⑤ 赵洪娟.中古人日节与波斯诺鲁孜节渊源考——基于比鲁尼《古代民族编年史》的探讨.民族文学研究，2019（2）.

游戏竞技、工艺/美术、社交娱乐、规约禁忌等内容的研究。研究方法以节日志、民俗志为主，也不乏考据和理论探研的文章。一些学位论文就从诺鲁孜的个案调查着手，进而探研诺鲁孜节日的文化价值、文化保护和文化传承等问题[①]；或者从田野调查入手，描写节日期间的主要活动，进一步分析变迁动因[②]。第三，节日互动研究，即节日内部和外部人行为的文化翻译，其研究以某一竞争性的理论形成对话为突破，抑或将习以为常的文化翻转，令人眼前一亮。换句话说，不仅做节日研究，还可以在节日里做研究。最饶有意味的，当属理查德·李（Richard Lee）《在卡拉哈里吃圣诞大餐》一文所讨论的由文化误读导致馈赠尴尬的节日故事[③]。第四，节日的知态行（KAP）研究，即了解对节日的认知水平和参与程度，研究方法以调查统计和访谈为主。一些研究针对留学生展开节日的交际型、文化型和娱乐型参与类型分析[④]。

　　本文对塔吉克斯坦诺鲁孜节的研究采取的是第二条路径：节日文化事项。需要强调的是，我们将节日文化事项进行社会分层，即国家层面的节日和节日中的文化事项。这样更有助于我们从不同视角挖掘实地材料。尽管塔吉克斯坦与中国山水相依，又是中国"一带一路"沿线的重要参与国，然而，国内知识界对塔吉克斯坦的认知存在"断裂"[⑤]。规范的节日志有助于加深中国与塔吉克斯坦的民族文化交流，提升文化理解和互信。"一带一路"倡议需要研究者深入发掘周边国家民族文化，实现民心相通[⑥]。只有在了解他者文化特点的基础上，才有可能真正加强中国文化对外交流的软实力，更好地提升中国文化自信。面对陌生的近邻，我们需要从节日文化的实地性、客观性和整体性上把握；我们更需要走进田野，在新的土地上辛勤耕耘，做出自己的知识贡献[⑦]。

　　（作者附识：本文在调研过程中，得到塔吉克斯坦民族大学孔子学院贾静芳、汪玲玲、潘博和李敏等的支持和帮助；文章在撰写过程中，得到中国社会科学院方静文博士和西北农林科技大学陈靖博士的修改意见和建议，特致谢忱！）

---

① 王艳花. 诺鲁孜节日文化研究. 石河子大学硕士学位论文，2016.
② 热米娜·穆合塔尔. 塔吉克肖公巴哈尔节的变迁研究. 中央民族大学硕士学位论文，2011.
③ Lee. Richard Borshay. Eating Christmas in the Kalahari. *Natural History*，1969（10）.
④ 蔡燕. 外国人中国传统节日认知与参与情况研究——以山东大学来华留学生为例. 民俗研究，2015（4）.
⑤ 袁剑. 近代中国视野中的塔吉克斯坦——形象生成与认知塑造. 俄罗斯东欧中亚研究，2018（3）.
⑥ 刘明. 通往文化传播之路. 北京：知识产权出版社，2019.
⑦ 刘明. 海外民族志之于中国人类学的价值与意义. 世界民族，2014（6）.

存与续：东非传统医学的叙述与实践*

高良敏　齐腾飞[**]

（清华大学社会科学学院社会学系，北京 100084）

摘　要：本文通过研究东部非洲传统医学，从"存与续"两方面探讨其与现代医学互动的张力。东非的传统医学具有与地方社会文化相匹配的疾病因果观、代理人体系、药物体系、重大疾病/健康议题的应对方式。传统医学与现代医学呈现对立、并存和博弈三层关系意涵。传统医学不仅在东非历史上，并且在当下仍旧发挥着重要作用，其文化韧性可促进民族自觉，从而带动地方和国家发展。

关键词：传统医学；主体性；民族自觉；东部非洲

一、问题缘起

2016 年 3 月 15 日，阿布杜已服用艾滋病抗病毒治疗药物 5 年，他因发热向村子里的"Mganga"（草医或者传统医生）求助。雨季往往是坦桑尼亚疟疾的高发时刻，对此阿布杜也自我诊断为疟疾。他在向"Mganga"求助之后，还选择去了巴加莫约郡医院（Bagamoyo District Hospital，BDH）艾滋病诊疗中心就诊。在村里，村民感觉身体不适后，一般会首先求助于知晓一些草药知识的亲戚或"Mganga"，最后才是

---

*　文章的早期版本曾公开发表在《社会学评论》，2019，（5）。文章在收录时略有改动。

**　作者简介：高良敏（1983—），男，清华大学社会学系与国际与地区研究院联合培养博士后，主要从事东非医学人类学、全球健康研究；齐腾飞（1988—），男，清华大学社会学系在读博士研究生，主要从事东非政治人类学、文化人类学研究。

西医。多年来，村民们一直坚持这样一个既定的就医流程。按照阿布杜的话："找过 Mganga 后，才知道发热的原因，感受才会好一些，吃疟疾药的效果才会更好。"在获取躯体治愈之前，心理治愈也很重要。在现代医学看来，人们得疟疾后短期内服用西药即可获得躯体治愈。显然，这与东非当地村民的患病观、就医观有所不同。

从历史来看，自现代医学诞生之日起，其就与传统医学（traditional medicine）存在巨大鸿沟。近代以来，理性主义大行其道，实证知识获得了崇高地位，难以实证或实验的知识被贬为次等知识。此种观点受到很多在非洲和世界其他地方做民族志研究的人类学家的批判。如：斯瓦希里语"Mganga"①一词，长期以来被西方殖民者、欧美学人及现代医学诟病为"巫医"（Witch-doctors），很多非洲地方学者对此进行了驳斥，认为"Mganga"应为草医或传统医生②。再如在南亚做研究的马林诺夫斯基认为，科学是建立在有依据的经验、努力和理性的基础之上，而魔法建立在希望不被毁灭，愿望不被欺骗的信仰之上，是用来填补科学的空白。关于理论知识之逻辑思维的结果与魔法理论之主观愿望，马氏认为两者"其间的差别在未开化的民族看来是一清二楚的。"③虽然，很多人类学家想竭力凸显非实证知识的主体性，但是西方科学思维还是对"土著智识"冠以冷漠。对此，罗伯特·路威的《文明与野蛮》一书以丰富案例展现了成为金科玉律的、文明的西医，在早期发展乃至近代发展进程中出现的各种"野蛮"和无知④。路威阐释所谓几百年的"文明"在其进程中曾经存在诸多无可奈何，最重要的是抨击了用"文明—野蛮"来区隔人类社会的观点。

虽很多东部非洲有识之士呼吁重视传统医学，但现代医学大行其道使得传统医学的发展一直举步维艰。同全球其他地方一样，如果站在"现代文明"的视角，传统医学好似过去的知识体系，与现代是对立的、愚昧的、草根的，甚至有说不清的历史，且不能经过科学检验。但如同在当今社会仍旧焕发活力的印度医学、阿拉伯医学、中医一样，东非传统医学也与国家发展息息相关。显然，在实践和发展层面，传统医学的主体性并非与现代对立。因此，不管是现代医学，还是传统医学，均需建立在社会事实阐释之上，应有主体性的关照。

---

① 有学者指出，如果将"Mganga"仅翻译为"医者"，并不能全面地反应该词的意涵。"Mganga"还可翻译为"占卜师、萨满、治疗术士"，甚至还可译为"一个权利超越了大多数人的人"。见：Swantz M L. Ritual and symbol: in transitional Zaramo society. Uppsala: Scandinavian Institute of African Studies, 1986: 432.
② Mbiti J S. African Religions and Philosophy. Nairobi: East African Educational Publishers Ltd, 2015.
③ 马林诺夫斯基. 巫术、宗教、科学与神话. 李安宅, 译. 上海：上海文艺出版社，1987.
④ 罗伯特·路威. 文明与野蛮. 吕叔湘, 译. 北京：三联书店，2015.

鉴于此，上述问题意识可分解为以下具体研究问题：1. 东非传统医学的社会事实之"存"何以呈现？即传统医学中的医学观念、医疗实践、代理人体系、药物以及在解决重大健康议题时可做什么？2. 在与现代医学的互动与博弈中，东非传统医学如何"续"？续向何方？与现代医学是并立的、对立的，还是博弈的关系？3. 传统医学的出路在何方？其对促进民族自觉的学理意义、现实意义是什么？秉承上述问题思路，本文主要聚焦于笔者从事过两年调研的东部非洲，试图用东非语境下传统医学图景，来叙述其与现代医学鸿沟的建构及其漫长的调适历程，从学理上来进一步思考其出路，倡导重视其社会与文化价值。

二、研究方法与概念辨析

笔者于2015年～2018年，对坦桑尼亚、肯尼亚及周边部分地区开展民族志调研，包括走访相关场所，采取参与式观察法，并对关键报道人进行访谈。2015年9月至2017年6月，笔者对坦桑尼亚巴加莫约郡开展田野调研；走访了坦桑卫生部、国家医学研究所、依法卡拉健康研究所、巴加莫约郡医院及部分农村社区；对2个传统医学官员进行访谈，与2个传统医学学者有长期交流和互动，还与2个传统医药从业者及部分病人有深入交流。2018年11月，笔者走访肯尼亚卫生部、阿加汗大学医学院和海滨省克利菲县等，并与当地官员、学者、农民有过传统医学方面的对话和交流。此外，笔者还对东部非洲地区传统医学的相关史料文献进行了分析，以了解其演变历程。

在具体论述之前，笔者在此厘清与传统医学相关的一些概念。首先，什么是传统医学？综合人类学家的诸种界定，传统医学不仅应具备植物、动物、矿物质等物质属性，还得具备社会实践、社会关系等抽象属性[1]，是一种关于健康的实践、方法、知识和信念[2]。1992年，世界卫生组织（WHO）给出了传统医学的权威定义："将植物、动物和矿物为基础的药物，精神疗法，手工技术和锻炼相结合的保健方法、知

---

[1] Waite G. Public Health in Pre-colonial East-central Africa. In Feierman S. and M. Janzen(Eds). The social Basis of Health and Healing in Africa. Los Angeles: University of California Press, 1992: 2.

[2] Simeon M. History of Traditional Medicine in Tanzania from Intellectuals to Charlatans? In Lawi Y Q. and Mapunda B(Eds), History of Disease and Healing in Africa. Dar es Salaam: University of Dar es Salaam, GeGCA-NUFU Publications, 2004.

识和信仰，单独或联合应用于治疗、诊断和预防疾病或维持健康。"并且，WHO 承认文化的多样性，认为传统医学是："不同文化中，基于本土理论、信仰和经验的知识、技术和实践，主要维护人类的健康，用于躯体和精神病患的预防、诊断、促进和治疗的医学。①"

从社会功能上看，从 20 世纪 70 年代以来，美国等西方国家将传统医学视为替代医学（Alternative medicine），也叫替代疗法。替代医学的产品、实践和理论被使用者所信仰和接受，但替代医学不属于生物医学，其有效性无法用科学方法检验，甚至与科学实证、科学原则相冲突②。因此，传统医学更多被作为常规西医治疗之外的一种选择和补充，包括冥想疗法、按摩疗法、传统草药和针灸等；有时也叫作补充医学（Complementary medicine）③。上述社会学的观点认为现代医学并非万能，传统医学不仅广泛存在而且还发挥作用。

从文化意涵上来看，传统医学多指各民族使用的医学，强调民族智识、民族属性，是民族的医学（Ethno-medicine）。传统医学在广义上也被称为民间医学（Folk medicine）④。相比民族医学，部族医学（Tribal medicine）则特指更小的地理、社会、文化空间中某部族使用的医学。本土医学（Indigenous medicine）则是相对于西方医学而言，其强调的是整体上的本土属性、本土智识。传统医学的内容也会依据不同地方和文化，涉及不同内容。如在中国语境下，传统医学一般包括传统中医、民族医学和民间医学三个方面⑤。而在东非语境下，传统医学是以东非传统哲学为基础，是一种以土著的技术、原则、理论、意识形态、信仰、习惯为基础的实践，是一种普遍意义上的传统健康实践⑥。总之，传统医学的文化意涵渗透着文化多样的观点，其倡导医学多元主义，强调每个社会都有其独特的保健方式。

---

① World Health Organization. Traditional Medicine. Geneva: WHO, 2013, Fact Sheet 134. http://www.who.int/mediacentre/factsheets/2003/fs134/en/. 2018-09-30.

② Angell M, Kassirer P. Alternative Medicine—The Risks of Untested and Unregulated Remedies. *The New England Journal of Medicine*, 1998, 339(12): 839-841.

③ Goldrosen M H, Straus S E. Complementary and alternative medicine: assessing the evidence for immunological benefits. *Nature Review Immunology*, 2004, 4(11): 912-921.

④ Meyer-Rochow V B. Therapeutic arthropods and other, largely terrestrial, folk-medicinally important invertebrates: a comparative survey and review. Journal of Ethnobiology and Ethnomedicine, 2017, 13(9): 9.

⑤ 诸国本. 民族医学——中国少数民族的传统医学. 中国民族医药杂志，2012（3）.

⑥ Flint K E. Healing Traditions: African Medicine, Cultural Exchange and Competition in South Africa, 1820-1948. Athens: Ohio University Press, 2008: 2-6.

由此可见，传统医学相关一系列概念的阐释和使用必须基于一个特定的历史、地理、社会及文化情境，不能笼统视之。对此，本文将首先阐释东非传统医学"存"的图景，以说明传统医学有着深厚的社会文化基因，以此来进一步探讨传统医学"续"及续向何方。

三、存：东部非洲的传统医学图景

在非洲社会中非实证性的疾病知识、就医经验长期以来扮演着重要的角色，是宗教信仰、哲学观中的重要组成部分[①]。基于此，东非传统医学对疾病的认知宽泛而综合，它的图景是与其社会文化相匹配的医学观念、医疗实践、代理人体系及药物，详见下述：

（一）神灵观与医疗实践

东非传统医学源于万物有灵论的医疗体系，它将神灵视为重要致病原因之一。在很长时间里，非洲社会普遍相信神灵可导致家族或整个社区的疾病或不适，这种观点是一种医学宗教（Medicoreligions）意义上的神灵观（Spirit）。神灵又通常分为两种，一是家庭神灵，只在各自的家庭中造成疾病和其他麻烦；二是领土或守护神灵，属于社区的神灵[②]。

不管是在家庭，还是族群领土上，"祖先及其神灵"均发挥着很大作用，如果忽视祖先的神灵，或不服从祖先遗愿，祖先的神灵就会使家族或社区发生疾病[③]。祖先（The ancestors）就成为传统医学文化空间的重要代理人之一。对于祖先神灵引起的疾病，一般由占卜师通过与神灵沟通来解决。人们一般用食物、物品来祭祀祖先，呼唤祖先，与祖先沟通，让祖先听到人们的抱怨[④]。对此，占卜师先通过占卜，在确定疾病是祖先的神灵所致后，再通过给祖先祭祀和提供祭品来治疗疾病。在南非祖鲁人（Zulu）中，祖先神灵被称为"idlozis"。同样，如果人们忽视或不尊重祖先，祖先

---

① Mbiti J S. African Religions and Philosophy. Nairobi: East African Educational Publishers Ltd, 2015.
② Waite G. A History of Traditional Medicine and Health care in Pre-colonial East–Central Africa. London: Edwin Mellen Press Limited, 1992.
③ Lawi Y Q. Changes and Continuities in Local Articulations of Life, Illness and Healing in Rural Africa: A case of the Iraqw of North-Central Tanzania. *Tanzanian Journal of Population Studies and Development*, 2010, 15(1): 61.
④ Waite G. A History of Traditional Medicine and Health care in Pre-colonial East–Central Africa. London: Edwin Mellen Press Limited, 1992: 214-215.

的神灵也会给人们带来疾病或不适①。同样，祖鲁人也相信祖先饿了才会让家族遭受疾病②，进而通过宰杀动物来祭祀祖先的神灵。

当然，对不同神灵引发的疾病，治疗程序也不相同。例如，领土神灵或宗教神灵所致的疾病，一般由酋长、国王和祭司来主持完成。在坦桑尼亚依拉科（Iraqw）族中③，神灵被当地人称为 gi'i。当人们对有关表演仪式不尊重时，神灵就会进行报复，进而导致个体、家庭或社区的疾病和痛苦④。对此，各家族领袖会通过仪式与已去世亲属的灵魂（gi'i）交流、沟通，达到消除疾病或解决其他麻烦的目的⑤。由此可见，神灵观与医疗实践更多是在于提醒族人遵从社群规范。

（二）巫术观、禁忌观与医疗实践

在东非，当人们突然死亡或患有无法解释的、进展迅速的慢性疾病时，人们便怀疑是女巫或巫师所为⑥。女巫或巫师是具有神秘力量的人，能够在不必与人接触的情况下伤害他人。巫术（Sorcery）也就成为东非人的疾病因果观之一。人类学家约瑟福·拉维将巫术解释为"人类疾病"，他还引用依拉科社区的例子，认为巫师通过食物等具体物质，或使用纯粹神秘力量来伤害人类和牲畜。另外，此类群体还包括一些被社会接受为治疗师的仪式行家⑦。某些社群成员会去请求仪式行家用疾病或其他不幸之事来惩罚对手。但对于很多慢性疾病，巫术很难被视为其病因。慢性病人也因疾病不是巫术所致，而得不到早日治疗。同样，恩登布人把疾病（Musong'u）看成是厄运，就像无处不在的巫术和妖术一样⑧，阿赞德人也认为巫术可导致不幸⑨。

而对于巫术造成的疾病，东非社会有相应的处理方式。巫师的主要目的是造成死亡或其他麻烦，他通过控制不良药物来伤害他人和牲畜。如在夜晚，巫师会从坟

---

① Flint K E. Healing Traditions: African Medicine, Cultural Exchange and Competition in South Africa, 1820-1948. Athens: Ohio University Press, 2008: 56.
② Ibid, 58.
③ Iraqw 族（伊拉库尔族）：是居住在东非大湖地区的一个说库希特语（属闪含语系）的族裔群体，在坦桑尼亚中北部的阿鲁沙和曼亚拉地区，靠近裂谷墙和恩戈罗恩戈罗火山口南部，人口近 47 万。
④ Lawi Y Q. Changes and Continuities in Local Articulations of Life, Illness and Healing in Rural Africa: A case of the Iraqw of North-Central Tanzania. *Tanzanian Journal of Population Studies and Development*, 2010, 15(1): 61.
⑤ Ibid, 73.
⑥ Waite G. A History of Traditional Medicine and Health care in Pre-colonial East–Central Africa. London: Edwin Mellen Press Limited, 1992: 218.
⑦ Lawi Y Q. Changes and Continuities in Local Articulations of Life, Illness and Healing in Rural Africa: A case of the Iraqw of North-Central Tanzania. *Tanzanian Journal of Population Studies and Development*, 2010, 15(1): 69.
⑧ 维克多·特纳. 象征之林——恩登布人仪式散论. 赵玉燕，欧阳敏，徐洪峰，译. 北京：商务印书馆，2012：412-413.
⑨ E E. 埃文思 - 普里查德. 阿赞德人的巫术、神谕和魔法. 覃俐俐，译. 北京：商务印书馆，2014：148.

墓中偷走尸体，或通过施以魔法的方式拜访其他人①。对于这样的隐形巫师，人们应对其所致疾病有一定困难。对此，酋长和国王有责任来处理隐形巫师，比如没收巫师种在村里的草药。另外，巫师可对死亡进行干预，甚至防止死亡的发生。在殖民前的社会中，巫师施以巫术往往被认为是犯罪行为，当地也有相应的方法来识别谁是巫师。在扎伊尔东部就有一套可识别巫师的苦涩饮品（ordeals）②。通常情况下，如果巫师第一次施巫术，就会遭到警告，甚至被认为是犯罪。在一些社会中，巫师如果被发现施巫，他们会被烧毁财产甚至处死。如，祖鲁人治愈巫术所致疾病的唯一办法，就是处死巫师③。

同样，东非的每个社会都有被尊重、敬畏的禁忌文化，其是人们维护社会秩序的一种日常。禁忌则更多是一种社群习俗，不允许人们做属于禁忌范畴之内的事，否则会导致疾病④，也就是疾病因果的禁忌观（Taboo）。在依拉科族中，不良行为将导致人的灵魂受到惩罚，如，土地之灵 Neetlang'w 可给那些打破禁忌的人或牲畜带来疾病和死亡，包括婴幼儿死亡、牲畜死亡、孕妇流产和人们遭受雷击。同样，人们的不道德行为也会受到惩罚，会发生"跌倒或摔落"乃至致病⑤。再如，恩登布人相信触犯了仪式禁忌会引起某些疾病，其中麻风病(Mbumba)就被他们视为触犯男孩割礼仪式禁忌的后果⑥。

（三）神的疾病与应对

在东非历史上，天花、麻风病等重大传染性疾病导致的损害往往不可逆，使得东非社会往往将此类疾病归咎于神所致，称之为神的疾病（Utamu wa Muungu-上帝的甜蜜）。坦桑尼亚 Ghaambo 人认为神的疾病是世界上必然发生的⑦。因为在神灵面前，祖先或巫师赐予的力量会自然而然地消失，神依靠其更强大的力量导致族人生

---

① Waite G. A History of Traditional Medicine and Health care in Pre-colonial East–Central Africa. London: Edwin Mellen Press Limited, 1992: 18.

② Helge K. Ecology Control and Economic Development in East African History: The Case of Tanganyika 1850-1950. Dar es Salaam: Mkuki na Nyota Publishers, 1996: 148.

③ Flint K E. Healing Traditions: African Medicine, Cultural Exchange and Competition in South Africa, 1820-1948. Athens: Ohio University Press, 2008: 60.

④ Waite G. A History of Traditional Medicine and Health care in Pre-colonial East–Central Africa. London: Edwin Mellen Press Limited, 1992: 14.

⑤ Ibid, 68.

⑥ 维克多·特纳. 象征之林——恩登布人仪式散论. 赵玉燕，欧阳敏，徐洪峰，译. 北京：商务印书馆，2012：414.

⑦ Feierman S J. Explanation and Uncertainty in the Medical World of Ghaambo. *Bulletin of the History of Medicine*, 2000, 74(2): 320.

病。南非祖鲁人也认为神灵导致的疾病多为传染病，如：疟疾、流感、肺炎、天花、麻疹、癫痫①。

对于神的疾病，东非传统医学在应对方式上不仅积极学习、借鉴他者医学，还结合自我社会文化的特点，采取仪式活动、隔离措施、限制活动范围等来应对。在应对天花上，东非传统医学就展现了开放学习的面向。由于商队贸易，天花在殖民前的坦噶尼喀出现较早，其中以马赛族人受到的影响较为严重。何勒格（Helge）结合伯顿（Burton）的研究指出，阿拉伯商人根据中东的经验，取天花病毒感染者的痂，即用活病毒来进行接种②，而这项技术后来被马赛土著医生学习并实践。同样，东非传统医学还积极依托自身社会文化开展的自我实践。如，坦噶尼喀的克库尤族（Kikuyu）用不同仪式来驱赶天花，防止天花进入族群家园。克库尤族妇女会聚在一起，她们通过唱歌、大喊、大叫把天花推到下一个山脊上；或者族人会杀死一只山羊，取出其胃内容物，将其洒在疆界附近，而羊的其他部分则挂在行人较多的拱门上③。另外，对于其他传染性疾病，克库尤族等很多族群会通过限制感染者和非感染者之间的性接触来处理。同时，很多族群还会禁止人们从事社区活动，采取隔离措施或设置隔离区，来控制疾病的蔓延④。而坦桑尼亚Ghaambo族则采用神的树或草药来治疗神的疾病（Utamu wa Muungu）⑤。可见，东非病患观是一种综合性疾病认知观，并有着相对应的治疗实践。

（四）传统医学的代理人与药物实践

在东非，实施传统医学的主体是特定"代理人"（agent）。传统上，虽然代理人往往仅由其中之一的"Mganga"（草医或传统医生）来担任，但在具体实践中往往依托于整个社会系统中的多个"代理人"来开展。"代理人"的职责远远超越治病，其社会文化功能超越了现代生物医学上的"医者"，在空间上表现为自上至下的系统性，

---

① Feierman S J. Explanation and Uncertainty in the Medical World of Ghaambo. *Bulletin of the History of Medicine*, 2000, 74(2): 56.
② Helge K. Ecology Control and Economic Development in East African History: The Case of Tanganyika 1850-1950. Dar es Salaam: Mkuki na Nyota Publishers, 1996: 132.
③ Dawson M H. Socio-economic change and Disease: Smallpox in Colonial Kenya 1880-1920. In Feierman S, Janzen M(Eds). The Social Basis of Health and Healing in Africa. Los Angeles University of California Press, 1992: 96.
④ Waite G. Public Health in Pre-colonial East-central Africa. In Feierman S, Janzen M(Eds). The social Basis of Health and Healing in Africa. Los Angeles: University of California Press, 1992: 15; Illife J. East African Doctors: a history of the modern profession. London: Cambridge University press, 2002: 10-11.
⑤ Feierman S J. Explanation and Uncertainty in the Medical World of Ghaambo. *Bulletin of the History of Medicine*, 2000, 74(2): 320.

需从更为广泛的层面来认知。

除了祖先这一文化空间的重要代理人之外，在具体实践中，代理人的种类还因社会文化空间的不同而不同。在自然环境空间中，东非社会认为环境不仅可致病，也可发挥治疗作用。如，当空气被污染时，疾病可能为环境所致[①]。环境不仅会带来一些引起疾病的昆虫，同时还会让人们获得不同的药用植物。环境理所当然地成了这一空间下传统医学的代理人。

而在族群的家族层面，家族领袖一般负责家族内医药知识的传承和管理，理所应当地成为家族层面的代理人。如，在坦桑尼亚赫赫族（Uhehe）中，家庭成员通过从家族领袖那里学习使用某些基本草本植物的叶子、种子及根部来制药。在中东部非洲，家族领袖会告诉家庭成员，每个人均有责任对个人健康负责，要求成员学会一些基本的医药知识和技能。只有当病情恶化到家庭成员无法处理，才会去寻求村子领袖或酋长的支持。正如福柯指出，家庭是最为自然、最原始、让人在精神上最感到安全的社会空间，疾病在这个生命的自然场合可以放任自流[②]。

同样，对于整个族群，族群的酋长或村子的村长也是传统医学的代理人之一。他们对村庄内、村民的健康负责，其所扮演的角色超越了家庭。每天早上他们会询问村民的健康状况。同样，村庄也有严格制度来迫使病人家属向村长报告疾病问题。如果未报告，一旦病人发生死亡，家属将为此负责。村长和酋长也会向族人提供药品。如果酋长不知道如何治疗，病人会被转介给"专家"。如在祖鲁社区，祖鲁王和他的酋长们就认为"所有人都喜欢他们居住的、属于国王的土地。如果任何一个人生病了，将被通知给Mnuzane（头目），他们会立即向Izinduna（酋长）、国王报告。国王会下令先咨询占卜师，明确疾病的性质和病因。"[③]可见，这一代理人体现的是村民健康受到来自统治阶层的重视、帮助和治疗，是一种社会权利的具体体现。

然而，上述四种代理人都不直接处理或直接面对病患个体，而交由专业代理人即传统治疗术士（Traditional healers）完成。他们一般为治疗疾病、处理健康问题时起到很大作用的本土医学专家。从职业和分工上，可分为占卜师和草药师两类。如，坦桑尼亚赫赫族中，占卜师（Mulagusi）负责疾病诊断和寻找病因，并提供具体治疗

---

① Abdalla S H. Diffusion of Islamic Medicine into Hausa Land. In Feierman S, Janzen M(Eds). The Social Basis of Health and Healing in Africa. Los Angeles: University of California Press, 1992: 182.
② 米歇尔·福柯. 临床医学的诞生. 刘北成，译. 南京: 译林出版社，2001: 19.
③ Flint K E. Healing Traditions: African Medicine, Cultural Exchange and Competition in South Africa, 1820-1948. Athens: Ohio University Press, 2008: 49.

方法，而草药师（Mukofi）则为病人提供药物①。当然，有的传统治疗术士不仅负责诊断疾病，也为病人提供药物②。甚至，阿赞德人的治疗术士还是一个专门职业③。

除了系统性的代理人外，东非传统医学还有着丰富的治疗药物。在东非乃至整个非洲，不同族群有各自用于治疗不同疾病和身体不适的药物，但这些药物多为单方剂，很少见到如传统中医中的复方制剂。在刚果Loango族语中，"Nkisi"一词不仅含医学之意，还可译为药物。Loango族有一种叫做Kikokoo的药，它可以保护死者不被巫婆变成奴隶或者强迫其劳动；而另外一种叫做Kossi的药，由白蜗牛壳组成，壳里填满白色粘土，被用来保护人免受雷击和疾病。对于治疗男性疾病，可用Dembacine药或Cuango-malimbi药，而女性的不育症、经期过度出血，则分别用Bitungu药、Kulo-malonga药来治疗。

常用药物多就地取材。在东非内陆维多利亚湖区，无花果树（Ficus tree）是当地的常用药物之一；而在湖区的尼罗河-刚果河一带，当地传统治疗师可以收集到500多种药用植物来治疗疾病④。笔者在东非期间，发现很多当地人会将一种常见但无名的粉色草花晒干，将其磨成粉后与植物油混合，用其治疗皮肤病。南非祖鲁人用植物草药ilogi（datura stramonium，曼陀罗）来缓解哮喘和治疗支气管炎，用草本植物Isibhana（warburgia slutaris，花椒树）来治疗感冒、疟疾和缓解牙痛，还通过咀嚼草药indungulu（siphonochilus aephiopicus，虹吸蛇）来治疗发热⑤。

总而言之，东非传统医学图景彰显的是它长期存在的历史事实和深厚的社会文化根基，表明它对疾病的认知、实践呈现综合性、系统性，它不仅与个体的身与心关联，还与家族、社群的社会层面、人与环境的文化层面相关联。因此，东非传统医学与当地社会文化生态息息相关，其在东非地方社会中可持续的生命力不可忽视。

---

① Edward F. Health Implications of Witchcraft Beliefs and Practices in Uhehe: A Historical Perspective. M. A Dissertation, Dar es Salaam: University of Dar es Salaam, 2013: 16-17.
② Waite G. Public Health in Pre-colonial East-central Africa. In Feierman S, Janzen M(Eds). The social Basis of Health and Healing in Africa. Los Angeles: University of California Press, 1992: 15.
③ E E. 埃文思-普里查德. 阿赞德人的巫术、神谕和魔法. 覃俐俐，译. 北京：商务印书馆，2014：105.
④ Schoenbrun D L. A green place, a good place: agrarian change, gender and social identity in the Great Lakes region to the 15th century. Portsmouth: Heinemann Press, 1998: 24.
⑤ Flint K E. Healing Traditions: African Medicine, Cultural Exchange and Competition in South Africa, 1820-1948. Athens: Ohio University Press, 2008: 40.

四、续：东部非洲仍坚持使用的传统医学

从上可见，东非的传统医学早已嵌入到当地整体社会文化中，是一种整体性的存在。然而，随着现代医学强势进入东非，一个直面的议题就是在传统医学与现代医学的互动中，传统医学是否会进入难以为继的状态，什么地方可以"续"？将"续"往何方？对此，本节将从东非的传统医学与现代医学形成了何种关系来探讨，即是对立的、并存的，还是博弈的关系？以及这种关系在什么方面呈现？

（一）对立关系

两种医学的对立关系体现在"现代与落后、科学与野蛮"二元思想体系上。现代医学往往代表"科学、文明"，并主导着现代医疗政治体系，同时，它还将传统医学视为"野蛮、落后"，进而使得两者之间呈现长时间的对立关系，其表现就是现代医学在结构、文化等方面压制和矮化传统医学。值得注意的是，现代医学进入东非是一个伴随着外族统治、科学主义植入的历程。在殖民时期，现代医学实践的重要目的是维护殖民者和宗主国的利益。一个重要的历史节点就是大量欧洲移居者、欧洲军人进入和开拓东非。彼时的现代医学是殖民主义医学（Colonial medicine）[①]，此阶段的医生主要是为部队服务的军医、为殖民政权服务的医生、为传教而来的医生，以及研究热带疾病的医师。同时，殖民者还推进了带有种族主义的公共卫生体系，对流动的货物和人口实施检疫，目的是防止非洲人或货船将疾病带到欧洲或传染给欧洲人。另外，殖民医学教育更是将两种医学的对立性推向极端。虽然，殖民医学教育培养了非洲早期的现代医学精英，但其教育制度一直沿袭使用英文授课学习等，其后果是非洲的现代医学精英根本不懂传统医学，甚至鄙视传统医学，西医一度被他们视为现代新文化不可或缺的特征。最终，这一巨大的外部驱动力将传统医学推到了现代医学的对立面。

两者的对立关系还体现在，现代医学从具体的政治法律体制上对传统医学的压制和排斥。在殖民者进入之前，传统医学在习惯法（Customary Law）或传统社会规范基础上有着长期的自由发展空间，然而，西方殖民统治建立的现代政治法律

[①] 有学者将殖民时期的医学称为"帝国医学"（Imperial medicine），主要指关于欧洲医学在海外被征服、占领和定居点等殖民地开展活动的海外经验。参见：Macleod R. Disease, Medicine and Empire. London: Routledge, 1989.

体系使得传统医学一度被排斥和挤压。对此，我们将通过肯尼亚案例来进一步分析：肯尼亚英殖民当局在《1910年医生与牙医条例》（1910 Medical Practitioners and Dentists Ordinance）中，对传统医学提出了质疑，并设置了一系列障碍。比如：《条例》规定，传统医学实践仅限于族群社区内，还得接受全面监管；实践者与病人之间关系不合法，不承认传统实践者的知识产权。独立自治后的政府当局也延续了这一《条例》，采取了类似的措施来限制传统医学。如：1969年，肯尼亚首任总统曾经谴责传统医学实践者，把他们描述为"（一群）懒惰的骗子，想依靠别人汗水生活的人"。甚至在1970年，肯尼亚卫生部还尽可能地劝阻和限制传统医学实践者、病人使用土著医药（native medicines），甚至还视传统医学为现代化建设的障碍。后在1979年的《阿拉木图宣言》对传统医学在初级卫生保健的贡献给予肯定后，肯尼亚医学研究所（Kenya Medical Research Institute, KEMRI）才在1984年成立了第一个传统医学与药物研究中心（Centre for Traditional Medicine & Drugs Research, CTMDR）。但是，在现代医学科学实证主义之下，传统医学与药物必须是"实验室的、实证的"，而非经验的、文化的，进而使传统医学无法与当地现代医学体系融合，加上政策发展空间有限，使得其实践依旧游离在整个医疗体系的边缘。2010年，肯尼亚宪法第11条才积极肯定文化是国家的基石，才承认"本土技术"（Indigenous technologies）对国家发展的贡献。在20世纪末肯尼亚实施的结构性改革和后期的地方分权（Decentralization）这一重大背景下，国家层面一方面正在积极寻求现代化的医学，一方面也希望重建传统医学。然而，肯尼亚很多地方政府当局对于传统医学的态度与实践仍流于形式。比如，2018年11月，笔者走访的肯尼亚克丽菲县（Kilifi county）仍无传统医学相关的部门和官员，甚至很多行政长官还表示："你们说的传统医学是什么？"

（二）并存关系

与制度和体系的对立不同，传统医学和现代医学的并存体现在具体的治疗实践中双管齐下的局面。东非传统医学作为当地人处理、认识人与社会及人与自然关系的一部分，是连续的、逐渐演变的，其与现代医学的对立关系中就隐藏着其仍被地方社会所使用，仍有相当社会文化基础的意涵。如同开篇提到的阿布杜，他在解决躯体的不适之前，首先要获得精神上的慰藉或者治愈。对于身体不适、病患的社会文化反应，一直是当地人处理人与自然、人与社会的一个重要部分，他们的健康观已经嵌入在地方社会文化的细枝末节中。传统医学侧重于对患者躯体上的初步诊治和精神上的慰藉，而现代医学则侧重于对患者躯体不适的治愈。在东非当地患者的既定就诊流程中，传统医学和现代医学都不可或缺，已成为两者并存的重要契合点。这一契合不仅体现在病患治疗选择时采取先后顺序的时序性策略，还采取了同时使用或交叉使用两种医学的策略。基于此，在认识论上，东非社会，特别是民间并没有在两种医学中做出断裂性选择，没有把两者放置到同一个水平上考量。

并存关系还体现在社会的现实需求中。在学界，关于东非传统医学现状的研究虽汗牛充栋，但都有一个共享主题，70%～80%的东非人有过寻求传统医学的经历。不管是在城市，还是在农村，不管是何种阶层，传统医学依旧在当地日常生活中扮演着重要角色[1]。与现代医学一样，传统医学对于公共卫生政策、疾病控制和农村卫生保健等方面也有重要影响，甚至在城郊、边远地区，传统医学仍是当地应对疾患的重要方法[2]。比如，在1967年坦桑尼亚实施的乌贾玛（Ujamaa）社会主义村庄化运动中，由于缺乏大量的农村卫生人力资源，大部分乌贾玛村吸收大量的传统医学者和传统接生婆，进入村级卫生中心工作。对于城乡社会文化空间而言，传统医学的广泛存在，是时代变迁的结果，也是层累相迭的历史积淀。可见，东非认可了两种医学并存的事实，承认了两者都有其自身优势。

（三）博弈关系

博弈关系主要是指传统医学和现代医学之间的利益博弈及此消彼长。还是以艾滋病为例，虽然传统医药在治疗艾滋病方面发挥了重要作用，但在利益面前，两个不同医学体系之间此消彼长。

笔者的朋友幕康巴（Mkangba），15年前是坦桑尼亚北部马拉（Mara）省的农村教师，他从小跟随父亲学习传统药物、医学的知识。后来，他得知沿海地区有很多艾滋病病人。当时政府在鼓励传统医学积极参与到艾滋病防治工作中。他说，这是第一次听到政府要支持传统医学，为国家做贡献。另外，因老师工资低，且不能按时发放，他无法给孩子和家人提供好的生活。于是在15年前，他来到巴加莫约，在Msata路旁边买了土地，盖了一间房子，专门用于售卖传统药物。在这次大胆转行后，他的收入逐步增加，家人生活也逐步改善。他的药均来自马拉省丛林，有时亲

---

[1] Nyika A. Ethical and regulatory issues surrounding African traditional medicine in the context of HIV/AIDS. *Developing World Bioethics*, 2007, 1(7): 25-34.

[2] Lawi Y Q. Changes and Continuities in Local Articulations of Life, Illness and Healing in Rural Africa: A case of the Iraqw of North-Central Tanzania, *Tanzanian Journal of Population Studies and Development*, 2010, 15(1): 44.

自去采，或亲戚采后送到巴加莫约。笔者在他的药店里看到3种用于艾滋病的药，其售价在每盒2万—3万先令（约60—100元人民币）之间。他说，刚开始时，政府管得很松，也不会有警察、税务官员打扰，每天可卖出2—3盒，赚了很多钱。但随着2005年艾滋病治疗药物在巴加莫约推广后，药物售卖就不如以前，现在每周只能卖上3盒左右，还常受到政府的干扰。政府部门总是要求独立的房子、良好的卫生条件，还要有行医资格和行医注册，传统药物还得进行科学的安全性检测。（笔者田野笔记，2017年2月9日）

正如幕康巴所说，在东非艾滋病流行早期，现代医学乏力，传统医学却迎难而上，并迎来一次难得发展的机遇，它还破天荒地受到现代医学主导医疗体系的吸纳。早期应对艾滋病时，不仅乌干达、肯尼亚、坦桑尼亚等多国政府都曾经设立了传统医学基金，还有民间的很多现代医学家或传统医学家也积极参与，都试图从传统医学中获得拯救这场瘟疫的神药[1]。虽然，传统医学与现代医学在治愈疾病上属于不同系统，但是传统医学在治疗艾滋病机会性感染、提升机体免疫力、精神治愈等方面却扮演着重要的角色，不仅受到病人的广泛欢迎，还逐步被现代医学所容纳和认可[2]。遗憾的是，2003年左右，在东非国家普遍引入抗艾滋病病毒治疗药物后，传统医学遭到现代医学的排挤，甚至是在医学制度上的排斥，传统医学有再次被边缘化的危险。但就传统医学自身发展而言，在强调诊断精确、用药量化的现代医学体制场域下，强调综合治疗策略的传统医学在艾滋病流行初期还是获得了很好的发展空间。因此，东非传统医学应对艾滋病的案例提示，在利益面前两种医学体系充斥着博弈，此消彼长。

综上可见，东非传统医学在与现代医学的互动中，经历了相互混溶的演变历程，呈现对立、并存和博弈三个层面的关系意涵。从中我们可以看到东非传统医学之"存"根植于地方社会文化基因之中，有着持续的社会文化动力基础。而传统医学积极应对艾滋瘟疫的事实则告诉我们，当东非人民遭遇重大瘟疫灾难时，传统医学的社会文化动力会展现得淋漓尽致，迎难而上，为民排忧解难。甚至，在与现代医学的互动、博弈中，传统医学还展现了其调适与发展的生命力。可喜的是，在医疗界、

---

[1] Museveni Y K. What is Africa's problem?. Minnesota: University of Minnesota Press, 1989: 277-278; Illife J. East African Doctors: a history of the modern profession. London: Cambridge University press, 2002: 238; The republic of Tanzania. The traditional and alternative medicines ACT, 2002, No 23.

[2] Edmund J K, Febronia C, Zakaria M, et al. Experience of initiating collaboration of tracitional healers in managing HIV and AIDS in Tanzania. *Journal of Ethnobiology and Ethnomedicine*, 2007, 3(1): 6.

学界还产生了很多理性声音，传统医学体系并未一味地受排挤，还应将传统医学指向未来发展，应纳入民族自觉历程中去审视。

五、传统医学促进民族自觉

从前述内容可以看到，传统医学屡受诟病，本节将首先梳理对非洲传统医学认知的一些基本观点，再从传统医学走向民族自觉的历程中，探讨解决其"续"及"续"向何方的可能。同时，讨论"民族性"为传统医学"续"提供了何种出路。

对东非传统医学最为集中的误读是，传统医学是"静态不变"的医学。对于此种观点，人类学家凯伦·弗林特指出："欧洲或西方白人有意使用'传统医学'一语来强调东非本土医学，他们认为东非本土医学是一种原始的、静态不变的医疗技术，认为东非本土医学缺乏生物医学中关键的药物成分、实践工具、实践理念和科学方法等基本元素。这种观点的结果就是在欧洲或西方白人眼中东非本土医学都是巫术'witchcraft'"[1]。这种矮化传统的观点，实则是科学之于愚昧、先进之于落后、现代之于传统等"二元"观点的延续，是此类二元观在传统医学领域的具体体现，必然受到驳斥和批判。比如，弗林特认为，对将东非传统医学视为是一种"传统意义上的"（traditional）医学或静态医学的观点和态度，就应持批判态度[2]。在"静态"观的影响下，许多研究者还将殖民前东非社会的医学称之为殖民前医学（Pre-colonial medicine），采取一种以殖民"前与后"来切割的姿态，显然也忽视了东非本土医学有其连续性、传承性的基本特征。对此，弗林特进一步指出，殖民前的东非本土医学是动态的，它随着时间的推移而变化[3]。

显然，非洲传统医学是动态发展的，并非封闭、一成不变。从主体能动方面来看，东非乃至非洲的本土医学与其他医学体系有着长期互动的历史。在殖民前，非洲很多地区就出现过本土医疗技术与国外技术互动交融的情况。比如，西方殖民未开始或者殖民初期，非洲大陆的医学就广泛与葡萄牙探险者的医学技术、阿拉伯医

---

[1] Flint K E. Healing Traditions: African Medicine, Cultural Exchange and Competition in South Africa, 1820-1948. Athens: Ohio University Press, 2008: 2.
[2] Ibid, 4.
[3] Ibid, 6.

学及印度医学等有过接触。在北部的摩洛哥，信仰伊斯兰教的阿拉伯移民带来了阿拉伯医学，这些新知识对摩洛哥的疾病和治疗有了新认识①。同样，如在14世纪的西非豪萨（Hausa）地区，学者依斯玛依·阿布达拉（Ismail H. Abdalla）指出："伊斯兰教与当地传统之间的接触，是一个缓慢而稳定的同化过程，在这过程中慢慢融合了豪萨的本土药物、医学知识……"②。最终，豪萨人和阿拉伯人之间交融和联系的同时带来了医学的交融演变为当今该地区的传统医学。

另外，东非传统医学的积极能动还体现在与现代医学互动中。正如幕康巴的行医实践经历告诉我们，传统医学不仅按照现代医学体制的要求接受了实证科学的检测，还在主动融入现代医学，它展示出了许多"现代性"的特征，主要表现在两方面：一方面，采取科学化的实践策略，如药物的现代命名、商品化装饰、品牌标签、安全性检测及传统医学家的行医注册和行医资格等；另一方面，实行市场化策略，如以现代货币来明码标价、有固定营销场所、向政府缴纳税收、有销售明细账目等。传统医学现代性的展示，不仅是为了获得现代政治制度下的行医认可和生存权利，实质也是与现代医学斗争或博弈的一种方式。

那么，东非传统医学应该走向何方？从文化实践观来看，人类学家的共识是基于特定场域（Field）来认知传统医学，倡导并赋予其"民族性"意涵。具体而言，就是采用"民族医学"来指代某一社会文化体系中的疾病知识与治疗知识③。回顾历史，东非传统医学在民族生存、民族主义兴起及艾滋瘟疫应对中均发挥重要的社会文化功用④。对此，凯伦·弗林特认为其应与殖民者给定的、充满殖民主义色彩的"传统医学"有本质区别，应属于"民族医学"⑤。不可否认，"民族医学"之意涵确实凸显了东非传统医学具有强大社会文化基因的事实基础，还指向了传统医学具有可持续生命力的可能。

---

① Greenwood B. Cold or Spirits? Ambiguity and Syncretism in Moroccan Therapeutics. In Feierman S, Janzen M(Eds). The Social Basis of Health and Healing in Africa. Los Angeles: University of California Press. 1992: 287-296.

② Abdalla S H. Diffusion of Islamic Medicine into Hausa Land. In Feierman S, Janzen M(Eds). The Social Basis of Health and Healing in Africa. Los Angeles: University of California Press, 1992: 179.

③ 罗伯特·汉. 疾病与治疗：人类学怎么看. 乔木，译. 上海：东方出版中心，2010：5.

④ Flint K E. Healing Traditions: African Medicine, Cultural Exchange and Competition in South Africa, 1820-1948. Athens: Ohio University Press, 2008: 68; Maina W K. Kenya's Freedom Struggle: The Dedan Kimathi Papers. London: Zed Books, 1988; Mesaki S. History of Traditional Medicine in Tanzania from Intellectuals to Charlatans? In Lawi Y Q, Mapunda B (Eds). History of Disease and Healing in Africa. Dar es Salaam: University of Dar es Salaam, GeGCA-NUFU Publications, 2004: 62.

⑤ Flint K E. Healing Traditions African Medicine, Cultural Exchange and Competition in South Africa, 1820-1948. Athens: Ohio University Press, 2008: 2.

回到东非传统医学表象本身，源于万物有灵的东非传统医学病患观与祖先神灵、巫术文化、禁忌文化及神等息息相关，并且还有相应的应对方式。虽然看似有这一系列形而上学表象的传统医学与强调科学实证主义的现代医学格格不入，但其实质是东非传统社会文化的一部分。正如福柯指出的那样，与现代医学多强调疾病本身不同的是，传统医学认为病人不过是一个外在事实，内在本质为疾病之外社会文化因素[1]。在这个意义上，东非传统医学的疾病认知不仅局限于病患躯体、疾病本身，它强调对疾病进行宽泛而综合的认知，还以此生产出一套相对应的、系统化的代理人体系和治疗药物体系。对此，传统医学表象的背后蕴含着社会文化内涵。总之，强调综合性的东非传统医学旨在敦促人们应处理好、维护好身体与心理、社会与文化、自然与环境等的关系，它的本质指向传统社会秩序的社会文化之核，也明晰着发展路径。

此外，在当下东非初级卫生保健中，传统医学也在继续扮演着重要角色[2]。不论是使用传统医学还是民族医学，它们在当下的东非都表达了共同的时代内涵，即走向民族智识的医学，着眼于未来发展。发展的意涵在于，一方面展现东非传统医学持续的文化动力，另一方面更重要的是以此来促进民族自信和民族自觉。从东非传统医学存与续的叙事中，我们不仅看到其悠久历史和深厚的社会文化根基，更看到它展现出的"民族性"张力。回到东非当下，传统医学与现代医学的并存和博弈过程，揭示民族自身的智识可以是，或者应该是更好地应对自身问题的重要选择。在普遍追求医学多元主义（Medical Pluralism）的今天，上述思想内涵的价值和意义本身就是民族自信、民族自觉的重要体现。因此，就东非传统医学的发展和未来而言，应依托民族的社会与文化，来促进民族整体发展意义上的民族自觉。

从上述对东非传统医学的种种认知可见，传统医学并非静止不变，它具有顽强的生命力和持续发展的动力。从学理上来看，不管是称"传统医学"，还是倡导"民族医学"，都在强调本土历史脉络，舶来的现代医学无法割断。东非传统医学不仅指向过去，更因其促进民族自觉的文化动力，而指向地方和国家发展的现在和未来。

---

[1] 米歇尔·福柯. 临床医学的诞生. 刘北成, 译. 南京: 译林出版社, 2001: 7.
[2] Miller N. Traditional medicine in East Africa: the search for a synthesis. *University Field Staff Rep Africa*, 1980, 22: 1-15.

六、结语

东非传统医学是嵌入当地社会生产生活中的、多样而复杂的社会智识体系和实践体系，其并非为现代医学眼中的"草根、愚昧"医学。自现代医学诞生以来，与之相对的传统医学就一直被矮化、被"传统化"。特别是在撒哈拉沙漠以南非洲地区，传统医学好似过去的知识体系，基于与现代对立的、愚昧的、草根的，甚至有着说不清的历史，不能经过科学检验。然而，来自东部非洲传统医学"存"的社会事实告诉我们，东非的传统医学有着基于哲学思想层面的疾病因果观、有一套完整衔接社会上下的代理人体系、不同族群有着不同的药物、有应对重大疾病/健康议题的应对智识和实践体系等等。

长期以来，现代医学的大行其道，使得其在看待、处理与传统医学的关系时，话语充斥着"科学、文明"之于"落后、传统"的对立逻辑。这种逻辑不仅发生在医学场域，甚至一度还被搬到政治、社会的场域中去拷问。然而，东非的传统医学并非一味地接受现代医学的排斥和打压，它凭借其深深嵌入和扎根在地方社会文化基因中的根基，展现出了顽强和丰富的生命力。在与现代医学的互动和博弈中，传统医学也在悄然地发生着不同程度的调适。在东非很多农村患者的就医流程中，传统医学和现代医学均展现了各自功用和张力，都成为不可或缺的部分，为两者"并存"找到了深厚的文化根基和广阔的社会空间。也就是说，在一个特定地方性情境中，现代医学的"万能观"面临着情境性的挑战与批判，也有其局限性。东非的传统医学与现代医学之所以有并存的社会文化空间，一个根本的基点是两者在人们认知病患和处理病患的过程中找到了契合点，两种医学体系在病患实践中双管齐下。

同样，对于传统医学与现代医学之间制度性共处关系、此消彼长博弈关系的开启，一个必要条件也是基于大众健康的现实诉求。虽然西医注重普遍性、重实验，而传统医学注重神秘知识的传授、重表征，两者在医学方法上呈现对立。但是基于两者有着"并存"社会文化根基的事实，两者也有了走向制度性的共处关系和此消彼长的博弈关系之可能。在20世纪末，东非艾滋瘟疫的出现成为这种可能的重要契机。当然，博弈关系的过程极其漫长和复杂，渗透着政治、权利、利益、文化、观念等维度。然而，当关系到国家民族、族群整体的健康和生死存亡时，同现代医学一样，而具有"民族性"的传统医学不仅迎难而上，其表现的张力更是不可小觑。这种张力彰显的是在拯救民族、族群于危难时的一种主体性诉求，是民族自觉、民族自救的一贯表现。进一步讲，就是民族或族群用自身的智慧解决自身的健康遭遇，促使现代医学接纳民族医学，并与之形成此消彼长的关系。因此，在东非面临艾滋瘟疫灾难时，我们看到的是上至总统下至民间传统医学家的一致主体性，他们各尽其责，为暂时缓解早期艾滋瘟疫带来的社会文化心理不适及解决病患需求做出了巨大贡献。

回顾传统医学"民族性"的历史，它不仅根植于地方社会文化的智识体系、实践体系中，还在民族存亡、民族主义兴起时扮演着重要的社会文化功用。虽然，在强大的"现代、文明"面前，民族医学的社会文化功用难以全面施展，处处受到掣肘，但是其作为民族的、族群的主体性表述却一直存在和延续。基于此，来自东非乃至非洲的很多例子证明，"传统医学"的称谓实则是一种在"现代、文明、科学"主义下的矮化。从其长期与现代医学形成的对立关系、并存关系、博弈关系中，进一步证明了东非的传统医学是一种民族的医学。总而言之，东非传统医学同现在息息相关，与民族命运相关，与国家发展有关，同时，它在一定程度上还能接受科学的检验，受到社会的广泛接纳，其与现代并非对立。特此，基于东非传统医学具有可持续的生命力和强大的社会文化基因，其主体性能动有着促进民族自觉的可能，它与现代医学有着合作与交融的可能。

最后，本文虽然是对东部非洲传统医学的梳理，但是当我们反观国内中国传统医学时，有三点值得进一步探讨。第一，从东非传统医学代理人体系可见，传统医学实践者并非为单纯的职业属性，而是嵌入到族群整体社会文化中的一个实践体系。在此点上，其区别于传统中医医者的职业属性。第二，在艾滋病时代，东非传统医学扮演着重要的社会文化功用，其在艾滋病流行早期社会反应调适、病人心理、情感支持等方面均发挥过重要作用。虽然，中国传统中医中也有应对艾滋病相关的药物，但是从当下的实践来看，传统中医在病人心理和情感支持方面仍有很多开拓空间。第三，在健康资源越来越多的情况下，医学多元主义越来越受到人类社会的重视。东非传统医学的实践、调适与反思，及其与现代医学并非完全对立，可以与其共存、博弈等，都值得传统中医借鉴。鉴于本文旨在从学理意义上探讨东非传统医学促进民族自觉的可能，加上篇幅有限，笔者将在今后的研究中进一步探讨。

地方生物学：概念缘起与理论意涵
——国外医学人类学新近发展述评[*]

余成普[**]

（中山大学人类学系，广州 510275）

摘 要：医学人类学家罗克（Margaret Lock）在20世纪90年代提出了地方生物学（local biologies）概念，强调文化和生物过程长期交织而导致的生物社会差异，以反对生物医学普适性身体的假定。本文尝试通过对地方生物学这一概念及相关论著的梳理，展现出医学人类学新近发展中三个相互关联的具有认识论和方法论意义的论争和理论主张：第一，反对身体的标准化，主张生物和文化过程的地方变异和可塑性；第二，反对生物—文化、先天—后天的二元对立，在具身化（embodiment）的策略下强调生物文化的整体性和辩证关系；第三，反对基因决定论，借助表观遗传学（epigenetics），探索生物—文化连接的微观机制。

关键词：生物医学；地方生物学；具身化；医学人类学

一、地方生物学：国外医学人类学的新近发展

生物医学（biomedicine）[①]，是指有关临床和实验的知识植根于生物学和其他

---

[*] 文章的早期版本曾公开发表在《民族研究》，2016（6）。文章在收录时略有改动。本文得益于笔者在哈佛大学亚洲中心访学期间（2016年2月—8月）凯博文（Arthur Kleinman）教授安排的阅读课程。论文写作得到凯博文、罗克（Margaret Lock）、景军、潘天舒、程瑜、张文义等师友的批评和建议。感谢匿名评审人和《民族研究》刘海涛编辑的建议。文责自负。

[**] 作者简介：余成普（1982—），男，中山大学人类学系教授、博士、博士生导师，主要从事医学人类学研究。

[①] 生物医学有时也称为现代医学、西方医学和世界医学，以区别于所谓的传统医学、民族医学和替代医学（alternative medicine）。现代医学、西方医学和世界医学的名称带有明显的进化论色彩和霸权主义，没有揭示出它的本质基础。考虑到本文主要是对地方生物学这一概念的梳理，我将采用生物医学这一名称。

自然科学的医学分支①。顾名思义，生物医学的本质是生物学，它视身体为自然的一部分，旨在探索身体的结构及其化学成分，坚信身体的病变在医学技术面前展露无遗，而心理的、社会的和道德的维度，虽偶尔被提及，但终究被认为是发现和治疗疾病的障碍。人类学对生物医学的研究是一个后来者。身体，尽管普遍存在，并调节着有关世界的所有反思和行为，但由于没有被问题化，被大多数文化人类学家置于黑箱之中，成为自然科学的专属对象②。受身体—心灵、自然—文化、先天—后天（nature-nurture）的二元分割以及自然科学和人文社会科学的分野，以"物质身体"为对象，以"科学"为基础的生物医学，长期以来游离于文化人类学家的视野之外③。

当越来越多的医学人类学者试图从关注（狭义的）民族医学转向生物医学时④，发现他们不仅遭遇人类学同行和医学专业人士的不理解，更大的困难还在于没有合适的理论框架⑤。因为医学人类学的真正发展起于二战后的国际卫生运动⑥，一些实践导向的人类学家致力于用人类学的理论和方法去服务于第三世界的公共卫生。至少在起初，这些医学人类学家的应用倾向过于突出，忽略了理论探讨，更缺乏批判思维。

20世纪70年代后，医学人类学逐渐走向理论自觉，一系列具有反思和框架意义的理论和分析概念——如解释模型理论（explanatory models）、地方道德世界（local moral world）、语义网络（semantic networks）、结构性暴力（structural violence）、地方生物学（local biologies⑦）等——得以提出或在医疗领域内获得新的生命力。其中，20世纪90年代以来，罗克（Margaret Lock）⑧及其追随者以地方生物学为分析

---

① Lock M, Nguyen V K. An Anthropology of Biomedicine. Oxford: Wiley-Blackwell, 2010, p365.
② Lock M. Cultivating the Body: Anthropology and Epistemologies of Bodily Practice and Knowledge. *The Annual Review of Anthropology*, Vol.22, 1993.
③ 罗红光. 科学现象的文化视角辨析. 科学与社会, 2013（3）.
④ 这种转变一方面受生物医学全球扩张的影响，一方面也与人类学本身从研究无文字社会到文明社会的转变有关。
⑤ Casper M J, Koenig B A. Reconfiguring Nature and Culture: Intersections of Medical Anthropology and Technoscience Studies. *Medical Anthropology Quarterly*, Vol.10, No,4, 1996, pp.524-525.
⑥ 张有春. 医学人类学的社会文化视角. 民族研究, 2009（2）.
⑦ "biologies"之所以为复数，表明生物学存在多样的知识系统，而非西方科学下单一的、普适的类别。
⑧ 罗克，1936年出生于英格兰，1961年移民至加拿大。她曾受过生物化学的训练，1976年在加州大学伯克利分校获得文化人类学博士学位，在加州大学旧金山分校完成博士后工作之后，进入加拿大麦吉尔大学从事医学人类学研究。因其对人类学的贡献，她分别于1994年和2015年被遴选为加拿大皇家学会会士和美国艺术与科学院外籍院士。

概念开展的一系列研究,开启了有关生物医学与民族医学、身体(body)与具身化(embodiment)、自然与文化,以及自然科学与人文社会科学之间关系的持续讨论,成为医学人类学领域新近发展的一支标杆[①]。医学人类学专业期刊《医学人类学》(*Medical Anthropology: Cross-Cultural Studies in Health and Illness*)在2013年第4期还开辟专栏在器官移植、艾滋病、阿尔茨海默病、结核病、胚胎干细胞治疗等主题下讨论了全球健康时代的地方生物学[②]。这一概念下的民族志研究,向我们呈现出病痛体验和生物过程的地方变异和可塑性,而这些变异与环境、饮食、文化、健康政策等联系在一起。在一定时空范围内,生物的、社会的和政治的因素会发挥叠加的、相互交织的效应,而地方生物学的民族志研究则致力于揭示出生物社会的整体面貌。

地方生物学不仅直接导向对生物医学既有假定的批判,成为诸多人类学者研究生物医学及其技术的直接的或隐含的理论视角,具有认识论和方法论的意义,同时也是对人类学及相关学科长期以来所探讨的生物—文化、先天—后天等若干二元关系的可能超越和突破。下文我将以一个经典案例引出地方生物学概念,并将这一概念置于生物和文化、身体与具身化、先天和后天的关系中加以检视和反思。论文结尾在总结地方生物学概念学术价值的同时,我们亦对国外医学人类学近年来的研究态势做出简要的评论。

---

① Kontos P C. Local Biology: Bodies of Difference in Ageing Studies. *Ageing and Society*, Vol, 19, No.6, 1999; Horton S, Barker J C. Stigmatized Biologies: Examining the Cumulative Effects of Oral Health Disparities for Mexican American Farmworker Children. *Medical Anthropology Quarterly*, Vol, 24, No.2, 2010; Fullwiley D. The Enculturated Gene: Stickle Cell Health Politics and Biological Difference in West Africa, Princeton: Princeton University Press, 2011; Koch E. Local Microbiologies of Tuberculosis: Insights from the Republic of Georgia. *Medical Anthropology*, Vol, 30, No.1, 2011; Burke N J. Local Biologies and Ecologies of Screening: Tracing the Aftereffects of the "Shanghai Study". *Anthropological Quarterly*, Vol 87, No.2, 2014; Nading A M. Local Biologies, Leaky Things, and the Chemical Infrastructure of Global Health. *Medical Anthropology*, Vol.36, No.2, 2017. 等等.

② Lock M. The Epigenome and Nature/Nurture Reunification: A Challenge for Anthropology. *Medical Anthropology*, Vol.32, No.4, 2013; Koch E. Tuberculosis Is a Threshold: The Making of a Social Disease in Post-Soviet Georgia. *Medical Anthropology*, Vol.32, No.4, 2013; Hamdy S F. Political Challenges to Biomedical Universalism: Kidney Failure among Egypt's Poor. *Medical Anthropology*, Vol.32, No.4, 2013; Gilbert H. Re-visioning Local Biologies: HIV-2 and the Pattern of Differential Valuation in Biomedical Research. *Medical Anthropology*, Vol.32, No.4, 2013; Bharadwaj B. Subaltern Biology? Local Biologies, Indian Odysseys, and the Pursuit of Human Embryonic Stem Cell Therapies. *Medical Anthropology*, Vol.32, No.4, 2013; Brotherton P S, Nguyen V K. Revisiting Local Biology in the Era of Global Health. *Medical Anthropology*, Vol.32, No.4, 2013.

二、地方生物学：生物与文化的交织

（一）对生物医学的挑战：更年期的跨文化比较

在人类的历史长河里，草药、动物药、矿物药、巫术，以及宗教等都共同参与到处理人们的病痛和不适上。在过去的三四个世纪，尤其是近百年来，生物医学的理念和实践与其他草医学、体液医学、超自然医学等展开竞争，整体上形成以生物医学为主导，医疗多元化（medical pluralism）的局面。生物医学的发展与扩展，不是疾病真相的顺序结果，而是特定历史环境下的产物。它是科学革命和欧洲现代化的一部分，是韦伯所谓世界"祛魅化"的结果[1]。在这个过程中，人们开始系统地理解自然，使用技术来对自然世界进行客观化的描述。身体、健康和疾病就处于这个"对象化"的自然领域之中[2]。

生物医学认为身体是自然的一部分，疾病作为自然现象，应该在自然主义的方法（科学的规范下）来发展有关它的知识，并使其合法化。它的处理方式一般为，将前来求助的个人变成医学监视的对象，即病人；将病人陈述的零碎事实（病痛叙述）转变为科学的事实，以制定诊断、治疗计划；劝服病人相信医学的力量，并开始治疗[3]。简而言之，生物医学的知识和实践至少表明了如下的假定：（1）身体由物质构成，遵循自然的法则。认为疾病不同于厄运和神灵的惩罚和考验，而是机制。医学的任务，就是通过观察与凝视，以发现身体的奥秘和疾病的机制。（2）客观性。对身体的观察和研究，其意义来自身体本身，独立于人的目的、关系和情感。它坚持唯物主义是知识的基础，而对辩证的思维模型表示反感。虽然生物医学偶尔也引入心理、价值等主观性的概念，但它在处理这些资料时，依然就像处理客观性资料一样，习惯各种指标和量化的策略。临床医生倾向于将治疗作为独立的、不受时空影响的、文化无涉的过程。（3）原子化和机械论。生物医学秉持身体的机械观，认为整体是由部分决定。生物医学家相信，单一的原因链条应该对应特定的病理机制。寻求病灶、细菌理论以及某些慢性疾病的基因解释就是这种假定下的产物。（4）超越时空的标准化和普适性。这一假定认为，人类的身体，尽管存在外表的不

---

[1] ［德］韦伯. 马克斯·韦伯社会学文集. 阎克文，译. 北京：人民出版社，2010.
[2] Lock M, Nguyen V K. An Anthropology of Biomedicine. Oxford: Wiley-Blackwell, 2010, p32.
[3] Greenhalgh S. Under the Medical Gaze. Berkeley: University of California Press, 2001.

同,但出于诊断和管理疾病的目的,它们在本质上是同一的,表现为去情境化的(decontextualized),不受时空和环境影响的特征。①

上述基本假定,表明生物医学一开始似乎就是拒斥文化研究的,因为它宣称身体具有超越时空的标准性,并且与文化、社会和道德相分离。但当人类学家以及从事科技与社会(Science Technology and Society,简称STS)研究的学者②进入生物医学的场域,对生物医学的实验、技术和实践开展研究时,越来越发现,生物医学本身就是"民族医学",是社会建构的产物。它并非是"不受文化限制"(culture-free)的科学系统,而是植根于特定的文化前提和认识论基础,并镶嵌在具体的历史背景之中③。在挑战生物医学的普适性假定上,罗克及其同事的更年期研究当属经典案例,他们也是在此基础上提出了地方生物学概念。

20世纪80年代,罗克及其同事开始对日本和北美(美国和加拿大)妇女(年龄在45岁到55岁的普通人群)的更年期进行比较研究④。他们并不是要争论说两地妇女的身体结构是不同的,也不是要否定生物学和以生物学为基础的生物医学是"真的",或者说生物实验是有瑕疵的。其研究告诉我们,在不同地方,人们对"更年期"的身体体验、话语体系是不同的,而这与地方性的环境、饮食、历史传统、医疗体系等相互交织。通过民族志的描述和问卷的数据,罗克等学者想强调的是,普适性生物学(universal biology)是局部的真实。他们提醒我们需要警惕那些未被检验的普适性假设,以及让我们注意到生物学的跨文化比较在全球秩序中越来越重要的政治、社会和健康含义。

更年期(menopause)这个术语在1821年由一位法国医生首次提出,然后在北美

---

① Lock M, Gordon D. Biomedicine Examined, Netherlands: Kluwer Academic Publishers, 1988; Ember C R, Ember M. Encyclopedia of Medical Anthropology. New York: Kluwer Academic/Plenum Publishers, 2004; A.Kleinman. Writing at the Margin. Berkeley: University of California Press, 1995.

② Latour B, Woolgar S. Laboratory Life: The Construction of Scientific Facts, Princeton: Princeton University Press, 1986; Goodman A H, Heath D, Lindee M S. Genetic Nature/Culture, Berkeley: University of California Press, 2003; Roberts E F S. God's Laboratory: Assisted Reproduction in the Andes. Berkeley: University of California Press, 2012.

③ [美]罗伯特·汉.疾病与治疗:人类学怎么看.禾木,译.上海:东方出版中心,2010:160-161.

④ Lock M. Encounters with Aging: Mythologies of Menopause in Japan and North America. Berkeley: University of California Press, 1993; Lock M, Kaufert P. Menopause, Local Biologies and Cultures of Aging. *American Journal of Human Biology*, Vol.13, No.4, 2001; Lock M, Kaufert P, Gilbert P. Cultural Construction of the Menopause Syndrome: The Japanese Case. *Maturitas*, Vol.10, No.4, 1998; Lock M. Menopause in Cultural Context. *Experimental Gerontology*, Vol.29, No.3/4, 1994; Lock M, Nguyen V K. An Anthropology of Biomedicine, Oxford: Wiley-Blackwell, 2010.

和欧洲医学界逐渐流行。它指的是一种在妇女绝经前后的身体转变。实际上，在欧洲中世纪，"*climacteric*"这个术语也指生命周期的转变，但是没有区分男人和女人。将更年期与妇女绝经联系起来，既表明了妇女在更年期后的衰老，也预示着她们生育能力的终结。由于当时妇女的预期寿命只有50岁左右，人们一度认为，没有妇女的寿命能够超越更年期，那些顺利度过更年期的妇女，是生物学上的异类，是技术和文化干预的结果。现在大多数临床研究者和医务工作者相信，更年期具有生物学上的普适性，因为随着卵巢老化、雌激素的下降，妇女的绝经是必然的。这种从生育阶段到后生育阶段的转变，也必然带来身体一系列显著的症状和不适，比如皮肤弹性的下降、认知能力的衰退、阴道干燥，尤其是夜间盗汗、潮热（hot flush）等。更年期同时也是诸多慢性疾病（心脏病、阿尔茨海默病、骨质疏松症、中风等）风险的信号[1]。因而，将更年期视为一个病理学状态，加以医学化的管理，以减少不适和降低疾病风险，成为欧美医疗行业，乃至中年妇女自身的普遍认识。相应的，荷尔蒙替代疗法（MHT）成为应对更年期症状及健康风险的首要医疗选择。

在日本，无论是妇女还是医生，在19世纪80年代之前，都没有把绝经作为妇女更年期的重要标志，甚至没有合适的日本语等同于英语的更年期。在日本，"*konenki*"经常指称更年期，但它实际上表达的是不同的意思。"*konenki*"更类似于欧洲早期使用的"*climacteric*"，它不区分男人和女人，更不单纯指绝经这个事件，而是表示生命中一个长期的渐进的转变过程，这个过程可以在45岁或是更早，一直持续到60岁左右。日本的医生常将这个过程视为正常的生理过程，甚少将其病理化。

在症状的表现上，北美与日本妇女的叙述也具有明显的不同。潮热、夜间盗汗被认为是更年期的典型症状，但日本妇女对此则较少抱怨，相反，在这个阶段，肩膀僵硬（shoulder stiffness）和头痛是她们的主要病痛。调查资料还显示，参与调查的妇女，在日本只有28%的被访者患有慢性疾病（糖尿病、过敏症、哮喘、关节炎、高血压等），而北美麻省的比例为53%，加拿大曼尼托巴省的比例为45%。这说明，日本的中年妇女并没有北美中年妇女遭遇那么多的慢性病痛，另外，日本妇女的平均预期寿命也位居全球首列。

造成上述人们对所谓更年期的体验、概念体系、话语结构的不同，罗克及其同事从历史、饮食、家庭结构和医疗等多方面分析了原因。被调查的这些日本妇女，

---

[1] Leidy L E. Biological Aspects of Menopause: Across the Lifespan. *Annual Review of Anthropology*, Vol.23, 1994.

多出生在二战后，大部分在孩童时候经历过营养不良。但是，她们几乎没有人抽烟，甚至饮酒和咖啡消费也很少。这些日本妇女的饮食多以丰富的豆类（天然雌激素的重要来源）、蔬菜以及一些低脂肪的食物为主。日本的妇女也经常使用草药，习惯饮茶，这些也包含着植物雌激素。日本妇女对健康的关注、有规律的运动、日本较为均衡的财富分配和相对平等的健康保障机会等都对日本妇女的健康和长寿发挥作用。日本中年妇女在家庭中的负担，尤其是对孙辈的照顾，增加了他们肩膀疼痛等症状，这些繁重的家务甚至让她们无暇顾及身体的其他感受。

在日本，虽然绝经很早就被传统医学所认识，但在19世纪晚期之前，它只是获得很少的注意。日本医学受德国医学的影响，创造了"konenki"——与日本医学的"自主神经系统"（autonomic nervous system）的不适相关联。这就意味着，在日本的主流话语中，所谓更年期的不适不是直接与雌激素的下降相联系，而被认为是自主神经系统的不稳定所导致。在20世纪之前，日本较少受生物解剖学的影响，一些医生也主要是草药师，他们很少将潮热以及其他血管方面的症状作为更年期的典型症状。表1比较了北美和日本妇女在更年期上的特征。

表1 北美和日本妇女"更年期"比较

	北美	日本
术语名称	*Menopause*	*Konenki* 与自主神经系统
出现时间	以妇女绝经为标志的事件	45岁之前持续到60岁左右的生命过程
典型症状	潮热、夜间盗汗等	肩膀僵硬、头痛等
适合人群	中年妇女	中年男和女
医学话语	病理问题、慢性病风险及荷尔蒙替代疗法	生理问题或自主神经系统的不稳定
可能归因	卵巢老化和雌激素下降	生命周期、饮食结构、家庭负担等

上述研究表明，月经的"结束"、雌激素的改变对于40到50岁的妇女来说是"真实的"现象，但这种现象被不同地方的妇女以不同的方式体验，并被不同的行动者，如妇女、医生、药物厂商等以不同的方式参与到解释和话语的塑造中。更年期是一个生物学和社会文化持续互动的产物。更年期的身体体验，部分来自文化所表达的有关这个生命阶段的期望，这些期望包括什么才是"正常的"身体感受。这说明，更年期不应该被概念化为一种普适的、不变的生物学转变，它也不是妇女所必须面对的普适性病理事件，甚至也不一定是一个难以度过的、慢性病徒增的生命历

程。个体的生物学与历史、环境和社会过程相互交织，表现出地方性的特征，我们必须在具体的历史和情境中对更年期加以重新地理解。

（二）地方生物学的界定与基本主张

在1993年出版的对更年期的比较研究中，罗克首次提出了地方生物学[①]这一概念[②]。她强调我们不能接受物质的身体作为不变的自然事实的简单集合体，有关身体的文化接受的形式和沟通的知识，反映了生物学的地方性差异。为此，我们需要讨论生物学和文化之间相互交织的关系，因为它们共同生产了地方性的体验和知识。而后，罗克及同事进一步对地方生物学做出了界定，认为地方生物学是身体感受具身体验的方式：人们对福祉、健康、疾病等的体验部分被物质身体所获知，而物质身体本身因进化、环境和个体的不同而变动不居，这表明了身体与文化之间的辩证法[③]。

医学科学所创造的不同知识范畴是被历史和文化建构的[④]，在人口中也可以测量到身体的差异，但它们要么忽视了人的生物性及其差异本身，要么把复杂的生物社会互动过程缩减为去情境化的一系列指标，这与地方生物学的主张迥异。地方生物学所强调的是文化和生物的过程不可避免地长期交织而导致的生物社会的差异（biosocial differentiation）。这个差异或许会也或许不会被个体所察觉。生物和社会文化过程的交织有时候是有目的性的，比如优生学的实践、公共健康机制的实施，但是在更多的时候，它的发生是偶尔的，没有任何技术的目的，比如农业实践或工业污染的未预结局[⑤]。

罗克及其同事在提出地方生物学这一概念时已经意识到，学者们之所以对地方生物学视而不见，不愿触及，或许源于他们不愿意落入到种族主义和进化论的陷阱

[①] 值得注意的是，地方生物学这一概念与社会生物学（sociobiology）和生物社会学（biological sociology）虽然都探讨诸如先天—后天之间的关系问题，但地方生物学强调的是人的生物—文化的整体性，而社会生物学和生物社会学（作为20世纪70年代后出现的新兴学科）则是研究生物界各个类别（比如蚂蚁、昆虫、非人灵长类、人类）的社会性。

[②] Lock M. Encounters with Aging: Mythologies of Menopause in Japan and North America. Berkeley: University of California Press, 1993.

[③] Lock M, Kaufert P. Menopause, Local Biologies and Cultures of Aging. *American Journal of Human Biology*, Vol.13, No.4, 2001.

[④] 格瑞斯（A.D.Gaines）在较早时候也曾提及"地方生物学"（Local biology，他用的是单数），他主要强调的就是生物学知识的文化建构。详见 Grines A D. Ethnopsychiatry: The Cultural Construction of Professional and Folk Psychiatries. Albany: State University of New York Press, 1992.

[⑤] Lock M, Nguyen V K. An Anthropology of Biomedicine, Oxford: Wiley-Blackwell, 2010.

和责难中。19世纪晚期,人类生物的同质性理论渐渐浮现,代替过往的种族差异理论,这被认为是生物学对人的平等理念的一大贡献。而后,在以博厄斯(Franz Boas)为代表的人类学家的努力下,种族主义理论逐渐式微①。地方生物学强调生物社会的差异,似乎走向历史的倒退。实际上,地方生物学所言的生物社会的差异,在于生物学的身体与社会情境的互动过程,是生物学与社会关系、政治、文化等相互交织的动态的具身化(详见下文),这与种族主义的路径具有根本的不同,因为后者强调种族间身体的本质差异,而不关注造成差异的具体情境。我们既不能用生物学的差异去主张种族(以及性别)的不平等,也不能因种族主义的诟病而掩盖生物社会的差异。忽视地方生物学,会让我们对社会和政治过程如何生产生物学的差异视而不见,也会对由此而导致的不平等的加剧置若罔闻。

地方生物学的概念源于对更年期这一经典案例的分析,因而,对经典案例中资料和方法的质问,将直接指向这一概念的立论基础。更年期的典型症状,如潮热和盗汗等,日本妇女与北美妇女相比较少提及。这可能引起如下的质疑:日本妇女或许不熟悉这类症状,这不是身体表征和体验的差异,而是语言转译的问题;或是由于被访者害羞和不合作;当生物医学在日本普及后,日本和北美妇女的身体体验或许会趋同;这份研究侧重于日本,而北美的资料主要来自已有的文献,这将导致对北美妇女更年期体验研究的简单化②。罗克及其同事否定了调查过程中被调查者不合作或是害羞的情况,但他们承认如果在北美做更详细的民族志研究,将会增加比较的深度。不过这并没有动摇他们地方生物学的立场和主张,因为不仅更年期研究,其他如器官移植、艾滋病、糖尿病、阿尔茨海默病、牙齿形状等诸多研究都充分展现了地方生物学的存在。更年期的追踪研究,还进一步揭示出在生物医学及其理念逐渐在日本普及的情况下,日本妇女有关更年期的体验和话语也变化有限③。这说明,在文化特殊性和生物医学的普及之间,人们有选择地参与其中。其他跨文化研究也显示出更年期体验的文化差异性,比如在中国和泰国的某些民族,人们认为绝经后的妇

---

① 博厄斯早期关于头围的研究,也表明了社会文化情境对人的生物性的塑造。参见 Boas F. The Mind of Primitive Man. Norwood, MA: MacMillan, 1911.
② Long S. Review on "Encounters with Aging: Mythologies of Menopause in Japan and North America". *Journal of Japanese Studies*, Vol.21, No.2, 1995; Manderson L. Review on "Encounters with Aging: Mythologies of Menopause in Japan and North America". *The Australian Journal of Anthropology*, Vol.8, No.3, 1997.
③ Zeserson J M. How Japanese Women Talk about Hot Flushes: Implications for Menopause Research. *Medical Anthropology Quarterly*, Vol.15, No.2, 2001; Melby M K, Lock M, Kaufert P. Culture and Symptom Reporting at Menopause. *Human Reproduction Update*, Vol.11, No.5, 2005.

女是一个新的开始,她们不再有经血的污秽,反而可以去参加一些宗教仪式了[①]。

据此,我们可以比较地方生物学与生物医学的核心理念,见表2。

表2 生物医学与地方生物学的比较

	生物医学	地方生物学
处理对象	物质身体	具身化(详见下文)
核心假定	去情境化的普适性,标准化	情境化的地方性,差异化
呈现方式	指标和量化	具身化的复杂性和动态过程
认识论和方法论	还原论及机械观	生物—文化的交织与生物社会差异

地方生物学无疑挑战了生物学以及以生物学为基础的生物医学的既有假定,它一方面反对生物决定论和普适性的身体观,一方面又拒斥社会决定论——身体处于不能言说的黑箱之中,而是将身体与社会文化环境的持续互动和相互交织作为根本的出发点和立足点。人类学也一贯坚持生物—文化的整体性(holism),这种一般意义的整体性强调了人的根本属性,罗克及其同事在这种整体性的基本理念下,更强调人的生物性和社会文化之间的相互交织、变动不居的具身化过程(详见下文),并在具体的情境中揭示这种变动的、可塑的差异,以及给予生物文化的整体解释。

三、地方生物学对生物—文化二元论的超越

上述的概念界定表明,地方生物学从本质上说处理的是身体问题以及与之相关的生物—文化的关系问题。接下来,我将对身体的既有研究进行简单归纳,然后转向地方生物学的身体取向,并且试图展现地方生物学如何实现对生物—文化二元论的超越。

(一)身体研究的三种取向

既有的身体研究大体上包括以下三种取向:一是自然主义的或基础主义的身体

[①] Shea J L. Revolutionary Women at Middle Age: an Ethnographic Survey of Menopause and Midlife Aging in Beijing, China. Doctoral Dissertation, Cambridge: Harvard University, 1998; Chirawatkul S, Manderson L. Perceptions of Menopause in Northeast Thailand: Contested Meaning and Practice. *Social Science & Medicine*, Vol.39, No.11, 1994.

取向；二是社会建构的或反基础主义的身体取向①；三是笔者称之为互动的、辩证的身体取向。

第一种取向强调以身体的生物性来说明社会结构，个人的意向、行动、潜力、健康和疾病等是由生物和基因决定的，把身体看成是社会意义、社会关系、健康福祉的生成器。

第二种取向认为身体在一定程度上被社会形塑、约束甚至创造，揭示赋予身体的那些特征和意义，以及不同人群的身体之间存在的界限，主张身体并不是社会的基础，而是社会的产物。莫斯（Marcel Mauss）有关身体技术的研究②、道格拉斯（Mary Douglas）对身体象征和社会结构的考察以及对物质身体和社会身体之间关系的分析③大体上都表达了社会建构论的身体观。社会建构论把身体概念化为一个符号系统，即把它作为社会意义或象征符号的载体或承担者，社会现实"铭刻"在身体上，而人们的肉身体验却被有意无意地忽视掉了。

第三种取向不是要否定身体的生物性和身体的符号意义，而是将身体的社会性和生物性之间的辩证关系作为首要的关注点。西佩—休斯和罗克两位合作发表的《精神性的身体：医学人类学未来研究导论》这篇带有范式意义的论文里强调我们需要悬置已有的身心二元取向。她们强调身体同时是一种物质性和象征性的人造物，它既是自然产物又是文化产物，并牢牢地固定在特定的历史时刻④。西佩-休斯和罗克激发了身体研究的整体互动的取向，以至于在身体人类学和身体社会学里，精神性的身体图式现在已经代替了笛卡尔（Rene Descartes）的分离主义的思想图式⑤。比如特纳（Bryan S.Turner）认为，对于个体和群体而言，身体既是一个环境（自然的一部分），又是自我的中介（文化的一部分），身体决定性地处于世界的自然秩序和世界的文化安排结果之间的人类结合点上，它既是自然的，也是文化和社会的⑥。希林（Chris Shilling）旨在弥合上述第一种和第二种两种取向的鸿沟，主张身体作为兼具

---

① ［美］希林. 身体与社会理论. 李康，译. 北京：北京大学出版社，2010；汪民安，陈永国. 后身体：文化、权力和生命政治学. 长春：吉林人民出版社，2011.
② ［法］莫斯. 人类学与社会学五讲. 林宗锦，译. 桂林：广西师范大学出版社，2008.
③ ［美］道格拉斯. 洁净与危险. 黄剑波，卢忱，柳博赟，译. 北京：民族出版社，2008；Douglas M. Natural Symbols: Explorations in Cosmology. Harmondsworth: Penguin, 1970.
④ Scheper-Hughes N, Lock M. The Mindful Body: A Prolegomenon to Future Work in Medical Anthropology. *Medical Anthropology Quarterly*, Vol.1, No.1, 1987.
⑤ ［美］斯特拉桑. 身体思想. 王业伟，赵国新，译. 沈阳：春风文艺出版社，1999：80.
⑥ ［美］特纳. 身体与社会. 马海良，赵国新，译. 沈阳：春风文艺出版社，2000：99.

生物性和社会性的现象,人的"自然"属性并不是与社会彻底分离,而是社会关系和文化活动的必要前提,身体本身依然充当着社会关系的基础,不能被化约为社会关系的某种表达①。

(二)地方生物学对具身化的再检视

很明显,地方生物学所秉持的是上述第三种身体取向,它一方面强调身体(body)的体验性,一方面也将社会文化情境对身体的塑造纳入思考的范畴,这正是具身化(embodiment)②的方法论策略。身体(body)是一个生物性的物质实体,而具身化是一个方法论领域。具身化最先是哲学的思辨,而后影响到认知科学、人类学等领域③。以梅洛-庞蒂(Maurice Merleau-Ponty)、布迪厄(Pierre Bourdieu)为代表的学者,将具身化作为一种转化器,或者是一个纽带,意图超越长久以来困扰哲学、人类学及相关学科的主观—客观、行为—结构等二元论④。罗克及其同事正是对梅洛—庞蒂、布迪厄的研究进行重新检视的基础上,推动了他们自己在地方生物学框架下的具身化研究。

以梅洛—庞蒂为代表的现象学致力于处理的是主客观的关系,他通过具身化的研究,试图打破主客观的二元论⑤。梅洛—庞蒂将身体作为方法论的起点,以具身化作为方法论的准则,强调身体本身并非二元的,身体不是与它的相反面心灵相区分。他认为身体是世界关系中的一个存在(setting),意识是身体对这个世界的投射。也就是说,知觉开始于身体,并通过反思性思考,作用在对象上。在知觉的水平上,没有主客观的区别,我们同样都在这个世界上,分析开始于知觉的前对象行为(pre-

---

① [美]希林.身体与社会理论.李康,译.北京:北京大学出版社,2010.
② 目前国内学术界对"embodiment"的翻译尚未统一,将其译为"缘身性""具身化""涉身性"等。笔者认为将其翻译为"具身化"既可展现它与身体(body)的联系,也体现了它的变动可塑的过程特征,较为合适。已有学者对这一概念的思想来源进行综述,参见:孟伟.Embodiment 概念辨析.科学技术与辩证法,2007(2).
③ 有关具身化的人类学研究,可以参见:Csordas T J. Embodiment and Experience: The Existential Ground of Culture and Self. Cambridge: Cambridge University Press, 1994;[美]斯特拉桑.身体思想.王业伟,赵国新,译.沈阳:春风文艺出版社,1999.有关具身化的认知科学和哲学研究,可以参见:叶浩生."具身"涵义的理论辨析.心理学报,2014(7);刘哲.具身化理论视域下的反笛卡尔主义.中国社会科学,2014(8).
④ 二元论,可以追溯到亚里士多德时代,笛卡尔的身心二元论将其推到顶峰,它习惯将世界划分为两个对立的范畴,并且赋予其中一个比另一个具有更大的价值,比如在身心关系上,自然主义取向的学者赋予身体以决定地位,而建构论取向的学者则视身体为社会建构的产物。参见:Bartole T. The Structure of Embodiment and the Overcoming of Dualism: An Analysis of Margaret Lock's Paradigm of Embodiment. *Dialectical Anthropology*, Vol.36, No.1/2, 2012.
⑤ [法]梅洛-庞蒂.知觉现象学.姜志辉,译.北京:商务印书馆,2005.

objective act of perception），而不是在已经形成的对象上①。对梅洛-庞蒂而言，身体从来不是一个简单的生物性客体，而是意识的具身化，是意图以及各种实践的起源地。这一具身化的表述，至少部分地超越上文自然主义的本质论和建构主义的象征论和话语体系。

如果说梅洛-庞蒂处理的是知觉领域内的主客观问题，那么布迪厄则在实践领域内处理的则是行为与结构的二元论②。布迪厄的实践理论认为，文化既非源自个体的动机和行动，也不是潜在规则和结构的产物，而是社会行动者依据习性（habitus）积极建构出来的，同时也被先前的规则所约定的结果，是规则、行动以及行动策略之间互动关系的产物。在这里，布迪厄借鉴了莫斯的习性③概念，强调植根于无意识普通身体实践的再现，认为社会世界既存在于身体（习性）中，也存在于实践的场域中，表现为二重性，即一体二面④。身体拥有的习性是不言而喻的生存倾向性，具有一种无意识的特征⑤，但身体是未完成的实体，要通过社会生活才能形成，并被烙上社会阶级的标记，要通过个体的社会位置、习性和品味之间的相互关联才能发展⑥。通过这种具身化的策略，布迪厄的实践理论既给予了结构以地位，也赋予了行为的自主性，他试图在个体行为决定论和结构决定论之外，寻找一条出路和替代的立场。

罗克及其同事认为，现象学的具身化，其重点在于普适性身体以及对知觉的哲学反思，这些研究明显缺乏历史的深度和社会学的洞察力⑦；而布迪厄虽然引入了"习性"的概念，但他对社会转型与身体习性的变动缺乏探讨，他更关注结构的优先性和生产功能上，对身体的创造性没有兴趣⑧。在对梅洛—庞蒂和布迪厄具身化研究批评的基础上，罗克及其追随者开始在地方生物学概念下重新使用具身化的策略，他们更强调具身化的情境性以及由此引发的变动性和可塑性：身体和文化相互交织，都不可避免地处于进化的、历史的、生命周期的和周遭环境的时空变动之中，具有

---

① Csordas T J. Somatic Modes of Attention. *Cultural Anthropology*, Vol.8, No.2, 1993, p.137.
② Bourdieu P. Outline of a Theory of Practice. Nice R, Trans. Cambridge: Cambridge University Press, 1977.
③ 莫斯在研究身体技术时，强调身体的习性不是简单的随个人和他们的效仿而变化，而是随着社会、教育、礼仪、习俗和声望等而变化，这是技术方法、集体和个人实践在身体上的成果。参见［法］莫斯．人类学与社会学五讲．林宗锦，译．桂林：广西师范大学出版社，2008：88.
④ 刘拥华．从二元论到二重性：布迪厄社会观理论研究．社会，2009（3）．
⑤ 郑震．身体：当代西方社会理论的新视角．社会学研究，2009（6）：192-195.
⑥ ［美］希林．身体与社会理论．李康，译．北京：北京大学出版社，2010：24.
⑦ Lock M, Farquhar J. Beyond the Body Proper: Reading the Anthropology of Material Life. Durham: Duke University Press, 2007, p.7.
⑧ Lock M. Cultivating the Body: Anthropology and Epistemologies of Bodily Practice and Knowledge. *The Annual Review of Anthropology*, Vol.22, 1993, p.137.

可塑性和偶然性（contingent）的特征。现在我们可以通过表3较为直观地总结下具身化的不同路径。

表3 具身化的不同路径

代表人物	领域	处理关系	方法论策略	核心概念	基本观点	不足
梅洛—庞蒂	知觉现象学	主观—客观	具身化	知觉	知觉开始于身体，并通过反思性思考，作用在对象上	缺乏历史的深度和社会学的洞察力
布迪厄	实践	行为—结构	具身化	习性	社会世界既存在于身体的习性中，也存在于实践的场域中，表现为一体两面	对社会转型与身体习性的变动缺乏探讨，对身体的创造性缺乏兴趣
罗克	身体	生物—文化	具身化	地方生物学	身体和文化相互交织：人们对福祉、健康、疾病等的体验被物质身体所获知，而物质身体本身因进化、环境和个体的不同而变动不居	寻找生物—文化连接的机制还面临学科合作的困难（详见下文）

（三）地方生物学对生物—文化二元论的超越

地方生物学从其缘起来看，如前文所言，是对生物学普适性身体的批判。所以它从一开始不仅将身体作为一个"理论工具"，而且直接以身体作为研究对象。地方生物学试图强调身体本身的过程性与可塑性，从而将身体的变动不居作为具身化理论的首要关注。身体，在地方生物学的框架下，被看成不仅仅是结构的也是暂时的，不仅是客观的存在，也是某一嵌入在社会、历史和多样性时空环境下的地方产物。这样，地方生物学所主张的具身化由人们呈现身体的方式所构成，而这种方式来自知识和体验的地方的和情境的范畴。人们的生物学知识和体验是社会性的获得，反过来，社会世界也被体验的现实所形塑。人的生物性和社会文化性，作为辩证关系的互相生产，最终落实在既是主体的也是社会文化的身体上，表现出动态的特征。

可以看出，地方生物学既不认同社会文化决定论，也不认同生物决定论，它通过具身化的策略，在强调人们身体的生物性和体验性的同时，也将这种生物性与外在的地方情境联系起来，从而一方面跳出了生物—文化二元论的困境，一方面也避免了现象学对社会情境的忽视以及布迪厄对身体的创造性和变动性的冷漠。有学者批评地方生物学概念下的具身化仍存在缺陷，因为它的出发点还是建立在二元论基础上的，它只是形式上克服了二元论，在本质上并没有成功①。确实，罗克及其同事所研究的依然是两个事项（生物—文化）之间的关系，但原有的二元对立，通过具身化的策略，走向辩证统一，实际上已经有所推动。他们在具身化上的贡献，在于视具身化为动态的、情境化的过程。与梅洛—庞蒂、布迪厄相比，罗克等其实并没有满足这种对二元论形式上的处理，而是积极走向对生物—文化连接的更具体机制的探索上。

四、地方生物学对生物—文化连接机制的探索

地方生物学这一概念表明，我们的物质身体与历史、文化和政治经济环境持续互动和相互交织，生产出一个变动的、可塑的实体。但正如巴托勒提醒我们的，文化不能直接影响生物性，必须首先"转译"成生物性本身，生物性也不能直接影响文化，必须"文化化"（culturalized）为不是它本身的东西②。也就是说，地方生物学所强调的文化与身体之间互动尚存罅隙，需要某个中介和桥梁来弥合。上文讨论的具身化旨在超越生物—文化二元论，但它主要是方法论的策略，还不是探索具体连接机制的手段。实际上，在地方生物学这一概念提出之前，西佩-休斯和罗克已经尝试弥补这个"缺失的环节"。她们认为情感既需要感觉和认知的指引，也需要公众道德和文化意识形态，可以充当连接个体身体、社会身体和身体政治的纽带③。但罗克及其同事没有将情感研究进行到底，而是从生物学本身的前沿研究——表观遗传学（epigenetics）④中发现了灵感。

人类学致力于研究人的共享性与差异性，并在具体的情境中对这背后的原因进

---

① Bartole T. The Structure of Embodiment and the Overcoming of Dualism: An Analysis of Margaret Lock's Paradigm of Embodiment. *Dialectical Anthropology*, Vol.36, No.1/2, 2012.

② Bartole T. The Structure of Embodiment and the Overcoming of Dualism: An Analysis of Margaret Lock's Paradigm of Embodiment. *Dialectical Anthropology*, Vol.36, No.1/2, 2012.

③ Scheper-Hughes N, Lock M. The Mindful Body: A Prolegomenon to Future Work in Medical Anthropology. *Medical Anthropology Quarterly*, Vol.1, No.1, 1987.

④ "epigenetics"由前缀"epi（在……上，在……周围）"和"genetics（遗传学）"组成，意味着它更强调遗传学的外在环境以及因此而导致的表型变异，这是对传统遗传学基因导向的挑战。国内生物学界对此译名尚未统一，有"表观遗传学""表现遗传学""后生遗传学"等，以"表观遗传学"的译名最为常见。

行探究，回答"何谓人"这一根本问题。生物学也对人类的变异充满兴趣，20世纪，生物学已经从有机体水平走向分子水平，试图通过基因项目解开人类变异的神秘面纱。基因决定论者宣称基因造就了我们生命本身，也是我之所以为我的根本。在这一导向下，生物学者秉持还原主义的路径，乐此不疲地寻找各种疾病，尤其是慢性非传染性疾病的终极原因。基因解释一方面强化了健康和疾病的个体化路径，忽视了环境等其他因素的影响，一方面它也没法解释某些表型变异的类型，比如为什么有相似基因，有些人患病了，而有些人没有？这些问题引起了生物学在20世纪80年代范式的转变，即从单纯的基因决定论走向表观遗传学，从单纯的分子研究转向将人的身体定位于个人、家庭、社区、生态环境等具体情境中。

与基因研究强调基因的序列不同，表观遗传学则试图发现人们DNA的化学变异是如何关联到基因表达，它关心在相似的基因情况下变异是如何发生和在代际传递的[1]。表观遗传学研究发现，生物体因环境（微观的身体内环境和外在的环境）的影响而发生持续的内在改变和外在改变，这种改变可能从个人处于胚胎那一刻起，贯穿到人的整个一生，并在代际之间传递[2]。这样，表观遗传学创造了一个动态的、流动的图景，它承认身体内在的不稳定，要求我们在具体的时空情境下重新定位身体，这不仅对人口、健康和疾病研究具有深远意义，也打破了基因决定论的主导范式，部分地撬动了生物学的原有格局[3]。这实际要求我们承认和进一步探究物质身体是如何被内外环境所刺激并发生持续的改变，这与地方生物学的主张不谋而合。

对罗克及其追随者来说，表观遗传学之所以引起他们的兴趣，是因为表观遗传学与基因决定论不同，它将身体与环境同时纳入思考的范畴。不仅个人出生即来的基因，而且他或她的生长环境，对预测个人的健康和疾病风险具有特别重要的意义。表观遗传学强烈建议结束生物学与社会科学长期分割的局面，因为它既需要人类学、社会学及相关学科对人的生存环境的揭示，也需要遗传学对基因转变和表达的研究，以此超越所谓的先天—后天之争[4]：有机体的环境暴露，内化和改变了表观基因符号，

---

[1] Thayer A M, Non A L. Anthropology meets Epigenetics: Current and Future Directions. *American Anthropologist*, Vol.117, No.4, 2015.

[2] Rando O J, Verstrepen K J. Timescales of Genetic and Epigenetic Inheritance. *Cell*, Vol.128, No.4, 2007.

[3] Lock M. Comprehending the Body in the Era of the Epigenome. *Current Anthropology*, Vol.56, No.2, 2015.

[4] Landecker H, Panofsky A. From Social Structure to Gene Regulation, and Back: A Critical Introduction to Environmental Epigenetics for Sociology. *Annual Review of Sociology*, Vol.39, 2013; Goodman A H, Heath D, Lindee M S. Genetic Nautre/Culture, Berkeley: University of California Press, 2003；胡雯，张浩，李毅，等. 分子遗传学的发展对社会学的影响. 社会学研究，2012（5）.

反过来，表观基因符号作用于有机体的生物学、行为，甚至作用于与它们互动的其他有机体的环境①。

2 型糖尿病（以中老年人为主，患者胰岛素不足或作用障碍）在不同人群、不同地域的不同分布，被看成是地方生物学的一个案例②。接下来，我以 2 型糖尿病的解释模式为例，说明从基因解释到表观遗传学解释的转变，以及表观遗传学对探求地方生物学的微观机制的可能贡献。

在基因解释上，倪尔首先提出了糖尿病的"节俭基因假设"（thrifty-gene hypothesis）③。这一假设认为，在采集狩猎时期，食物不能长期保存，供应也具有不确定性，这样，那些能最大限度地有效利用食物的人群方能继续生存，即那些能够在食物丰富的时候将食物大量摄取并储藏于体内的人群，在食物不足的时候才能存活。经过基因的反复选择后，能够生存的人群具有了"节俭基因"。但当食物不再短缺，变得稳定且异常丰富，尤其是我们的饮食模式转变为以碳水化合物（又称"糖类化合物"）为主导时，那些已经逐步形成"节俭基因"的人群很容易肥胖，从而增加糖尿病的风险。在此基础上，针对不同人群糖尿病发病率的差异，维斯及其同事提出了"基因易感性"（genetic susceptibility）假设④，认为一些人群比其他人群更易高发糖尿病，是因为前者本身基因脆弱的问题。这一假定突显了基因的顽固性和某些"种族"的劣势⑤。

20 世纪 80 年代以后，表观遗传学的发展促使了生物学家寻求环境与基因的互动问题。有学者通过实验提出"节俭表型假设"（thrifty phenotype hypothesis）⑥。这一假设从倪尔的进化取向的基因适应性问题转向胎儿的微观生存环境上，认为胎儿在子宫内的营养不良将导致他们容易在成人后患 2 型糖尿病及其他慢性病。胎儿在子宫内的营养不良，不仅导致胎儿的低体重，也容易导致胎儿胰腺和肝功能的结构性改变，

---

① Landecker H, Panofsky A. From Social Structure to Gene Regulation, and Back: A Critical Introduction to Environmental Epigenetics for Sociology. *Annual Review of Sociology*, Vol.39, 2013.

② Lock M, Nguyen V K. An Anthropology of Biomedicine. Oxford: Wiley-Blackwell, 2010.

③ Neel J V. Diabetes Mellitus: A "Thrifty" Genotype Rendered Detrimental by "Progress"?. *American Journal of Human Genetics*, Vol.14, No.4, 1962.

④ Weiss K M, Ferrell R F, Hanis C L. A New World Syndrome of Metabolic Diseases with a Genetic and Evolutionary Basis. *American Journal of Physical Anthropology*, Vol.27, Issue S5, 1984.

⑤ Montoya M. Bioethnic Conscription: Genes, Race, and Mexicana/o Ethnicity in Diabetes Research. *Cultural Anthropology*, Vol.22, No.1, 2007.

⑥ Hales C N, Barker D J P. Type 2 (Non-Insulin-Dependent) Diabetes Mellitus: The Thrifty Phenotype Hypothesis. *Diabetologia*, Vol.35, No.7, 1992.

而这些对于胰岛素的分泌和葡萄糖的耐受性至关重要。另外，葡萄糖耐受不良的妇女在怀孕期间的子宫环境，也会使得胎儿成年后患糖尿病的风险成倍增加。这就非常清晰地将环境（胎儿在子宫内的微观环境）对糖尿病的影响过程揭示了出来。虽然人类学家也试图从涵化、社会苦难等角度分析糖尿病不均衡分布的原因，但终究是宏观解释，具体的发生机制语焉不详①。表观遗传学所做的，不是简单强调环境对身体的影响，而是在于探索一些改变的机制，也就是说，将我们对环境的经历转变为特定细胞的改变②，这实际上帮助了人类学家去理解环境与身体之间互动的具体发生机制，或者说是地方生物学的微观机制。

个体或群体之间生物上的差异，是先天业已决定的，还是环境塑造的，成为长久以来争论的话题。具体到疾病上，基因很少能准确预测疾病，而环境对疾病的影响也语焉不详，表观遗传学或许能填补这个空缺，以解释社会环境具身化的微观过程。这实际上也意味着我们对生命现象的再认识：个体的身体同时拥有先天的条件和环境的经历，它不仅仅是填满生物存在的收容器，并按照生理学的规律，走向成熟和衰老，它也是进化的产物，并深受社会文化环境的塑造。当然，我们仍需明白，表观遗传学这个领域尚处于初期阶段，还有很多问题尚待解释，比如环境因素在多大程度上影响到基因表达，DNA 甲基化（methylation）③的多大程度对表观基因是必要的，我们依然知道的有限。

罗克对人类学与生物学，尤其与表观遗传学的合作充满信心④。这种合作要求我们超越学科和派别边界，将未经检验的假定摆到前台，并将有关生物和文化的地方声音和地方可能性纳入思考的范畴。也就是说，合作的前提是我们必须处理一些根深蒂固的学科理念和知识生产方式问题，因为不同的学科，存在不同的假定和不同的方法论，如上文所言，生物学以及生物医学的基本假定与人类学本身所坚持的生物—文化整体性背道而驰。有学者评论到，虽然表观遗传学家已经意识到基因与环境互动的意义，但与基因研究相比，环境则是一个复杂混沌的实体，这导致可能的

---

① 有关糖尿病的人类学研究，参见：余成普. 糖尿病的生物社会性. 思想战线，2016（5）.

② Weiss K M, Buchanan A V. Comment on "Comprehending the Body in the Era of the Epigenome". *Current Anthropology*, Vol.56, No.2, 2015, p.171.

③ 作为表观遗传学的机制之一，DNA 的甲基化控制了细胞层面的基因表达，或者说它抑制了基因表达的某些必要因素；作为内外环境刺激的结果，甲基化还用于调节分子活动的类型。参见 Thayer Z M, Non A L. Anthropology meets Epigenetics: Current and Future Directions. *American Anthropologist*, Vol.117, No.4, 2015.

④ Lock M. Comprehending the Body in the Era of the Epigenome. *Current Anthropology*, Vol.56, No.2, 2015.

处理方式是将环境的丰富性压缩为标准化的一系列指标[①]。笔者也担心，人类学家即使进入这个"高深"的领域，亦可能处于从属地位，社会文化环境和人们的体验往往只是充当不会引起人们注意的一个注脚或者是几个数字。比如，在上文糖尿病的例子中，虽然表观遗传学强调了胎儿在子宫内的微观生存环境对他们成年后糖尿病的影响，但其他外在的环境（比如人们的饮食、环境污染等）却有意无意地被忽视了，表观遗传学家也没有将糖尿病患者体验的差异性和变动性纳入分析的范畴，而这些恰恰是地方生物学所强调的。

五、地方生物学的学科价值

生物医学假定我们的身体，尽管存在外表的不同，但它们的本质是同一的和普适性的。地方生物学这一概念，直指生物医学的基本假定，将身体视为变动的、可塑的主体。身体并不具有超越时空的标准性，在面对疾病的脆弱性、症候学、对药物的反应等方面，个体表现出微妙但重要的差异。一方面，生物过程影响我们对病痛、免疫、衰老，乃至健康和福祉等的不同反应，掌控着我们对社会世界的一切体验；另一方面，个体的生物过程和体验又不可避免地因话语建构、社会的、文化的和政治的不同而不同，表现为情境性和地方性的获得。在理论诉求上，地方生物学以具身化策略挑战生物—文化、先天—后天的二元关系，并试图与表观遗传学进行合作，探索环境与身体之间微观的连接机制，以结束具身化语焉不详的状态。

长久以来，人类学的整体观更多地放在社会文化要素之间的关联和相互影响上，以提供某一情境下社会生活的全面图景。地方生物学所主张的生物—文化、先天—后天的交织，则更多是我们虽然认可，但甚少研究的生物—文化的整体观。承认地方生物学作为一个不断塑造和变动不居的现象，承认它们是历史时刻的产物，是人类活动的结果，甚至与显著的社会不平等和发展的劣势相伴相生，会让我们既正视人们鲜活的主体体验，又将造成这种差异的社会环境予以揭示并在可能的情况下干预改造。在这个意义上，地方生物学概念已经超越了对生物医学本身的批判，可以成为人类学有关身体、健康及相关研究的认识论和方法论准则。

[①] Burke W. Review on Comprehending the Body in the Era of the Epigenome. *Current Anthropology*, Vol.56, No.2, 2015, pp.163-164.

我们通过对地方生物学这一概念的缘起及理论意涵的评述，大体上已经看出国外医学人类学新近发展的一般态势。第一，正如前文所言的，医学人类学没有停留在应用人类学和行动人类学的单一定位，而是逐渐走向理论自觉。地方生物学，连同其他的理论概念（诸如解释模型理论、结构性暴力等），正逐渐形成医学人类学的分析框架，促使医学人类学走向应用与理论一体的分支学科。第二，医学人类学家在对人及其行为的整体理解下，不仅想支起自然科学（包括生物科学）和人文学科的桥梁，而且试图与自然科学家展开深度的合作，致力于打通自然科学和人文学科的罅隙，寻找生物—文化交织的微观机制。第三，正如地方生物学所强调的，医学人类学家一方面要考虑人们切身的体验和情感，另一方面要把他们的认识和体验与所在的社会文化环境，乃至广阔的政治权力关系一同纳入分析的范畴，将人的主体性与社会情境置于同等重要的地位。第四，在宗教和民间信仰范式下开展的医学人类学研究依然占据着一定的位置，但医学人类学家没有满足将其降格为宗教（人类学）研究的分支，而是积极地从生物学的、生态学的、文化建构的、乃至政治经济学的研究中汲取营养，对影响当下人们健康和疾病的广泛议题（比如艾滋病、自杀、精神健康、医患关系、器官移植、慢性病、生育、老龄化等）开展一系列探索，成为人类学分支中的强有力的活跃力量[①]。

[①] 国内医学人类学当前发表的相当数量的论文依然在宗教和民间信仰框架下开展，比如：李永祥.彝族的疾病观念与传统疗法.民族研究，2009（4）；刘宏涛.仪式治疗新解：海南美孚黎的疾病观念和仪式治疗的文化逻辑.民族研究，2013（1）。等等。但医学人类学者也向广泛的公共健康议题迈进，有关这方面的文献综述和理论框架可以参见：景军.穿越成年礼的中国医学人类学.广西民族大学学报（哲学社会科学版），2012（2）；景军，薛伟玲.医学人类学与四种社会理论之互动.思想战线，2014（2）.

文化遗产

文化遗产的古今关联
——以英国湖区的文化遗产保护实践为例[*]

方静文[**]

（中国社会科学院民族学与人类学研究所，北京 100086）

摘 要：遗产保护领域发展至今，文化遗产保护的目标、原则等已经渐成体系，但在实践中如何实现这些目标和原则却依然有待探索。本文对英国湖区的文化遗产及其保护实践进行了民族志考察，发现贯穿于其中的一个核心理念，即强调文化遗产与人们日常生活之间的联系，在保护文化遗产历史价值的同时，凸显其当下意义，从而实现文化遗产的古今关联。在实践中，这一理念通过整体保护和广泛的公众参与得以实现。

关键词：湖区；古今关联；整体保护；公众参与

一、湖区及其文化遗产

位于英格兰西北部的湖区，是英国最早设立的国家公园之一。方圆 2300 平方公里，境内拥有英格兰最高的山峰——斯科菲峰（Scafell Pike）和最大的湖泊——温德米尔湖（Windermere），湖光山色，闻名世界。

作为专属的地理和文化概念，湖区并非古已有之，而是经历了一个"生成"的过程。18 世纪之前，人们论及位于几个郡县交汇处的湖区时仍需冠以郡县的名字作为

---

[*] 文章的早期版本曾公开发表在《西北民族研究》，2019（4）。文章在收录时略有改动。
[**] 作者简介：方静文（1985—），女，中国社会科学院民族学与人类学研究所助理研究员，主要从事文化遗产、医学人类学研究。

限定。18~19世纪之交,湖区才逐渐成为一个约定俗成的地理概念,此后 1951 年设立国家公园以及 1974 年行政区划调整后归入坎布里亚郡(Cumbria)使得湖区作为地理概念得到了官方确认①。在此过程中,湖区也被赋予了文化意义,成为一个文化概念。从 18 世纪开始,伴随如画美学、浪漫主义诗歌等文学艺术的发展,湖区逐渐为外界尤其是画家、诗人等文化精英所关注,并最终通过绘画、地方书写的形式从原本的荒野乡村被建构为一个整体形象"湖区"②。文化精英的种种努力不仅提升了湖区的审美价值,激发了公众对乡村的向往,而且切实保护了湖区的田园风光。加上对工业化、城市化的反思,乡村之于英国人而言于是有了独特的意义。时至今日,湖区不仅具有地理意义和景观意义,更具有象征意义和遗产价值,承载着英国人对乡村的情感乃至民族认同。正如英国前首相鲍德温(Stanley Baldwin)所说:"英格兰就是乡村,乡村才是英格兰。"③

简言之,湖区之所以能够吸引世界各地的游人,除了绝美的自然风光,还在于其文化意义,其中星罗棋布的文化遗产功不可没。本文将介绍田野中到访过的其中一部分文化遗产,主要包含两大类:名人故居和文化产品。

（一）名人故居

如前所述,湖区曾经吸引了大批文化精英,也因此留下了众多名人故居。"湖畔诗人"华兹华斯(William Wordsworth,1770~1850)的鸽舍(Dove Cottage)、童话作家波特(Beatrix Potter,1866~1943)的丘顶(Hill Top)以及维多利亚时期著名的艺术和社会评论家罗斯金(John Ruskin,1819~1900)的布兰特伍德(Brantwood)是其中的代表。

坐落于湖区格拉斯米尔(Grasmere)小镇的鸽舍始建于 17 世纪,原为客栈。这座白墙小屋,是湖区最具代表性的建筑。在华兹华斯看来,村舍就地取材,以当地出产的板岩为建材,加上花园中鲜花的装点,与周围的田野、树林相互掩映,浑然一体,是乡村地区最理想的建筑形式。1799 年至 1808 年间,华兹华斯及其家人在此度过了一段难忘的时光,创作出大量优美的诗歌。鸽舍恰如其名,室内略显逼仄昏暗,同为陋室,诗人倡导的"生活朴素而思想高尚"(plain living and high thinking),

---

① 杨丽. 华兹华斯与英国湖区的浪漫化. 武汉大学博士学位论文, 2016.
② 杨丽. 华兹华斯与英国湖区的浪漫化. 武汉大学博士学位论文, 2016.
③ [美] 马丁·威纳. 英国文化与工业精神的衰落:1850~1980. 王章辉, 吴必康, 译. 北京:北京大学出版社, 2013.

与中国唐代诗人刘禹锡的"斯是陋室，惟吾德馨"可谓异曲同工。

波特出生在伦敦，但其父母喜爱乡村生活，所以波特孩童时代的夏天常常在苏格兰和湖区的乡村度过，乡村的自然景观和动植物成为其后来童话创作的灵感和素材，包括家喻户晓的彼得兔（Peter Rabbit）系列童话。1905年，有了前期出版童话作品的收益，波特小姐得以在湖区购入一处名为"丘顶"的房子。有趣的是，丘顶并不是一次性建成的。丘顶的主体部分建于17世纪80年代，此后经历了两次扩建，一次是18世纪，最近的一次是1905年，不同部分之间连接的痕迹依然清晰可见。丘顶最初只是波特逃离都市喧嚣偶尔小住的地方，后来逐渐成为长期居所。1913年，波特婚后搬到丘顶附近的另一个住处，丘顶便从此成为其写作场所和精神家园。

可以俯瞰科尼斯顿湖（Coniston Water）美景的布兰特伍德是湖区一处非常有名的住所。与作为村舍的鸽舍和丘顶相比，布兰特伍德要富丽堂皇得多，也曾有吸引多位名人在此居住，但最为人所知的还是罗斯金。罗斯金于1872年购入布兰特伍德，并在此度过了他人生中最后的28年。在此期间，他对房子进行了大规模的改造，不仅对建筑进行了扩建而且在室内陈设上颇费心思，大量精美的画作、家具和私人收藏，处处彰显出主人不凡的艺术品位。

这些旧居虽然已经经历了数百年，但无论是建筑外形还是室内陈设都在很大程度上保留了原来的风貌。如今坐在鸽舍壁炉边的飘窗上，看着室外开满鲜花的小花园，仍然不难想见诗人当时当日的生活状况；丘顶摆放着波特从世界各地收集到的心爱之物，火光闪烁的壁炉和炉边粘有泥巴的靴子，让人恍惚觉得主人只是暂时外出，下一秒就可能返回家中，门前的花园有专门的园艺师打理，种着鲜花、绿植和蔬菜，摆放着白色的蜂箱，再现了波特童话故事中的多个场景。

在保护名人故居历史价值的基础上，其当下意义也得到重视和发掘，不仅作为历史建筑以及博物馆对游客开放参观，而且会组织各类活动，比如布兰特伍德是活跃的艺术中心，内部进行了功能分区，有陈列，有当地艺术家的画展，也不时开设素描、水彩画等课程和工作坊，甚至能够承办婚礼等活动。游客不仅能够参观游览，而且能够参与其中，亲身体验文化遗产的魅力。

（二）文化产品

湖区的第二类文化遗产是依托于传统工艺和传统生产方式而开发的文化产品。以坎布里亚水晶（Cumbria Crystal）和赫德威克绵羊（Herdwick Sheep）为例。坎布里亚水晶成立于1976年，是目前全英唯一一家完全手工生产水晶玻璃制品的生产商。

它将保护英国传统的玻璃制作工艺作为初衷,至今依然严格遵循承袭自罗马时代的熔制、吹制、切割、打磨等工艺和工序。在保存传统的手工艺遗产的基础上,坎布里亚水晶也在不断开拓创新,不仅开放制作工艺和流程供游客参观,也尝试与奢侈品零售商合作,设计开发新的产品系列,这些产品常常出现在大热的英国影视作品如007系列电影和英剧《唐顿庄园》中。

如果说水晶本身就是文化遗产,那么还有一些文化产品则是新的创意,但以当地的文化遗产作为创意之源。农牧业曾是湖区首要的生计方式,湖区有一个独特的绵羊品种——赫德威克绵羊。这种绵羊刚出生的时候全身是灰色的,但长大的过程中毛色会渐渐变化,成年后头和脚的毛色逐渐变成白色,而身子仍是灰色,异常可爱。以这一形象为设计灵感,当地一家公司致力于开发各种相关的文化创意产品,小到毛绒玩具、围巾,大到床垫等。值得一提的还有该公司的运营方式,他们从当地农户处直接收购羊毛,加工制作成产品之后利用其遍布英国的零售网络加以销售。每年公司所获利润的不少于2.5%将被用于回馈社区,主要用于地方历史遗产的保护。至此,借由绵羊这一农业遗产,以文化创意产品为媒介,古老的历史遗产得以与当下人们的生活发生关联,文化创意产业与当地社区之间的互惠关系也得以建立。

以上介绍了湖区的部分文化遗产,从中可以发现:一方面,湖区文化遗产的历史价值得到了很好的保护,从故居到街景乃至小镇风貌都得以留存,传统手工艺和生计方式也在持续;另一方面,湖区也在大力引导文化遗产与当下人的生活发生关联以凸显其当下意义。具体方式多样,取决于遗产的性质、种类,需要何种保护。有的依然可以服务于人们的衣食住行;有的则成为博物馆,通过展览和举办活动为游客提供领略文化遗产价值的机会。文化产品方面,传统的手工玻璃制作工艺几乎原封不动地被继承,同时新的产品系列不断被开发出来,以满足当下的审美和需求;养羊作为传统的生计方式则通过文化创意产业成为湖区的新名片,并参与湖区的文化遗产保护,回馈社区。

以人类学的文化观观之,这种强调文化遗产的古今关联,在保护遗产历史价值的同时发掘其当下意义的理念是文化遗产保护的题中应有之义。因为文化是一个意义生产(meaning making)的过程,是一个动态的、无边界的过程概念,而非一成不变的实体概念[①]。文化变迁的常态性决定了文化遗产的价值和意义也不是一成不变的,

---

[①] 庄孔韶,方静文.从组织文化到作为文化的组织——一支人类学研究团队的学理线索.浙江大学学报,2012(5).

大到"湖区"作为兼具地理意义和文化意义之概念的"生成"或建构，小到各项文化遗产本身意义的变迁，无不说明文化遗产能够存留过去，也可以和应该适应当下，面向未来。为了践行上述理念，湖区的文化遗产保护遵循一些普遍性的原则，在笔者看来，这些原则包括但不限于整体保护以及公众参与。

二、整体保护营造文化遗产的良好生态

文化是一个系统，文化遗产的保护因而必须将整体性纳入考量。湖区对于文化遗产的整体保护可以从微观和宏观两个层面来论述。

微观层面，湖区针对文化遗产本身采取了大量必不可少的遗产保护措施。如英国早在1866年就开始实施针对名人故居保护的蓝牌计划，被纳入其中的建筑成为受保护的文化遗产，不得随便拆除或任意改建[①]。1944年和1947年《城乡规划法》正式提出了历史建筑分级登录的概念[②]，不同等级的建筑有不同的保护、整修规定，建筑所有人有义务保护与整修其财产，但拆卸、更改或扩建登录建筑，均需要获得许可，否则将面临罚款甚至监禁等更严厉的惩罚措施[③]。细节方面的保护措施也无处不在，比如鸽舍和丘顶都是湖区典型的农舍建筑，共同点是室内空间逼仄狭小，所以两处都采用定时参观的方式（a timed-ticket system），即出售的门票上会标注准确的参观时间，等一批游客参观完之后下一批游客方可入内；比如布兰特伍德在承办婚礼等活动时，会尽力避免食物接近某些特定区域；又比如波特小姐婚后的住所现在仍在出租，但是会谨慎选择租户等等。在针对文化遗产各要素进行保护的基础上，文化遗产的保护还以"丛集"的形式出现，对于其中的物质文化遗产和非物质文化遗产也并不刻意区分，而是作为整体加以保护。以华兹华斯故居为例，除了主体建筑鸽舍，还有与鸽舍毗邻的华兹华斯博物馆、礼品店、餐厅、以华兹华斯诗歌中的重要意象黄水仙命名的"水仙花园"及家族墓地，还有同属于小镇重要文化遗产的姜饼屋。这家诞生于1854年的小店门前，如今排队的人依然络绎不绝，数百年的光阴就封存在这小小的姜饼之中，满足当下人们的味蕾，也让人仿佛置身于小镇当初的街景之中。各部分围绕鸽舍形成一个关于华兹华斯的文化遗产"丛集"，不仅能够更

---

① 童清艳，[英] LiangTao, Shan. 英国文化旅游传播及其保护机制研究. 西南民族大学学报，2018（5）.
② 杨丽霞. 英国文化遗产保护管理制度发展简史（上）. 中国文物科学研究，2011（4）.
③ 刘爱河. 英国文化遗产保护成功经验借鉴与启示. 中国文物科学研究，2012（1）.

好地展示文化遗产，而且建立起了遗产与游客及其生活之间的联系。故居、博物馆、墓地等有助于人们了解诗人的生平及其作品，而礼品店、餐厅等则在为游客提供服务的同时，也使游客得以将与诗人有关的回忆带回家中。

宏观层面，乡村与城市、自然与文化等看似对立的概念得到了很好的协调，以城乡一体化为宗旨的乡村保护运动以及兼顾自然与人文的国家公园机制是整体保护的突出体现。

作为最早开始工业化和城市化的国家，英国也最早遭遇工业化的恶果和"城市病"：快速的城市化造成了城市的急剧性膨胀、人口的爆发性增长、住房的结构性拥挤、设施的严重性缺乏以及生态的持续性恶化[①]。20世纪二三十年代，英国每年平均新建30万套住宅，侵占6万亩乡村土地，密布的公路网和污染极大地破坏了原有的乡村景观[②]，乡村文化遗产也岌岌可危。乡村保护运动应运而生，也催生了相关立法和各类有助于文化遗产保护的实践。

1926年成立的英格兰乡村保存委员会（Council for the Preservation of Rural England，CPRE），以"将过去与现在紧密地联系在一起"作为初衷，在认可现代化趋势不可逆转的基础上，反对城市不加限制地扩张，特别强调在城乡一体化的框架下，通过绿带建设等措施构建城乡之间的缓慢过渡[③]。在该组织和其他各方力量的推动下，一系列关于城乡规划和乡村遗产保护的法律法规相继出台。1932年颁布的《城乡规划法案》（Town and Country Planning Act, 1932），首次明确界定了"乡村"（Country）概念，并强调对生态、建筑、艺术等乡村遗产进行保护。1947年修订的《城乡规划法案》（Town and Country Planning Act, 1947）为战后英国规划政策奠定了基石，也帮助城市居民实现了进入乡村的权利。值得指出的是，乡村保护运动，始终坚持城乡一体的发展理念，不仅使得乡村地区的自然人文景观得到恰当的保护，教育水平等也逐渐提升至与城市持平，乡村于是越来越成为令人向往的地方。自20世纪20年代开始的人口外流等乡村发展困境得以缓解[④]。有赖于上述乡村保护运动、相关的法律法规以及城乡一体的发展理念，作为最早的工业化和城镇化国家，英国的乡村景观得以保留并成为重要的文化遗产，这对于中国在乡村振兴大背景下的文化遗

---

① 卢英方，周文理，谭静.英国村镇保护与建设.小城镇建设，2014（8）.
② 吴源林，晓文.英国保护乡村运动八十年.世界博览，2007（4）.
③ 袁帆.英格兰乡村保存委员会（CPRE）对英国乡村的保护性治理（1926～1945）.上海：上海社会科学院，2016.
④ 任有权.文化视角下的英国城乡关系.南京大学学报，2015（6）.

产保护无疑具有重要的启示意义。

在城乡一体之外，湖区文化遗产的整体保护还表现在人文与自然的不加偏废，这一理念主要是通过国家公园的机制来实现的。1949年，《国家公园和共享乡村法》（National Parks and Access to the Countryside Act）通过之后，英国开始设立国家公园，进一步保障和增加民众接触自然和乡村的权利和途径[①]。作为全英所有国家公园中面积最大的湖区，是人与自然和谐发展的典范，美国《国家地理》曾评选出"人一生要去的50个地方"，湖区赫然在列，入选理由是"人类和自然良好共处，相得益彰的经典"。

环保运动发展之初，传统的保护理念多将自然环境与人类活动对立起来，认为要保护自然，必须尽可能地减少甚至消除人类活动对自然的影响[②]。但在英国，境内几乎所有景观都有人类活动的痕迹，国家公园也不列外。与世界上其他国家公园相比，湖区国家公园的独特之处在于，首先，湖区不是完全的自然景观，而是先有人及其活动，而后才建立国家公园；在国家公园建立之后，人及其生产生活活动依然在持续。第二，虽然名为国家公园，但湖区的大部分土地、房产等并不为国家所有，而是属于当地的个人和遗产保护组织。由此，造成了遗产保护方面的两个问题，即保护与发展以及公共与私有的矛盾[③]。后者如前文所述通过一系列相关的法律法规，已经使得土地持有者的利益与公众进入乡村的权利得到了协调；前者则在湖区国家公园合作组织的目标中得到体现，即"保护和提升湖区国家公园的自然环境，野生动植物和历史遗存；在促进当地社区经济发展和社会福利提升的同时，增进公众对于湖区资源保护的意识；尤其是要在湖区中增加其他的功能时，应更注重对湖区的保护"[④]，简言之，保护自然环境不应牺牲社区的发展和民生福祉。

从微观到宏观的整体保护，致力于营造文化遗产保护的良好生态，微观层面从文化遗产各要素到"丛集"的关注使得今人在湖区有身临其境和时光驻足之感，宏观层面无论是以城乡一体为原则的乡村保护运动还是践行人文与自然和谐发展的国家公园体制，无不是以引导文化遗产与当下人们的生活发生关联、让湖区田园成为更好的社区为最终目标。

---

① 任有权.文化视角下的英国城乡关系.南京大学学报，2015（6）.
② 袁帆.英格兰乡村保存委员会（CPRE）对英国乡村的保护性治理（1926～1945）.上海：上海社会科学院，2016.
③ 王应临，杨锐，埃卡特·兰栓.英国国家公园管理体系评述.中国园林，2013（9）.
④ 卢英方，周文理，谭静.英国村镇保护与建设.小城镇建设，2014（8）

三、公众参与实现文化遗产的共有共享

在湖区，不仅由政府、个人、社区、志愿者代表共同组成了湖区国家公园合作组织，共同致力于湖区的保护，而且鼓励普通居民通过参与规划制定、捐赠等各种方式参与到公园的保护之中①。这种广泛的公众参与不仅见于湖区，也是英国文化遗产保护的重要特征之一②，个体参与、社区参与和社会组织参与等共同构成了湖区文化遗产保护的公众参与体系。

历史上，遗产保护的个体参与在湖区文化遗产与湖区名人志士之间的互动与相互成就中得到了清晰的显现。湖区的名人不仅将湖区的一草一木呈现在其作品之中，还将其审美以及对乡村的情感传达给社会和公众。湖区的自然之美打动了诗人，成就了"湖畔诗人"华兹华斯，而华兹华斯则以其同样优美的诗歌打动人心，成就了湖区的美名；华兹华斯发表于1810年的导游手册《湖区指南》（A Guide Through the District of the Lakes in the North of England），曾先后多次重印，大大提升了湖区的知名度③；他也曾在19世纪40年代反对将铁路延伸至湖区核心地区。作为环保运动的倡导者，罗斯金不仅与威廉·莫里斯（William Morris）一起创建了英国最早的遗产保护组织"古建筑保护协会"（Society for the Protection of Ancient Building）④，而且自19世纪70年代开始接棒华兹华斯反对铁路延伸计划⑤。在华兹华斯和罗斯金看来，铁路修建会严重破坏自然景观的整体性并造成污染。正是由于他们的努力，直至今日，公共交通依然只能到达湖区景点附近，中心地带仍需依靠步行、自行车或自驾车进入⑥。以湖区景物为灵感的系列童话使波特小姐作为童话作家的身份广为人知，但事实上她还有一个重要的身份，即环境保护主义者。对乡村的热爱使她成为乡村保护的坚定追随者，不仅高度认同乡村保护的理念，而且身体力行，一生致力于湖区景观的保护，为此投入了大量财力和精力，如通过购置土地和农场来支持传统的农作方式和牧业，身后更是将这些财产悉数捐赠给了文化遗产保护组织国家信

---

① 卢英方，周文理，谭静.英国村镇保护与建设.小城镇建设，2014（8）.
② 刘春凯.英国文化遗产保护的公众参与借鉴.中国名城，2016（6）.
③ 谢海长.华兹华斯的《湖区指南》与审美趣味之提升.东北大学学报，2009（6）.
④ 焦怡雪.英国历史文化遗产保护中的民间团体.规划师，2002（5）.
⑤ 何畅.环境与焦虑：生态视野中的罗斯金.浙江大学博士学位论文，2010.
⑥ 钟虹.英格兰的交通发展对其文化旅游的影响.桂林师范高等专科学校学报，2006（4）.

托（National Trust）。

如果说名人故居承载了个体参与湖区文化遗产保护的实践，围绕文化产品的相关实践则是社区参与文化遗产保护的重要体现。文化创意公司依托当地传统的牧业生计方式，开发具有当地特色的文化产品；从当地牧民处收购羊毛等原材料，在英国境内寻找生产商，并借助其营销体系将产品销往国内甚至海外市场。之后，再将其中部分盈利回馈社区，用于当地的文化遗产保护。在此过程中，不仅古老的文化遗产借由新的创意和产品在当下创造出新的价值，也与当地人的日常生活产生了联系，有利于传统生计的延续。文化遗产、企业与社区之间的共融共生得到了彰显，当地人的能动性得以激发，文化遗产保护的可持续性因而得以建立。

个体参与和社区参与之外，在湖区文化遗产保护中扮演重要角色的还有各种各样的社会组织。鸽舍的保护在很大程度上要归功于华兹华斯信托（Wordsworth Trust）。这家成立于1891年的慈善机构，致力于为全世界喜爱华兹华斯和英国诗歌的人们永久保留这处地方，提升人们对于浪漫主义诗歌的认知和喜爱。为此，他们尽心尽力地保护鸽舍以及华兹华斯留下的其他文化遗产如手稿、信件等，同时在接手之初就将鸽舍向大众开放，直至今天。该组织还通过举办各种活动使得文化遗产与人们的当下生活发生关联，比如举办展览，设立工作坊和相关课程，组织讲座、读诗会等等，并为那些想要从事博物馆或文化遗产相关工作的人们提供培训和实习的机会。同样，国家信托之于丘顶、布兰特伍德信托之于布兰特伍德的保护也功不可没。

这些社会组织在性质、规模、筹资方式、运营机制等方面多有不同，结成了严密的文化遗产保护之民间网络，在咨询、监督、倡导等各个方面为英国的文化遗产保护贡献力量[1]。以在英国影响最为广泛的国家信托为例。

国家信托成立于1895年，如今已经成为英国最大的遗产保护组织。2016～2017年度的年报显示，国家信托管理的遗产包括778英里长的海岸线，逾247000公顷土地，500余处房子、城堡、古迹、花园、公园以及自然保护区，遍及英格兰、威尔士和北爱尔兰[2]。

国家信托名下的许多文化遗产均通过购置、遗赠和捐献等方式持有，这在很大程度上得益于英国的税收政策。1937年，修订后的《国家信托法》规定慈善组织接

---

[1] 焦怡雪. 英国历史文化遗产保护中的民间团体. 规划师，2002（5）.
[2] National Trust Annual Report. https://www.nationaltrust.org.uk/features/annual-reports, 2018-08-26.

受财产赠予和遗赠时可以免税。这一规定加上英国沉重的遗产税,使得国家信托得以无偿继承遗产继承人因无力支付遗产税而选择捐献的财产。而持有的方式则使得国家信托相对独立,并且能够很好地实践和贯彻自身的保护理念和宗旨,即"为永恒,为众人"(for ever, for everyone),主张遗产保护不应与公众的进入权相对立,所以一方面对管理的文化遗产给予有针对性的保护、维护和修缮,使之免遭破坏,同时将其中的绝大多数向公众开放,以期达到"教育、感动和启示"(teach, move and inspire)大众的目标。

作为一个民间慈善组织,国家信托不仅需要筹措大量资金用于遗产保护,也需要维持组织自身的运转,其资金来源主要包括社会资金和经营收入。其中,社会资金包括遗赠和赠送、转让和捐款等;经营性收入则主要包括会员费、门票等,国家信托拥有最庞大的会员群体,2016~2017年度已达到480万,会员会费也成为重要的经费来源①,其他经营收入还包括利用所拥有的乡村土地开发乡土特产和发展旅游休闲产业,如建设旅馆、餐厅;出租部分房产;经营农场,开发农产品;设零售礼品店;针对非会员收取门票、停车费等。当然,这些经营项目事先都需要经过环境效益、社会效益和文化效益方面的充分论证②。

就人员而言,志愿服务是国家信托的一大基石,2016~2017年度,超过65000名志愿者在500多种岗位上提供了长达470万小时的志愿服务,服务内容涵盖导览、巡逻研究、培训、项目管理、活动组织等各个方面③。

持有的方式、保护与开放并举的理念、会员制和志愿服务、经营管理而非单纯保护的角色定位等,使得国家信托能够保障公众参与,共同保护和享有人类的文化遗产,实现文化遗产的古今关联。

对照我国文化遗产保护常常以政府为主导、保护资金也主要依赖国家和各级地方政府的计划投资以及门票收入的现状④,英国由个体参与、社区参与和社会组织参与等共同构成的广泛的公众参与体系以及多元的保护主体和筹资方式、会员制度和志愿服务等具体做法都值得借鉴。当然,局限也很明显,由于各类组织多为自发形成,各自为政,缺少全局规划和明确分工,所以在保护对象、工作内容方面多有交叠,但同时又可能有所疏漏。比如,在英国,物质文化遗产和非物质文化遗产之间

---

① National Trust Annual Report. https://www.nationaltrust.org.uk/features/annual-reports, 2018-08-26.
② 饶传坤. 英国国民信托在环境保护中的作用及其对我国的借鉴意义. 浙江大学学报,2006(6).
③ National Trust Annual Report. https://www.nationaltrust.org.uk/features/annual-reports, 2018-08-26.
④ 刘春凯. 英国文化遗产保护的公众参与借鉴. 中国名城,2016(6).

的界线并不像在中国这样清晰,在实践中,物质文化遗产如历史建筑等常常得到更多的关注和侧重,重物质而轻非物质的倾向普遍存在,致使以传统手工艺为代表的的部分非物质文化遗产处于尴尬境地,正如"工艺遗产保护联合会"(Heritage Crafts Association)网站所描述的,"在英国,传统工艺既不被视为艺术也不被视为遗产,因此遗落在各种现有的支持和促进团体之外"[1]。

四、结语

随着遗产保护领域的发展,文化遗产保护的目标、原则等已经渐成体系[2],动态保护、整体保护、公众参与等文化遗产保护的原则和理念已经成为学术界的共识,但是如何实践和实现文化遗产保护的理念和目标却依然有待探索,当下文化遗产保护实践中常常面临的保护与发展、解构式保护与文化整体观、标准化保护与地方特色等一系列矛盾即是现实困难的体现[3]。本文考察了英国湖区的名人故居和文化产品两类文化遗产,发现贯穿于其中的一个核心理念:强调文化遗产的古今关联,在保护文化遗产历史价值的同时,凸显其当下意义。在实践中,这一理念借由从微观到宏观的整体保护以及由个体、社区和社会组织构成的广泛的公众参与得以实现,其中整体保护着眼于文化遗产的整体生态,对文化遗产"丛集"和社区福祉的强调不仅建立起文化遗产与今人之间的古今关联,且具有可持续性;公众参与不仅将当地居民、游客、社会组织等多种力量通过会员制、志愿服务等方式纳入遗产保护的体系,从而成为遗产保护的重要依托,更重要的是,在此过程中,文化遗产开始变得与人们息息相关,人们既可以参与其中为遗产保护贡献力量,也可以共享遗产保护的历史价值与当下意义,由此实现文化遗产的共有和共享。

回顾英国湖区的文化遗产及其保护实践,从中可以得到如下启示:首先,文化遗产保护的一些理念是相通的,可以相互参考。文化遗产保护,在于历史价值但不限于历史价值,其当下意义需要通过古今关联的理念来显现;文化遗产保护,在于遗产本身但不限于遗产本身,而更在于社会的发展和民众的福祉。作为最早开始工业化的国家,英国也曾经最早遭遇文化遗产保护的危机,但随后的应对并未直接着

---

① Heritage Crafts Association. http://heritagecrafts.org.uk/what-we-do/,2018-10-05.
② 庄孔韶. 文化遗产保护的观念与实践的思考. 浙江大学学报,2009(5).
③ 龚坚. 当前人类学视野中遗产研究的三种范式. 东南文化,2010(5).

眼于遗产保护，而是着眼于更大的城乡一体化治理，其成效不仅使得遗产得到留存，也使得乡村成为令人向往的地方，这对于处于快速城镇化过程和乡村振兴大背景下的中国而言具有参考意义。同时，其独特的人与自然共存共生的国家公园机制也为当下我国生态区和国家公园建设提供了不一样的思路。其次，作为文化遗产的依托，文化的属性不仅决定文化遗产的意义，也在很大程度上决定了文化遗产保护的原则和实践。英国的乡村认同、慈善传统和志愿服务等成为其文化遗产保护中独特的文化资源。由此提示我们应重视文化的特殊性，在文化遗产保护中立足本土文化，探索自己的保护路径。

非遗"传承人"制度在民族文艺保护中的悖论[*]

陈 靖[**]

(西北农林科技大学人文社会发展学院,陕西杨凌 712100)

摘 要:文章以壮族三声部民歌的现状为考察对象,分析了文艺类非物质文化遗产的性质,传承人制度在保护少数民族文艺的职责与功能面临三重悖论,即专属化排斥参与性、个体化切割组织性、遗产化侵害原生性。本文对少数民族文艺的保护不能仅依靠"非遗"和"传承人制度",而是要着力重建其文化区域、文化土壤、文化空间,建设配套支持体系,以增强文艺类非物质文化遗产的功能和效度,以达到活态保护、整体保护的目的。

关键词:非遗化;传承人制度;文化空间;悖论

一、提出问题

民族文化是族群的特殊标记,同样也是"多元一体"的中华文明的组成部分,更是少数民族群体生存与发展的根基。不可否认,民族文化正经受着全球化及市场化等不同维度的冲击。长期以来,在社会转型过程中,部分少数民族文化形式悄然湮没在了转型长河之中。"非物质文化遗产"的制度途径为抢救和保护民族文化提供了理论依据与政策支撑。近年来,各级政府通过"非物质文化遗产保护"的制度途径抢救了一

---

[*] 文章的早期版本曾公开发表在《贵州民族研究》,2014(1)。文章在收录时略有改动。
[**] 作者简介:陈靖(1986—),男,西北农林科技大学人文社会发展学院讲师、博士、硕士生导师,主要从事乡村人类学研究。

批濒危灭绝的文化遗产。以广西为例，目前广西有37个项目列入国家级非物质文化遗产代表性项目名录，26人被命名为国家级非物质文化遗产代表性项目的传承人，项目类别涉及民间文学、民间音乐、民间美术、传统手工技艺、传统医药、民俗等方面。

有研究者认为，我国非遗"传承人"制度遴选过程中存在社区参与度不够、国家补助经费使用功能不明晰、新老代表性传承人更替机制不完善、传承效果的评价体系缺失、女性代表性传承人比例过低等问题[①]。实际上，"传承人"制度并非保护非物质文化遗产的唯一方式，但却是争议较大的一种方式。需要讨论的是，非遗"传承人"制度在哪些项目、什么范围内能发挥功能。如果对十种非遗项目进行归类，可以看到：曲艺类如传统戏剧的舞台表演类项目，因剧种丰富、群众基础好、社会影响力大，代表性传承人的认定范围相对较大；技艺类如传统手工技艺、传统医药、杂技与竞技、传统戏剧等项目，项目的传承与传承人个体紧密关联，传承人的认定也相对容易；文艺类如民间音乐、民间舞蹈等属于群众参与度较广的文化形式，"传承人"制度在面临遴选、保护争议性较大，存在很大的局限性。如广西地区因民歌类别广泛、群众参与性高而被誉为"壮乡歌海"，民歌在少数民族的日常生活中扮演了重要的角色，对一些重要的、特殊的、濒临消失的民歌形式进行"抢救性"保护，如广西刘三姐歌谣、布洛陀、侗族大歌等。对于这些群众参与度较高、特别依赖于民间社会的文艺类文化形式，依靠"传承人"制度虽能从人才抢救意义上保持其生命力，但要达到活态保护、整体保护的目的，还需正视"传承人"制度的效用和限度，更要突破由"传承人"制度所造成的保护悖论。本文基于已列入国家级非物质文化遗产扩展名录的壮族三声部民歌的考察[②]，试图分析"传承人"制度在文艺类非物质文化遗产保护中的功能与限度，并根据田野调查初步提出改进措施。

二、文艺类非物质文化遗产的现状与保护

广西地区民族众多，发源于山川乡野的民歌充分体现了民族文化的魅力。流传

[①] 刘秀峰，刘朝晖. 非物质文化遗产与代表性传承人制度：来自田野的调查与思考. 浙江师范大学学报，2012（5）.

[②] 本文田野材料来源于笔者2013年7~8月为期40天的驻村调查，壮族三声部民歌的考察得到了马山县文化体育局以及古零镇、安善村的大力支持，更感谢传承人温建业及村民的支持。清华大学社会科学学院硕士生周伊园共同参与了调查。

在广西中部马山、上林、忻城三县交界处的"壮族三声部民歌",经考证发源于马山县东部大石山区的加方乡壮族地区。三声部民歌的发掘归功于壮族音乐家范西姆[①],据传承人温建业回忆,1981年范西姆先生赴广西马山地区采风,在马山东南部安善村调查民歌形式时,时任安善村主任的温桂元携村民演唱了"三声部民歌"[②]。由于西方长期认为东方不存在多声部民歌,温桂元演唱的"三顿欢"形式经范西姆整理,1981年在《广西群众文艺》上发表了壮族三声部民歌的调查报告后,在国内外音乐界引起轰动,挑战了关于东方没有多声部民歌的成见。温桂元因而也被邀请赴南宁演唱,获得了较高声誉。

"壮族三声部民歌"一般由三名表演者演唱,主唱者演唱代表主旋律的第一声部、第二声部,第三声部由2人以上合唱者合唱和声附唱。演唱者全用支声复调和声,具有三度和声风格。此类句式结构在当地称之为"三顿欢"或"三跳欢"。壮族三声部民歌与当地壮族人民生活习俗和劳动生产密切相关,传唱于壮族社会的生活生产、恋爱和婚丧等远程中,其中以用于集体仪式上的演唱尤为庄重。在村落日常生活中,闲时纳凉、村落聚会以及歌圩中,由于歌者聚集相互和声,由此产生了三声部民歌,也决定了民歌具有了发源于村落社会、表演于公共场合、依赖于村民参与的特征。这种民歌形式的生存、发展与其文化区域、文化土壤、文化空间息息相关。随着少数民族的社会转型,这种源于合作、重在参与的民歌形式面临困境,流传区域局限在马山县东部地区,传唱者多为老年人,其中巫、师道居多,青少年歌手较少。为了保护这种稀有的少数民族文化形式,自治区、市、县文化部门逐步着手开展三声部民歌的保护工作,做法包括向自治区版权局申请登记保护;将三声部民歌打造为县级战略品牌;推介本地歌手参加民歌演唱会。2009年在自治区的非遗申报中,壮族三声部民歌列入国家级非物质文化遗产保护扩展名录,曾为范西姆演唱的安善村民温桂元被评选为第三代传承人,其子温建业为第四代传承人。"非遗化"与"传承人"制度将三声部民歌纳入了政府保护序列,并成为地方政府引以为傲的"文化名片"。

---

① 范西姆.试论壮族多声部民歌的形成与特征.广西民族研究,1986(1);赵毅.壮族三声部民歌初探.中央民族大学学报,1999(1).

② 此信息来源于对温建业的访谈,在赵毅《壮族三声部民歌初探》一文中记载了范西姆的回忆,对三声部民歌的采风过程有不同的意见,本处关于三声部民歌的整理与发展概况源于对相关人士的访谈。关于壮族三声部民歌的发掘过程与艺术特点,也可参见范西姆《试论壮族多声部民歌的形成与特征》和赵毅《壮族三声部民歌初探》。

三、传承人制度的保护悖论

2008年颁布的《国家级非物质文化遗产项目代表性传承人认定与管理暂行办法》（以下简称《办法》）规定了国家级非物质文化遗产项目代表性传承人的申请资质，主要包括：掌握并承续某项国家级非物质文化遗产；在一定区域或领域内被公认为具有代表性和影响力；积极开展传承活动，培养后继人才。"非物质文化"因活态传承而关联着特定的人，只有保护这些"人"及其传承机制，才有可能从人亡技绝的濒危绝境中将大量宝贵的遗产抢救回来[①]。壮族三声部民歌的传承人身份是经由县级申报、自治区上报申请，由文化部审议通过的《办法》所认定，国家级传承人温桂元自7岁起跟随父亲学习"三顿欢"调，是当地知名的歌手和乐师，1981年通过参加范西姆的演唱会而获得认可，经范西姆推荐，在1982年的五省民歌座谈会上，获称"广西歌王"的头衔。温桂元多次参加自治区、国家级民歌大赛，在当地名望较高，因而在2009年被官方评定为"壮族三声部民歌"项目代表性传承人，其居住的安善村也被认定为该民歌的发源地。当前温桂元老人年迈，其子温建业获称第四代传承人，并在政府认定与投资下，建设了"安善壮族三声部民歌传承保护基地"。通过当前三声部民歌发展状况的调查，笔者认为传承人制度在民歌保护中存在着三重悖论。

（一）专属化排斥参与性

非物质文化遗产的传承人认定，就是将文化项目认定为"遗产"明确的主人，由官方认定的"传承人"被赋予合法的"专属权"。专属化就是指将某种广为流传、大众参与的文艺形式赋予某个体以专属主张。而实际上，三声部民歌发源于民间流传于村落社会，歌手并不具有官方认定的"正统性"地位，而是凭借其演唱风格、歌唱技巧等获得乡民赞誉。在马山地区长期存在的"斗歌"就是这样一种民间竞争形式。据温建业介绍，1982年其父温桂元赴外演出，获得民歌比赛组织者颁发的"广西歌王"称号，官方的荣誉认定引起了本地周边众多歌手的不服，纷纷到温家"斗歌"相较高下，"斗歌"一直持续了好几天。"斗歌"这种民间比赛方式能够吸引

[①] 刘秀峰，刘朝晖.非物质文化遗产与代表性传承人制度：来自田野的调查与思考.浙江师范大学学报，2012（5）.

较多民众参与，因乡民评价而获得认可，若不服气，还可多次"斗歌"。而由国家认定为"传承人"之后，这种具有民间竞争意味的翟选机制失去了空间，民歌的解说和评价的权威性归于'传承人'，大大降低了乡民的参与性。

在马山地区，会唱三声部民歌的乡民不在少数，"传承人"制度排斥了其他乡民的话语权。作为多声部合唱形式，三声部民歌一般由2~3人演唱，由于群众参与性的降低，三声部民歌的传承就只能指望温桂元家庭。家族化是由专属化造成的无奈之举，温桂元的儿子、儿媳与孙子成了三声部民歌展唱的主要演员。家庭化传承进一步挤压了文化的参与空间，由官方认定传承人的权威授予模式，垄断了对民歌演唱方式、技艺水平的判断，排斥了更多民间歌手成为文化传承主体的可能。群众参与性的降低进一步塑造了传承人的专属化地位，使得三声部民歌愈发卷入了保护悖论。官方指定的传承人与其他非传承人之间构成了相互竞争的态势，也改变了文化参与者的人际关系生态[①]，更损害了民歌所蕴含的文化公共性。高丙中认为，文化具有成为共同体全体享有的倾向、潜力甚至冲动，恰恰是这种可能性使文化不像那些私有性的事物一样因为占有的人越多而使每个人的占有份额越少，相反会因为享有的人越多而越有价值，感受到尊崇[②]。原以民间流传、群众参与而存在的民歌形式，经"专属化"而排斥了广泛的参与性，这构成了民族文化的保护悖论之一。

（二）个体化切割组织性

"传承人"的认定是以个体作为文化遗产的传承主体，对于三声部民歌这样需要多人配合、以表演组织为基础的文艺形式来说，未必对配合演出的组织秩序能起到积极作用。壮族三声部民歌一般情况下需要三人来演唱，一、二声部一般情况下可由一人担任主唱，第三声部则往往由两人以上担任。这就需要歌手们有共同的欣赏习惯、情趣和审美。一般，主旋律声部（一般是高音声部）是最主要的声部，歌腔高昂、明亮、突出，歌唱时要唱得清晰动听，往往挑选歌喉最漂亮的歌手担任；中声部歌腔较平稳，唱时声音浑厚，起补充润色主要声部的作用；低音部歌腔迂回婉转，与上两声部形成鲜明对比以起到烘托和陪衬的作用[③]。一般三个声部同起同收、密切配合，才能突出和丰富主旋律而构成完整的音乐形象，因而三个声部的配合与组织是演出的重要基础。

---

① 刘晓春.非物质文化遗产传承人的若干理论与实践问题.思想战线，2012（6）.
② 高丙中.作为公共文化的非物质文化遗产.文艺研究，2008（2）.
③ 赵毅.壮族三声部民歌初探.中央民族大学学报，1999（1）.

"传承人"被认定为歌唱主旋律、担任高音声部的歌手，这就使得三声部合唱的形式不仅存在因水平不一而出现配合失衡，也存在因对不同声部的重视程度不同而损害民歌的原生性。在由国家级非物质文化遗产项目传承人温桂元、温建业父子成立的以其家庭成员为主的"百灵三声部民歌文艺队"中，由于队员的演出水平不一，往往影响表演效果。而其他成员不具有三声部民歌的传承身份，人员流失较多，非物质文化遗产的个体化，切割了多声部民歌本身具有的配合度和组织性，不利于保存和传承民歌的原生品质，这构成了民族文化的保护悖论之二。

（三）演艺化侵害原生性

文艺类民族文化形式一旦被认定为"非物质文化遗产"，就不可避免地要走向演艺化，壮族三声部民歌演艺化体现在这种由民间产生、流传于乡间的歌唱形式被搬上舞台，以舞台演出的形式和要求来进行展现。实际上，民间文艺"非遗化"侵害"原生性"的问题一直是实践者与研究者的共同焦虑。

民族文艺的"非遗化"走向了演艺化道路，当这种原生性民歌形式经过非遗化与传承人制度的改造之后，就需要适应舞台演出的艺术规律，无论是参加大型歌唱比赛或文艺晚会，还是在乡间的商业演出，首先需要挑选演员的形象、年龄和表演经验，在舞台上要穿着民族特色服饰，凸显民族特色。为了增加民歌的音乐性，演出队也为这种原生态民歌增加了乐器伴奏，包括秦琴、二胡等民乐乐器，甚至包括钢琴、吉他等乐器，由县文工团老师指导编谱配乐。在歌唱内容上，大幅度地增加宣传党的政策、计划生育、新农合、乡村清洁等服务于当前党政工作的内容[1]，演出的舞台，也主要是服务于对外宣传、迎接上级视察、参加各类民歌比赛，传承人温桂元、温建业更要承担较多迎接检查、汇报演出的任务，其领衔的文艺队也存在组织困难。传承人制度的困境、对文化原生性的担忧，这已是诸多研究者的共同焦虑[2]。在当前民族文化被作为文化消费品的时代，必定会走向演艺化，而其原生性必然也要受到商业化表演方式的改造。"非遗"与"传承人"制度在民族文化的保护方面，陷入了演艺化困境，演艺化必然会损伤原生性文艺的品质和魅力，这是壮族三声部民歌的保护悖论之三。

---

[1] 由于三声部民歌并无既定歌词，可以由歌者根据演唱目的、演出情境进行填词，因而长期以来较少有经典文本。在传承人温建业编纂的《三声部民歌业余培训班适用教材》和由县文化局出版的《壮族三声部民歌歌曲集》中，主要曲目都是歌颂和宣传为目的，由专业音乐人士做词曲编排。

[2] 刘晓春.非物质文化遗产传承人的若干理论与实践问题.思想战线，2012（6）；马知遥.非遗保护中的悖论和解决之道.山东社会科学，2010（3）.

四、"传承人"制度的限度及其支持体系

类似于壮族三声部民歌这种生长于乡村社会、依靠群众参与而存在的民间文艺类文化,仅靠非遗"传承人"制度是远远不够的,这种保护悖论同样也存在于本县另一自治区级非物质文化遗产——扁担舞,它们对文化土壤、文化空间和群众参与度依赖较高。当然,"非遗化"与"传承人"制度是对民族濒危文化形式的抢救性保护,对于其不足之处,还需要通过增加配套制度、培育支持体系来完善"传承人"制度的缺陷,而根本的措施是恢复与重建民族文艺的文化土壤与参与空间。

(一)构造文化空间

"文化空间"概念是指某种民间传统文化活动集中的地区,或某一种特定的文化事件所选的时间。在人类学意义上讲,"文化空间"指传统的或民间的文化表达方式有规律地进行的地方[①]。村屯构成了壮族三声部民歌的重要文化空间,从民歌的起源来看,农闲时节,人们聚集在一起以唱歌来排忧解闷,相互斗歌以求热闹,而在村屯聚会的婚嫁场合中更少不了歌唱,马山农村婚丧嫁娶一般以屯为仪式单位,还要迎接外屯亲戚,亲友近邻聚会,便以唱歌、对歌来增加婚礼欢庆气氛,相互增进了解。村屯聚集的婚宴仪式为民歌的展演和学习提供了文化空间。此外,逢年过节时村屯、宗族一般都会组织文化活动,不仅有村民以山歌对唱的形式,也有民间师公、道公在宗教仪式演唱经文。实际上,马山师公、道公唱祭的经文、歌本形式与本地三声部民歌有很高的相似度,村屯的聚会与集体仪式成为民歌表演和学习的空间。

近年来,随着农民生活水平提高,马山很多村屯、宗族都有较强的组织能力,在逢年过节组织文体表演、宗族祭祀等集体活动的积极性较高,村屯组织的集体聚会为民歌的展演和交流提供了广阔的空间,而年节与仪式则是最重要的文化空间。温建业组织的"百灵三声部民歌文艺队"也开始受邀表演节目,"文化空间"的自发生长为推广和传承非物质文化遗产提供了良机。国家在推动文化体制改革和社会主义文化大发展大繁荣的大方针下,越来越重视民间文化发展,各级政府将人财物向培育基层"文化空间"方向倾斜的措施,是促进少数民族地区"非物质文化遗产"保护的有益尝试。地方社会长久存在的"斗歌"形式既能推动民族文化的自我创新,

---

① 乌丙安.非物质文化遗产保护理论与方法.北京:文化艺术出版社,2010.

也能吸引更广泛的群众参与文化活动。历史上马山、上林地区一直有跨县乡的"歌圩"活动，乌丙安认为，遍布在我国各地各民族的传统节庆活动、庙会、歌会（或花儿会、歌圩、赶坳之类）集市（巴扎）等，都是最典型的具有各民族特色的文化空间[①]。以政府力量重建传统"歌圩"，重建群众性的文化活动，为山歌这种民族文艺形式构造展演的文化空间，是突破"非遗化"及"传承人"制度悖论的有益之举。

（二）民间文艺组织培育

非物质文化遗产的根在民间，培育文化保护的组织载体，激发民众在文化上的积极性、认同感和自觉性，这在扩大非物质文化遗产的影响力和分布空间上具有显著功能。本文论述的壮族三声部民歌传承人温建业牵头组织了文艺队，不仅表演三声部民歌，还有本地其他形式的山歌，还包括歌剧、情景剧等节目。在马山地区，民间自发组织的文艺队约十几个，是村民利用业余时间自娱自乐的团队，笔者访谈的安善村周边几个文艺队，其开展的文化活动各有侧重，有的偏重山歌剧，有的偏重民族舞，有的偏重鼓乐。民间自发产生的文艺队说明地方民众对于文化生活的需求较高，具有较强的集体行动能力，自发承担了传承地方特色文化的职责。笔者认为，民间文艺组织的发展为"非物质文化遗产"的保护与传承提供了良好的社会载体，其文化功能大大有利于官方倡导"传承人"制度。笔者从县级文化部门了解到，各级政府有专项资金用于基层文化事业，若能将资金与物资用于培育更多民间文艺组织、扩大文艺队之间的交流与学习，构筑官方与民间在地方文化发展的合力，不啻为保护与传承民族与民间文化的恰切举措。

五、小结

近年来，"非物质文化遗产"的概念与措施为保存民族文化多样性提供了可行之道，各级政府在文化工作中掀起了非物质文化遗产保护热潮，试图以"非遗化"手段来护卫具有地方特色的文化形式，打造政府的"文化名片"。值得注意的是，无论是民族文化还是民间文化，都是在特定社会土壤与文化空间中生长和发育，"非遗化"不能包治百病，"传承人"制度也非万试万灵，特别是对少数民族地区群众参与性较高、特别依赖于民间社会的文艺类形态来说，文化的保护与传承不可以以"非遗化"

---

① 乌丙安.非物质文化遗产保护理论与方法.北京：文化艺术出版社，2010.

了之，也不能完全寄托于"传承人"，以至于陷入保护的悖论。本文以广西壮族三声部民歌的发展现状为分析对象，分析了非遗化保护中"传承人"制度的限度，认为文化工作者与研究者需对"非遗"与"传承人"制度的效用与限度有明确的认识，并辅之以配套措施。要避免民间文化形式的自然消亡，还必须注意其"活"的传承，着力重建其文化区域、文化土壤、文化空间，建设配套支持体系，以增强文艺类非物质文化遗产的功能和效度，以达到活态保护、整体保护的目的。

学术观察

唱诵、仪式行动与仪式过程：以纳人达巴的"木卡布"仪式为例*

陈 晋**

（同济大学政治与国际关系学院，上海杨浦 200092）

摘 要："话语"（discourse）历来是人类学仪式研究的重点。然而就如何研究仪式话语，学界长期存在分歧。本文以田野调查为基础，从"唱诵"（enunciation）的角度入手，试图展现"作为动作的词语"（verba in loco actus）在纳人达巴仪式中发挥的独特作用。通过对"木卡布"案例的描述和分析，我们发现仪式行动的分解与排列组合主要依靠唱诵表演的方式完成，唱诵构成了达巴仪式过程的核心。在此意义上，话语的实践方式理应成为仪式研究的重要面向。

关键词：纳人；达巴；仪式行动；仪式过程；唱诵

一、引言

马林诺夫斯基（Bronislaw Malinowski）提出："除了部落组织的固定轮廓与定型化的文化项目（它们形成了骨架），除了日常生活与普通行为的资料（它们是血肉），还存在着必须予以记录的精神——土著人的观点、意见与说法。"[①] 就仪式研究而言，对"仪式话语"（ritual discourse）的发掘和分析为人类学家深入理解社会文化提供了

---

* 文章的早期版本曾公开发表在《西南民族大学学报》，2017（10）。文章在收录时略有改动。
** 作者简介：陈晋（1980—），男，同济大学政治与国际关系学院副教授、博士，主要从事仪式人类学、文化认知研究。
① ［英］马凌诺斯基. 西太平洋的航海者. 梁永佳，李绍明，译. 北京：华夏出版社，2002.

机会①。

受到语言学、符号学的影响，西方学界一度兴起对仪式话语的"述行解读"（performative approach），即将其作为独立的"文本"（text）进行研究，认为言说本身具有沟通、说服、警告、安慰等力量，从而构成仪式行为②。列维-斯特劳斯（Claude Lévi-Strauss）对中美洲库纳人难产仪式的分析清楚地体现了这一倾向。他认为，正如精神分析师调动病人的潜意识那样，库纳萨满的治疗咒语再现了当地神话系统的深层结构，仪式因此具备某种神奇的"象征效用"（efficacité symbolique）③。特纳（Victor Turner）认为应该开展仪式象征符号的"语义学"（semantic）的研究，在对赞比亚恩登布人仪式的分析中，他将各种类型的口头表演（包括歌唱、训话、争吵、猜谜等）作为文本材料，结合仪式过程考察其意义④。

然而，针对仪式话语的符号学解读招致了许多研究者的批评。Humphrey 和 Laidlaw 指出，传统人类学过度强调了仪式的交流与表达功能；仪式序列由具体"行动"（action）构成，其中既有语言行动（如吟唱颂歌、念诵祷词），也有非语言行动（如挥舞灯盏、绕行雕像等），首要目的并不是传递信息，因为在许多仪式场合，参与者无法理解仪式专家的言语或行为⑤。Houseman 和 Severi 通过再考察著名的仪式研究案例"纳文"（naven），提出："（如果我们还记得某些话语在纳文中扮演的角色，）我们就从研究作为词语的行动（actions in loco verbi），走向了研究作为行动的词语（verba in loco actus）⑥，也就是从象征体系的社会学或符号学解读，走向了一种模型的建立——这种模型考虑到了象征体系在时间上的延续。"⑦

从实践的角度来考察仪式话语，认为口头表演构成仪式行动的重要部分，已成

---

① Demmer 和 Gaenszle 对仪式话语的理解如下："仪式创造了话语的竞技场（此处'话语'应理解为互动中的语言运用），其中各种口头战略被使用，以转变社会关系、道德问题和人们对社会文化现实的观点。"参见 Demmer U, Gaenszle M. The power of discourse in ritual performance: rhetoric, poetics, transformations. Vol.10. LIT Verlag Münster, 2007. 笔者自译。

② John L. Austin. How to Do Things with Words. Oxford: Clarendon Press, 1962.

③ ［法］列维-斯特劳斯. 结构人类学：巫术·宗教·艺术·神话. 陆晓禾, 黄锡光, 等, 译. 北京：文化艺术出版社, 1989.

④ Turner V. The Ritual Process: Structure and Anti-Structure. Piscataway: Transaction Publishers, 1995: 58-92.

⑤ Humphrey C, Laidlaw J. The Archetypal Actions of Ritual: A Theory of Ritual Illustrated by the Jain Rite of Worship. Oxford: Clarendon Press, 1994: 73-74.

⑥ 笔者自译，斜体为原文作者所加。

⑦ Houseman M, Severi C. Naven ou le donner à voir: Essai d'interprétation de l'action rituelle. Paris: Éditions de la Maison des sciences de l'homme, 2009: 250.

为现阶段许多研究者的共识。Déléage 考察了亚马孙流域西部 Sharanahua 人的萨满准入仪式，详细记录、翻译了相关的歌唱内容，解释准入者如何在学习的不同阶段吸收新的知识、最终成为萨满①；Névot 从云南石林彝族毕摩的书写体系与吟唱入手，描写仪式语境下的社区活力再生过程以及国家权力对文化传承的影响②。与之相比，国内学界的相关研究大多停留在资料搜集、文本分析层面。如赵志忠从少数民族文学的角度对松花江流域的萨满"神本"进行了翻译和解释③；拉木·嘎土萨组织翻译了 70 余篇纳人达巴诵词，但缺少相应的仪式介绍④；萧梅、曹本冶、刘红等主编的《中国民间仪式音乐研究》多卷，综合呈现了东北、华中、华南、华东等地民间口头仪式的音乐元素⑤。

本文从笔者长期调查研究的纳人达巴仪式案例出发，试图展现人类学仪式话语研究的前沿视角，表明"作为动作的词语"如何在仪式过程中发挥其独特的作用。位于中国西南川滇边境的纳人（摩梭人）族群，一直是人类学、民族学关注的焦点。纳人自称"纳日"（nazi）、"纳汝"（naRu）、"纳亨"（nahing）等，其中"日""汝""亨"等词根均指"人"⑥。纳人是农耕族群，人数约三万，分布在四川省木里县、盐源县，以及云南省中甸县（现更名香格里拉县）、宁蒗县等地。纳人社会为母系，基本亲属和经济单位称"尔"（lhe），译作"支系"；高于支系的亲属单位称"斯日"（sizi），译作"氏族"⑦。纳人有自己的语言而无文字，纳语属汉藏语系的藏缅语支。纳人普遍信奉藏传佛教，其历史至少可以追溯到明代⑧。纳人也保留着自己独有的宗教传统，代表人物称"达巴"（daba），指纳人的仪式和占卜专家。

---

① Déléage P. Le chant de l'anaconda: l'apprentissage du chamanisme chez les Sharanahua (Amazonie occidentale). Nanterre: Société d'éthnologie, 2009.

② Aurélie Névot. Comme le sel, je suis le cours de l'eau: Le chamanisme à écriture des Yi du Yunnan, Chine. Nanterre: Société d'éthnologie, 2008.

③ 赵志忠. 满族萨满神歌研究. 北京：民族出版社，2010.

④ 拉木·嘎土萨. 摩梭达巴文化. 昆明：云南民族出版社，1999.

⑤ 萧梅. 中国民间仪式音乐研究（东北卷）. 北京：文化艺术出版社，2014；刘红. 中国民间仪式音乐研究（华中卷）. 北京：文化艺术出版社，2012；曹本冶. 中国民间仪式音乐研究（华东卷）. 上海：上海音乐学院出版社，2007；曹本冶. 中国民间仪式音乐研究（华南卷）. 上海：上海音乐学院出版社，2007.

⑥ 笔者在研究中沿用了蔡华的纳语记录方案. 参见 Hua Cai. Une société sans père ni mari. Les Na de Chine. Paris: Presses Universitaires de France, 1997. p.11-12. 为阅读方便，本文在涉及纳语词汇时，先以汉字音译，再给出纳语记音。如果同一词汇再次出现，则不再重复给出纳语记音。

⑦ Hua Cai. Une société sans père ni mari. Les Na de Chine. Paris: Presses Universitaires de France, 1997: 97-99, 129-133.

⑧ 《盐源县志》编纂委员会. 盐源县志. 成都：四川民族出版社，2000.

长期以来，学界较少专门针对达巴及其仪式实践的研究①。在旅游经济、商品化、全球化等趋势影响下，纳人的社会文化经历着巨大的变迁，达巴代表的仪式传统更是面临失传的危险。笔者认为，达巴的仪式实践应得到学界更多重视。2003年～2013年期间，笔者在四川、云南境内的多个纳人村落进行了多次、前后近二十个月的田野调查②。通过调查，笔者试图理解达巴的多种仪式实践，特别是其在仪式中的唱诵行为［纳语称"绰"（cho）］③。笔者的研究方法包括：与多名达巴和当地人合作，记录、解释和分析不同的仪式案例；为获得相对完整的信息，笔者长时间追随多位达巴师父，系统学习了60余段唱诵内容；此外，笔者还作为达巴的助手，在实地参与仪式的过程中不断观察、验证和复习学到的知识。

本文从两方面展开对达巴仪式实践的分析：首先，介绍达巴唱诵的内容、方式与基本特点；其次，通过具体的仪式案例［"木卡布"（mukrabu）］，描述达巴如何运用唱诵技巧，实现仪式行动，从而完成仪式过程。

二、达巴的唱诵

传统上，每个纳人氏族都有自己的达巴，由其负责氏族内部的宗教相关事务。达巴年迈时，会在氏族内挑选一名或若干名年幼、记性好、聪明的男孩，作为自己

---

① 目前，针对纳人社会文化的研究多集中在其母系亲属制度、性生活方式和相关的文化象征等方面。20世纪80年代出版的两部专著（詹承绪，等.永宁纳西族的阿注婚姻和母系家庭.上海：上海人民出版社，1980；严汝娴，宋兆麟.永宁纳西族的母系制.昆明：云南人民出版社，1983）对纳人社会的组织形式进行了介绍，引起学界和公众的广泛兴趣。蔡华通过长期细致的田野调查，对纳人社会的结构与亲属制度进行了深入研究，也介绍了达巴传统及其仪式（Hua Cai. Une société sans père ni mari.Les Na de Chine[M]. Paris: Presses Universitaires de France, 1997.）。在奥皮茨（Michael Oppitz）等主编的《纳西、摩梭民族志》中，施传刚描述了纳人的丧葬仪式及其象征，马休对云南省拉伯乡的达巴传统进行了介绍（[美]施传刚.摩梭人的丧葬仪式及其象征；[法]克里斯蒂娜·马休.摩梭达巴宗教专家//[德]米歇尔·奥皮茨，[瑞士]伊丽莎白·许.纳西、摩梭民族志——亲属制、仪式、象形文字.刘永青，骆洪，等，译.昆明：云南大学出版社，2010）。

② 这些调查分别是：2003年7月，云南省宁蒗县永宁乡、四川省盐源县前所乡；2004年1～7月，云南省宁蒗县、四川省盐源县前所乡、左所乡；2006年10月～2007年8月，四川省盐源县前所乡、木里县屋脚乡；2013年7～8月，四川省木里县屋脚乡。

③ 笔者在研究中使用"唱诵"，指达巴在仪式中以特定节奏、旋律、音调、音量、语气等，背诵或吟唱特定内容的行为，对应英语/法语中的"enunciation/énonciation""chant/chant""psalmody/psalmodie"等。参见Émile Benveniste. Problèmes de linguistique générale.I. Paris: Gallimard, 1966/1978. p.254.

的学徒[①]。在漫长的学习过程中（通常超过十年），达巴学徒不断训练、强化自己的唱诵能力，具体涉及两个方面：首先，因为没有文字，达巴师父每天以口传的方式，将唱诵内容逐字逐句、由浅入深地教给学徒，后者必须用心记忆；其次，达巴学徒在仪式中充当师父的助手[纳语称"比扎"（bidʐa）]现场观摩、学习如何"表演"（perform）唱诵——这既包括根据仪式场合调整唱诵的内容、顺序和方法（如唱诵的音调高低、音量大小、旋律，以及击打鼓钹的节奏快慢等），也包括伴随唱诵完成相应的手势、动作。

（一）基础唱诵与普通唱诵

根据内容的不同，达巴的唱诵可分作两类：一类称"布古米"（bugumi），其字面意义为"仪式的身体"[其中"布"（bu）指"仪式"，"古米"（gumi）指"身体"]，笔者在研究中称为"基础唱诵"；另一类包括基础唱诵之外的所有唱诵，达巴对此没有统一的称呼，笔者称为"普通唱诵"。

基础唱诵包括以下内容，其顺序是固定的（从1到11）：

序号	标题	主要内容
1	"哈纳古"（hanagu）	人类的基本行为准则
2	"伊姆夸"（Zimukrua）[②]	梦见各种奇异景象，在神前占卜并获得好结果
3	"扎扎"（dhadha）	自古以来的达巴师系
4	"布如图"（bujutu）	对恶灵["次"（tsi）]的训话
5	"艾米索"（émiso）	识别、讲述恶灵的种类和来源
6	"日伊"（jiZi）	描述仪式现场的供品与道具等
7	"普究拉"（pudZiola）	汉族、藏族和纳人社会的起源与发展，以及达巴的重要作用
8	"鲁俄俄"（luee）	人类社会的诞生和发展
9	"及次哈就"（dZitsiradZio）	外部世界（包括山川、河流等）的诞生
10	"直盖达盖"（dhigaidagai）	对人类社会中仇敌的反击
11	"姆里吉布"（mulidZibu）[②]	传说中代表善恶双方的黑白大战

---

① 这意味着达巴均为男性。蔡华提出在1940年以前，纳人社会中有过女性达巴（Hua Cai. Une société sans père ni mari. Les Na de Chine[M]. Paris: Presses Universitaires de France, 1997. p.78）。但在笔者调查过程中，未发现女性达巴，受访者也均表示达巴都是男性。

② 可进一步划分为"伊姆夸"和"往次耶"（wangtsiyé），其中"伊姆夸"指做梦的经过，"往次耶"指占卜的过程和结果。

正如名称所暗示的那样，基础唱诵实际上涵盖了达巴所有的仪式实践。在相对简单的仪式中，达巴只需从"哈纳古"唱诵到"普究拉"，并重复一到两次即可；在大型仪式中，他需要完成所有的基础唱诵，也就是从"哈纳古"到"姆里吉布"，并重复若干次。

首先，基础唱诵直接涉及具体的仪式行动与仪式过程：通过"伊姆夸"，达巴讲述仪式的源起（产生奇怪的梦境）和仪式举行的契机（在神前占卜并获得好的结果）；通过"布如图"和"艾米索"，达巴对仪式的重要对象——危害人类的恶灵——采取措施；通过"日伊"，他表明仪式举行的物质保障；通过"直盖达盖"，达巴针对现实生活中的敌对势力进行反击，保证仪式的顺利进行。

其次，基础唱诵也涉及达巴仪式实践的"合法性"（legitimacy）问题。"扎扎"反映了达巴知识的传承历史，实际上包括达巴所有上代师父的名字，以及作为达巴知识来源的神的名字；"普究拉"讲述了达巴在藏、汉、纳等不同社会中的重要地位和作用，尤其是达巴如何通过仪式实践，保佑人民的福祉，从而将仪式的合法性进一步普遍化。

最后，基础唱诵还涉及人类基本行为准则（"哈纳古"）、不同族群的产生与发展（"普究拉"）、人类社会的起源与发展（"鲁俄俄"）、外部世界的诞生（"及次哈就"）、善恶双方的传奇大战（"姆里吉布"）等。这些内容固然反映了纳人文化中传统的道德观、价值观与宇宙观，但更重要的是，达巴通过唱诵，"再现"（represent）了他从师父那里继承的知识，从而完成仪式。在此意义上，"哈纳古"不仅是一部有关纳人生产生活基本原则的宣言，更是达巴开启一切仪式实践的手段。同样地，纳人对族群历史、人类社会发展、战争乃至宇宙起源的认识，也是达巴完成相应仪式步骤的工具。例如，在祭拜某些特定精灵的仪式中，达巴重复唱诵"鲁俄俄""及次哈就"等，这被认为是和精灵进行平等的交流沟通，属于"聊天"的方式。

相比于基础唱诵，普通唱诵的内容更为庞杂，其中既包括达巴在仪式中普遍唱诵的内容［如"烧香"（纳语称"索该"（sogai））］，也包括某些特殊仪式场合才使用的内容［如"古布姆佐伊"（gubumuzoZi），仅用于祭拜精灵"古"（gu）］。普通唱诵的主题可能是对某类事物的说明（如各种各样的精灵、神），也可能是和仪式紧密相关的神话传说，还可能是对特定动作的描述。

---

① 根据达巴口音的不同，有时也称"姆里吉巴"（mulidZiba）。

（二）唱诵的特点

达巴唱诵的内容长度不一，唱诵时间也从几分钟到一个小时以上。根据仪式场合，达巴会选择不同的内容进行唱诵，也会对每段唱诵的具体内容和方式进行调整。总而言之，仪式越复杂，达巴唱诵的内容越多，方式也越多样，对其要求也就越高。

达巴的唱诵有以下基本特点：

第一，达巴的唱诵是一种口头行为，不涉及文字书写。纳人称达巴的学习过程为"学达巴"[纳语为"达巴索"（dabaso），其中"索"（so）指"学习"]；与之对比，藏传佛教的学习与现代学校教育被统一称为"学书"[纳语为"塔尔索"（tarso），其中"塔尔"（tar）指"书""纸"]①。这一称呼上的差别体现了达巴知识的口传特点。对此，达巴们有一个经典的解释：

> 在很久以前，达巴是有字的，他把唱诵的内容写在牛皮上。有一天，达巴和喇嘛一起走在路上，两人都饿了。喇嘛说，我的经书是纸做的，不能吃。于是两人就把达巴的经书煮来吃掉了。从此，达巴把知识吃到了肚子里，也就再没有了经书。②

这一故事显示了达巴是如何将唱诵与知识的"内化"（interiorization）联系起来的。根据此说法，纳人社会中并存的两种宗教传统的最初区别仅仅在于经书材质。因为一次偶然的事件，达巴失去了经书，然而这并不导致其丢失原有的知识；相反，通过吞食，达巴将知识转换成为身体的一部分。在此意义上，达巴所代表的知识传统反而更加牢固。

关于内化的知识如何运用，达巴们也有着相应的解释。一种常见说法是，他们需要在仪式中大量地饮用烈酒（这一点与实际情况相符），把肚子里的知识"激发"出来。另外一种说法则更加戏剧化：

> 很久以前，达巴到别人家里做仪式。他想了又想，怎么都记不起来怎么念。这时候，家里的狗正好叫了，达巴听了也顺口发出类似的呼叫声。

---

① 在汉语特别是普通话推广的影响下，纳人现在也用"学文化"一词指现代学校教育[纳语为"文化索"（wenhuaso）]。

② 在不同讲述者口中，故事存在细节上的差别，例如喇嘛的经书也可能是猪皮。

声音一出口，他突然想起了要唱诵的内容，就顺顺当当地念下去了。

可见，达巴为了运用身体内的知识，需要借助外物的刺激。无论是高强度、大量酒精的激发，还是对动物吠叫声的模仿，都在于帮助达巴在仪式中完成唱诵。事实上，达巴开口唱诵时，常常发出短暂的"喔"（o）音节，相当于句首的感叹词。这既是普遍的习惯，也有助于回忆接下来要唱诵的内容。第二种说法显然以诙谐、揶揄的方式，将这一行为合理化了。

第二，达巴的唱诵行为是高度结构化的，具体表现为唱诵的"序列性"（sequentiality）、精确性与完整性。无论是基础唱诵还是普通唱诵，达巴都要遵循既定的顺序和方法，逐字逐句、按部就班地唱诵完每一段内容。唱诵的段落之间环环相扣、缺一不可，形成固定的序列。如果任意调换序列、改变内容或不按传统方法唱诵，势必招来神的惩罚[①]。事实上，达巴知识的最初来源——"筑"（dhu）和"赛"（sé）——是纳人的最高神，基础唱诵的内容也被形容为"筑神和赛神的话"["筑夸赛夸"（dhukruasékrua），其中"夸"（krua）指"话语"][②]。这意味着达巴在仪式中的首要任务是准确、如实地传递神的知识，不能即兴发挥。

第三，唱诵内容对于普通纳人甚至达巴自己来说，存在着"不透明性"（opacity）。事实上，在笔者调查过程中，大多数受访者对达巴唱诵的内容表示不理解或不感兴趣。这一方面是因为唱诵与日常对话有着巨大差异，包括涉及大量的陌生词汇（如精灵和神的名称）、"韵文化"（versification）、篇幅冗长等，给理解造成了困难；另一方面，达巴并不强调对唱诵内容的解释——诚然，达巴师父会向学徒讲述他对唱诵片段的理解；随着知识、经验增长，学徒自己也可能慢慢领悟更多唱诵内容的意义，但是这些理解和领悟并不构成达巴学习的主要部分，也不是检验达巴是否合格的标准。

三、"木卡布"仪式的行动与过程

"木卡布"是一种较为常见的、旨在驱逐恶灵的大型仪式。纳语中的"恶灵"泛

---

① 笔者在调查中搜集了类似案例。参见 Jin Chen. Le dualism na. Étude des chants et rituels des Daba (Sichuan et Yunnan, Chine). Paris: École des hautes études en sciences sociales, 2012. p.26.

② Jin Chen. Le dualism na. Étude des chants et rituels des Daba (Sichuan et Yunnan, Chine).Paris: École des hautes études en sciences sociales, 2012: 89-98, 156-163.

指一切危害人类健康福祉的精灵。在日常对话中，恶灵也被称为"次夸"（tsikua）或"次夸米"（tsikuami），其中"夸"（kua）、"米"（mi）均为后缀。恶灵有许多种类，每种均有特定的名字、来源和特性。纳人认为恶灵普遍居住在山岭之中，它们一有机会便潜入村庄，给人类带来各种困扰，轻则生病、受伤，严重的可导致流产、死亡。无论是哪一种恶灵，达巴都致力于通过举行仪式，将其赶出纳人居住的区域。

恶灵"木卡"（mukra）代表因流言、口角争执而引发的冲突，是木卡布仪式的主要驱逐对象。然而，达巴在木卡布中实际面对的恶灵多达十余种，除了木卡，还包括：代表污秽的"查"（cha）、代表辱骂的"及"（dZi）和"昂"（ang）、代表凶兆的"希"（çi）和"多"（do）、代表分裂的"布"（bu）和"枉"（wang）、代表命运的"矢支多纳"（shidhidona）、代表酗酒和赌博的"刷刷木卡"（shuashuamukra）、代表死亡的"洛希次杂"（loçitsiza），等等。

木卡布通常以氏族为单位举行，耗时在十个小时以上。其准备工作（如制作仪式道具、准备供品等）亦相当耗费人力、物力。根据不同的场合，木卡布仪式可分为两种：一种称"挖肥木卡布"["凯刮木卡布"（kraiguamukrabu）]，举行时间在每年农历十一月，伴随每年一次、将牲畜棚圈中积累的肥料运到园地的积肥行为，目的是净化家屋、迎接农历新年；另一种称"死人木卡布"["亨矢木卡布"（hingshimukrabu）]，举行时间在葬礼的最后一天，目的是在送出棺柩后，祛除家中的各种不洁——特别是大量前来参加葬礼的人员所产生的闲言碎语、矛盾冲突——从而保证生产生活的顺利进行。两者的程序稍有不同，但其关键步骤是一致的①。

达巴对恶灵的"驱逐"（expulsion）构成了木卡布仪式的核心行动。这一行动主要是通过以下过程实现的：

第一步，达巴将仪式涉及的所有恶灵召唤到仪式所在地，向其集中地讲述一系列重要"道理"，也就是完成全部的基础唱诵（从"哈纳古"到"姆里吉布"）。笔者将这一行为称为"普遍驱逐"。达巴对此的解释是，面对危险的坏人（恶灵）时，先得把对方叫到跟前（召唤），"明辨是非"（进行基础唱诵），才能在接下来的行动中使对方信服。

第二步，完成普遍驱逐后，达巴令助手宰杀一只公鸡；他一边唱诵相应内容["莫科"（moke）]，一边将鸡肉、鸡骨、鸡血等祭品在神、恶灵和人类之间进行分配。

---

① 关于木卡布仪式的详细描述和分析，参见 Jin Chen. Le dualism na. Étude des chants et rituels des Daba (Sichuan et Yunnan, Chine). Paris: École des hautes études en sciences sociales, 2012. p.140-288.

这构成一次典型的"祭献"行为（sacrifice）。通过该步骤，达巴确保神、恶灵与人类三方达成协议，从而将驱逐行动推进到实质层面。

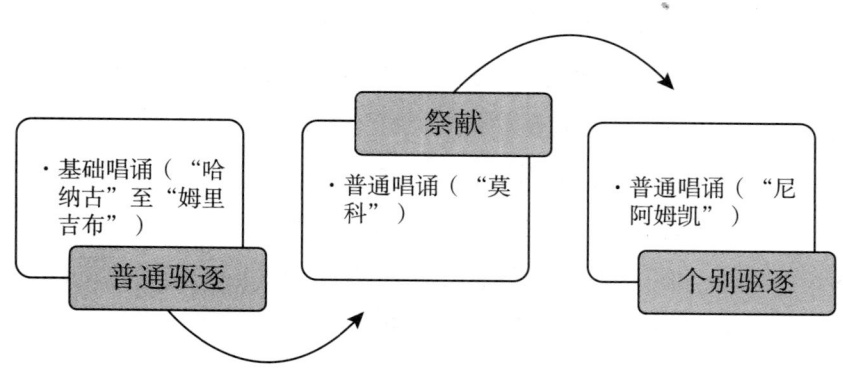

图 1　木卡布仪式中驱逐恶灵的行动

第三步，达巴重复唱诵一系列的专门内容["尼阿姆凯"（niamukrai）]，向在场的每种恶灵逐一发出指令，要求其做出特定的动作；通过完成这些动作，恶灵们一步步离开所在的支系，直至完全退出人类居住的区域。笔者将这一行为称为"个别驱逐"。至此，驱逐恶灵的行动完成。

（一）普遍驱逐

普遍驱逐的步骤通常持续四五个小时。为节省篇幅，笔者选取"布如图"，来考察相应的仪式行为。"布如图"的字面意义是"道理出现"，其中"布如"（buju）指"道理"，"图"（tu）指"出现"。如前所述，其主题是向全体恶灵进行"训话"。就整个驱逐行动而言，这一环节起到了提纲挈领的作用：达巴首先通过"哈纳古"，表明当下仪式实践的合理、合法性；通过"伊姆夸"，他说明了举行仪式的缘由与契机；通过"扎扎"，他展现了自己的身份与知识传承；到了"布如图"，达巴开始着手于仪式的主要对象——恶灵，并由此展开一系列的对话与互动（如接下来在"艾米索"中对恶灵来源的识别）。

"布如图"唱诵的主要内容如下：

"（如果）道理不说出来

恶灵就不会消失

……

我现在来讲道理

（这就好像）砍掉（恶灵的）脚杆

山神来帮助我

地神来帮助我

我要解决问题

我讲了道理，问题就解决了

许多恶灵

（如果你们不听我的，）我要把你们的心子砍成两半

许多恶灵

（如果你们不听我的，）我要砍掉你们的脚和手

天上的达巴讲道理

地上的达巴讲道理

（如此，）没有头的牛高兴地叫

麦粒高兴地跳

在 X 氏族中，道理说了

在 Y 氏族中，道理说了①

…………

在我们的氏族中，道理说了

（这样做了以后，）在耕地的牛身后

再没有土块

在奔跑的马身后

再没有尘土

在悬崖环绕的村庄里

恶灵再也跳不进来

在炸鱼的河流里

池塘里的鱼跳不进去"

可见，达巴在此反复强调"讲道理"——也就是基础唱甬——的重要性。他在一开始就表明，这是驱逐恶灵的必要途径（"道理不说出来，恶灵就不会消失"）；同

---

① "X""Y"均为传说中由同一氏族分裂而来的各氏族名称。

时,他也要借助神的力量("山神来帮助我,地神来帮助我"),才能完成任务。在现实中,达巴佩戴绘有五位神灵的头冠[纳语称"俄阿"(eNa)],并在仪式开始时焚烧松针、召唤山神前来,以及供奉以筑、赛为代表的神。达巴对此的解释是,恶灵十分凶狠,正如人需要帮手一样,他们也需要各种神灵的守护才能对付恶灵。

在"布如图"中,达巴描绘了基础唱诵的场景("天上的达巴讲道理……在我们的氏族中,道理说了")。其中的细节刻画既夸张,亦栩栩如生("没有头的牛高兴地叫、麦粒高兴地跳"),几近"超现实主义"(surrealistic)。在唱诵的最后,达巴连用四个排比,以表明基础唱诵收到的良好效果:前两者比喻"一劳永逸""永无后患"的仪式行为("在耕地的牛身后……在奔跑的马身后……");后两者则强调驱逐行动的成功,即造成了人和恶灵的永久隔离("在悬崖环绕的村庄里……在炸鱼的河流里……")。

值得一提的是,达巴在此多次采用了威胁、带有暴力色彩的口吻("我要将你们的心子砍成两半……我要砍掉你们的脚和手"),要求恶灵听从其号令。这在基础唱诵和普通唱诵中都较为罕见。在唱诵过程中,达巴将鼓挂在横梁上,右手握鼓槌持续敲击,左手持钹反复摇晃,节奏极快,语气急促、严厉。这一表演方式显然与唱诵主题相符。一位达巴曾经这样向笔者解释:

"想象你在跟一个坏人说话,你一面握着拳头,一面拍着墙壁,这样声势是不是就强了?"

在现实中,达巴击鼓、摇钹的动作确实和"拍墙""握拳"有某种相似之处,因此成为其向恶灵训话时"捶胸顿足"的象征:如果措辞不够严厉、语气不够凶狠(包括配合鼓、钹的节奏,加强效果),就无法震慑住恶灵,让其在漫长的基础唱诵中给予配合,聆听达巴讲述重要的历史和原理。

(二)祭献

在完成普遍驱逐后,达巴和他的助手即将迎来短暂的休息。不过在此之前,他们还需执行一个至关重要的步骤——"莫科",也就是祭献。这里的"莫"(mo)指"祭品"(在木卡布仪式中是一只雄鸡),"科"(ke)的字面意义是"放置""给予",这里指将祭品献给神、恶灵等。

祭献由达巴的助手协助完成。一名助手怀抱雄鸡,在鸡身上洒满象征洁净、祭神用的麦粒,并给鸡绑上五彩的丝线;另一名助手则用点燃的杜鹃树叶熏它、祛除其污秽。此时,达巴不再击打鼓、钹,唱诵的语气也变得平和、恭敬,节奏舒缓。

到了宰杀公鸡的环节,达巴念道:

"我们做祈福的仪式

这时候,我们供奉'莫'作为祭品

往上,我们把它献给神

往下,我们把它送给恶灵

在右边,给下方的恶灵

恶灵'及'不再烦扰我们

恶灵'柱'不再烦扰我们

恶灵'木卡'不再烦扰我们

在左边,给上方的神

请所有的神来拿供品

('恶灵们)来拿('莫'的)羽毛

拿它的血

('莫',)你睡吧

现在来宰你

不是达巴宰你

不是他的助手宰你

是筑神宰你"

通过唱诵,达巴做出了如下声明:首先,祭献的目的是让人类不再受到恶灵的困扰,特别是木卡布仪式针对的恶灵("恶灵'及'不再烦扰我们……");其次,通过在神和恶灵之间分配祭品,以达巴为代表的人类得到了双方的共同支持("往上,我们把它献给神……");最后,宰牲行为实际上由神执行("不是达巴宰你……"),从而进一步提高了祭献的合法性。

木卡布仪式主要在纳人支系的主屋[纳语称"伊迷"(Zimi)]中进行:达巴坐在上火塘的一侧,面向主屋正门,左手边摆放着代表诸神(如筑、赛等)的各种物件——其中既有现场用面粉、酥油混合捏制成的塑像[纳语称"尼阿姆"(niamu)],

也有达巴专有的、象征筑的木制雕像，以及象征神之武器的树枝、刀剑等；上火塘的另一侧则摆放着许多代表各种恶灵的塑像，其中最危险的恶灵（如木卡）被暂时囚禁在一个事先搭建的"牢笼"［纳语称"底伊"（diZi）］中。纳人认为，神和恶灵所占据的位置（上火塘的两侧）分别代表"上"［"各"（ge）］和"下"［"姆"（mu）］。助手将雄鸡宰杀后，将心脏、一块骨头和血献给位于"上方"的神，将羽毛、爪、内脏和翅尖分给位于"下方"的恶灵。剩余的肉则煮熟，由在场的所有人（包括达巴和助手）分食。

（三）个别驱逐

休息过后，驱逐行动迈入关键阶段，也就是"个别驱逐"。纳人形象地称这一过程为"尼阿姆凯"，字面意义是"使塑像消失"，其中"尼阿姆"特指现场摆放的、代表各种恶灵的塑像，"凯"（krai）指"消失"。为完成这一步骤，达巴此时再度使用鼓、钹，快速击打节奏，语气急促、严厉。他向在场的每类恶灵依次唱诵以下内容：

序号	标题	主要内容
1	"索"（so）	把恶灵的名称、来源、特征等信息教给恶灵
2	"伊"（Zi）	向恶灵表明手头的资源，包括仪式道具、他人的辅助等
3	"科"（ke）	将恶灵安置在特定位置，防止其祸害在场的人类
4	"库"（ku）	召唤所有同类恶灵
5	"其"（tçi）	将恶灵与人类的联系切断
6	"扎"（dha）	给恶灵送上礼物
7	"凯"（krai）	命令恶灵消失
8	"罗"（lo）	下令驱赶恶灵
9	"真"（dhen）	让恶灵起立
10	"撇"（pié）	为恶灵开辟出离去的道路
11	"次"（tsi）	待恶灵离去后，将道路阻断，防止其回来

毫无疑问，个体驱逐集中体现了唱诵的逻辑性与连贯性，以及唱诵与驱逐行动之间的紧密联系。达巴的唱诵是层层推进的：首先，他强调对个别恶灵的认识（"索"），说明驱逐的成熟条件（"伊"）；其次，他与恶灵进行最后的互动，包括安置

（"科"）、召唤（"库"）、切割（"其"）和送礼（"扎"）；再次，达巴正式发出驱逐命令（"凯""罗"），要求恶灵起身（"真"）、上路（"撒"）；最后，他不忘将恶灵回来的路堵死（"次"），以绝后患。

在连续唱诵的同时，达巴也要完成一系列的动作、手势：例如，在第三步安置恶灵时，达巴将代表恶灵的塑像拿到面前，对其唱诵；在第五步，达巴令助手拿出象征恶灵和人类联系的草绳并将其斩断，洒在恶灵塑像上；在第六步，达巴将特定的供品放在恶灵塑像上；在第九步，他挪动恶灵塑像，使其面对主屋正门；在第十步，他令助手将塑像送出支系等等。在木孛布仪式中，达巴要驱逐的恶灵有十多种，意味着他要重复十余次上述唱诵与动作。整个过程一气呵成，不能中断。

笔者在此选取"撒"，其内容如下：

"（让恶灵）站起来后，现在来开路
如果恶灵的路没有开
它们就不会离开
如果不开路
雾就会来把它们遮住
……
工作不容易
（但是）危害是容易的
仪式不容易
（但是）损失是容易的
我们人类，白天在地里干活
生活像铜、铁一样硬（艰难）
你们（恶灵）坐的地方，我们不坐
你们（恶灵）站的地方，我们不站
……
（我们）开路，天看到了
（我们）开路，地看到了
我们不把路往'几鲁（dZilu）上开

我们不把路往'奇'（tçi）上开①

……

我们把路开到 X 方向的好地方去②

你们往高处去

你们往低处去

你们往 X 方向上去

（那边）水上有桥

（那边）有道路

……

你们走，不要蹦蹦跳跳

你们走，不要拖延

狗不要吠

鸡不要鸣

人不要说话

天给你好好地开路，像铁一样（坚固）

地给你好好地开路，像铜一样（坚固）

（我们给你们）稳稳当当地开好路了"

首先，达巴在唱诵开始和结束时使用了套语（formula），即"上一动作完成后，现在来做下一动作""这一动作稳稳当当地完成了"。在个别驱逐阶段，这些套语出现在每一段唱诵首尾，既相互呼应，也保证了仪式行动的承前启后、连贯一致。

其次，达巴对恶灵使用了不同的命令方式，包括说理（"工作不容易……损失是容易的"）、劝解（"我们人类，白天在地里干活……我们不站"）、诱惑（"我们把路开到好地方去……水上有桥，有道路"）、强迫（"你们走……不要拖延"）等等。这固然与恶灵冥顽不化、贪婪邪恶的特性有关，也充分展现了仪式唱诵的戏剧性（theatricality）。

---

① "几鲁"和"奇"是纳人传说中分布在不同方向上的怪兽。参见陈晋：《"惹弥"与"惹撒"：纳人达巴仪式中的时空认知逻辑》，《民族研究》，2016，（4）。

② "X"代表达巴事先选定的开路方向，下同。

四、结论

鲍曼（Richard Bauman）提出，不应把口头艺术看作"以文本为中心"（text-centered），而是"以表演为中心"（performance-centered）。[①] 对达巴仪式实践的考察为这一观点提供了有力支撑。达巴通过唱诵，构建了与仪式实践紧密相连的知识体系；占据中心位置的是被称为"仪式身体"的基础唱诵，此外还有数量繁多的普通唱诵。对达巴来说，这些知识是完全内化的，为了在仪式中使用它们，需要借助酒精等手段将其"激发"，即进行唱诵表演。另外，唱诵也有着高度结构化、意义不透明等特点。

在实践层面，唱诵成为推动仪式行动的"引擎"。在木卡布仪式中，驱逐恶灵的过程包括普遍驱逐、祭献和个别驱逐。达巴充分运用了不同的唱诵内容（基础唱诵、普通唱诵）、唱诵技巧（语气、节奏、伴奏）和表演方式（装扮、动作、手势），逐步完成驱逐行动。值得注意的是，这一过程涉及对仪式行动的反复拆解和排列（如个别驱逐中与每类恶灵的互动），而达巴正是依靠结构化、序列化的唱诵表演，来完成上述任务的（如连续、多次"尼阿姆凯"唱诵表演）。在此意义上，唱诵构成了达巴仪式过程的核心。

（作者附识：文章撰写得到北京大学蔡华教授、纳人达巴的诸多帮助，在此一并致谢！）

---

① ［美］理查德·鲍曼.作为表演的口头艺术.杨利慧，安德明，译.桂林：广西师范大学出版社，2008.

贫困文化论的误用与滥用*

李文钢**

（贵州财经大学公共管理学院，贵州贵阳 550025）

摘　要：美国人类学家在研究墨西哥城市底层群体的过程中提出了贫困文化论。在中国的现代化进程中，贫困文化论被一些研究者和政策制定者引入后用于指称少数民族群体的传统文化。本文从发生学的意义上对贫困文化论的原初含义做了梳理，对其传入中国之后的意义变迁做了回顾，并批评了贫困文化论在中国的误用与滥用情况。随着世界范围内对现代化的反思，民族传统文化的价值重新得到承认，造成了贫困文化论和民族文化多样性话语的当代并置和矛盾冲突。最后，以人类学的整体主义文化观批评了国家发展主义对少数民族文化的两种矛盾态度。

关键词：贫困文化论；误用与滥用；文化多样性；整体主义；文化观

一、引言

近代以来，中国社会中流行的社会科学概念基本上来自西方国家，这些产生于西方社会、经济、文化背景中的社会科学概念在进入中国之后面临着本土化问题，在本土化的过程中概念的意义和内涵往往会被重新解释而发生变化。金观涛和刘青峰指出："我们研究过的若干中国当代重要政治观念的形成，几乎都经历了'选择性吸收''学习''创造性重构'三个阶段"。① 因此，通过对某些社会科学概念的产生

---

* 文章的早期版本曾公开发表在《中国农业大学学报》，2018（5）。文章在收录时略有改动。
** 作者简介：李文钢（1986—），男，贵州财经大学公共管理学院副教授、博士，主要从事民族地区农村发展研究。
① 金观涛，刘青峰. 观念史研究：中国现代重要政治术语的形成. 北京：法律出版社，2010.

背景、进入中国的历史过程、意义转化与创造性重构过程的考察，可以看到现代中国主要的话语形态的建构过程。本文的研究就属于观念史研究的范畴，本文试图讨论的主要问题是贫困文化这个社会科学概念作为一种解释致贫原因的流行理论，它在西方国家产生的背景、传入中国的原因、中国的一些学者与政策制定者对贫困文化这个概念的理解，以及使用这个概念指导民族地区减贫实践的过程。

本文的研究具体可分为三个方面：一是对贫困文化论这个西方社会科学概念在中国的传播、意义变迁过程进行考察，目的是要反思在现代国家发展主义已经成为一种主流意识形态的情况下，国家如何使用发展和进步的话语将与国家主导的经济发展路径不相契合的少数民族传统文化建构为贫困文化，以此说明贫困文化论在中国存在误用和滥用的情况；二是检讨处于发展主义时代的国家在推动经济发展过程中，一方面将少数民族所处的贫困状态解释为贫困文化的存在，另一方面又在积极利用少数民族的民族文化多样性推动经济发展，国家将关于少数民族文化的贫困话语和民族文化多样性话语并置在一起的做法使得两者之间常常存在矛盾和冲突之处；三是基于人类学的整体主义文化观，批评在国家视野中少数民族文化成了可以任意拆装的"文化散件"，通过国家力量改造那些阻碍现代经济发展的少数民族文化要素，同时又通过国家力量保留和传承那些能够促进或者实现现代经济发展的少数民族文化要素，最终少数民族文化被客体化。

二、贫困文化论的产生背景

贫困是一个古老的社会经济现象，不同时代和具有不同知识背景的学者都对贫困现象的产生原因进行了探索。在致贫原因的解释方面，迄今为止学术界形成了两种研究路径：一种是从社会结构的角度解释贫困的形成，另一种是从社会文化的角度解释贫困的发生机理[①]。从社会结构的角度解释致贫原因，只是注意到引起贫困的某些方面的原因，而忽视了结构作为整体有着互相联系的方方面面。为什么处于同一种社会结构下具有不同文化的群体，他们的经济状况会完全不同。于是，人们开始反思贫困本身并不单单是经济现象，还是一个重要的文化现象。这种反思的依据在理论上或许出自这样的逻辑推理或假设：一方面，当结构变迁时，往往文化的变

---

① 周怡.贫困研究：结构解释与文化解释的对垒.社会学研究，2002（3）.

迁滞后于结构。换句话说，观念的转变落后于物质和技术的变化，这种文化上的滞后，形成一种阻力，阻碍着结构的变迁[①]。

社会学家奥格本在《社会变迁》一书中就指出：当物质条件变迁时，适应文化也要发生相应的变化，但适应文化与物质文化的变迁不是同步的，存在着滞后[②]。由相互依赖的各个部分组成的文化迅速变迁，且各个部分的变迁速度不一致时，就要产生问题。人的观念的变化速度总是落后于物质文化的变化速度，这种文化上的滞后就形成了一种无形的阻力，阻碍着社会结构的变迁。贫困作为社会经济发展过程中的一种伴生现象，同样属于制约社会经济发展的阻力。那么，作为阻碍社会经济发展的一种力量的贫困现象，也应当会反映在原有的文化对社会结构的快速变迁造成的制约方面。因此，社会科学家认为，贫困作为与经济发展而伴生的一种社会现象，对贫困现象形成原因的解释不能仅局限于社会结构方面，还应该从文化方面入手。

人类学家奥斯卡·刘易斯在对墨西哥城市移民家庭的研究后首先提出了贫困文化的概念，将贫困视为一种有其自身结构和理论基础的亚文化。刘易斯在1959年出版的《贫穷文化：墨西哥五个家庭一日生活的实录》一书，通过民族志的个案研究指出了从农村迁入城市的移民家庭由于长期在社会权力体系中处于弱势地位，饱受贫困压力的这些弱势群体中的部分人为了应对无处不在的贫困状况而选择被动和消极的生活态度，这种生活态度也随之形成了一种贫困亚文化。贫困文化表达着在既定的历史和社会的脉络中，穷人所共享的有别于主流文化的一种生活方式，也表达着在阶层化、高度个人化的社会里，穷人对其边缘地位的适应或反应[③]。刘易斯认为，这种贫困文化对处于社会底层的成员产生了独有的、特殊的社会影响和心理影响。刘易斯在1961年出版的《桑切斯的孩子们：一个墨西哥家庭的自传》这本书中，进一步阐释重申了什么是贫困文化：

> 对那些认为贫穷就没有文化的人来说，"贫穷文化"这个概念仿佛是个自相矛盾的词语。这似乎也会给穷人某种自豪和显要。但我的初衷并非如此。在人类学中，"文化"实际上是一种生活结构，可以代代传承。在用"文化"这个概念来理解贫穷的时候，我希望引起大家注意的是，现代国家

[①] 周怡.贫困研究：结构解释与文化解释的对垒.社会学研究，2002（3）.
[②] 奥格本.社会变迁——关于文化和先天的本质.王晓毅，等，译.杭州：浙江人民出版社，1989.
[③] Lewis, Oscar. The Culture of Poverty. *Scientific American*, 1966.

的贫穷不仅是经济上一贫如洗、无组织状态，或者是一无所有的状态。它也意味着某些积极的成分，它存在着某种结构和理据，甚至是使穷人得以生存下去的某些防卫机制。简而言之，那就是一种生活方式，相当稳固恒久，在家族内部世代传承。对家族成员来说，贫穷文化具有自身的模式，以及明显的社会和心理后果。它是影响其融入更高层次的全国性文化的重要动因，是自成一体的亚文化。

此处定义的贫穷文化并不包括因为隔离于世、技术落后、未有社会分层而形成的落后状态。这样的人们有着相对和谐、自给和自足的文化形式。它也不等同于工人阶级、无产阶级或者农民，这三者在世界范围内的经济状况相差悬殊。例如，相对于欠发达国家中下层人士而言，美国的工人阶级生活得如同精英阶层。"贫穷文化"这个概念仅用于指称社会经济尺度上最底层的那些人、最贫困的工人、最贫困的农民、种植园劳工，以及通常被称作破落无产者的边缘小手工业者和小生意人。[1]

我们从刘易斯对什么是贫困文化的重申中可以看出，刘易斯所定义的贫困文化只是在有着复杂社会分层的现代社会中，社会、经济状况处于社会底层的那些群体为了生存下去而产生的一种心理防卫机制，这种防卫机制的实质就是底层群体在面对窘迫的生活状况时需要不断地说服自己，让自己相信当前的生活状况并非全无意义，给自己寻找到一个继续生存下去的理由，类似于我们中国人所说的"阿Q精神"。贫困文化的诸多特征可以视为人们在解决现存制度或机构未曾遇到过的问题时的应对之道，因为具有贫困文化的群体对于现存制度或机构要么感觉不到称心如意，要么享受不起，或者对其充满种种疑虑和敌视。

从贫困文化论的产生背景和刘易斯的多处论述来看，与其说贫困文化的存在产生了贫困现象，不如说处于社会底层的群体长久以来难以改变自身的生活状况而形成了贫困文化，作为一种生活方式的贫困文化再生产了贫困。贫困文化一旦形成便会趋于永恒，通过代际传递的方式使得他们的后代也难以摆脱贫困状况。刘易斯认为：一旦穷人具有了阶级意识，或者积极组织起来，或者能够以国际化的观点看世界的时候，他们就不再有贫困文化了，尽管他们可能还是属于从经济指标上来评价

---

[1] 刘易斯. 桑切斯的孩子们：一个墨西哥家庭的自传. 李雪顺, 译. 上海：上海译文出版社, 2014.

的穷人[1]。在贫困文化的讨论中,要想摆脱贫困文化的束缚,只有依靠底层群体自身的文化自觉和社会觉醒。贫困文化论提出后,受到了美国社会的广泛关注,并影响了60年代美国解决贫困问题的具体政策措施。

一些学者认为贫困文化事实上并不足以被称作文化,充其量只能被当成某些行为特征,其形成原因是穷人适应外在社会情境的结果,并非穷人自身的错误。刘易斯的文化观受到了人类学人格学派的影响,在特定的田野语境里,刘易斯力图解析"穷人之所以受穷"以及贫穷如何塑造穷人人格的问题。他没能注意到个体的生活是如何受制于历史、文化和政治经济结构。尽管他对造成"贫困文化"的政治背景(如种族歧视和隔离政策)有所揭露,其主要的研究目的则在于通过建构和运用"贫困文化"概念,来阐释穷人的人格行为以及持续性贫困的原因。"刘易斯的观点难以摆脱20世纪西方资本主义发展特有语境的影响,在某种程度上迎合了现代化理论追捧者的说法。在自由市场条件下,所谓成功人士多有积极进取的精神和冲劲,充分利用一切可以利用资源以及将工作效益最大化的价值观。与此相左的行为准则和价值观,通常被看作是穷人特有的消极特征以及穷困之源"[2]。贫困文化论也让人们清楚地看到将文化等同于人格和日常行为模式的错误研究导向,不但会使人类学家在学术上陷入自设的陷阱,而且还会使自己的学说成为别有用心的政客推脱政府责任的理论依据[3]。

三、贫困文化论在中国的传播和应用

1978年是中国经济社会发展的一个重要转折点,随着农村生产体制的改革和农村经济的发展,中国农村的贫困状况得到了很大程度的缓解,并伴随着经济发展后的两极分化现象出现。1986年以后,农村经济增长对减缓贫困的影响日趋减弱,继续依靠以往经济增长的涓滴效应很难再有效地起到减贫的作用。基于这种情形的出现,中国政府从1986年起开始启动了有计划、有组织、大规模的开发式扶贫[4]。开发式扶贫作为一种新的扶贫方式取代原来的救济式扶贫方式,国家希望通过走资源开

---

[1] Lewis, Oscar. The Culture of Poverty. *Scientific American*, 1966.
[2] 潘天舒."贫困文化"之辩.复旦人类学之友微信公众号,2016-05-07.
[3] 潘天舒.发展人类学概论.上海:华东理工大学出版社,2009.
[4] 张磊.中国扶贫开发政策演变(1949—2005).北京:中国时政经济出版社,2007.

发和人力资本提升的"技术—现代化"道路，培养贫困地区和贫困人口的内生发展能力，改输血式扶贫为造血式扶贫。然而，长期以来西部民族地区丰富的自然资源、国家的工业建设投入、社会组织的扶贫投入，与多个民族群体仍然没有摆脱普遍性贫困的状况存在着巨大反差，一些研究者和政策制定者开始注意到西部民族地区民族传统文化和经济发展之间的关系。他们希望从民族传统文化的角度理解少数民族群体长期处于贫困状况的原因，也试图通过对少数民族传统文化的改造来破解"扶贫—脱贫—返贫"这样的循环。

最先将文化的视角引入中国，研究中国西部农村贫困问题的是王小强和白南风两位学者。他们在80年代中期《富饶的贫困》一书中认为，西部地区的贫困问题"不是资源的匮乏，不是产值的高低，也不是发展速度的快慢。人的素质差，才是所谓'落后'概念的本质规定"[①]。王小强、白南风视野中的人的素质差导致了贫困，这里的素质特指的是人从事商品生产和经营的素质。两位学者的这项研究超越了中国过去仅仅在资源约束的经济分析框架内讨论贫困问题的局限，将贫困者所拥有的文化习俗、生活方式、价值观念等非经济的因素带入了贫困分析的视野。事实上，关于人的现代性与不发达国家处于贫困状况之间的关系，美国学者英格尔斯早已论述过："如果一个国家的人民缺乏一种能赋予这些制度以真实生命力的广泛的现代心理基础，如果执行和运用着这些现代制度的人，自身还没有从心理、思想、态度和行为方式上都经历一个向现代化的转变，失败和畸形发展的悲剧结局是不可避免的"[②]。

《富饶的贫困》一书中的"素质致贫论"开启了中国学界从文化的角度解释贫困和制定减贫政策的先河。在此之后，越来越多的研究者将农村贫困现象的存在与解释致贫原因的贫困文化论建立联系。在一些学者和政策制定者将贫困文化论付诸实践的过程中，一个值得警惕的现象是将贫困文化简单地等同于传统文化，或者认为贫困文化是传统小农文化的一种表现形式。著名的人口学家穆光宗就指出，传统文化中听天由命的人生观，得过且过的生活观，重农抑商的生产观，好逸恶劳的劳动观，温饱第一的消费观，有饭同吃的分配观，崇拜鬼神的文化观，重义轻利的伦理观，终守故土的乡土观，多子多福的生育观导致了物质贫困[③]。赵秋成则直接认为，贫困文化植耕于小农经济的土壤，是长期与外界隔离的产物[④]。在妥进荣主编的《保

[①] 王小强，白南风. 富饶的贫困：中国落后地区的经济考察. 成都：四川人民出版社，1986.
[②] 英格尔斯. 人的现代化——心理、思想、态度、行为. 殷陆君，译. 成都：四川人民出版社，1985.
[③] 穆光宗. 论人口素质和脱贫致富的关系. 社会科学战线，1995（5）.
[④] 赵秋成. 对贫困地区人口文化贫困的研究. 西北人口，1997（3）.

安族经济社会发展研究》一书中有如下一段关于保安族贫困原因的描述:

> 保安族人口较少,且长期聚居,客观上形成了相对封闭的社会环境,除青壮年搞劳务、做生意出门外,保安人相对固定于特定的生活环境中,容易满足于现状,因而形成了以小农经济为特征的自然经济的状况,决定了人们的思想观念和生活方式相对落后,加上文化素质较低,从而制约了保安族经济社会的发展①。

还有研究者从大凉山彝族的丧葬方式、婚嫁聘礼、人情消费、家支活动与毕摩仪式消费等几个方面强调这些活动对彝族经济发展和财富积累产生的消极作用②。从这些学者对贫困文化内涵的理解来看,贫困文化的论述对象恰好是刘易斯所强调过的不能将因为居住在封闭环境中导致贫困落后的人群的生活方式称之为贫困文化,贫困文化论在中国存在着误用与滥用的情况③。中国的一些研究者和政策制定者在解释西部民族地区"扶贫—脱贫—返贫"现象时,产生于西方国家的贫困文化论至少从字面意义上就很明确地指出了贫困问题与文化之间所具有的关联性,西方国家研究城市贫困问题而提出的贫困文化论不加反思地便被应用于分析中国西部民族地区少数民族面临的贫困问题。

国内的一些学者和政策制定者不加反思地将贫困文化论作为立论依据,丝毫没有意识到这一概念产生的政治经济背景及其被用于政府决策后产生的不良后果。正如潘天舒指出的,对于当今的人类学者和社会学者来说,刘易斯贫困文化论研究留下的最大教训是:用民族志来讲穷人的故事,必须格外慎重小心,必须看到比"文化"更强大的结构性力量,必须让自己的人类学想象力屈从于"社会学的想象力"④。

---

① 妥进荣.保安族经济社会发展研究.兰州:甘肃人民出版社,2001.
② 罗边伍各.凉山彝族传统习俗对扶贫的影响及对策研究.西昌学院学报,2016(1).
③ 还有研究者更为直接和自信地指出:用"贫困文化"来诠释我国少数民族地区贫困状况,能够恰当地说明贫困长期存在的深刻根源。在我国少数民族贫困地区,很多人生活在贫困的山区、农区、牧区,那里生态环境恶劣,地势崎岖,交通不便,信息闭塞,居住比较分散,地理位置上的隔断加上小农习性、民族习性、血缘性、地缘性使人们处于自我封闭和孤立的境地。他们远离国家政治生活、经济生活和文化生活的中心,虽然人们勤劳、纯朴、厚道,但他们长期的努力与拼搏却依然无法改变现状,这就容易形成一种随遇而安、惟命是从、与世无争的贫困文化。贫困文化通过无所不在的各种各样的途径潜移默化地作用于生活于其中的人,从更深层次上决定着人们是否贫困的命运,使其思维、心理、行为、价值观受其影响,而生活于其中的人所深受的影响却感觉不到。参见高香芝,徐贵恒.贫困文化对民族地区反贫困的多层次影响.理论研究,2008(2).
④ 潘天舒."贫困文化"之辩.复旦人类学之友微信公众号,2016-05-07.

在中国社会中,如何理解贫困的成因,关联到贫困何以成为一个问题,一方面"扶贫开发"这一提法更倾向于结构解释,但"扶贫先扶志""治穷先治愚"等口号又明显是文化取向。于是,在中国产生了轰轰烈烈的"文化扶贫"。

在中国语境中,很多时候贫困文化论的指称对象从刘易斯论述中的城市移民底层群体变成了遭遇国家发展主义的少数民族群体。所谓发展主义是指:"一种认为经济增长是社会进步的先决条件的信念。以经济增长作为主要目标,依据不同的手段,例如高科技、工业化、国家干预或市场机制,产生出不同版本的发展主义学说——自由市场、依附发展或以发展为主导的国家等等"①。因为少数民族群体自身所处的贫困状态、自成一体的传统文化与国家发展主义价值体系背离,少数民族群体的传统文化成了阻碍现代国家经济发展的阻力,他们的传统文化因而被认为是一种贫困文化。这些提醒我们注意到,贫困问题本身是如何嵌入在现代政治之中,研究者必须考察现代中国的政治理念才能理解作为问题的贫困及其长期存在的原因②。

经济人类学对小规模社会的研究早已指出,如果把资本主义产生以来的工业经济以外的经济类型归于"原始的"描述,则会透露出强烈的、以自我为中心的和排拒性的对比意蕴③。贫困作为一个典型的现代性问题,现代性的语境本身就规定了贫困问题的存在必然与传统、落后这样的描述产生联系。正如哈贝马斯认为的:"现代精神必然就要贬低直接相关的前历史,并与之保持一段距离,以便为自己提供规范性的基础"④。传统社会相对现代社会来说物质匮乏、生产效率低下,但物质的匮乏造成的贫困现象与贫困文化是两个完全不同的概念,贫困文化并不能简单地与传统文化画等号。贫困文化是一种贫困群体所拥有的亚文化,至于它是更多地表现出传统性还是现代性,要视具体的社会条件而定⑤。西部民族地区的诸多少数民族群体是在1949年之后才整合进入国家的现代化进程之中,相对隔绝与封闭的生活环境使得这些少数民族群体一直以来缺乏现代性。在国家发展主义时代,用产生于现代性语境下的贫困文化论来评价少数民族群体的传统文化实在是望文生义。

作为符号的语词"能指"在历史进程中增添、转换新的"所指",并不是什么奇

---

① 许宝强.发展主义的迷思.读书,1999(7).
② 杨小柳.参与式行动:来自凉山彝族地区的发展研究.北京:民族出版社,2008.
③ 陈庆德.经济人类学.北京:人民出版社,2001.
④ 哈贝马斯.后民族结构.曹卫东 译.上海:上海人民出版社,2002.
⑤ 吴理财.论贫困文化(下).社会,2001(9).

怪的事①。如"经济"一词在古汉语中指"经国济世",就是现在的所谓搞政治,但今天没有人会指责"经济学"应当理解为政治权术之学。实际上,最大的问题并不在于贫困文化论传播进入中国之后的误用与滥用,在贫困文化论的误用与滥用这个现象背后隐藏着的一个更为根本性的问题是要检讨在中国社会中对外来概念进行重新解释背后的本土认识论。这种认识论就是国家强调现代化和技术进步的国家发展主义话语,在此话语中少数民族处于劣势地位,少数民族文化需要不断的改造以适应国家新的经济发展方式,贫困文化论在中国的传播和应用在字面意义上契合了国家发展主义话语。

从整个人类社会的发展进程来看,工业文明的快速兴起以及对漫长农业文明的取代是无法扭转的趋势,也改变了社会生活的方方面面,人们生活在与过去完全不同的政治、社会、经济环境之中。在社会科学研究者对人类社会新出现的社会现象的解释中,"现代化理论"的影响力十分广泛和深远。随着1980年代中期以后西方现代化理论被引进中国,越来越多的学者将现代化概念和分析框架运用到各自的领域,尤其是有关中国问题的社会学、经济学、政治学以及法律、哲学、文化和文学研究。中国的决策者相信现代化在中国是切实可行的,像中国这样的后发赶超型国家有可能按照西方国家的模式,从落后的农业社会向工业社会转变,至少是在技术、经济和社会发展层面来说应该如此②。由于中国的决策者对中国现代化的基本设想与西方的现代化理论有着很多相似点,官方欢迎将现代化理论引进中国,当时从现代化理论出发分析中国的社会经济现象已经成为一种时髦的研究范式。

社会学者丁学良就指出:"现代化理论从一开始就明确了两个目标:第一,重点是经济发展的非经济环境;第二,考虑的不是现代化的独一性而是普遍性问题,即不同文化背景下向现代社会转型的共同特征"③。当现代化理论被应用于分析西部民族地区的经济发展问题,属于经济发展的非经济环境的少数民族传统文化对现代经济发展的制约,以及现代科学技术普及遭遇民族传统文化的阻碍时,将民族传统文化建构为贫困文化就是一种必然现象。在现代化理论者看来,处在前现代和前工业化时期社会的人们,受制于代代相传的传统世界观,而处在现代工业资本主义社会中的人们,则崇尚理性和客观的生活方式④。另外,从西部民族地区具体的扶贫开发方

---

① 秦晖.传统十论——本土社会的制度、文化及其变革.上海:复旦大学出版社,2004.
② 李怀印.重构近代中国:中国历史写作中的想象与真实.岁有生,等,译.北京:中华书局,2013.
③ 丁学良."现代化理论"的渊源和概念构架.中国社会科学,1988(1).
④ 潘天舒.发展人类学概论.上海:华东理工大学出版社,2009.

式来看，20世纪90年代是中国政府正式确立走市场经济道路和大力推进开发式扶贫的时代，一些研究者及其政策制定者将西部民族地区的贫困和落后建构为贫困文化的存在造成，反映了国家迫不及待地想根除阻碍市场经济有效建立和开发式扶贫取得成效的思想观念因素。因此，20世纪90年代前后，关于贫困文化的理论探讨在中国学术界是属于热点问题。

四、贫困文化论与民族文化多样性话语并置时代

随着全球很多国家现代化进程的持续推进，现代化过程所产生的一系列现代性问题使得人们又重新回到传统文化中寻找后现代的反思价值。全球化导致现在很多方面容易趋同，当整个人类社会按照一个模式生存的时候，会给社会各种各样的资源造成短缺和枯竭，只有文化多样性才有人类的长治久安[①]。2001年时，联合国教科文组织通过了《文化多样性宣言》，宣言中表达了多民族文化是世界上文化多样性的重要载体，鼓励和保护民族文化的多样性。

在中国国家关于少数民族文化的复杂话语表述中，与国家强调现代化和技术进步时将少数民族文化建构为贫困文化相并置的另一种话语是民族文化多样性话语。对于中国而言，民族文化多样性话语至少是在20世纪50年代民族识别时期就已经确立。这么说的原因在于，在中国的民族识别过程中，并没有照搬斯大林关于民族的四个定义，而是结合中国的实际情况从民族的历史渊源、风俗习惯、心理认同、生产方式、宗教信仰等文化层面来识别少数民族群体[②]。以文化的差异和不同作为区分和识别不同民族群体的主要标准，表明了中国官方对民族文化多样性的承认和重视。如果说，在中国改革开放以前民族文化多样性话语的存在是为了完成民族识别、促进多民族国家中的各民族平等、民族团结这样的政治任务，那么当前民族文化多样性话语的存在则更多的是如何利用民族文化的多样性实现民族经济发展。

每个历史时代的观念通常都与一个占据主导地位的观念相关，而这一观念也为所有其他人确立了基调[③]。从20世纪80年代开始已经上升为一种意识形态而存在的国家发展主义无疑是一种在中国社会中占据主导地位的思想观念。在国家发展主义

---

① 张小军. "民族"研究的范式危机——从人类发展的视角思考. 清华大学学报，2016（1）.
② 王希恩. 中国民族识别的依据. 民族研究，2010（5）.
③ 伯瑞著. 进步的观念. 范祥涛，译. 上海：上海三联书店，2005.

影响之下,从最早到当前的西部民族地区的扶贫开发涉及的模式虽然差别很大,但政策实施的核心目标始终是如何促进国家的经济增长[①]。不管国家政府采用怎样的扶贫开发方式,始终要与民族文化正面遭遇,政策制定者也必须对民族文化在经济发展中所发挥的作用做出判断。少数民族文化阻碍了经济发展,还是能够促进经济发展,抑或是少数民族的某些文化要素阻碍了经济发展,而某些文化要素又能促进经济发展?

20世纪80年代到20世纪末期,是在以工业化和技术现代化为核心理念的现代化理论指导下的扶贫开发,以多样性方式存在的民族文化阻碍了具有统一性的市场经济的发展和开发式扶贫模式扶贫成效的取得,因而民族传统文化被轻率地建构为与贫困有关的贫困文化。倘若这些地方的经济要得到发展,必须放弃传统思维方式,同时建立现代经济体系,引入先进的技术和文化价值观念。进入21世纪之后,随着社会科学界对现代化过程的反思、批评和民族地区扶贫开发模式变得更加的多样化,促进民族地区实现经济发展的方式不仅仅是在民族地区建立工业产业,将少数民族群体整合进入国家乃至全球市场经济体系之中成为合格的劳动力,还可以依靠民族文化的资本化建立文化产业来实现民族地区的经济发展[②],或者是依靠民族文化多样性的展演推动民族地区旅游发展来促进民族地区经济发展[③]。

因此,在当前时代我们看到了国家对少数民族文化的复杂表述:一方面在涉及民族地区产业发展和将少数民族群体整合进入市场经济体系时,国家仍然没有放弃将民族传统文化建构为贫困文化的做法,只不过是变成了民族传统文化中的某些文化要素而不是整个民族传统文化在阻碍着民族地区的产业发展和市场经济体系发挥作用[④]。另一方面,国家也在大力依靠民族文化多样性的展演来推动民族地区经济发展和提升扶贫绩效。民族文化多样性得到国家的重视,并催生了由国家所主导的民族地区非物质文化遗产的传承与保护运动。于是,当前国家在有关少数民族文化的表述时,并没有简单地将少数民族文化在国家经济发展中的作用表述为消极还是积极,对于那些阻碍民族经济发展的民族文化要素要加以改造和摒弃,而对于那些能够促进和实现民族经济发展的民族文化要素又要加以利用和传承。

---

① 朱晓阳,谭颖.对中国"发展"和"发展干预"研究的反思.社会学研究,2010(4).
② 马翀炜,陈庆德.民族文化资本化.北京:人民出版社,2004.
③ 何明.当下民族文化保护与开发的复调逻辑——基于少数民族村寨旅游与艺术展演实践的分析.云南师范大学学报,2008(1).
④ 方清云.贫困文化理论对文化扶贫的启示及对策建议.广西民族研究,2012(4).

正如小约翰对美国文化状况做出的评价："由于生态运动和女权主义，由于我们和东南亚及东亚各种宗教与哲学的冲突，我们正逐渐地动摇了这样一种信念。我们终于开始意识到晚近现代主义的不一致性。结果，在我们现今的文化中，一方面是虚无主义、技术统治和'新时代'的精神性的混合物；另一方面则是对传统价值和现代价值之保守的重新肯定。我们需要一种建设性的选择，但我们又充满了现代主义的情感和习惯，以至并不清楚我们能够基于任何其他基础而共同行动"①。从中国社会的情况来看，这种文化上的传统与现代的矛盾态度也有所体现，在涉及具体的某个少数民族的民族文化时，国家既经常根据情况和场合的不同单独使用贫困文化论和民族文化多样性两者中的其中一种话语，也常常将两种话语并置在一起评价某个少数民族的民族文化。

例如，笔者2013年~2015年在云南昭通与贵州威宁交界地区宁边村大花苗村寨的田野调查中就遭遇了这种情况。宁边村的大花苗村民抱怨过地方政府在扶贫过程中将他们族群文化中的喜爱喝酒、不善于市场交易和不愿意种植经济作物等文化要素看成是造成他们长期处于贫困的根本原因，但他们最终也承认要想脱贫致富只能放弃这些传统的民族文化要素。另一方面，宁边村的大花苗村民又对地方政府试图将他们的族群传统文化节日"花山节"打造为一个吸引游客的旅游项目而感到自豪。从这里我们可以看出，多年以来中国少数民族地区的发展实践已经导致了人们的身份认同融合了草根社区的自主发展愿望和国家发展主义话语的相互交错②。

当前国家发展主义话语将民族传统文化建构为贫困文化和对民族文化多样性的赞美、传承保护运动导致了一种矛盾和冲突现象的产生。如王明珂指出的，近代以来出现了一种彼此矛盾的边疆话语：一为美好自然环境、独特民族传统、多元文化、原生态生活、绿色食品、朴实民风；一为教育、开发、团结、维稳与现代化③。这些对"边疆"的观看与描述，以及过去与现在之间的差距与矛盾，呈现的是人们对于"边疆"不足、错误且有偏见的理解。人类学家怀特也把意识形态对中国民族政策的深层影响精辟地归纳为两种话语的交织作用，一种是强调现代化和技术进步的"民族等级话语"，在该话语中少数民族居于劣势地位，另一种是"文化真实性话语"，少数民族在其中却被赋予传统价值和"族性"维护者的重要地位，这两种话语的错

---

① 科布.后现代公共政策：重塑宗教、文化、教育、性、阶级、种族、政治和经济.李际，等，译.北京：社会科学文献出版社，2003.
② 辛允星."发展"是如何被接纳的——羌族村落社会的"观念史".中国农业大学学报，2017（4）.
③ 王明珂.建"民族"易，造"国民"难——如何观看与了解边疆.文化纵横，2014（3）.

位造成少数民族认同和日常生活中的张力和冲突①。国家对少数民族文化的矛盾看法引发了少数民族群体认知上的混乱,少数民族群体不知道自己的民族文化在国家看来到底是落后无用的还是先进有用的,或者民族文化中的哪部分是好的,哪部分又是不好的,民族文化的整体性被作为一种"意识形态"②而存在的国家发展主义所割裂。

五、从人类学的整体主义文化观看两种话语的并置

"文化"一词在不同的学科和不同的社会文化背景下,有着不同的含义。实际上,同样的文化属性,在不同的社会中,甚至是在同一个社会的不同时期中,对于经济进步而言,可能具有很不相同的意义。以节俭这样一个文化属性为例来看,在经济发展的起步阶段可能对于财富积累起了很大的作用,但在国家遭遇经济衰退,政府试图通过扩大内需复苏经济时期却对经济发展起了一种阻碍作用。在经济学家所列举的诸多促进经济发展的文化属性来看,没有哪一项是明确无误地与经济繁荣相关,文化与经济发展之间的关系错综而微妙,两者并不是一种简单的关系③。同样,贫困可能会与穷人的某些价值观念有关,但无论如何文化是不会导致贫困产生的,即使在现今全球化浪潮的冲击下,一些民族仍然会利用自己的文化优势,找到自己发展的起点④。

一般而言,以研究文化为己任的人类学家对文化的看法较少像经济学家一样基于功利主义判断,而是坚持从一种整体主义的文化观来看待和理解文化。美国人类学家格尔茨的整体主义文化观坚持认为:对社会文化现象的阐释和说明,它们到底是什么、有什么意义、来自哪里、会导致哪些推论,都只能将它们放入背景的抽象的和整体的过程中获得⑤。这种文化观的优点是,人类学家能够期望同时探寻文化的复杂性,并使其秩序化。众所周知,社会文化现象"整体大于部分之和",个体的行动者和行动、个体的生活会导致社会文化的整体现象。要解释个体的某种社会行动,

---

① White, Sydney D. State Discourses, Minority Policies, and the Politics of Identity in the Li Jiang Naxi People's autonomous country, in Safran, William eds: Nationalism an Ethnoregional Identities in China. London: Frank Cass Publisher, 1998: 9-27.
② 辛允星. "发展"是如何被接纳的——羌族村落社会的"观念史". 中国农业大学学报,2017(4).
③ 亨廷顿,哈里森. 文化的重要作用——价值观如何影响人类进步. 程克雄,译. 北京:新华出版社,2002.
④ 马良灿. 贫困解释的两个维度:文化与制度. 教育文化论坛,2010(4).
⑤ 格尔茨. 文化的解释. 韩莉,译. 南京:译林出版社,1999.

就要将他们放到一般的、集体的和非个人的背景中去。事实上，在人类学中有一个古老的传统，不仅将"方法论的整体主义"或集体主义当作社会科学分析的优点，而且当作达致真理的必要条件[①]。涂尔干以社会事实的整体性、普遍性和独立于个人性确立了整体主义方法论传统，受到涂尔干很大影响的人类学家拉德克利夫·布朗更为细致和直白地论述了人类学的整体主义文化观：

> 我曾说过，任何文化元素的意义都是通过发现它与其他元素及整个文化的关系而得到的。由此可以得出结论，即田野工作者一般说来都必须或任何时候都能从事对整个文化的全面研究。例如，不参考神话和宗教系统之类的事物，就不可能认识土著居民的经济生活，当然，逆命题亦成立……这里要注意的是，文化整体性的观点是新人类学最重要的特点之一，也是明显不同于以前和现在的一些人类学与民族学的一个方面。某些文化论的作者采用的是那种也许可以称之为文化原子的观点。他们认为，任何文化都是由若干相互孤立的元素或特点组成的，它们彼此之间没有功能关系，仅仅是作为一系列历史偶发事件的堆集而汇合到一起的。一个新文化元素总是起源于某个地方，然后通过"传播"过程而扩散开，这种观点常常是用一种几乎是机械的方式表达出来的，它主要产生于博物馆式的文化研究。[②]

人类学的整体主义文化观强调从社会整体看待事物，不仅要看到事物的表面现象，还要看到事物与事物之间的内在联系。在许多小规模的社会里，政治、经济、亲属制度以及社会生活的其他方面都是密切相互联系的。然而，即使是身处一个反思现代性的时代，一些研究者和政策的制定者在理解和对待少数民族文化时，并没有坚持从人类学的整体主义文化观出发，而是将少数民族的传统文化看成是由"一些分散的文化特质及其机械组合"而成的"文化混杂体"[③]，这种文化观类似于人类学早期德奥传播论学派对文化的理解。因此，在国家发展主义的视野中，少数民族传统文化是可以任意拆装的"文化散件"，那些阻碍国家现代化经济发展的民族文化特

---

① 拉波特，奥佛林.社会文化人类学的关键概念.鲍雯妍，译.北京：华夏出版社，2005.
② 布朗.社会人类学方法.夏建中，译.北京：华夏出版社 2002.
③ 庄孔韶.人类学通论.太原：山西教育出版社，2002.

质被认为是需要改造和抛弃的，而那些能够促进国家现代经济发展的民族文化特质又是需要保护和传承的。这种来自国家层面的功利主义文化观恰好是人类学家拉德克利夫·布朗在很早的时期就已经严厉批评过的文化观。

在中国国家发展和少数民族发展过程中，一些研究者和政策的制定者不管是将少数民族传统文化等同于贫困文化，还是将少数民族扶贫发展与少数民族文化资源的利用联系起来，在对少数民族文化的认识中都是将少数民族文化客体化，抽离了文化持有者所处的社会背景和生活意义来谈论民族文化。马歇尔·萨林斯指出，任何民族都具有"文化自觉"的能力，要求在世界文化秩序中得到自己的空间，国家发展主义下的功利主义文化观只不过是"以熟悉的逻辑把外国的东西包容进来，使其发生同化，这使外来的形式或力量发生背景性的变迁，从而改变了它们的价值——文化之间关系的本质决定了文化颠覆的本质"[1]。对于生活在民族文化中的少数民族而言，民族文化其实就是他们的生活方式，就是他们的生活价值与意义之源泉，不应该随意当作促进或阻碍国家经济发展的工具来使用或摒弃[2]。

六、结论

本文从发生学角度探讨了贫困文化论在西方国家的产生背景，这个概念传入中国的原因、历程，以及这个概念被一些中国学者、政策制定者误用与滥用的情况。相对于讨论怎样理解中国少数民族群体的"原初丰裕"等问题，当前更有价值的问题应当是理顺国家经济发展与民族文化多样性之间的关系。国家发展主义将少数民族文化"原子化"，可以根据国家经济发展的需要对少数民族文化进行随意改造、任意拆装。在这种国家发展主义下，贫困文化论和民族文化多样性话语的当代并置，造成了少数民族群体在对本民族的文化认知上存在混乱。只有研究者和政策制定者改变原来的认识论，尊重少数民族作为文化持有者的主体性的地位，才能理顺国家经济发展与民族文化之间的关系，才有助于少数民族群体形成内生发展能力，实现民族与国家的发展。

---

[1] 萨林斯.甜蜜的悲哀：西方宇宙观的本土人类学探讨.王铭铭，等，译.北京：生活·读书·新知三联书店，2000.

[2] 朱晓阳.少数民族扶贫（研究报告）.国务院扶贫办国际中心，2009.

科技的温度：作为可行能力者的老年人与适老科技的新意涵[*]

陈 昭 刘 明[**]

(清华大学社会学系，北京 100084；新疆师范大学国际文化交流学院，乌鲁木齐 830054)

摘 要：本文将老年人视为可行能力者，并在此基础上探讨"适老科技"的内涵。"适老科技"具体有两层意思：第一是顺应老龄化的科技；第二是保障老年人顺应时代变化的科技。本文从可行能力视角，以适老科技产品和宜老化住区的应用，展现适老科技扩展老年人作为社会成员的能力；具体而言，其基本宗旨是便于老年人保持与社会的联系、促成老年人的社会参与，其意义在于帮助老年人作为社会人而存在，充分享有可行能力拓展带来的自主性而愉悦地生活。适老科技的尝试与体验，也为我们理解"老年""适老"概念提供了多元素材和可能的突破。

关键词：适老科技；可行能力；社会参与；养老

一、作为可行能力者的老人

现代社会中的老年人，是一个极具异质性和多元需求的老年群体。在我国，一方面，养老通常被视为一个与儒家文化价值观密切相关的伦理议题，传统观念中的

---

[*] 文章的早期版本曾公开发表在《新疆社会科学》，2020（1）。文章在收录时，略有改动。
项目基金：本文系国家社会科学基金重点项目"互助养老研究"（16ASH012）的阶段性成果。

[**] 陈昭，清华大学社会学系博士研究生；刘明，新疆师范大学国际文化交流学院教授、博士、博士生导师。

退守家庭、含饴弄孙、颐养天年仍是很多人理想中的晚年生活；另一方面，老年群体的多元需求也在时代发展、科技进步的当代社会呈现出来。很多老年人退休后将在家帮助子女照顾第三代作为生活重心，但也有很多老年人更希望在晚年生活中和自己兴趣相投的同龄人共同交流，或是参与社会活动、发挥余热。老年群体作为一个社会范畴，其需求与其所处的社会环境有密切关系，也受到时代发展的影响。以往研究常将老年群体置于弱势地位，关注对于老年群体的多方面需要应给予的社会支持和人文关怀，而较少谈及老年人的主体性作用。

阿玛蒂亚·森提出"可行能力"（capability）概念，认为一个人的"可行能力"是指一个人所拥有的、享受自己有理由珍视的生活的实质自由，即人有可能实现的、多种可能的功能性活动（functionings）的组合。有价值的"功能性活动"很多，从初级的温饱、无疾病，到复杂的社交、拥有自尊等都涵盖其中。① 可行能力概念意涵中，既包含客观存在的条件状况，又注重个体的主观感受和意愿，即个人的需求和愿望。我国学者做过以"可行能力"分析残障、贫困、养老等问题的研究。② 从可行能力视角来看，步入老年，意味着人的包括例如生活自理、参与社区生活等能力的"可行能力清单"中可选项的逐渐减少。不同的社会文化背景之下，人们对"可行能力"涵盖的范围有不同的界定；而老年人如何选择、利用已有的能力达成自身的需求，是老人个体自主性的体现。

据国家统计局最新数据，截至2017年底，我国65周岁以上老年人口为1.58亿，约占全国总人口的11.4%。③ 随着人口老龄化程度不断加剧，涉及老龄人口的诸多领域也随之应运而生，在全球一体化、文化多元化、信息化高速发展背景下兴起的"适老科技"（Gerontechnology）领域便是其中之一。适老科技，是顺应老龄化的加剧而生的、为平衡有限养老资源与大量养老服务需求的科技，亦是保障老年人顺应时代变化的、引导人们重新审视"老年""适老""养老"的科技。在现代社会的科技发展、时代变迁之下，作为可行能力者的老年人不仅是科技服务的对象，也是主动应对现代科技更新的群体。

---

① Amartya Sen. Development as Freedom, New York: Knopf, 1999: 75-76.
② 于莲. 以可行能力视角看待障碍：对现有残障模式的反思与探索. 社会, 2018（4）；徐琴. 可行能力短缺与失地农民的困境. 江苏社会科学, 2006（4）；亓昕. 农民养老方式与可行能力研究. 人口研究, 2010（1）.
③ 国家统计局. 中华人民共和国2017年国民经济和社会发展统计公报, http://www.stats.gov.cn/tjsj/zxfb/201802/t20180228_1585631.html.

二、适老科技及其研究

(一)"适老科技"的研究兴起

英文 Gerontechnology 一词,由 gerontology(老年学)和 technology(技术)复合而成。英语语境中,Google 网络检索 Gerontechnology 一词最早出现在 20 世纪 80 年代初。1991 年 8 月第一届国际银发福祉科技会议(international congress on gerontechnology)在荷兰埃因霍温召开,将 Gerontechnology 定义为"综合老年学与现代科技手段,支撑老年人健康、舒适、安全地独立生活的科技与社会环境。"[①] Herman Bouma 认为 gerontology 的核心问题在于研究老龄化进程与科技发展的互动作用,更为关注生化、建筑、通讯、机电等多种技术对于老年人生活的改善。[②]

Gerontechnology 一词引入中文时衍生出了诸多版本,如前文中提到的"银发福祉科技"便是台湾地区较为常见的用法。日本在许多为高龄者设计的相关领域名上都包含了"福祉"两字,因此这里也将"gerontechnology"的中文翻译为"老人福祉科技"。[③] 2003 年台湾元智大学成立老人福祉科技研究中心,该中心于 2012 年创办《福祉科技与服务管理学刊》,2016 年成立新创公司,结合人才培育与技术开发,将研发成果产业化。近年来使用"乐龄""智龄"形容长者的用法增多,因此也有将 gerontechnology 翻译成"乐龄科技"或"智龄科技"的说法,此外还有"老龄科技""老年科技""乐龄科技"等译法。

国内以社会科学为主的老年学学术刊物中,与科技相关的文献多出现于 2013 年创刊的《老龄科学研究》期刊的"老龄科技"专栏,其中文献主要使用"老龄科技""老年科技"的中文翻译,多采用文献分析方法进行概念界定、分类,针对诸如智能化社区居家养老模式、养老服务信息化、老年人互联网使用等现实问题提出政策建议,以田野调查方法参与观察老年群体实际情况的研究较为少有。国内有关于适老性的研究,较早出现在与建筑、城市规划相关的分析中,例如对公共空间适老

[①] 徐雨森,刘雨梦,郑稣鹏.老龄科技研究脉络梳理及其前沿热点展望——基于知识图谱的国际文献分析.老龄科学研究,2018(6).

[②] Bouma H, Fozard J L, Bouwhuis D G, et al. Gerontechnology in perspective. Gerontechnology, 2007, 6(4): 190-216.

[③] 徐业良.老人福祉科技产业的机会和挑战.福祉科技与服务管理学刊,2014(2).

性分析、旧区适老改造等研究；之后陆续出现针对例如厨房产品、家具、辅助器具等具体适老产品的研究；随后常规养老机构之外的适老服务也成为研究对象。2016年清华大学公共健康中心与盖洛普（中国）咨询有限公司合作开展名为"中国适老社会服务研究"的全国性调查，旨在了解当前中国老年人的生活现状和需求，识别老年服务供给方的机遇和挑战；2017年清华大学人类学专业与复旦大学等高校展开有关科技养老的小型座谈，探讨科技产品对老年人日常生活的影响；2018年8月复旦大学社政学院人类学与民族学研究所和复旦—哈佛医学人类学研究中心举办了以"医学人类学视角下的适老科技与社会发展"为主题的研究生暑期学校，就科技与老年人日常生活实践和社会发展的关系、适老科技产品在老年服务及照护实践中的前沿应用等议题开展讲座和讨论交流、现场调研。适老科技相关议题就此进入社会学、人类学视野。

（二）已有理论的局限

老年期的社会学理论观点旨在从社会学角度揭示个体老龄化的原因和过程，总结个体老龄化和适应老龄化的社会学规律。老年问题研究经常涉及老年贫困、不平等社会问题，主流研究范式对此各有其侧重点。以既往理论视角分析新兴的适老科技，存在一定的局限性。

在生命周期理论图式中，"老年阶段"循环重复的生命模式成为研究老年问题的关注点，相对于宏观环境对个人生命轨迹的形塑而言，主体能动性的作用非常有限。从这一理论视角看待适老科技，现代科学技术发展的时代背景、老年群体对于科技产品的普遍认知将成为分析重点，而忽视了有重要意义的老年人个体的感受和意愿。生命历程之说注重连续而非断裂的视角，老年人的晚年处境因被置于生命跨度中而得到更为丰富的阐释，避免了脱离具体社会情境的架空分析，关注对每个老人人生故事的理解。① 生命历程范式的核心在于社会机制与个体特质的交互影响所形塑的累积性作用力，将不同个体带往不同的生命轨迹。② 但是这一理论视角下的适老科技应用研究，将涉及适老产品设计和提供方、使用产品的老人及家人、养老机构的人员等众多个体纷繁复杂的生命历程，容易陷入个体生命事件的碎片化叙事，增加评价标准的复杂性。

脱离理论作为老年学家提出的第一个主要理论，认为老年人身心衰弱、不宜继

---

① 徐静，徐永德.生命历程理论视域下的老年贫困.社会学研究，2009（6）.
② 吕朝贤.贫困动态及其成因——从生命周期到生命历程.台大社会工作期刊，2006（14）.

续担任角色而应脱离社会，这既有利于老年人，也有利于社会。[①] 这一理论过于强调老年人再社会化能力的降低，认为老人无法满足较高生产能力和竞争能力的社会期望。这一理论视角下，适老科技的作用将更多地体现在帮助老年人在家庭中舒适地生活，只能减缓、而无法帮助老年人摆脱其终将脱离社会的过程。该理论对老年群体的理解过于简单化、绝对化。活动理论认为，老年人应积极参与社会以重新认识自我、保持生命的活力。这一视角下的适老科技，将以其科技因素帮助老年人更好地完成自我认同和社会参与、适应主流社会生活。这一理论与本文对适老科技社会属性的认知相契合，但对于老年人个体差异性的存在和所处的社会文化背景有所忽略。

科技是人类社会发展的重要手段，而关乎老年人利益的"适老科技"作为近年来的新兴概念所涉及的产品、服务与适老环境的营造，更是与所处的社会文化环境息息相关。适老科技，作为更为个性化和针对个体多元需求应运而生的产物，其研究视角的选择应在兼顾社会文化背景的同时更重视主体性的表达。以既往理论看待新兴的适老科技，存在多种局限与冲突。从可行能力视角分析适老科技，将更为强调老年人的主体性地位，更关注提高老年生活质量的目的而非手段。本文也将从这一视角讨论适老科技的社会意义。另外，本文所指的适老科技，主要针对能够自理的老年人，因为一旦涉及失能问题，也将牵涉到适用于更多人群的医护科技范畴，暂不做讨论。

三、可行能力视角下的适老科技应用实践

（一）适老科技：老年人社会参与的促成

社会学理论认为，需要是人们对外界事物与现象的依赖关系。人的需要具有社会性，需要的提出和满足都是普遍的社会现象。[②] 适老科技以老年人为服务对象，其服务的宗旨不仅在于弥补老年人生理机能的减退而有助于老年人独立生活，更在于为老年人保持与社会的联系提供支持，增进其参与社会生活的可行能力。其实，适老科技的社会意义也正在于此，而且要应用于具体适老产品之中。

在2018年清华大学公共健康研究中心、复旦哈佛医学人类学研究中心、哈佛大

[①] 邬沧萍. 社会老年学. 北京：中国人民大学出版社，1999：270.
[②] 曲江川. 老年社会学. 北京：科学出版社，2007：41-46.

学医学院全球健康与社会医学系合作开展的适老科技研究中，将适老科技产品分为了四类：生活用品、交通用品、科技通信产品、娱乐用品。生活类包括安全卫生间设施、照明设备、多焦点老年眼镜、新型助听器等，卫生间和照明设备虽然不涉及社会生活，但是属于预防跌倒的重要设施，从而是保证老年人能够参与社会生活的条件之一；交通类包括智能代步车和轮椅等，属于能够促进老年人社会生活的科技产品；通讯类包括智能手机、电脑、App等，也是老年人保持社会生活的科技产品；娱乐类包括老年玩具、健身器材、益智VR设施等，是老年群体通过娱乐活动保持社会交往的手段。可见，适老科技的社会属性是促成老年人的社会参与。

本文对于具体适老科技产品、宜老化住区应用的考察和分析，将进一步讨论作为可行能力者的老年人如何应对现代科技的更新，以及适老科技在促进老年人社会整合、社会参与、社会交往方面的作用，即适老科技所具有的帮助老年作为社会人而存在的意义。

（二）适老科技产品：老年可行能力的拓展

步入老年后，伴随衰老而产生的肌肉、骨骼老化难以避免，体弱、疾病、残障等问题都会影响老年人的日常生活，适老科技产品随之出现。以老年人为主要使用人群的适老科技产品的人类学研究有着重要意义。首先，应对科技引发的物质、文化生活以及人们思想观念的转变等老龄社会环境变革，是人类学的重要研究课题；再者，基于代际关系、家庭主义概念分析框架的研究模式依然是目前中国人类学养老研究的主流范式，而适老科技产品的出现，对于代际互动、养老方式等都将产生重要影响。本节中探讨的一些新兴适老科技产品的应用实践，引发了使用产品的老人及家属、养老机构工作人员、产品提供方等多角度的看法；本文对此做出的人类学观察将呈现可行能力视角下，科技与老年生活的交互影响，和中国老龄社会的文化语境之下，"适老科技"的复杂性、多样性及其文化意义。

CH科技公司研发制造的一款全自动洗澡机，具有自动清洁功能，采用高频微振动技术、纳米微气泡循环水刀进行人体深度清洁，使用者将无须人工搓洗。坐式洗澡机的开门式结构和移动式座椅能够使乘坐轮椅者也可以无障碍出入；卧式洗澡机采用平躺式悬吊设备进行人体躺姿移位，全程不需体位变化，避免了人工移位可能造成的伤害，并配有360度柔和暖风刀进行自动干身。

CH科技公司的销售人员在介绍和展示该款产品时，细致地说明了整个洗浴过程中精准的洗澡用时和耗水量计算设定、按科学程序自动运行的洗澡步骤，重点是这一科技产品在全自动设计、智能操作方面优越的性能。老人家属和养老机构工作人员在了解这一产品过程中，感叹设备"先进""高科技"的同时，也感慨科技给人带来的感官和心理上的冲击。虽然目前还未使用过这一适老科技产品，但很多人联想到自己与老年人相处的经历，谈了对于这一产品的看法。

一位患有阿尔茨海默病老人的女儿谈到曾经走访过的一家养老院内工作人员为失能老人们洗澡的情景时说，"他们（给认知障碍老人们洗澡的工作人员）分工非常明确，有人专门负责给每个老人脱衣服，有人负责给老人身上挤好沐浴露，有人负责搓洗……一直到最后擦干身体、穿好衣服，都有专人负责，甚至有人专门提醒老人不要走开和把走神离开洗澡区域的老人带回原处……感觉老人家们像流水线上的产品一样。"面对全自动洗澡机，有些老人家属在肯定其智能化设计的同时，也表示'就是这样一来，好像就把老人交给机器了。""感觉少了点人情味儿，但这好像也是没有办法的事，毕竟我们（子女）平时都太忙了。"

养老院工作人员这一身处专门提供老年人日常照护场所的群体中，不少人肯定了科技带来的便利，但对于更高效而节省人力的全自动设备也并非持全然接受的态度。

在聊到照顾老人的话题时，上海一家敬老院的志愿者小李说，"照料老人的日常生活，像洗澡、吃饭这种事，对我们来说，最省事的方法就是帮他们都做好。比如吃饭，我们帮老人盛饭、夹菜、喂饭、擦嘴、收拾，一顿饭只需要半小时。但是引导着老人拿好餐具、慢慢夹菜吃饭，他们不小心掉了饭菜在桌上、地下的时候帮助收拾……一顿饭下来可能要两个小时。但我们知道很多老人即使体力不好，也还是希望能自己也能动一动，能有人聊着天、慢慢帮助他们吃饭。"

在体验到适老科技产品带来的便捷的同时，也有老年人表示出类似志愿者小李提到的"希望自己也能动一动"的想法。在对一款高科技老年代步车的使用者反馈中，这一想法表现得更为明显。

"智行车"是CH科技公司为老年人和下肢障碍人士设计的世界首款可与坐便器直接接驳的电动代步工具。智行车座椅处有漏空设计，使用者可独立操作智行车向后倒退至厕所坐便器上方，之后独立如厕。智行车座椅下方也留有悬挂袋子和放置便盆的位置，以便在户外时乘坐可以在不离开车身的情况下直接如厕。

类似"智行车"类的代步工具在老年群体中颇受欢迎，不少老年人在使用代步车后更多地外出活动。而在实践应用中，不少使用智行车的老人并不喜欢座椅正中处设计的便于如厕的镂空，觉得看上去"没面子"。虽然部分原因是，有些老人主要将智行车作为省力的代步工具而非解决如厕问题的助力设施,但有些即使无法完全独立如厕的老人也依然对这个可以"一步到位"的功能持保留态度,认为自己可以在他人帮助下完成或自己慢一点坐上坐便器。

在以上适老科技产品的应用实践中,得到的反馈可归结为:对科技手段保证老年人安全、快捷、舒适地生活功能之绝对优势的肯定,和对其忽视老年人自主性、能动性的质疑,以及由此带来的代际关系、养老方式的变化。力量减弱、生理疼痛、行动不便等障碍是老年人生活自理的主要阻碍之一,所以为人子女,对年迈父母的孝道也尤其体现在日常照护中。而日常护理、助行代步等适老科技产品的日趋普及,使尽孝行为可能由从前的为父母洗头洗澡、陪父母外出活动变为给父母买一台全自动洗澡机、高性能代步车。

阿玛蒂亚·森将独立自由的个体视为能动的主体而非被动的接受者。[①] 个体的主体地位体现在对于现有设备、现有条件的能动选择。可行能力既是人们享有的机会,也涉及个人选择的过程。在可行能力的意义上,适老科技产品的定位不在于只是提供全自动化的产品设备,而是提供多样化的支持性行为,为使用者带来更多可供自由选择的机会。可见,适老产品既关注老年人实际做到的事,也关注了老年人有能力做到的事。阿玛蒂亚·森举例,一个节食的富人,在食物、营养摄取量上可能与一个赤贫挨饿者相当,但两者的"可行能力集"是不同的。[②] 可行能力并不指向实践结果,而是作为人们拥有的能力呈现,人们不实现可行能力与不拥有可行能力具有本质区别。[③] 正如有些购买代步车的老年人仍然经常自己外出行走,只是将代步车作为备选出行方式之一。适老科技产品的贡献,在于对老年人"可行能力集"的扩展。老年代步车是需求量最大的适老科技产品,很多老年人在对智能代步工具的反馈中,表达了能够借助代步车出门探亲访友、参加社区活动的欣喜。这也可见保持与社会的联系、参与社会活动的可行能力,在老年人的可行能力集中占有重要地位,这在本文之后部分关于宜老化住区的探讨中将进一步分析。

同时,借由适老科技产品的应用实践,也启发我们进一步思考"老年"的含义。以往研究多将老年群体置于弱势地位,将年老作为一种不可避免的障碍或困难;而在可行能力视角下,适老科技不是针对宽泛的"老年""衰老"概念或无异质性的老

[①] Amartya Sen. The idea of justice. Harvard University Press,2011:340-370.
[②] Amartya Sen. Development as Freedom. New York:Knopf,1999:75.
[③] 于莲.以可行能力视角看待障碍:对现有残障模式的反思与探索.社会,2018(4).

年群体，而是面向老年人亟待解决的具体困难，即可行能力受限情况，如独立洗浴不便、出行不便等，进而研发洗澡机、代步车等科技产品以弥补可行能力的减损，为老年人提供有针对性的辅助。因此，虽为"适老产品"，但适用人群是细化的洗浴不便者、行动不便者等群体。不将"老年"与失能、弱势画等号，而是具体化老年阶段可能面对的问题，这也使更精准有效地解决老年人面对的多种可行能力损失问题成为可能。

然而，适老科技产品带来的老年人可行能力的拓展，并不能取代来自社会和家庭的人文关怀和老年人的人际交往需求。目前很多人对于大部分适老科技产品的理解，还停留在针对老年人的基本可行能力层次上，即以解决日常生活需要为主要目标。正如有研究智能养老的学者所指出的，人工智能之理性与人之感性之间的冲突一直都被人们关注，老年人更需要人际间的情感交流和互动。[①] 老年人"希望有人聊着天、慢慢帮助"其完成吃饭、洗澡等日常活动、希望出行时不要"没面子"等想法，显示的是其深层次的与他人相处中的情感需求、社交需求。

（三）宜老化住区："适老"的维度

在适老科技概念界定之初，对于适老环境的营造就已纳入其应有之意，而我国的适老性研究更是起自适老建筑、工业设计、城市规划等领域。随着我国当前居家养老与机构养老的逐渐弱化，在供给养老服务方面，社区体现了其地缘优势。[②] 本节讨论的宜老化住区，便是在社区养老服务理念基础上构建的社区与居家养老充分结合的实例，从另一层面展示了适老科技的社会影响。本文对养老过程中科技因素应用实践的人类学分析，将阐释可行能力视角下，适老科技产品的普及、宜老化住区的营造所处的独特文化语境，以及由此带来的对于衰老、适老等概念的重新审视和再思考。

上海亲和源老年公寓建于2005年，地处上海浦东新区。亲和源提出"宜老化住区"概念，以适老建筑及其符合老年设计规范的居住设施，配合针对老年人群的专业服务。不同于一般社会养老机构，住区是指聚居在一定地域范围内的人们所组成的社会生活共同体。亲和源养老住区属于持续照料型住区，根据老年人的生理、心理特征和需求，以无障碍和人性化设计理念建造，面向退休后的老年人群，提供自理、介护、介助一体化的居住设施和全方位服务。住区的宜老化体现在从空间规划

---

① 睢党臣，曹献雨.人工智能养老的内涵、现状与实现路径.新疆师范大学学报，2019（2）.
② 刘益梅.社区居家养老服务模式的实现路径探讨.新疆师范大学学报，2014（2）.

到室内设计都符合老年人的特殊需求和人体工学。亲和源智能化系统由闭路电视监控、周界防盗报警、无线定位紧急救助、一卡通、电子巡更、计算机网络、综合布线、楼宇自控、远程抄表、背景音乐及紧急广播、机房系统组成。①

在住区内,可以看到共同乘坐着电动代步车的老夫妻在连廊中自由穿行;老人借助楼道走廊内安装的助力扶手独立行走;住区内的智能管理系统,对老人的健康监测、医疗救助和突发情况处理起着至关重要的作用,照护区内的老人房间里装有多处呼叫铃,按下开关后楼内服务人员会立刻赶到房间询问情况、提供帮助。

宜老化住区的建成,不仅是日照、通风、采光等物理指标上对建筑要求的完成,更有赖于其中针对老年人的安全无障碍细节设计、针对需要医疗救护等突发情况的保障系统等硬件基础,而这些适老化设计要求都离不开科技因素的应用。以老年群体为居住人群的公寓式住居区域的构建过程中,"科技物业""智能服务"等科技应用功不可没。

人类的衰老主要特征表现为生理器官的衰老和感觉器官的迟钝,宜老化住区应用智能建筑技术、可综合现代信息技术手段的传感技术、控制技术、远程信息技术、多媒体技术,延伸感觉器官的功能、弥补肌体功能的不足。② 老年人身处由现代化高科技技术打造的居住环境之中,生理的衰老由智能技术所弥补,其基本可行能力在很多方面甚至与年轻人相当。

住区内的生活服务设施从就餐、休闲娱乐到康复理疗,一应俱全。住区中的很多房间内,都可以看到装有很多最新软件的电脑、智能手机和IPAD,运用最新VR技术的娱乐设备在住区内也并不稀有。但老人们似乎还是更偏爱较为传统的锻炼、娱乐形式。老人们根据自己的特长爱好自发成立了钢琴组、俄语歌曲组、英语沙龙、数独游戏组、读书会、花友社、书画社等很多兴趣小组,每周在住区内的声乐教室、书画室、文化艺术馆等地一起交流心得。朗诵组的一位老人说,家里儿女一开始不太愿意她和老伴离开家来到这里养老,"我们每个月交八千元管理费,儿女们说'爸妈我们给你们出钱请每月八千的高级保姆吧,咱们在家好不好?'但是我们不愿意退休以后每天大眼瞪小眼地跟保姆一块儿住,我们也需要能聊得来的朋友,想找同龄人一起交流啊。"

---

① 奚志勇.亲和源.上海:学林出版社,2013:2、18-19、33.
② 奚志勇.亲和源.上海:学林出版社,2013:33.

可行能力视角下，适老科技的发展方向是不仅可以使老年人具有在家舒适生活的自理能力，也可以辅助老年人更积极地在参与社会活动中发挥自身价值，而有赖于科技因素营造的宜老化住区就为老年人提供了这样一种可供选择的生活方式。

住区内不少有外语、钢琴、声乐、书法等特长的老人主动搞起了相关兴趣小组，和有共同爱好的同龄人一起切磋交流，也耐心教授有兴趣学习的老人从零学起；有摄影爱好的老人为其他老人拍照、冲洗照片，在住区楼道内布置了光影艺术长廊；退休前从事演艺工作的老人给大家排练诗歌朗诵、演出节目……科技产品在群体活动中，更多地体现在，老人们通过手机、网络进行沟通联络，借助智能代步工具走出家门和亲朋会面，一起使用网络学习感兴趣的技能，一起摸索操作 VR 设备体验新型娱乐方式……很多老年人表示，很喜欢"热热闹闹地跟大家一起忙活""能跟大家一起干点儿什么"。

相比可供老年人使用的多为适合单人、居家使用的高科技设施、智能娱乐设备，老人们更为偏爱传统的群体性文体休闲活动，这也将是适老科技发展的重要方向。在群体活动中，老年人能够获得最直接的参与感和认同感。人类在生命周期中自接触社会起便进入社会化过程之中，由生物性的自然人转变成为社会人。在这一历程中所学习的是如何与所处社会的生活形态和行为模式相适应。[①] 适老科技的意义，也尤其体现在帮助老年人作为社会人而进行的社会参与、社会交往方面。

强调社会参与、社会认同的活动理论观点在很大程度上与我国社会鼓励"老有所为"的价值体系相符。传统发展观中，更为重视人的创造性劳动、为社会所做的贡献，讲求人尽其才。依照此类理念，开发和利用老年人才资源，促进实现"老有所为"和"积极老龄化"，充分体现老年人才在社会发展中的价值，成为理所当然。[②] 但可行能力并不仅限于"老有所用""老有所为"中强调的劳动能力、服务潜能，而是属于老年人的自得其乐，将自身的知识才干用于追求生活的愉悦。虽然同样是关注人的作用，人力资本的视角关注人在扩大再生产可能性方面的主体作用，而作为自由表现形式的可行能力聚焦于人们自主选择生活方式、以及扩展所拥有的真实选择的能力。两者在价值评定方面有着手段与目标的区别。[③] 可行能力的视角重视"老有所为"的意义，而在拓展人之自由层面超越了"老有所为"

---

① 叶至诚. 老年社会学. 台北：秀威经典，2016：41.
② 曲江川. 老年社会学. 北京：科学出版社，2007：118.
③ Amartya Sen. Development as Freedom. New York：Knopf，1999：293-296.

的概念。

从可行能力视角看待适老科技，在我国特有的文化语境中有着重要意义，也打破了传统理论中认为老年人应脱离社会，或是融入参与社会活动的二元观念，超越了对"老年"的理解中弱势、优势地位的二元对立。我国社会的文化语境中，无论是提倡"尊老爱幼"的传统美德时将老年人作为理应被爱护和照顾的对象，还是倡导"老有所用""老有所为"的人才开发战略时将老年人作为"银发"资本的丰富人生阅历、知识储备的肯定，都将"老年"这一人生阶段置于或较为弱势、或具备优势的位置。而以适老科技为特色的宜老化住区的出现，从可行能力视角看来，既不是笼统地将老年人视为需要退出社会、接受照料的弱者，也没有一味强调老年人值得骄傲的知识和技能。住区内，老人如果腿脚不便，可以乘坐操作便捷的代步车从缓行坡道进出；老人如果身体不适，可以通过房间内的呼叫铃或利用自动定位系统将远程监控的后台服务人员召唤到身边提供医疗服务；老人们自发组织的书画活动中创作的很多作品，不仅在住区内艺术展厅展览，也参与现场和网络宣传、义卖，所得款项捐助老龄事业发展基金……宜老化住区针对具体情况，以弥补老年人可行能力受限、拓展老年人可行能力的方式，帮助不同情境下、不同意愿的老年人达成他们所追求的老年生活。

而在这一考察过程中，也让我们重新理解"适老"之意义。随着科技飞速发展，相信以科技手段实现老年人多种日常行动的智能化服务，甚至全自动替代并非难事。老年人能够像年轻人一样在智能化代步工具辅助下健步如飞，也能够像正值壮年的工作者一样借助专门为老人设计的电脑、手机等电子设备著书立说、尽己所能为社会贡献才华。但"适老"的意义并不仅限于让老年人适应环境、跟上时代的步伐与当今的社会节奏，更在于老年群体自身的愉悦舒适，也就是老年人可行能力拓展带来的自主性。

当然，目前的宜老化住区自身存在一些局限性。适老科技的出现，使宜老化住区成为可能，满足了有意愿与志趣相投的同龄人相处、交流的老年人的需求。但是由于费用和养老观念问题，住区区隔出了一部分老年群体，但仍不失为一种养老方式的有益尝试。

四、科技的温度：更好地老去

在老年学领域，"成功老龄化"（successful aging）自 1961 年由 Havighurst 首次提出后逐渐成为国际性的主导范式。Havighurst 提出这个概念是指"从生活中获得最大程度的满足和幸福"①，而后"成功老龄化"逐渐成为社会学、心理学、流行病学等多学科的研究关注点，并有了诸多维度的定义。相较于对身体生理健康的看重，后世学者更为强调老年的认知和情感健康。②无论是福利政策还是学术研究中，"成功老龄化"都成了关注重点和需要不断提升的目标。除此之外还有与之类似的很多概念，例如世界卫生组织（WHO）2002年提出的积极老龄化（Active Aging）③。最早提出"适老科技"（gerontechnology）定义的Herman Bouma在此基础上提出"最优老龄化"（good aging），即"主动地在晚年生活的多种可能性中选择，在经历困难时能自在地生活下去"。"最优老龄化"有赖于营养健康、日常锻炼、规律的认知和心理活动、保持家庭内外的社会接触、有积极的兴趣爱好，这涉及衰老的生理、心理、社会、医学因素。④无论名称为何，其背后的意蕴都是强调除了基本生活保障和医疗服务之外，针对老年人提出更好的目标。

而可行能力视角，就是从手段到目标的转变。可行能力的本质即是扩展人类自由以享受更有意义的生活。⑤单纯以依靠科技产品补偿老年人某方面的能力减损情况的思维方式带来的对于生活质量的改善效果是有限的。而可行能力理论在指导适老科技应用层面的贡献，并非追求使老年人达到形式上与社会一般水平的效率一致，而是为老年人提供更多掌控自身的可能性，使其面对不可避免的多种生理功能退化不再是束手无策的。而且，老年人在科技产品的帮助下有机会参与到更多行为实践中，适老科技便于老年人保持与社会的联系、促成老年人更多的社会参与，这一过程本身就能够为很多老年人带来体验与锻炼的乐趣。

阿玛蒂亚·森在可行能力概念提出之初，就指出了对可行能力的认定是有赖于社会文化的。⑥在观察、理解我国当前适老科技应用情况的过程中，必然不能忽视我国适老科技诞生的文化语境。适老科技，让我们看到了有着丰富的人的标签的老年人们个体化的多元需求，也使宜老化住区等老年生活的多种实现方式成为可能。而这

---

① Havighurst R. Successful Aging. Gerontologist, 1961, 1 (1): 8–13.
② Depp C A, Vahia I V, Jeste D V, et al. The Wiley-Blackwell Handbook of Adulthood and Aging. Chichester: Wiley-Blackwell. 2012: 459–463.
③ WHO. Active Aging: A Policy Framework. Geneva: World Health Organization. 2002.
④ Bouma H, Fozard J L, Bouwhuis D G, et al. Gerontechnology in perspective. Gerontechnology, 2007, 6 (4): 190-216.
⑤ Amartya Sen. Development as Freedom[M]. New York: Knopf, 1999: 293-296.
⑥ Amartya Sen. Equality of What?. In The Tanner Lecture on Human Values, I, 197-220. Cambridge: Cambridge University Press, 1980.

一过程中产生的关于自主性与全自动、关于融入参与与脱离社会的争议，正说明了科技并非绝对严谨而没有可存疑之处。

　　现代文明的优越环境和生活条件，使人类的生理衰老过程不断延缓，加之科技的快速发展，科技的日常化、科技产品和服务使用的常规化拓展的人类生理功能的边界，也将更为广阔的研究空间留给了众多学者。可行能力视角下的适老科技并不是冷冰冰地将老年人推向智能化设备、全自动控制，或是弥补身体失能以便更为自立地脱离或融入社会……科技进步并不是人情冷漠的借口，科技的温度正是在于，为理解"老年""适老""养老"提供了多元素材，为更好地老去提供了更多的可能。

人类学视域下的"臼"字探源研究*

孙海芳**

（新疆师范大学历史学与社会学学院，新疆乌鲁木齐 830017）

摘　要：汉字作为中国文化的符号载体之一，其构字要素中存在诸多可供研究的信息，蕴含着丰富的文化内核与强大的文化功能，反映出构字时代的物态形式、原始思维、制度文化及信仰体系，是透过人类学视角进入中国古代文化的视角之一。与"臼"部相关的文化是中国文化的重要组成部分，其内涵丰富，涉及中国古代物质、思维、信仰及制度等多个文化层面。本文尝试以考古资料与民间习俗为依据，运用文化人类学的"文化遗存法"，关照"臼"部之文化现象，整理分析解读"臼"部参构的汉字，探究其背后的文化含义与民俗渊源，以求对"臼"部的内涵做出较为全面的阐释。

关键词："臼"部；神话思维；生殖崇拜；亲属制度；构字阐释

一、引言

"文化依赖于符号"，符号借助文化而得以存在[①]。《周易》"观物取象""因象见意"，儒家倡导"引譬连类"，符号亦是中国的传统思维方式。汉字作为中国古代思维与认知世界的表征符号，蕴含着造字之初的意义体系，更是以典型的"象形思维"最大

---

* 文章的早期版本曾公开发表在《青海民族大学学报》，2019（4）。文章在收录时略有改动。
** 作者简介：孙海芳（1980—），女，甘肃兰州人，新疆师范大学历史学与社会学学院博士生，主要从事考古人类学、公共考古研究。
① [美]怀特.文化科学.杭州：浙江人民出版社，1988.

限度地保留了原始神话思维表象及其约束下的文化心理结构、思维方式[①]。我国汉字产生于原始社会晚期，形成于奴隶社会前期，如果按照半坡彩陶上的记事符号或图画算起，距今五六千年。原始先民们在自然中观察物象，并将所处时期的社会形态、精神信仰等无形观念融入有形物象之中，而"初造书契"[②]，汉字的产生与古代文化相伴相生，保留了造字之初的集体意象、象征意象和模糊性意象。参照文献学、考古学、人类学等学科的研究成果，思考汉字符号的精神旨归，探究其产生的渊源，揭示其隐藏的原始神话思维和认知编码，可从不同层面窥探上古时期的社会形态、立体地了解先民们沉淀下来的物质文化与精神文化，探寻中国文化的本源。

长期以来，汉字"臼"被定义为"舂米的器具"，其中"断横"原为"四点"，是指被舂捣的果实，就此将"臼"简单归结为实用之物，贾思勰在《齐民要术·作酱》中言："择满臼，舂之而不碎"，亦是强调其实用性，以此遮蔽了实物"臼"与其汉字符号"臼"中蕴含的文化意义。笔者结合考古资料、上古神话、文献记载及民俗材料，认为"臼"之实物并非仅为生活用具，其"断横"为符号象征，不仅代表新生事物，也指代通灵、沟通天地的通坦之途，蕴含着上古时期深厚的文化遗存，与祭祀仪式紧密关联，由"臼"部构成的诸多汉字亦保留有早期原始文化的思维模式、上古先民的生殖崇拜及亲属制度。

二、"臼"为何物？

观"臼"字形，可知其形如容器。笔者查阅相关辞书，对"臼"字的字义做了梳理。其意大致有四，其一为"臼，舂也。古者掘地为臼，其后穿木石"，《易·系辞下》"断木为杵，掘地为臼"，《齐民要术》中称"择满臼，舂之而不碎"。其二为臼状物，如药臼、臼齿、臼科（臼形的坑）、臼塘（凿成船形的木臼）等。其三为"低"之意，如岸外而臼中（臼中，中间凹陷）。其四为引申之意，如臼中无釜，臼为家庭之意，以喻妻子亡故；"臼杵之利，万民以济"，《史记·天官书》"杵臼四星，在危南"，《注》"杵臼三星，在丈人星旁"，主军粮；"杵臼"，因《史记·赵世家》中的典故，后引申借指为别人保全后嗣的人。

[①] 叶舒宪.中国神话哲学.西安：陕西人民出版社，2005.
[②] （汉）许慎撰，（宋）徐铉校订.说文解字·后叙.北京：中华书局，2001.

《易·辞传》中言"制器为象","杵臼"为具体之物,先民造字时模仿的原始物形"臼"多见于出土文物中,且在各地均有出土。在浙江河姆渡遗址,发现了我国境内最早的臼,此臼是在岩石上挖出浅坑,称"地臼",配套为木杵。妇好墓中曾出土研制矿物颜料的杵和臼,该臼与杵均为硅质大理岩的软玉,臼高约23厘米,杵长约28厘米,有明显灰沁,玉臼中凹入部分光滑剔透,内壁有朱砂色,推测为研磨朱砂之用,使用时间较久。山西运城市垣曲县发现过一枚汉代陶臼,其残高17.5厘米,直径25厘米,厚约5厘米,重约5.7千克,上部表面模印有几何形花纹、器壁模印有逗点纹饰,属汉代时期的典型风格,是一种模仿石臼造型烧成的明器。广西合浦县黄泥岗出土的铜臼,侈口束颈,宽唇沿,长弧腹,圈足外撇,腹腰饰凸弦纹一道,一侧有铺首衔环,附搋药杵一根,圆柱形,腰部稍细,两端较粗,头端纯圆。在洛阳市西工区保利大都会西汉中晚期的墓葬群中,也出土了研磨朱砂所用的臼、杵。新疆天山北麓四道沟遗址、乌拉泊水库,天山南麓新塔拉遗址、哈拉墩遗址等多处采集到石质的"臼""杵"。各地均多次出土过不同时期、不同质地的"臼",可见"臼"在中国古代文化中的重要性。

"物"的发现,不仅发现了过去使用之"物",也是发现了制造此"物"的人群及其行为方式与信仰[①],"物"的叙事,用以解析上古时期的"原始神话思维"及信仰体系。荣格提出的"女性=躯体=容器=世界"象征形象类别可以用以解读史前器物的文化内涵,叶舒宪以此类比公式提出"神=身=坤=釜(容器)"互喻现象,解析史前的部分象征性容器与大地母神、生殖力、生命力等概念之间的发生学关联[②]。臼作为容器,在其实用功能之外,不可避免地与"坤、神、身"联系在一起。诸多出土文物显示,早期使用"臼"研磨的物体中多有朱砂,而朱砂是辟邪镇妖、存留尸骨不腐的典型物质之一。在仰韶文化早期,贵族丧葬仪式中就有在人骨、随葬品上涂朱砂,用朱砂铺设墓地的现象,并推演成为商周时期墓葬仪式中的重要组成部分,可见研磨朱砂的用具必定不会是简单的实用器物,必定会被蒙上神性面纱成为礼仪文化的象征。为此,在祭祀、歌舞道具中也不乏臼杵的身影,在刑具中亦有出现。

---

① Kirshenblatt-Gimblett, Barbare. Destination Culture: Tourism, Museums and Heritage. Berkeley: University of California Press, 1998.

② 叶舒宪.高唐神女与维纳斯.北京:中国社会科学出版社,1997.

三、"臼"的人类学阐释

《周易》中，自然物象与人事变化多用卦爻符号以象征，并用象辞作出相应的阐释与衍义，从而构成因象见意的中国式象征思维模式。汉字作为中国文化的符号载体，其"六书"从"象"的标准来看，可分为"象形字""象意字"和"象声字"，其发生衍变的过程与我国古代文明同步而生①。同理，以溯本求源式的历史透视眼光挖掘汉字中的原型表象，对梳理华夏文明发生史亦颇有启发。

解读或重构汉字中被历史遗忘的原始意义，观象取象乃以意摄象，透过具体客观的物象探究携带图腾观念或某种秩序感的意象，即利用汉字的活化石作用去揭示汉字背后被遮蔽的古老文化，尝试分析古代先民们如何通过直观理性的表象推演引申出相关概念，并在语源材料下得以印证。深究留存在"臼"字中的原型表象，通过对"臼"部的汉字系统分析，可以从中直观地把握具体到抽象的概念发生轨迹，具有文化寻根的重要意义。

《穆天子传》中提到"舂（其部有臼）山"，据学者研究位于今新疆与青海交界之处，为中国原始农业发生地之一，此地出土大量"石臼"是生产生活状态的折射，而《穆天子传》《山海经》等上古神话则反映了原始社会的祭政合一（或政教合一），二者记载的空间概念，尤其是山神更是各地祭祀权的体现②。作为上古时期五帝之一的喾（其繁体字礜，其首部为"臼"之变形），为黄帝曾孙，其最大的功德在于观察探索天象及物候的变化，划分四时节令，指导人们按照节令从事农畜活动，促进了社会生产力的发展，使得农耕文明走进了崭新的时代，细究其功德，联系"臼"之"坤＝神"之象征，其蕴含的原始神话思维不言而喻。此外，由"臼"变形后所构"衅"（繁体字为釁、鼍，其首部亦为"臼"之变形），《说文》称"衅，血祭也。象祭灶也"，基本含义为古代的祭祀仪式，用牲畜之血涂抹在新制成的器皿上，《韩非子·说林下》"缚之，杀以衅鼓"，《易林·复之革》"祓社衅鼓，以除民疾"；此字还有以香涂身，是古代驱邪的方法之一，《周礼·春宫·女巫》"女巫掌岁时祓除衅浴"，贾谊《治安策》"豫让衅面吞炭"，《国语·齐语》"三衅三浴之"；也有征兆、预测之意，

---

① 叶舒宪．原型与跨文化阐释．广州：暨南大学出版社，2002．
② 叶舒宪．从文学中探寻历史信息——《山海经》与失落的文化大传统．文艺理论研究，2012（2）．

《国语·鲁语上》"恶有衅,虽贵,罚也"。深究诸意,如还仅仅将"臼"理解为实用器皿,则未免过于浅显。

(一)沟通天地的"原始神话思维"

思维是符号化的意识活动,将文化现象或符号媒本作为思维学的客体来研究,在人类学与思维学领域均有涉猎。我国原始时期的具体意象被赋予意义而成为文化符号的携带者,这种在现实生活中可观察感知的表层秩序因其携带的意义形成了巫术与神话里特有的超自然或超现实的深层秩序。这种中国"原始——深厚思维"是一种有象思维,始终保持着鲜明的直观性和有象性,我国汉字形成于神话思维向哲学思维过渡的时期,故而汉字的构字结构中在象形、指事、会意字中保存有原始人类的思维模式。透过原始社会时期可感可触的"臼"及"臼状物",以小观大,可洞察我国传统思维模式发展初期"混沌初开"的情景,挖掘此时期心物不分和天人合一的深层秩序,展现早期天与地、阴与阳等二元思维结构。

"臼"在上古时期的考古发现中频频出现,河姆渡出土过新石器时代早期的石臼,谓之目前所见最早的"石臼",此时期的"地臼"难以移动,或如此在岩石上挖凿的浅坑,或埋于地下,露出"臼口"用以研磨,时称"地臼",这种形式在西北地区的彩陶中多有出现,下部埋入地下,从实用角度讲可加固其稳定性,另一方面亦有万物源于大地之说,"臼"为此成为大地的象征。与"臼"的实用价值不谋而合的是土地的自然属性,负载并生养万物。《释名·释地》"土,吐也,吐生万物也",又"地,底也,言其下载万物也"。在充满自然崇拜的上古时期,生活在大地上的人类对孕育万物的土地充满了无限的想象,并对其生发万物的自然属性作出神秘的理解,为此,"臼"用于祭祀礼仪之中便不难理解。乾卦象曰:"天行健,君子以自强不息。"与"臼"配套的"杵"劳作于大地之上,具有明显的主动权,"天"在原始社会被作为人格神的形象出现,被视为自然界的主宰,先民们多以陶、木等材料塑造神灵形象。从语源看,从义由声得的原理考虑,可联想与"帝"古音相近的蒂、底、始、地等多有词根、原始义,可见"帝"乃万物之始祖,天、帝为世间最高的主宰者。如同上古时期先民们无法解释却有必须顺应的天象,这一对立皆相伴而生,"天地"相伴相生,"阴阳"统一而成,"生死"相比而存,无物不有双,可见"臼"是先民们原始文化思维的展现。

(二)生殖崇拜

汉字的雏形是物象或者图像表意,很大程度上保持着与对象系统的"同构对应"，即汉字与其表达的物体之间存在着内在的或隐藏的同构。"臼"为象形字，其篆体中四点为米。其意之一为"掘地为臼"，又称"地臼"，河姆渡遗址出土的石臼对其有象形解释。从发生学的角度分析，原始先民在长期的生产实践、生活实践和意识活动中，面对变化莫测的生存环境，力图通过观察感知来寻找和掌握外界可辨识的秩序与规律，他们将主体的行为、意愿、情感乃至生命都融入客体世界中，通过想象幻化出超现实与超自然的神奇事物，万物因此有了行为与生命，成为可崇拜的物象。臼为地，杵为天，二者研磨去壳露出种子内核，这种直接可感的物化现象被用以解释不可观察的深层意义，臼为女阴，杵为男根，两者配套出现，从而象征男女交合孕育生命的深层含义。

"臼"状物亦能帮助我们理解早期"臼"关于生命力的意义。"门臼"，意为门墩上安门轴的圆坑，其形如臼。河南省安阳市的侯家庄商王陵遗址中曾出土石质门臼12件，其中方形7件，圆形2件，异形3件（异形门臼内有朱砂，与妇好墓出土玉臼及杵的功用相同），被学界认为是石质门臼的鼻祖，为祭祀礼器。这种依托门臼通往新生的人类学意义，至今在民俗中亦有沿袭，在西北甘青一带，至今还存在将小儿所换乳牙放入门臼之中，以此寄托对生命力的想象。此外，凿成船形的"臼塘"具备舟船的文化意义。甲骨文中记，殷商时期，舟为普遍使用的交通工具：

王其率舟于滴，亡灾。（《合集》24608）
丙子，贞令舟。（《屯南》3070）

舟船的首要意义就是征服洪水，其方舟意象代表着希望与获救，代表着自立与重生，这与"臼"所蕴含的生命意味不谋而合。

（三）礼乐衍生的亲属制度

上古时期，在劳作中产生了语言，进而产生诗歌舞蹈。《尚书·尧典》载："予击石拊石，百兽率舞"，《吕氏春秋·古乐篇》载："葛天氏之乐，三人操牛尾，投足以歌八阕"[①]，先民们身披兽皮，击石为乐，载歌载舞。乐舞形式是早期原始宗教仪式的辅助性活动，先民们将"敬神祈福"的朴素愿望凝聚在舞乐中以求达到"送达天听"的目的。周时，经过先贤改造，"乐"成为宗庙间、族群中等公共社交沟通情感的表

---

① 苏北海. 新疆岩画. 乌鲁木齐：新疆美术摄影出版社，1994.

达方式，以此凝聚亲情，激发情感共鸣，促进宗族间的血缘联系，"乐至则无怨，礼至则不争"，以此化解社会上的种种对立感和心理矛盾。

"臼"与"杵"是上古仪式上常用的器物。在仪式中，巫师手执"杵臼"起舞达到通神祈福的终极目的。"臼"形的乐器虽然在目前的出土文物中所见不多，但是早期的非洲手鼓，其沙漏形状的外形来源于捣碎杂粮的臼。这种持器起舞的常见景象投射到远古先民的思想意识之中，经过长期的时间沉淀形成中国传统文化中特有的礼乐制度，以促进族群间的亲属联系。亲属称谓中的"舅"，以"臼"为部，是古代亲属制度中的重要组成部分，可见远古祭祀仪式中乐舞形式的文化遗留。此外，在"掘地而成"的"臼"中研磨去壳，新生事物就此诞生的过程与朴素的生殖向往密切相关，衍生出母系氏族里的"母舅"观念，即母系氏族与特定成员的血缘、宗亲亲属称谓，此为舅权的前身（这部分内容将在"臼"部构字"舅"中做详细分析）。

四、"臼"部构字阐释

上古先民在生活中获得了关于"臼"的表象，而这种表现又来自于宗教仪式或祭祀活动中，这种神性的理解与记忆势必激发与此相关的种种联系，从而产生一种非概念性的抽象的概括方式，研究与"臼"相关的构字就可窥探上古先民在处理主、客体关系的行为方式时所遗留的深刻痕迹。虽然伴随着汉字的演化，其本来意义变得有些模糊不清，成为抽象的符号，但是通过阐释其意象结构依旧能挖掘出中华民族的思维方式与文化精神。以"臼"为例，"臼"字形象如舂米之器，此为直观之象，由此可透视古代的物态文化。细观汉字"臼"，其中一横断开，留出一道空隙直通上天，有连通天地的寓意，由此衍生出的相关汉字携带着生死相伴相生的思维观念，被赋予了天地之间媒介物的意味，可反映古代的神话意识，如"鼠""舊""兒"等。当然，"臼"字构成的汉字还保留着古代的亲属制度、婚姻制度，如"舅"。

（一）鼠

钟敬文曾撰文称，作为世界四大文明古国之一的中国，对慧黠之鼠认识过少[①]。以"臼"为首的"鼠"字，自然携带了"臼"部丰富的人类学意义。"臼"首中部断裂的"黃"部，开辟出了与上天交往的坦途。我国古代"敬天畏命"，对"天"怀有

---

① 钟敬文.古代民俗中的鼠.民俗，1937（2）.

至诚的信仰，认为"天"之变幻预示着人间的福祸安危，能开辟出与上天交流往来的物象，必定承载着厚重的文化意义。

在中国传统文化中，昼夜十二时辰对应着地支和肖兽的配属关系。"鼠"，活跃于夜间，在阴阳交替，昼夜交接的时刻保持着极为敏锐的感受力，加之其掘地而生，穿梭于田野之间，便成为先民们寄托与天地交往的最好媒介。为此，鼠之第一象征意义为通灵。在中国民间，认为鼠通鬼神，可预知祸福，"鼠寿三百岁，满百岁则色白，善凭人而卜，名曰仲能知一年中吉凶及千里外事"[①]，鼠是预知吉凶征兆的媒介之一。远古时期，生产力低下，先民获取实物多以采集、狩猎为主，在实践生活中无法辨别食物的性状，常有误食毒物而亡的现象，而鼠却得天独厚地克服了此种生存弊端，成为先民自叹不如的神物，由此产生了"天鼠"之说。生活于洞穴之中的鼠类，对地震、水灾等自然灾害有极强的预知力，先民们在目睹了地震前鼠窜奔命的景象后，认定其对自然有着人类无法企及的神秘力量，于是成为通灵的神物。在民间周公解梦中对鼠的阐释与解读可窥见对其通灵的认可与崇拜。

鼠之第二象征意义为超强的生命力。鼠繁殖能力强，成活率高，妊娠期只有21天，分娩当天可再次受孕，幼鼠发育成熟时期短，是世界上数量最多的动物。这种天赋的生殖能力成为生产力低下的古代先民崇拜的焦点，符合多子多孙的生育观念，汉字中子（鼠）与子孙谐音，鼠成为子孙繁盛、万物滋生的象征，从而被尊奉为子神，更有将活跃于粮仓中的鼠奉为"仓神"。在中国传统的二十八星宿中，虚日鼠位列其中，在山西晋城玉皇庙藏有元代的虚日鼠塑像，手持蹲伏状之鼠而标明了其身份。民间传说中老鼠嫁女的母题，亦是对鼠超强生育能力的崇拜，从而以期"子孙兴旺"。鼠之灵性，在其字形中得到了完美的阐释，神话学意义下的"臼"字，增添了其神性的魅力，从而一跃成为十二生肖之首，在中国传统文化中占有极为重要的一席之地。

（二）舊（旧）

马林诺夫斯基解读文化的功能主义方法是将文化现象、文化要素放置在不同的文化背景中，以此解读出不同的功能价值。"臼"部在不同的汉字中，蕴含着不同的含义，虽然历经演变，字形上直观再现和实际意义之间有一定的差距，但是准确把握"臼"之人类学意义，依旧是破解构字中隐藏深厚文化的途径之一。

---

① 葛洪.抱朴子内篇·对俗.北京：中华书局，1985.

舊，简化字"旧"意与"新"相反，有已逝去或过往之意，现代含义遮蔽了其固有的原始意义。为此，只有将其放置于文化人类学的视野中，才能深刻理解"舊"中为何含有"臼"部及其深厚的人类学背景，以比解读古人生活的细节，概括出起初的文化含义。"舊"，甲骨文字形中有"隹"，与禽类相关，《徐曰》即怪鸱也，其本意为鸺鹠，即小型猫头鹰，多夜间活动。鸺鹠在中国民间为阴间使者，可食人魂魄，或有狐媚之相骗人孩童，为不祥之物。

这种类似于猫头鹰的禽类，可将其归属于鸮，多为夜行性鸟类，是我国古代对猫头鹰类鸟的统称。我国新石器时期的陶器、玉器上多有关于鸮的符号化体现，其中蕴含着特殊的信仰观念与文化价值，如牛河梁出土的玉鸮、绿松石鸮，齐家文化出土鸮陶罐等，考古学用"贴塑鸮面像"的称谓定义此类陶罐，青海柳湾齐家文化墓葬中曾出土十余件之多，此类鸮形象出土文物数量巨大，如联系我国及全世界出土的猫头鹰形象，可窥测其背后的神话信仰与观念背景。

考古发现，以鸮为器物纹饰的做法在黄淮流域比较普遍，传递出某种宗教文化内涵，说明在上古时期就有某种与鸟有关的崇拜观念。郭沫若认为"玄鸟生商"的"玄鸟"是生殖崇拜的象征①。赵国华认为，远古先民将鸟作为男根的象征实行崇拜，以祈求生殖繁盛②。刘德增认为"远古先民崇拜鸟绝非生殖崇拜，而是一种图腾崇拜；而这种图腾崇拜又根植于物候崇拜"③，给予先民四季更替的暗示。然而，典籍与民俗中则将鸱鸮视为不祥之鸟，是死亡、凶祸的象征，其啄其双亲之眼的行为更是被视为不孝鸟。叶舒宪通过出土文物上鸮的图像，从比较神话学的角度对猫头鹰形象做出了新的文化建构，他认为新石器时期的欧亚大陆有崇拜鸟女神的深远传统，而鸟蛋是生命之源，具有新生命的象征意义，这与"臼"部的生殖崇拜再次吻合。而鸟在天空中自由飞翔，介乎天地之间，具有与天地沟通的特权④，"石器时代的神话想象将猫头鹰作为死亡与再生女神使者，以激发起人的神秘感与敬畏感"⑤，鸮在夜间飞行如白昼，克服了黑夜带来的生活生产障碍，在沟通天地之余，更有连接生死的意味，这与"臼"字中间断裂的那一横巧妙一致，更与"鼠"掘地通天的本领重叠，抽象

---

① 郭沫若. 郭沫若全集·历史篇. 北京：人民出版社, 1982.
② 赵国华. 生殖崇拜文化略论. 中国社会科学, 1988（1）.
③ 刘德增. 东夷与鸟图腾. 文化史知识, 2006（4）.
④ 叶舒宪. 第四重证据：比较图像学的视觉说服力——以猫头鹰象征的跨文化解读例. 文学评论, 2006（5）.
⑤ 孙新周. 鸱鸮崇拜与华夏历史文明. 天津师范大学学报, 2004（5）.

出"臼"字中原始的神话思维。

（三）兒

身体作为微观宇宙和社会象征，与宇宙、圣地、社会构成同态对应象征关系，表征了早期思维模式及宇宙论构成[①]。兒，"臼"部断裂之横象征婴儿囟门未闭合，而民间广有"囟门未闭合"之孩童有通灵之说，可见污秽不洁之物，这与"臼"部通灵之说不谋而合。《颅囟经》称："凡孩子三岁以下，呼为纯阳，元气未散"[②]，唐末五代之《钟吕传道集》与《西山群仙会真记》均载有小儿经五千日生长发育而得纯阳的观点[③]。在民间习俗中，也认为小儿承父母的精元，从先天的精气发展而来，以肝气为主，生机盎然，生命力极强，生长速度快，为纯阳之体，可抵挡防备万物之中阴邪之物。相关民俗中，有新生儿百日内不剃胎发的习俗，小儿囟门不可随意触摸，因为囟门是灵魂出入之地。

出土"臼"中多有显示，"臼"用以研磨可治愈疾病的药材，"臼"体中多残留朱砂，朱砂是从汇聚日月精华的矿物中采集，因吸收天地之正气，具有极强的阳气磁场，道教中称之为极阳之物，在宗教仪式上扮演着神性的角色，民间朱砂画制符咒用以辟邪，这与小儿纯阳之体辟邪驱阴有某种程度的相似。

（四）舅

恩格斯说："舅舅与外甥的特殊亲密关系，起源于母权制时代，在很多民族中都可以看见。"[④] 甘青一带，女子出嫁时将娘舅视为上宾，须待"大外家"（其父母娘舅）"小外家"（子辈娘舅）到来方可举办婚礼仪式，"大小外家"进门时，须燃放鞭炮以示庄重。藏族谚语"阿舅是骨头的主儿"，天祝藏族的婚俗事项中，外甥女出嫁，女方父母需要携带厚礼专门拜访请示舅舅，须征得女方舅舅的同意，如舅舅不同意，女方父母要多次登门请求，在订婚礼物、送亲仪式、座次安排上均要突出舅舅的身份，可以说舅舅对外甥的婚事起到决定性作用。摩梭人有谚语："天上雷公大，地上母舅大"，教育后辈尊奉母舅[⑤]。土族婚嫁中，舅父的特权在仪式中体现较多，"都尔古勒"环节中，母舅以女子"躯体"主人的身份参加。"麻泽"时，接母舅时，专设桌酒迎接，必须有专门的房间接待，凸显母舅的身份。"装箱"时，需要母舅喝完

---

① Douglas M. Leviticus as Literature. Oxford & New York：Oxford University Press, 2000.
② 钱乙.小儿药证直诀.北京：中华书局，1985.
③ （明）伊真人弟子.性命圭旨·死生说.上海：上海古籍出版社，1989.
④ 马克思，恩格斯.马克思恩格斯选集（第四卷）.北京：人民出版社，1973.
⑤ 康云海.泸沽湖生态旅游研究.昆明：云南科技出版社，1999.

"典尖"①敬的酒,祝福女子。哈尼族婚嫁,新人须带上两套糯米饭和一只杀好的鸡前去恭请母舅,敬酒也是以母舅为先②。畲族外甥女出嫁,母舅为上宾,新娘上轿也由娘舅抱上轿。撒拉族婚俗中,阿舅依旧是贵宾。白族女孩出嫁,也是由母舅背出家门,交付给新郎。此外,羌族、东乡族、保安族、满族、鄂温克族等婚俗中均重视舅甥关系,足见"舅"在中国亲属文化中的重要地位。丧葬仪式亦如此,"母舅吊唁"是常见的习俗。西北民间,老人亡故,须及时去母舅家报丧,母舅来时,子女们要跪拜迎接,母舅可用"丧棒"痛击不孝之子。这与哈尼族、羌族、壮族等一致。

尊崇母舅的文化痕迹遍布民间,离不开"舅"本身的文化意义。"舅"以"臼"为首,体现出"臼"的原始神话思维、生殖意义与亲属制度。母权制社会在上古时期延续时间较久,"舅权制"是"母权制"的共生物和附从物。《吕氏春秋》谓"昔太古尝无君矣,其民聚生群处。知母不知父,无亲戚、兄弟、夫妇、男女之别。"③《论衡·齐世》言:"知其母而不识其父。"④中国神话中的帝王无父有母:"华胥履大迹生伏羲;安登感神童生神农;附宝感星生黄帝;庆都感龙生尧;握登感虹生舜;姜嫄履帝武生后稷"⑤,是母系社会遗留的传说。亲属称谓是婚姻制度发展到一定阶段出现家庭后的产物,故婚姻制度与家庭是亲属称谓产生的基础。舅舅在原始家庭模式中扮演了"父亲"的角色,在子代的成长中起到重要作用。久之形成了一套具有约束力的舅权思想道德体系,维系着整个亲属关系,稳定了整个民族的社会结构,在社会生活中有着重要的影响。如此重要的亲属身份,构字时以"臼"为其部件,足见"臼"字在汉语文化体系中的意义,在人类学视野下挖掘与审视其文化内涵值得重视。

五、小结

中国上古时期的文化文本相对零碎,在某种程度上,以汉字为代表的文化系统为此做出了象征性的补偿,其早期形态是研究上古时期文化思维象征系统的直观性材料,对象征人类学及原型研究大有助益。为此,在人类学视域下,借助出土文物、

---

① "典尖"土族语,指由家族推举的能说会道的司仪。
② 彝、纳西、拉祜、基诺、傈僳、哈尼、白、怒族文化志.上海:上海人民出版社,1998.
③ 许维.吕氏春秋·恃君.北京:中国书店,1985.
④ 王充.论衡·齐世.上海:上海古籍出版社,1990.
⑤ (清)王仁俊.诗含神雾.嘉庆十四年线装本,第四册.

零碎的神话文本片段、传世文献及民俗文化解读汉字之原始物象，分析其引申含义，将个体的汉字整合成有意义的文化体系，梳理其源流演变，培育整体性系统关照的文化视角，并反之考证人类学理论。以"臼"为例，从"臼"的物象分析，研究其物象背后的符号意义，作为思维符号，"臼"代表了我国原始神话的思维方式，天与地、阴与阳、生与死在简单的"臼"字中得以展现。作为生殖符号，"臼杵"结合象征男女交合孕育生命的深层含义。作为亲属制度的表现符号，它在民间"舅权制"的民俗中得以充分体现。以"臼"部为代表的汉字系统，是一个蕴含着思维、象征、价值与观念的系统，构拟出一套具有解释功能的符号模式[①]。此外，本文拓展分析了"臼"在造字后对原始文化的延承与发展，并对以"臼"部构建的相关汉字"鼠""兒""舊"及"舅"做出人类学分析。

格尔兹在《文化的阐释》中将文化视作由人编织的"意义之网"，认为文化研究"不是寻求规律的经验科学"，而是"寻求意义的阐释学科"[②]，以象形为基本特色的汉字，是中国文化中重要的符号载体，是"文明进步全过程的路标，充满了意义"，只是当前"臼"部背后的深厚文化并未引起重视，用人类学视角对相关内涵阐释与解读研究较少，本文尝试借助"臼"字包含的珍贵线索和独特史料阐释其深厚的文化意义，因年代久远，考证困难，只是粗浅的初步探讨，以免失之偏颇，如有不妥之处，请各位学者共商探究。

---

① 叶舒宪. 中国神话哲学. 西安：陕西人民出版社，2005.
② Geertz C. The Interpretation of Cullture. Basic Books. New York，1973.

汉语国际教育

汉语水平对跨文化交际能力的
影响研究
——以新疆师范大学中亚留学生为例

娜迪热·多力坤[*]

一、绪论

在建设"一带一路"的合作倡议中,中亚五国成为中国当代对外知识视野和知识需求所日益关注的重要区域,[①] 是该倡议中重要的合作伙伴,而中亚来华留学生则成为各自国家及中国"一带一路"建设框架中传播中国文化的使者。因此,中亚留学生教育的目标也从培养过硬的专业型人才转向了培养专业能力、语言能力以及跨文化能力兼具的国际化人才。这种国际化通用型的留学生群体从中国走向世界,是中国在迈向世界一流国家进程中不可忽视的力量。为此,培养中亚来华留学生跨文化综合能力显得格外迫切。

长期以来,国内传统的留学生教育以单纯的语言形式为主,是一种脱离了社会文化语境的教学模式。人们普遍认为能说流利的外语就能进行有效的跨文化交际,这种观点是片面的。在新时代背景下,来华留学生的教育应以汉语教学为基础,以文化传播为媒介,以提高学生跨文化交际综合能力为目的。国内外大部分的跨文化交际学学者认同语言能力是跨文化交际能力中的子能力,跨文化交际能力是由多种

---

[*] 作者简介:娜迪热·多力坤(1992—),女,新疆林业学校教师,语言学及应用语言学硕士,主要从事语言与文化传播研究。

[①] 袁剑.连续性与断裂性——近代中国知识视野下的"中亚"范畴流变[J].青海民族研究,2016(4):137-140.

要素组成的综合性能力。Byram 指出跨文化交际能力的形成除了知识、态度、意识与技能等要素外，还需要有一定的语言能力。[①]文秋芳从交际能力和跨文化能力两个方面解释跨文化交际能力。她的跨文化交际能力模型中的交际能力由语言能力、语用能力和策略能力组成，而跨文化能力是由灵敏度、包容性和灵活性组成[②]。可见，语言能力在跨文化交际中扮演着不可替代的角色，但绝不等同于跨文化交际能力。那语言能力到底对跨文化交际能力产生什么样的影响？两者之间是否存在一定的相关性？笔者意识到，只有对跨文化交际能力及相关各要素加深认识，并对中亚留学生的跨文化交际能力与其汉语水平之间的关系进行进一步实证研究，才能回答以上几个问题，并有针对性地培养留学生跨文化交际能力。

（一）研究目的

1. 了解中亚留学生的跨文化交际能力现状

经济全球化背景下，各国之间的交流日益频繁，除了政治、经济上的交流之外，文化交流也成为国家间交流的热门话题。竞争激烈的国际市场对通用型国际化人才的需求也越来越多，而跨文化交际能力是通用型国际化人才必备的综合性能力。因此，对留学生来说，提高跨文化交际能力成为他们最想获得的能力。为此，及时了解留学生的跨文化交际能力现状，并及时调整相应的教学方法显得更为重要。本文以新疆师范大学国际文化交流学院中亚留学生为调查对象，借助问卷调查和访谈等方法来了解他们的跨文化交际能力现状。

2. 了解中亚留学生汉语水平（HSK 等级）对其跨文化交际能力的影响

目前，国内高校的留学生教育中，跨文化交际能力的培养始终没能与汉语水平的提高处于同等重要的位置，这就是目前高校对外汉语教育中的问题所在[③]。脱离了文化环境的语言教育，会让文化失去实践的机会，导致无法有效传播中国文化，阻碍跨文化交际人才的成长。因此，笔者认为留学生汉语水平对跨文化交际能力的影响研究，探讨两者之间的衔接问题至关重要。本文中根据被调查中亚留学生的汉语水平（以汉语水平考试（HSK）等级作为参考）进行分组，进而探讨和分析留学生的汉语水平对他们的跨文化交际能力及相关要素产生的影响，以期为高校对外汉语

---

① Byram. 跨文化交际能力的教学与评估［M］.上海：上海外语教育出版社，2014.
② 文秋芳. 英语口语测试与教学［M］.上海：上海外语教育出版社，1999.
③ 李丹宁. 对外汉语教育与俄汉跨文化交际人才培养［J］.继续教育研究，2018，No.237（05）：114-120.

教学和跨文化交际教学提供一定的理论和实践数据的参考。

3. 了解中亚留学生对跨文化交际状况及存在的问题并提出建议

跨文化交际中的交际强调来自不同文化的个体或组织间的互动。因此，以使留学生进行有效地跨文化交际为目的而开设的对外汉语教学课堂和跨文化交际课堂也应该以互动为主。而目前留学生课堂教学还是以课堂理论教学为主，辅助以案例分析的形式。这样一来，学生还是会停留在表层的理解阶段，实践性较弱。这是本研究需要解决的问题之一。

（二）研究意义

1. 理论意义

研究留学生汉语水平对其跨文化交际能力的影响，从跨文化交际相关要素的角度解释对外汉语教学中出现的问题和现象，对于对外汉语教学理论研究和跨文化交际能力理论研究都有指导意义。

2. 现实意义

统计当前中亚留学生的 HSK 考试成绩或等级，调查统计样本的跨文化交际能力，有助于对中亚留学生的语言能力与跨文化交际能力进行评估。这为留学生对外汉语教学目标及教学方法提供一定的参考，从而有针对性地培养和提升其跨文化交际能力；另一方面，政府部门和用人单位可以把本研究中对留学生的跨文化交际能力的测评标准当作选拔人才的参考依据。

（三）研究现状

1. 跨文化交际学研究现状

（1）国外相关研究

1）跨文化交际学的诞生及发展

20 世纪 50 年代后期，跨文化交际学作为一个独立的边缘学科兴起于美国。1959 年霍尔（Edward Hall）所著《无声的语言》是第一本跨文化交际方面的专著，霍尔探讨了语言之外的其他文化因素，并为跨文化交际中的文化现象建立了系统的理论分析框架。60 年代中期，学者们开始研究文化对交际产生的影响，分别由 Robert Oliver（1962）和 Smith（1966）主编出版的著作《文化与交际》和《交际与文化》，都在霍尔的理论框架的基础上从不同的角度讨论文化对交际的影响。70 年代是跨文化交际学发展的重要时期，1970 年，国际传播学会跨文化交际学分会正式成立，《国际与跨文化交际学年刊》正式创刊，跨文化交际学进入了新的发展阶段，越来越多的研究开始涉及跨文化交际学，David Hoops（1971，1972，1973，1974）主编的选读丛书《跨文化交际学读本》，Larry samovar 与 Richard Porter 合编的《跨文化交际学选读》以及 John Condon 与 Fathi Yousef 合著的《跨文化交际学入门》①都是这一时期产生的重量级成果。80 年代至 90 年代，很多高校的传播系开始开设跨文化交际学课程，并出版了越来越多的跨文化交际学研究书籍。其中，由 Larry samovar 和 Richard Porter 共同撰写的《跨文化交际》（1991 年的第 1 版和 1995 年的第 2 版）被广泛地用作高等教育机构的教科书。

2）多学科视角下的跨文化交际学研究

跨文化交际学最突出的特点是其多学科性质，除了语言学领域之外，还涉及社会人类学、社会心理学和社会传播学等学科。

社会人类学家的跨文化交际作品有：《文化概念与定义评述》，由 A.L. Kroeber 和 Clyde Kluckhohn（1952）合著，是一部从多个角度讨论文化定义的经典之作。其中的文化定义至今被很多学者频繁引用；《菊与刀》，Ruth Benedict（1946）在这本书中对日本文化模式进行了深入的分析，完成了从跨文化视角剖析日本国民性特点这种伟大的工程②。

社会心理学家的跨文化交际书籍有：由 Geert Hofstede（1991）撰写的《文化的重要地位》和《文化与组织——心灵软件》。Hofstede 是跨文化比较研究的创始人之一。他提出的个人主义和集体主义，男性气质和女性气质，不确定性规避，长期取向和短期取向为后来的跨文化交际研究提供了重要的理论基础。除此之外，Richard Brislin 的《跨文化交往》、Michael Argyle（1988）的 *Bodily Communication* 和 Harry Traindis 的 *Theory of International Behavior* 等③颇有建树。

社会传播学方面的相关著作有：由 William Gudykunst 撰写的《文化与人际传播》和《跨文化传播的理论化》，他的焦虑/不确定管理、面子协商、文化身份等理论进一步完善了跨文化交际学的理论研究；像这样的优秀著作还有 Larry A. Samovar 和 Richard E. Porter（1972），L.S. Harms 的《跨文化传播学》（1973），John C. Condon 和 Fathi Yousef 的《跨文化传播学入门》（1975）等④。

综上所述，美国在国外跨文化交际学研究中一直居于领先地位。20 世纪 50 年代到 90 年代有很多学者从事了跨文化交际学研究，社会语言学、社会人类学、社会心理学和社会传播学等多领域学者及其著作成果对跨文化交际研究产生了深远的影响。

---

① 王薇薇.语言与跨文化交际[D].首都师范大学硕士学位论文，2003.
② 胡文仲.跨文化交际学概论[M].北京：外语教学与研究出版社，2012.
③ 胡文仲.跨文化交际学概论[M].北京：外语教学与研究出版社，2012.
④ 胡文仲.跨文化交际学概论[M].北京：外语教学与研究出版社，2012.

（2）国内相关研究

1）中国跨文化交际学的引进及发展

20世纪80年代初，跨文化交际学首次引入中国并迅速发展。何道宽（1983）在他的《介绍一门新兴学科——跨文化的交际》一文中，首次将跨文化交际作为一门独立学科进行了介绍。他认为，通过这门新兴学科可以认识不同民族的文化，识别文化差异预测跨文化交际中的障碍、矛盾和冲突的新兴学科①。90年代初期，中国关于跨文化交际学方面的研究成果百余篇，其中有85篇被收录到胡文仲主编的《文化与交际》（1994）和王福祥、吴汉樱编的《文化与语言》（1994）②中，短短的十年间成为中国学者们研究的热点。

1995年以来，国内学者出版了多部关于跨文化交际学的学术专著。关世杰的《跨文化交流学》（1995）是第一部在中国出版的跨文化交际学专著，其在吸收和借鉴国内外跨文化交际学领域研究成果的基础上，结合中国文化的特点，对跨文化交际学进行了系统的讨论；王宏印（1996）将跨文化交际学理论和跨文化交际实践结合起来，出版了实用性较强的《跨文化传通》；林大津的《跨文化交际研究》（1996）对中、英、美之间的文化互动提供了强有力的指导；贾玉新的《跨文化交际学》（1997）将符号学、语用学、语篇学等理论结合起来进行了跨文化的语用对比分析和语篇比较分析③；胡文仲的《跨文化交际学概论》（1999）介绍了国内外跨文化交际领域的最新学术进展，成为跨文化交际研究难得的指南。

从2000年开始，中国的跨文化交际研究开始逐步深入。顾嘉祖的《跨文化交际》（2000）以跨文化交际中的隐蔽文化为出发点，从多个维度和层面探索不同文化④。随着各高校开设跨文化交际课程数量的增加，唐德根的《跨文化交际学》等优质教材相继问世。如许力生的《跨文化交流入门》（2004）和《跨文化交际英语教程》、杜瑞清等编的《跨文化交际学选读》（2005）等都是近几年出版的教科书，旨在满足大学开设跨文化交际课程的需要。

2）中国跨文化交际学理论和实践研究

中国跨文化交际学理论研究的内容极为丰富。在这方面的研究成果大致可以

---

① 何道宽.介绍一门新兴学科——跨文化的交际[J].外国语文，1983（2）：70-73.
② 李炯英.中国跨文化交际学研究20年述评[J].解放军外国语学院学报，2002（6）：86-90.
③ 胡文仲.迎接跨文化交际研究的新局面——评介最近出版的三本跨文化交际学著作[J].外国语（上海外国语大学学报），1998（4）：75-77.
④ 顾嘉祖.跨文化交际：外国语言文学中的隐蔽文化[M].南京：南京师范大学出版社，2000.

分为跨文化语义研究[魏春木(1993)、邵志洪(1993)]、跨文化语篇研究(屈延平(1991)、胡壮麟(1994)、王克勤(1995))、跨文化语用研究[邓炎昌、刘润清(1991)、何自然(1993)、张辉(1994)]和跨文化非语言交际研究[耿二岭(1988)、杨平(1994)、毕继万(1999)]等。

理论研究之外,我国的跨文化交际研究还包括外语教学界的跨文化交际研究和对外汉语教学界的跨文化交际学研究。《语言教学与研究》《世界汉语教学》等期刊上发表了很多有关汉语教学与跨文化交际学的优秀文章,如胡明扬(1993)、王建勤(1995)等。此外,许多优秀的年轻学者提出了自己对对外汉语教学与跨文化交际的思想。王魁京认为,对外汉语教学是文化教学与语言教学相结合的统一体,汉语划分成的不同平面造成了跨文化交际问题具有多面性[①];康健提出了深入进行跨文化研究的三点建议,即促进语言教学和文化教学相融合来强化文化意识,实现能用汉语进行跨文化交际的学习目标,提升人文精神以增强对中国文化的认同感[②];白朝霞认为,在对外汉语教学中,需要让学习者了解和学习目的语国家的文化知识,因为在第二语言教学中存在文化依附的问题[③]。

综上所述,中国的跨文化交际研究学研究者主要包括语言学家、外语教师和对外汉语教师。其中外语教师的研究最多,涉及纯理论研究及与教学实践相结合的研究。此外,我国的跨文化交际研究还侧重于语言与非语言交际方面的研究,尤其是语言国情学和文化语言学研究的联系,并开创了具有中国特色的文化语言学,丰富和发展了跨文化交际学。

2. 跨文化交际能力研究现状

(1)国外相关研究

1)跨文化交际能力的定义和组成部分

Ruben(1976)的交际维度理论认为跨文化交际能力涵盖了七大行为要素,即可以概括为给予对方的尊重、客观的态度、文化及交际方面的知识、个人的移情能力、灵活应变的角色、你来我往的互动等等[④]。

Brain H. Spitzberg & William R. Cupach(1984)提出了跨文化交际能力的三个组

---

① 王魁京.对外汉语教学与跨文化问题的多面性[J].北京师范大学学报(社会科学版),1994(06):91-96.
② 康健.全球化语境下对外汉语教学中的跨文化教育[J].西华师范大学学报,2009(1).
③ 白朝霞.试论对外汉语教学中的跨文化交际观[J].德州学院学报,2006(02):47-49.
④ Ruben B D. Assessing Communication Competency for Intercultural Adaptation [J]. *Group & Organization Management An International Journal*, 1976, 1(3): 334-354.

成部分：知识、动机和技能。知识意味着理解什么是必要的，以便对话可以是适当而有效；动机是指与他人沟通的意愿要适当而有效；技能意味着能够使用适当的和有效行为[1]。

Spitzberg（2000）后来又补充说明了跨文化交际能力定义。他认为在跨文化交际环境中（特定场景），交际者得体（符合目的文化的社会规范、行为模式和价值取向）、有效（实现交际目标）的行为叫作跨文化交际能力，而这种能力是一种内在的行为能力[2]。

Yong Yun Kim（1992）认为跨文化交际能力的中心是跨文化适应。因此，他从跨文化适应的角度定义了跨文化交际能力。他认为，跨文化交际能力是适应新环境的能力。同时，他在描述跨文化交际能力的组成要素时提出，认知能力、情感能力和行为能力才是构成跨文化交际能力的重要因素。

Martin and Hammer（1989）从社交技巧的角度认为跨文化交际能力包括交际功能行为、言语和非言语行为以及社交技能视角下的谈话控制行为。

Lusting & Koester（1996）认为想要通过适当的方式实现一种有效的沟通，需要丰富的知识，合理的动力和熟练的行动，这样才能实现具体而有价值的跨文化交际目标。

Byram（1997）提出了跨文化交际能力主要由批判性文化意识，态度，技能和知识等四个方面组成，并补充说，语言能力也是跨文化交际能力中很重要的一部分[3]。

Wiseman（2001）认为跨文化交际能力是指能够在不同文化成员之间进行有效并得体地互动时应该具备的知识、动机和技能。他强调了跨文化交际是与来自其他文化的成员发生的，实际上是更加明确化了 Spitzberg 提出的"特定环境"[4]。

Fantini（2000）将跨文化交际能力解释为与不同文化和不同语言成员进行适当并有效沟通的能力。[5]

综上所述，由于不同时期的不同学者们对跨文化交际的不同认识以及跨文化交际学的多学科性质，它没有固定的理论和研究方法。虽然不同学者对跨文化交

---

[1] Spitzberg B, Cupach W. Interpersonal communication competence [M]. Beverly Hills, CA: Sage, 1984.
[2] Spitzberg B H. A model of intercultural communication competence [A]. In L.A.Samovar R.E.Poter (eds) Intercultural Communication: A Reader Belmont [C]. CA: Wadsworth, 2000.
[3] Byram. 跨文化交际能力的教学与评估 [M]. 上海：上海外语教育出版社，2014.
[4] Wiseman R L, Hammer M R, Nishida H. Predictors of intercultural communication competence [J]. International Journal of Intercultural Relations, 1989(3): 349-370.
[5] Fantini A E. A central concern: Developing Intercultural Competence [A]. SIT Occasional Papers Series: Brattleboro. Addressing Intercultural Education, Training & Service [C]. VT: School for International Training, 2000(1): 25-33.

际能力所包含的要素持有不一样的观点,但我们可以从他们所提出的要素中总结出共同的部分,即跨文化交际能力由认知、意识、态度和技能组成。

2)跨文化交际能力的模型

跨文化交际能力(ICC)的模型是指跨文化交际能力的构成要素、发展过程和互动关系的集中理论再现。随着跨文化交际学研究的深入,研究人员和学者们已经制了许多ICC模型。其中以下学者们的模型最具影响力:

Byram(1997)的跨文化交际能力(ICC)模型:在跨文化交际学领域中最受欢迎的是Byram的ICC模型。他区分了跨文化交际能力(ICC)和跨文化能力(IC)的概念,认为跨文化交际能力(intercultural communicative competence)是由语言能力(linguistic competence)和跨文化能力(Intercultural Competence)组成。Byram把跨文化能力分成四个要素:知识、技能(解释和联系的技能,发现与互动的技能)、态度和意识。并强调跨文化交际能力需要在这五要素的基础上具备一定的语言能力。(见图1)[①]

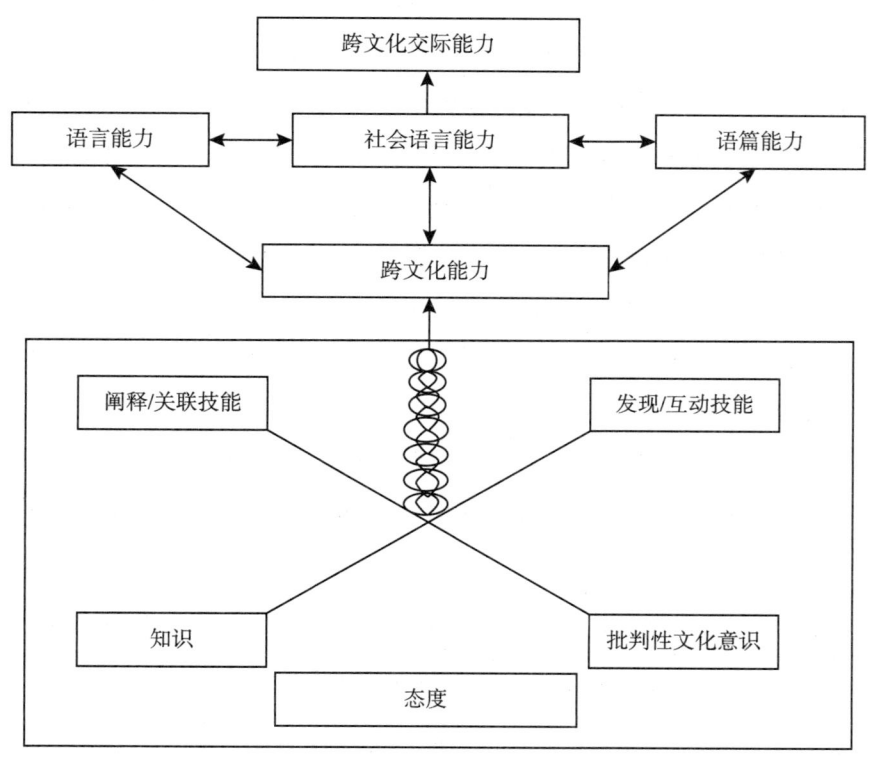

图1 Bayram的跨文化交际能力(ICC)模型

---

① Byram. 跨文化交际能力的教学与评估[M]. 上海:上海外语教育出版社,2014.

从图1可以看出，Byram 的跨文化交际能力模式有三个主要特征：第一，他强调了跨文化交际能力是以语言学习为基础的交际能力。他的理论模型提高了语言能力在跨文化交际中的重视度。第二，Bayram 认为跨文化交际能力和跨文化能力是两个不同的概念，但是他并没有解释这两个概念之间的联系和区别两个概念的内在根据。第三、Byram 提出政治教育和批判性的文化意识也是跨文化能力的一个重要组成部分。但是这个观点很容易引起争议。毕竟，每个国家都有各自的文化，对价值观也有各自不同的理解。

Fantini（2000）的跨文化交际能力（ICC）模型：跟 Bayram 一样，Fantini 也认为跨文化交际能力由四个要素组成：意识、态度、技能和知识（A+ASK）。基于这四要素，Fantini 提出了自己的跨文化交际能力的模型（见图2）。这种模型包括交际者应具有的几种特点（灵活性、幽默感、耐心、开放性、兴趣、好奇心、换位思考和容忍模糊性等）、三个方面的能力（建立和保持关系的能力；将损失和失误降到最小进行沟通的能力；合作并共赢的能力）、四个要素（知识、态度、技能和意识）和跨文化交际能力发展的四个层次。①

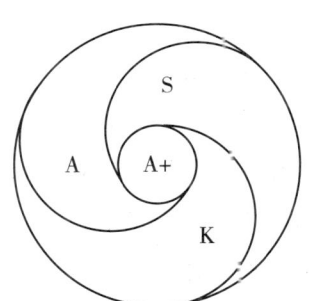

图2　Fantini 的跨文化交际能力模型

从图2可以看出，Fantini 的 ICC 模型有以下两个特点：第一、Fantini 把跨文化意识置于在四要素的中心，强调跨文化意识的重要性。第二、他在提出交际者应具备的特质时，列举了诸如尊重、移情、灵活性、耐心、好奇心、开明、动力、幽默感、宽容性等属性。这些属性解释了跨文化的意识和态度。提出三种能力的时候，他又列出了建立和保持关系的能力、将损失和失误降到最小进行沟通的能力、合作共赢的能力。这些能力进一步解释了跨文化技能，但是却并没有对知识这个要素做

---

① Fantini A E. A central concern: Developing Intercultural Competence [A]. SIT Occasional Papers Series: Brattleboro. Addressing Intercultural Education, Training & Service [C]. *VT: School for International Training*, 2000(1): 25-33.

出一个明确的解释。

Deardorff（2006，2009）的跨文化交际能力（ICC）模型：Deardorff（2004）是最先用德尔菲方法论将最受欢迎的跨文化交际能力概念总结出来的学者。根据这个定义，Deardorff建立了他的跨文化能力金字塔模型（见图3）。他认为跨文化交际中正确的态度是基础。因此，把必要的态度放置在金字塔的最底部。必要的态度包括：尊重、开放性、好奇心和发现。第二层是相互作用的两个要素，即知识和理解要素以及技能要素。期望的内部结果是在第三层，包括适应性、灵活性、民族相对主义和移情。金字塔最顶部的是该期望的外部成果。Deardorff认为在某人的跨文化知识、技能和态度达到了期望的内部成果以后，为了完成最后一步达到期望的外部成果的必要条件就是交际的有效性和得体性[①]。

从图3可以看出，Deardorff的跨文化能力模型有三大特点：第一、与Bayram不同，Deardorff的ICC模型中的跨文化能力等同于跨文化交际能力。第二、他的ICC模型是互动型模型。其中包括知识与技能的互动性及内在效应与外在效应之间的互动性。第三、强调了理论与实践相结合。这为构建大学生跨文化交际能力评价体系提供了重要的方法论和启示。

综上所述，国外学者们提出的跨文化交际能力（ICC）模型可以更清晰地呈现出跨文化交际能力的组成、发展过程和相关要素之间的互动关系。尤其是Deardorff的ICC模型，在他的金字塔模型中构成要素、发展过程和互动关系都有所呈现。大多数模型都认同跨文化交际能力的构成要素有知识、技能、态度和意识。但又都有各自不一样的地方，都有各自的特色。有些学者强调互动性，有些则强调理论与实践的融合性。

（2）国内相关研究

1）跨文化交际能力的定义和组成部分

陈国明（1990）探讨跨文化交际能力的组成部分时提出了五个要素——知识、心理适应、文化意识、交际技能、个性强度，其中后面四项可以概括到动机和技能两个方面之中[②]；高一虹（1995）认为，跨文化交际能力指的是交际者各方面的综合能力和公民素质，换言之，就是成功进行跨文化交际所需要的能力或素质[③]；胡文仲

[①] Deardorff Darla K. Identification and Assessment of ICC as astudent outcome of internationalization [J]. *Journal of studies in international education*, 2006(10): 241.

[②] 王剑虹. 简评陈国明的《跨文化交际学》[J]. 考试周刊, 2012 (72): 23-25.

[③] 高一虹. "文化定型"与"跨文化交际悖论"[J]. 外语教学与研究：外国语文双月刊, 1995 (2): 35-42.

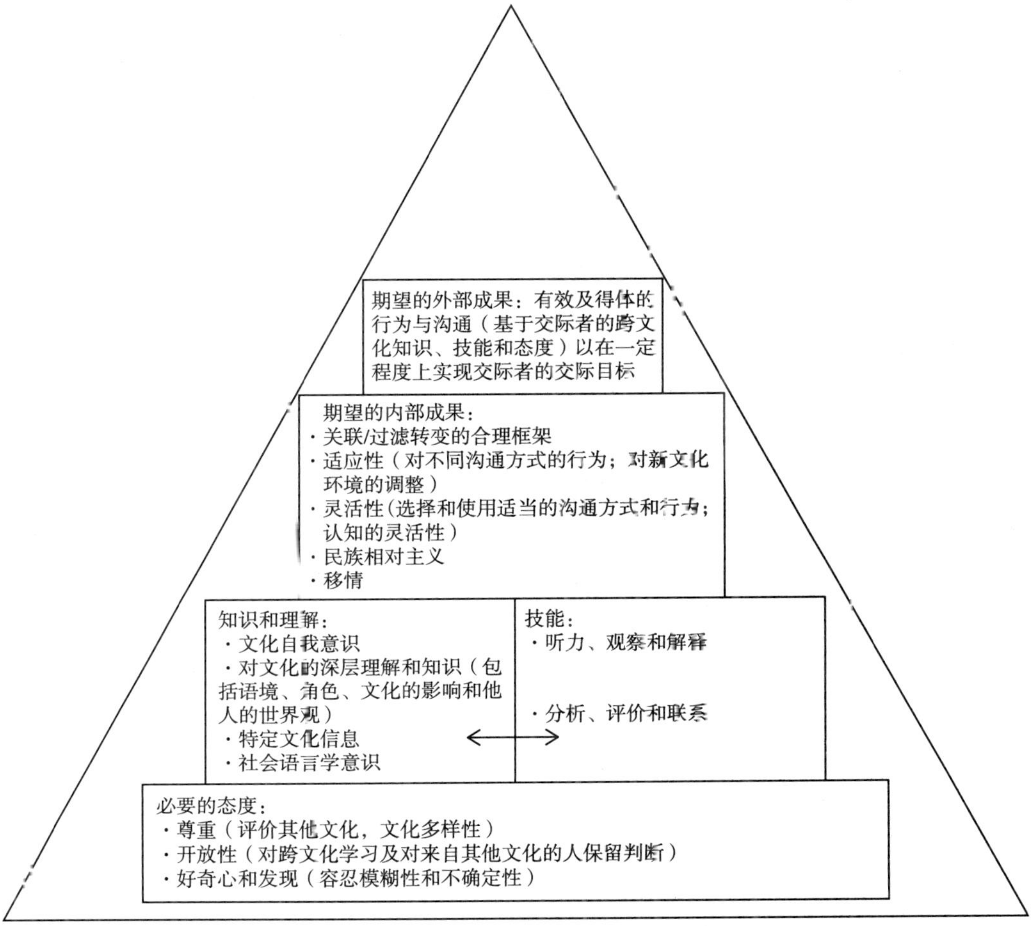

```
期望的外部成果：有效及得体的
行为与沟通（基于交际者的跨文
化知识、技能和态度）以在一定
程度上实现交际者的交际目标

期望的内部成果：
· 关联/过滤转变的合理框架
· 适应性（对不同沟通方式的行为；对新文化
  环境的调整）
· 灵活性（选择和使用适当的沟通方式和行为；
  认知的灵活性）
· 民族相对主义
· 移情

知识和理解：              技能：
· 文化自我意识           · 听力、观察和解释
· 对文化的深层理解和知识（包
  括语境、角色、文化的影响和他
  人的世界观）
· 特定文化信息           · 分析、评价和联系
· 社会语言学意识

必要的态度：
· 尊重（评价其他文化，文化多样性）
· 开放性（对跨文化学习及对来自其他文化的人保留判断）
· 好奇心和发现（容忍模糊性和不确定性）
```

图3　Deardorff的跨文化能力模型

和高一虹（1997）提出的跨文化交际能力包括语言能力、沟通能力和社交能力；贾玉新（1997）认为，跨文化交际能力由交际能力、情感和关系能力、情节能力与交际策略等一系列基本系统组成[①]；文秋芳（1999）认为，跨文化交际能力是由交际能力和跨文化能力构成，交际能力包括语言能力、语用能力和战略能力，跨文化能力包括灵敏度、包容性和灵活性[②]；高永晨（2006）提出了知识与行为相结合的跨文化交际能力模型。她认为跨文化交际能力包括知识系统和行为系统两个部分，其中知识系统由知识、意识和思辨组成，行为系统由态度、技能和策略组成[③]；杨颖和庄恩平

---

① 贾玉新.跨文化交际学［M］.上海：上海外语教育出版社，1997.
② 文秋芳.英语口语测试与教学［M］.上海：上海外语教育出版社，1999.
③ 高永晨.大学生跨文化交际能力的现状调查和对策研究［J］.外语与外语教学，2006（11）：26-28.

(2007)认为,跨文化交际能力包括全球思维、知识、文化适应与沟通管理四个部分[①]。

综上所述,我国从20世纪90年代开始研究跨文化交际能力的组成部分,并努力跟上国外学术发展的脚步。同时,在国外学者统一认同的知识、态度、意识和技能这四要素的基础上提出了各自的看法。在补充策略能力的同时还强调了语言能力。这与中国从小学教育到大学教育一直重视外语教学有关。

2)跨文化交际能力的模型

20世纪80年代,跨文化交际能力(ICC)的研究引入到中国后,吸引了很多中国学者的关注,他们开始研究这一主题并发展该领域。

王振亚(2005)的交际能力模型:根据交往所用的不同媒介,王振亚把跨文化交际分成了三种类型。它们分别为:语言交际(用语言进行的交际)、非语言交际(用体语、副语言和公共标志进行的交际)和超语言交际(用超语言交际行为本身进行的交际)。他认为,跨文化交际能力同样也是由语言交际能力、非语言交际能力和超语言交际能力组成[②](见图4)。王振亚的跨文化交际能力模型深受Bachman(1990)的语言能力组成模式的影响,包括与三要素相联系的四种能力。这四种能力为:语言能力、社会文化能力、战略能力和心理生理机制。

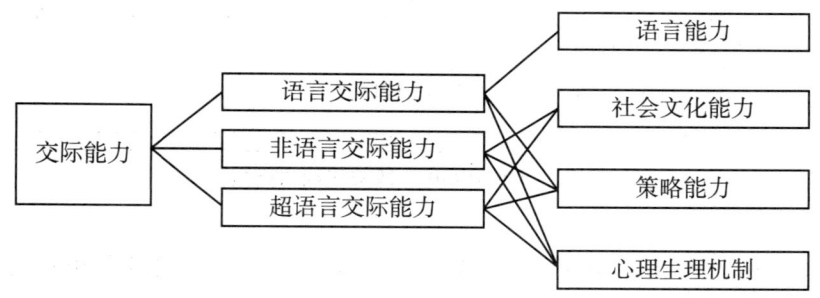

图4 王振亚的跨文化交际能力模型

从图4来看,王振亚的ICC模型有两个主要特点:第一,王振亚的模型侧重于语言的社会符号性。也就是说,他认为语言是一种社会符号,并试图从社会和文化的角度来解释语言的本质和意义。第二,提出了超语言交际能力。他认为,当交际者两方相遇时语言交际与非语言交际就会发生。使双方的交际话题进一步深化的是超语言交际。

[①] 杨盈,庄恩平.构建外语教学跨文化交际能力框架[J].外语界,2007(4):13-21.
[②] 王振亚.以跨文化交往为目的的外语教学:系统功能语法与外语教学[M].北京:北京语言大学出版社,2005.

文秋芳（1999）的跨文化交际能力模型：文秋芳的 ICC 模型是从跨文化口语交际能力视角出发来描述的。她把跨文化交际能力分成了交际能力和跨文化能力。（见图5）其中，交际能力包括三个方面，即：语言能力、语用能力和策略能力三个方面。跨文化能力也包括三个方面，即：交际者面对文化差异的敏感性、包容性和灵活性。她认为，想提高跨文化交际能力，我们需要做到以下几点：第一，提高对文化差异的意识。第二，对于文化差异持有尊重的态度。第三、最后培养相关的沟通技巧，以应对文化差异①。

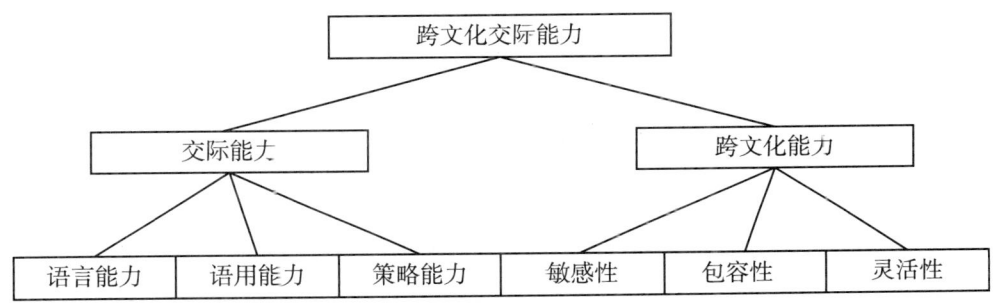

图5　文秋芳的跨文化交际能力模型

如图5所示，文秋芳的跨文化交际能力模型有两个主要特征：第一，文秋芳跟 Bayram 一样，强调了跨文化交际能力中语言能力的重要性。此外，她还坚定地认为，跨文化能力不能被等同于跨文化交际能力。第二，从文秋芳的模型中可以看出，她是从情感、认知和行为层面理解的跨文化交际。

高永晨（2014）的跨文化交际能力模型：高永晨综合了国内外学者们的理论，提出了知行合一的跨文化交际能力模型。（见图6）她认为跨文化交际能力包括两个部分，即知识系统和行为系统。知识系统包括知识（包括表层及深层文化知识）、意识（对全球文化、本土文化以及自我认同方面的意识）和思辨（逻辑性和推论性）。行为系统由态度（指开放的、包容的、灵活的态度倾向）、技能（由语言和非语言行为的适当性和有效性组成）和策略（指跨文化交际过程中的技巧和对策）组成②。

如图6所示，高永晨的跨文化交际能力模型有以下两个特点：第一，她强调知识和行为的互动性，即理论与实践的统一。第二，她对提出的六个要素进行了更详细更细致的划分。通过这种细致的模型，读者可以更深入地了解跨文化交际能力。

---

① 文秋芳.英语口语测试与教学[M].上海：上海外语教育出版社，1999.
② 高永晨.中国大学生跨文化交际能力测评体系的理论框架构建[J].外语界，2014（4）.

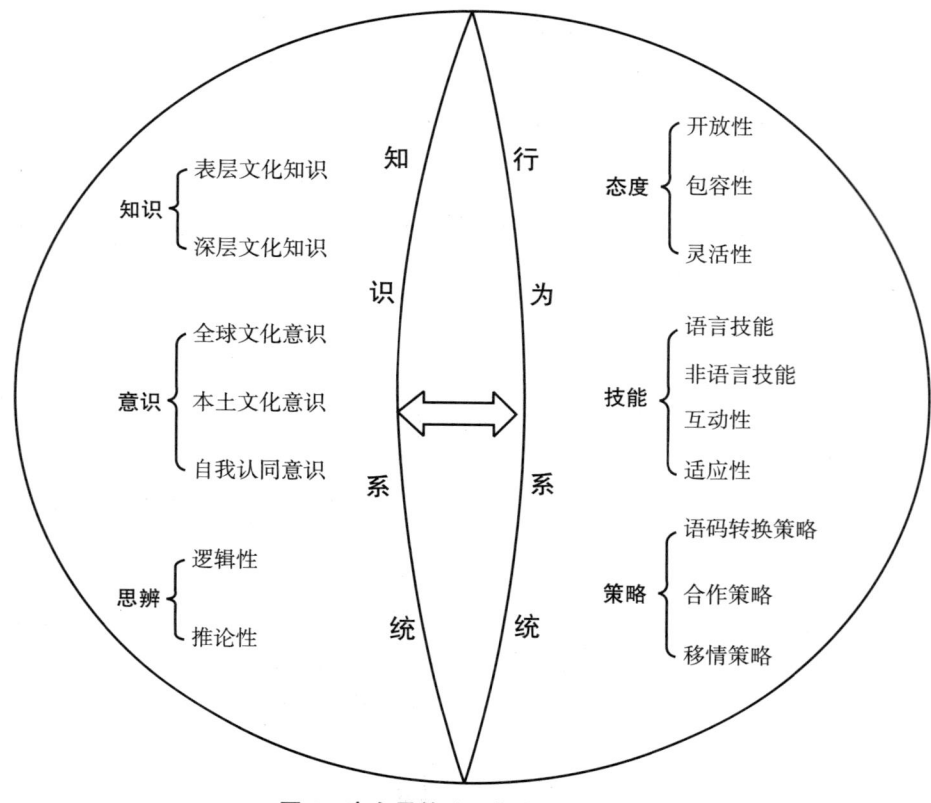

图6 高永晨的跨文化交际能力模型

综上所述，我国学者提出的跨文化交际能力模型的特点主要集中在跨文化交际能力的组成要素上，并强调语言能力。随着学者们对跨文化交际学认识的加深，学者们也开始注重其中的互动关系，比如高永晨的ICC模型。但是，在模型中还是缺乏对发展过程的描述。

3. 语言水平与跨文化交际能力之间关系的研究现状

（1）国外相关研究

国外关于跨文化交际能力和语言能力、语用能力之间相关性的研究中，最著名的是Byram（1997）的理论，他认为语言能力在跨文化交际能力中起关键作用，是跨文化交际能力的重要元素之一；Deardoff（2006）整理并调查了9篇关于跨文化交际能力定义的文献，发现这些文献中语言能力都有所提及。这表明，许多学者都认为语言能力与跨文化交际能力之间存在相关性[①]；Christine J. Yeh，Yuki Okubo（2008）

---

① Deardorff Darla K. Identification and Assessment of ICC as astudent outcome of internationalization [J]. *Journal of studies in international education*，2006（10）：241

等学者调查了纽约公立高中的 286 名中国移民学生的文化适应情况，发现英语水平较高的学生在跨文化交际能力方面的问题也较少。因此认为，语言水平会在一定程度上影响跨文化交际能力和跨文化适应[①]。

综上所述，虽然，很多外国学者都认为语言水平与跨文化交际能力之间存在相关性，但大部分的学者未给予语言能力足够的关注，关于语言水平对跨文化交际能力影响的研究，有说服力的实证研究很少。

（2）国内相关研究

与国外不同，国内跨文化交际能力的研究者中大多数都是外语教育领域的学者。这些学者用各实证研究试图证明外语语言能力与跨文化交际能力之间的相关性。然而，研究结果跟预设有所不同，反映出语言能力和跨文化交际能力的关联并不明显。

与外语教学界的跨文化交际研究相比，对外汉语教学界的跨文化交际研究起步较晚，研究也不够深入。因此，汉语语言能力与跨文化交际能力的相关性研究则更少。大部分文章都在强调对外汉语教学中跨文化交际能力培养的重要性，都提倡语言与文化教学的一体性。如袁新（2003）认为对外汉语教学是以传授汉语语言知识为基础，以培养学生跨文化交际能力为核心的交际语言的教学[②]；王魁京（1994）认为对外汉语教学与本族语言教学之间的根本性差异是跨文化问题的多面性，并指出了汉语语音、词汇、句法、语用教学中出现的众多跨文化问题[③]；高剑华（2007）和康健（2009）指出了在对外汉语教学中培养跨文化交际意识的重要性，并提出了相应的策略。

综上所述，国内有关语言能力与跨文化交际能力关系的研究成果中，外语教学领域的成果占多数，这与我国对外语教学的重视程度是密不可分。外语教学界的实证研究中由于两者之间未出现显著性联系，因此也缺乏再深入的研究。而汉语语言水平与跨文化交际能力的相关性研究大多是理论上的，对外汉语教学界中相关的实证研究较少。

（四）相关概念的界定

1. 跨文化交际能力（简称 ICC）：跨文化交际能力的定义、构成要素及模型非

[①] 李枫. 参考与借鉴：国外华侨华人研究现状述评 [J]. 东南亚纵横，2010（4）：112-115.

[②] 袁新. 跨文化交际与对外汉语教学 [J]. 云南师范大学学报：对外汉语教学与研究版. 2003，1（2）：27-31.

[③] 王魁京. 对外汉语教学与跨文化问题的多面性 [J]. 北京师范大学学报，1994（6）：91-96.

常多。其中被跨文化学者们引用最多的是 Byram 的定义。他认为 ICC 是指："他文化知识；我文化知识；阐释和联系的技能；互动的技能；对他人的价值观、信仰和行为做出价值判断，并对自身持保留态度。语言能力在其中发挥关键作用。"[①] 我们可以把他的概念总结为：跨文化交际能力是有效并得体进行交流的综合性能力。它由跨文化能力（跨文化知识、意识、技能、态度）和语言能力组成的。文秋芳也认为跨文化交际能力是进行有效得体沟通的能力。它由交际能力（语言能力、语用能力和策略能力）和跨文化能力（对文化差异的敏感性、包容性和灵活性）组成。其中，Byram 提出的四要素被跨文化学者们普遍认同，但他没有对语言能力进行详细的说明。而文秋芳的定义中对交际能力进行了非常详细的描述。因此，在本文中，笔者总结了 Byram 和文秋芳的定义及跨文化交际能力模型，并认为跨文化交际能力（ICC）是指：基于个人的跨文化能力及交际能力，在跨文化交际实践中所表现出来的有效并得体沟通的能力。其中跨文化能力包括：跨文化知识、态度、意识和技能。交际能力包括：语言能力、语用能力（细分为社会语言能力和语篇能力）和策略能力。本文中的跨文化交际是指中亚留学生跟中国人之间的交流。

2. 交际能力（CC）：国内外有很多学者提出了各自的交际能力模型。代表性的有 Dell Hymes（1972）提出的交际能力（主要体现在语法性、适当性、得体性和现实性），Canala & Swain（1980）提出的交际能力模型（包括语法能力、社会语言能力、语篇能力和策略能力），Bachman（1990）基于以往学者们的理论，提出了语言能力模型（包括组织能力和语用能力）。笔者采用文秋芳的交际能力模型。她的模型是在 Bachman 和 Canala & Swain 的理论模型基础上提出的，包括：语言能力（深层的语言能力，如语法、听力、口语等）、社会语言能力（语言使用适当性）、语篇能力（语篇规则）和策略能力（使沟通顺利进行的技能）。

3. 跨文化能力（IC）：跨文化学者们对跨文化交际能力和跨文化能力之间的关系持有不同的观点。有些学者认为跨文化能力是跨文化交际能力的一个子能力。认为跨文化交际能力包括跨文化能力和交际能力。比如 Byram、文秋芳等。还有一些学者认为跨文化能力就是跨文化交际能力。两个概念没有什么区别，都是表示跨文化背景下，用个人的知识，技能，态度和意识进行有效得体的沟通能力。比如 Deardorff、Fantini 等。笔者在本文中认为，跨文化能力是跨文化交际能力的一种子能力，它包

---

① 拜拉姆. 跨文化交际能力的教学与评估［M］. 上海：上海外语教育出版社，2014.

括知识、态度、意识和技能。

4. 汉语水平考试（简称HSK）：汉语水平考试（HSK）是为母语为非汉语考生（如外国人、华侨及国内少数民族）设立的官方标准化的汉语水平测试。汉语水平考试始于1984年，于1990年在中国组织实施。1991年正式被海外引入，1992年成为国家级考试。从那以后，相继出版了多种版本的大纲。2013年版的《新汉语水平考试大纲》把汉语水平考试等级从低到高依次分为一至六级。本文中笔者根据汉语水平考试等级把中亚留学生的汉语水平划分为初级（HSK一、二级）、中级（HSK三、四级）和高级（HSK五、六级）3个层次，并将其大体看作汉语水平初级、中级和高级[①]。

5. 语言能力：指乔姆斯基（Chomsky，1965）提出的语言层面的基本知识和能力。包括：听力、语音、词汇、语法、语言组织及对文本含义的了解等方面的能力。汉语水平考试是目前国内考察留学生汉语语言能力的最有针对性的考试。因此，在本文中汉语水平是指汉语语言能力，而HSK等级作为留学生汉语语言能力的参照来使用。留学生对语言能力的自评在本研究的调查问卷中占7道题。

6. 社会语言能力：指Hymes（1972）提出的语言运用是否符合适当可行性，即在不同的社会语言环境中能否恰当地理解和表达话语的能力。包括根据交际情景、与对方的亲密程度及对方的性别和社会地位恰当进行交际的能力。社会语言能力的考察在本研究的问卷中有4道题。

7. 语篇能力：指处理句子和语篇规则的能力。包括交际中语言的衔接形式和语义的连贯性。语篇能力间接地呈现了跨文化交际者的基本思维模式和价值观。语篇能力的考察在本研究的调查问卷中占了5个问题。

8. 策略能力：指对跨文化交流中的沟通障碍和困难做出灵活反应的能力。是一种帮助加强交际效果或弥补语言能力缺乏等引起的交际障碍所使用的策略。它包括的两个层面就是言语交际和非言语交际。比如用幽默感化解尴尬或借助身体语言的方式使交际继续下去等。策略能力的考察在本研究的调查问卷中占6道题。

9. 跨文化知识：指本国知识和对方国知识，社会知识。比如自己国家和对方国家的历史、地理和社会政治知识，对生活方式和价值观的知识，社交礼仪和风俗习惯，文化禁忌和基本行为规范，两国之间发生的重大事件等。还包括合适的交际体距等

[①] 赵琪凤.汉语水平考试的历史回顾及研究述评[J].中国考试，2016（9）：47-53.

交际知识。在这项研究的调查问卷中，对跨文化知识的调查占了10个问题。

10. 跨文化态度：指相对自我，以主动、开放和包容的心态去面对对方文化。例如，积极参与与其他文化成员的跨文化交流，耐心倾听并客观地评价彼此的想法，表达自己的好奇心和重视，并以乐观的态度面对交际中的挫折等。跨文化态度的考察在本研究的调查问卷中占7道题。

11. 跨文化意识：Byram提出的跨文化意识是指基于明确的标准观点，批判性评价其他文化和国家的习俗和产物的能力。但是因为不同的文化成员对价值观也有不同的理解，所以在本文中跨文化意识主要强调交际者对对方国家文化多样性和文化差异的认识。换言之，跨文化意识，即文化差异性的意识、主动关心对方国家的人和事的意识、交际中发现问题的意识等。跨文化意识调查在本研究的问卷中占了6个问题。

12. 跨文化技能：指交际中的理解和解释能力、发现和互动的能力。比如交际中快速找到误解原因并给予合理的解释，根据不同的情景用知识、态度和意识方面的能力制定交际策略等。跨文化技能的考察在本研究的调查问卷中占7道题。

（五）研究方案设计

1. 研究对象

中国的西北地区，特别是新疆，处于"一带一路"中"一带"的主干道，新疆跨文化传播研究具备天时地利人和的先决条件。作为西北地区相对有影响力的国际汉语教育基地，截至2017年6月，新疆师范大学招收了来自阿尔及利亚、阿富汗、阿塞拜疆、埃塞俄比亚、巴基斯坦、德国、俄罗斯、法国、冈比亚、格鲁吉亚、哈萨克斯坦、韩国、荷兰、吉尔吉斯斯坦、美国、蒙古、尼日尔、塔吉克斯坦、坦桑尼亚、突尼斯、土库曼斯坦、乌干达、乌兹别克斯坦、意大利、英国和赞比亚等49个国家的留学生[1]。不难发现，新疆师范大学的留学生群体中中亚留学生的人数占多。因此，研究者选取新疆师范大学国际文化交流学院作为调查区域。为了便于进行对比研究，笔者分别进入语言班、本科班和研究生班进行了问卷调查和访谈[2]。

---

[1] 刘明.新疆汉语国际教育专业发展的区域特征——以新疆师范大学为中心[J].云南师范大学学报：对外汉语教学与研究版，2017（4）.

[2] 本研究的问卷调查对象为新疆师范大学国际文化交流学院华侨班、本科班和研究生班（预硕18-1、硕18-2、预硕18-4、华侨17-1、华侨17-2、华侨17-3、本科17-1、本科18-1等班级）的中亚留学生。发放的调查问卷对象为75人。同时，笔者根据回收的有效问卷进行分组，即汉语水平初级、中级和高级，再从每一组里随机抽取两名学生进行访谈并记录，受访者共6人。

2. 研究思路

以新疆师范大学国际文化交流学院中亚留学生为研究对象，发放并回收问卷，调查其跨文化交际能力。

按照性别、学历、在中国待的时间和汉语水平考试（HSK）等级等变量分类，对数据进行编码，并将问卷调查数据录入到 Excel 软件，再用 SPSS 23.0 软件对数据进行分析，最后将访谈录音整理成文档资料，从而评估中亚留学生的跨文化交际能力现状。

使调查对象的汉语 HSK 考试等级作为变量再跟他们的跨文化能力测试成绩进行对比研究，并分析调查对象的汉语水平对其跨文化交际能力的影响。本文的研究思路见图7。

本文大致划分为以下六个部分：

第一部分是绪论。主要介绍了本研究的选题理由、研究目的、研究意义、文献综述及研究设计等。

第二部分是对中亚留学生跨文化交际能力现状的调查。主要介绍了数据分析标准、留学生跨文化交际能力整体情况及跨文化交际能力八项相关要素的数据分析结果。

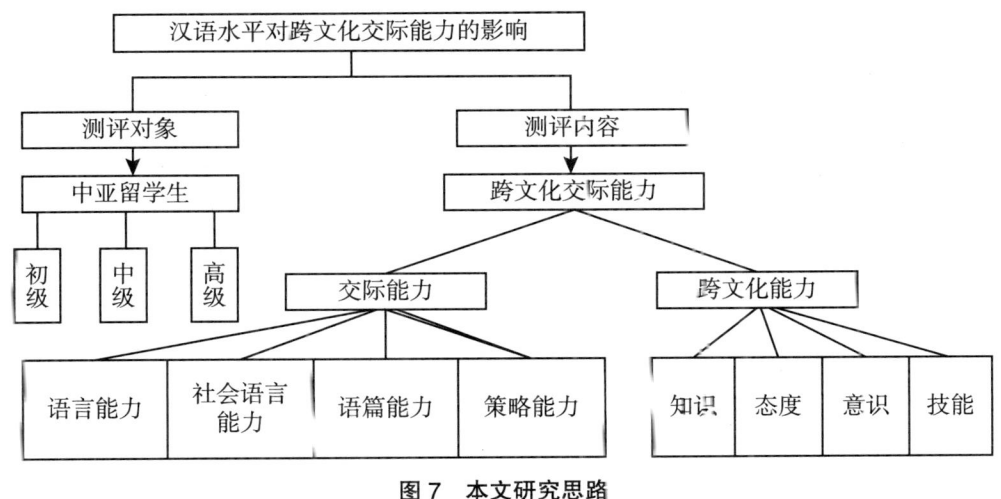

图7 本文研究思路

第三部分是中亚留学生汉语水平对其跨文化交际能力的影响分析。以留学生汉语水平考试（HSK）等级作为变量，比较不同汉语水平学生的跨文化交际能力及八项相关要素，对汉语水平与跨文化交际能力之间的联系进行了分析。

第四部分是中亚留学生跨文化交际状况访谈及分析。通过对访谈记录进行语料转换，总结中亚留学生目前的跨文化交际状况。

第五部分是在对外汉语教学中培养跨文化交际人才的建议。在这个部分笔者根据研究结果提出了几点教学建议。

第六部分是总结部分。笔者在总结部分交代了本研究的研究结论，还就本研究的不足及对今后研究的展望做出了相关说明。

3. 研究方法

本研究结合定性研究和定量研究的方法，以期充分了解中亚留学生跨文化交流的现状。并开展了汉语水平对跨文化交际能力的影响的实证研究。具体研究方法如下：

（1）问卷法

量的方法主要是问卷法。在本研究使用的调查问卷是钟华、白谦慧和樊葳葳在 Byram 和文秋芳的 ICC 模型的基础上编制的[①]。该问卷广泛用于国内学生和教师的跨文化交际能力测评中。笔者在该问卷的基础上，再结合中亚留学生的实际情况构建了一套适合评价中亚留学生跨文化能力的自评问卷。测试涵盖语言能力、社会语言能力、语篇能力、策略能力、知识、态度、技能和意识等八大维度，由 52 个描述项表示。通过使用李克特量表分级积分法将得分从"1"到"5"依次积分。"1"代表程度最低，依次递增，"5"代表程度最高。

（2）访谈法

质的方法主要是访谈法。访谈法更加具有针对性，并且访谈过程中的实证例子能弥补问卷调查的不足，使得调查更加完整；访谈法是对个体进行调查，问题的发现也就更加全面。

二、中亚留学生跨文化交际能力现状调查

（一）样本分析

本研究的样本来自新疆师范大学国际文化交流学院的 75 名中亚留学生，他们分别来自华侨班、本科班和预硕班。本研究共发放问卷 75 份，收集有效问卷 60 份，有

[①] 钟华，白谦慧，樊葳葳. 中国学生跨文化交际能力自测量表构建的先导研究［J］. 外语界，2013（3）：47-56.

效率为80%。样本中,男生48人所占80%,女生12人所占20%。在中国学习不到1年的有12人比例为20%,1—2年的有27人比例为45%,2—3年的有8人比例为13.33%,3年以上的有13人所占比例为27.67%。本科以下学历的有20人所占比例为33.33%,本科及本科在读生有30人所占比例为50%,硕士及硕士在读生有10人所占比例为16.67%。HSK初级水平的有10人所占比例为16.67%,中级水平的有33人所占比例为55%,高级水平的有17人所占比例为28.33%。(见表1)

表1 所选样本情况分析

类别	性别		在中国待的时间				学历			HSK水平		
	男	女	<1年	1—2年	2—3年	>3年	本科以下	本科及在读	硕士及在读	初级	中级	高级
数量	42	18	12	27	8	13	20	30	10	10	33	17

(二)数据处理方法

数据分析之前,为了能让数据有统一标准,本研究对所有问卷数据进行量化,即将1、2、3、4、5都统一转换到[0,1]区间内分别赋值,设1=0.1,2=0.3,3=0.5,4=0.7,5=0.9。按赋值后的数据进行计算的话,问卷中的每一道题最低能得0.1分,最高能得0.9分。由于每一个要素涉及的题目数不同,因此各项要素分值的参考范围都有所不同。跨文化交际能力(ICC)各项要素评价分值参考范围及分值中位数看表2。回收问卷后将所有有效问卷的数据在Excel软件中输入,最后使用SPSS 23.0对数据进行统计分析。

表2 ICC各项要素评价分值参考范围

ICC及各项要素	ICC综合能力	语言能力	社会语言能力	语篇能力	策略能力	知识	态度	意识	技能
参考值	[5.2, 46.8]	[0.7, 5.6]	[0.4, 3.6]	[0.5, 4.5]	[0.6, 5.4]	[1, 9]	[0.7, 6.3]	[0.6, 5.4]	[0.6, 5.4]
中位数	26	3.15	2.0	2.5	3.0	5.0	3.5	3.0	3.0

(三)结果与讨论

从表3中可以看出,60位调查对象的跨文化交际能力均值为26.7733,均值与中位数26很接近,表明所有调查样本的跨文化交际能力整体处于一般水平。从跨文化交际能力的单项评价来看,所有调查对象的语言能力均值为 3.32,参考值在 [0.7,5.6] 区间,均值居于中位数 3.15 以上的位置。社会语言能力方面的均值为 2.4,参考值在 [0.4,3.6] 区间,均值居于中位数 2.0 以上的位置。语篇能力方面的均值为 2.1433,参考值在 [0.5,4.5] 区间,均值居于中位数 2.5 以下的位置。策略能力方面的均值 3.3567,参考值在 [0.6,5.4] 区间,居于中位数 3.0 以上的位置。跨文化知识方面的均值为 4.8,参考值在 [1,9] 区间,居于中位数 5.0 以下的位置。跨文化态度方面的均值为 4.1167,参考值在 [0.7,6.3] 区间,居于中位数 3.5 以上的位置。跨文化意识方面的均值为 3.22,参考值在 [0.6,5.4] 区间,居于中位数 3.0 以上的位置。跨文化技能方面的均值为 3.4167,参考值在 [0.6,5.4] 区间,居于中位数 3.0 以上的位置。

表3　60人ICC综合评价和各ICC单项评价描述统计量

	N	极小值	极大值	均值	标准差
跨文化交际能力（ICC）	60	23	31.2	26.7733	2.39872
语言能力	60	1.7	4.9	3.32	0.88888
社会语言能力	60	1.2	3.6	2.4	0.42146
语篇能力	60	0.9	3.3	2.1433	0.56819
策略能力	60	2.2	4.6	3.3567	0.52217
跨文化知识	60	3.4	6	4.8	0.58917
跨文化态度	60	3.1	5.3	4.1167	0.48052
跨文化意识	60	2.2	4	3.22	0.30962
跨文化技能	60	2.1	4.1	3.4167	0.3706

这表明中亚留学生目前的跨文化交际能力整体处于中等水平。在跨文化交际能力的各要素中,中亚留学生在语篇能力和跨文化知识方面没有达到中等水平,其他六个要素方面属于中等或中等偏上一点的水平。其中跨文化态度方面的得分最为理想。

表4　不同性别留学生ICC综合评价统计表

性别	个案数	平均值	标准差	标准误差平均值
男	42	26.7190	2.49137	.38443
女	18	26.9000	2.23054	.52574

表5 不同学历留学生 ICC 综合评价统计表

学历	平均值	个案数	标准差	最小值	最大值
本科以下	25.4600	20	1.39034	23.00	28.00
本科及在读	26.6467	30	2.34164	23.00	31.20
硕士及在读	29.7800	10	1.42813	26.00	31.00
总计	25.7733	60	2.39872	23.00	31.20

表6 在华时间不同的留学生 ICC 综合评价统计表

待的时间	平均值	个案数	标准差	最小值	最大值
1 年以下	25.5667	12	1.31518	23.60	27.80
1—2 年	26.3333	27	2.39294	23.00	31.20
2—3 年	26.9250	8	2.17502	24.80	30.80
3 年以上	28.7077	13	2.36166	24.20	31.00
总计	26.7733	60	2.39872	23.00	31.20

从表4中可以看出，男生跨文化交际能力总分均值为26.7190，女生的均值为26.9000。两者的得分不分上下，说明跨文化交际能力与性别之间没有显著性的联系。从表5中可以看出，本科以下留学生的跨文化交际能力总分均值为25.4600，本科及本科在读留学生的均值为26.6467，硕士及硕士在读留学生的均值为29.7800。不同学历留学生的均值依次为硕士及硕士在读＞本科及本科在读＞本科以下。这表明留学生的学历与跨文化交际能力之间存在正相关性。从表6中可以看出，来中国不到一年的留学生跨文化交际能力总分均得分为25.5667，1—2 年的留学生均值为26.3333，2—3 年的留学生均值为26.9250，3 年以上的留学生的均值为28.7077。他们的均值依次为 3 年以上＞2—3 年＞1—2 年＞1 年以下。说明中亚留学生在中国待的时间与其跨文化交际能力之间也存在正相关性。

（四）小结

本章中首先呈现出了样本的基本情况，根据不同性别、不同学历、在中国待的时间和不同HSK等级分别给出了相应的样本人数。其次，交代了本文的数据处理方法，并通过对数据的分析得出了60位样本整体在跨文化交际能力与八个相关要素中的分值。结果显示，中亚留学生目前的跨文化交际能力整体处于中等水平。在跨文化交际能力的各要素中，中亚留学生除了在语篇能力和跨文化知识方面没有达到一般水平，其他六项要素方面都处于中等或中等偏上一点的水平。其中跨文化态度方面的得分最为理想。最后，按照学生性别、学历和在中国待的时间列出了样本的跨文化交际能力得分。结果显示，跨文化交际能力与性别没有显著性的联系，与学历之间存在正相关性，与在中国的居留时间之间也存在正相关性。

三、中亚留学生汉语水平对其跨文化交际能力的影响分析

在了解中亚留学生整体的跨文化交际能力及相关八项能力的基础上，分析了跨文化交际能力与性别、学历和在中国居留时间之间的关联后，本研究将留学生的汉语水平考试（HSK）等级作为变量来分析其与跨文化交际能力及相关八项要素之间的联系。

（一）数据处理方法

本节以中亚留学生的汉语水平考试（HSK）等级为其汉语水平的参考，将60名中亚留学生的HSK等级分成三组，即初级（HSK一级和HSK二级）、中级（HSK三级和HSK四级）和高级（HSK五级和HSK六级）。样本中，HSK初级水平的学生有10人，HSK中级水平的学生有33人。HSK高级水平的学生有17人。再对这三组样本进行统计分析与讨论。对数据的描述性分析中，用留学生所得的分值与对应参考区间的中位数比大小来评估其能力的强弱。

（二）对数据的描述性分析

表7　HSK初级10人ICC综合评价和各ICC单项评价描述统计量

	N	极小值	极大值	均值	标准差
跨文化交际能力（ICC）	10	23	25.2	24.28	0.855
语言能力	10	1.7	2.7	2.36	0.327
社会语言能力	10	1.2	2.8	2.1	0.414
语篇能力	10	0.9	1.9	1.44	0.37771
策略能力	10	2.4	4.6	3.14	0.63979
跨文化知识	10	3.4	5.4	4.68	0.60516
跨文化态度	10	3.1	5.1	4.16	0.60406
跨文化意识	10	2.2	3.6	3.14	0.44272
跨文化技能	10	2.9	3.5	3.26	0.24585

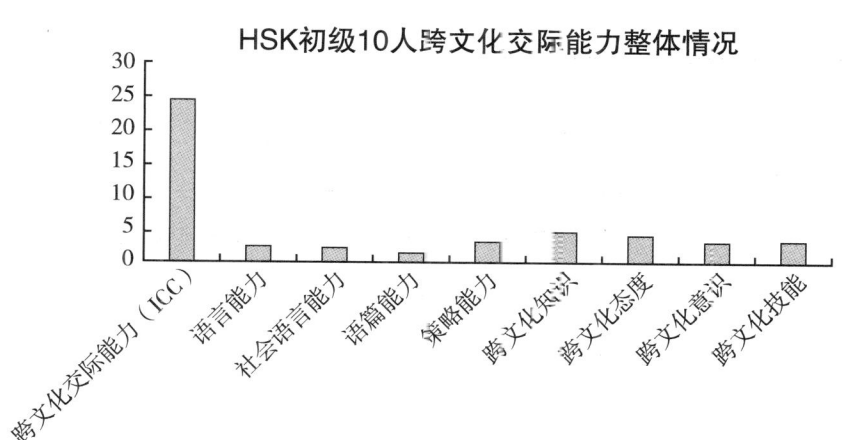

图 8 HSK 初级 10 人 ICC 综合评价和各 ICC 单项评价

从表 7 和图 8 中可以看出，调查对象中 HSK 初级水平的学生有 10 人，他们的 ICC 分数均值为 24.28。24.28<26.0，说明 HSK 初级水平的留学生的跨文化交际能力整体低于一般水平。从跨文化交际能力的单项评价来看，这 10 位学生的语言能力均值为 2.36，2.36<3.15；社会语言能力方面的均值为 2.1，2.1≈2.0；语篇能力的均值为 1.44，1.44<2.5；策略能力方面的均值 3.14，3.14≈3.0；跨文化知识方面的均值为 4.68，4.68<5.0；跨文化态度方面的均值为 4.16，4.16>3.5。跨文化意识方面的均值为 3.14，3.14≈3.0；跨文化技能方面的均值为 3.26，3.26>3.0。

分析结果说明，HSK 初级水平的中亚留学生目前的跨文化交际能力比较弱，整体处于中低水平。跨文化交际能力各项要素中，HSK 初级水平的中亚留学生在跨文化态度和跨文化技能方面处于中高水平，在社会语言能力、策略能力和跨文化意识处于中等水平，在语言能力、语篇能力和跨文化知识方面处于中低水平。

表 8 HSK 中级 33 人 ICC 综合评价和各 ICC 单项评价描述统计量

	N	极小值	极大值	均值	标准差
跨文化交际能力（ICC）	33	23.2	27.8	25.7818	1.03122
语言能力	33	1.9	3.7	2.9843	0.45834
社会语言能力	33	1.8	2.8	2.3394	0.28498
语篇能力	33	1.1	2.7	2.0333	0.34881
策略能力	33	2.2	4.2	3.2242	0.44373
跨文化知识	33	3.4	5.6	4.6788	0.58082
跨文化态度	33	3.1	4.9	3.9545	0.40396

171

续表

	N	极小值	极大值	均值	标准差
跨文化意识	33	2.8	3.8	3.2242	0.26813
跨文化技能	33	2.1	3.9	3.3424	0.3666

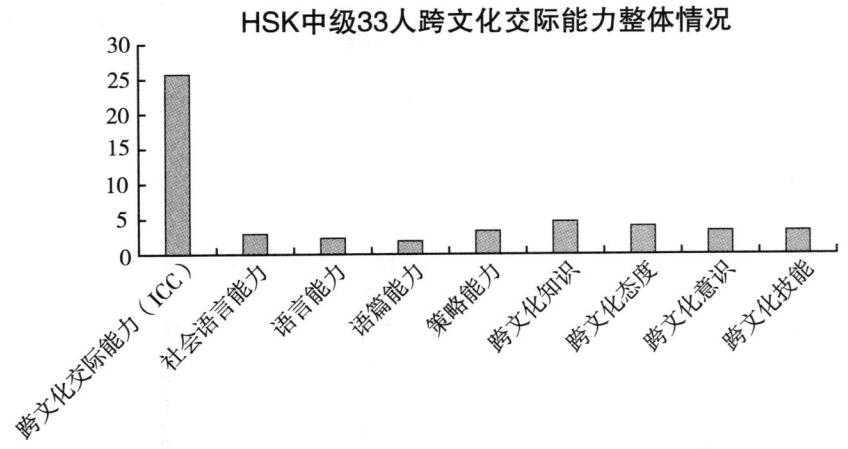

图9 HSK中级33人ICC综合评价和各ICC单项评价

从表8和图9中可以看出，样本中有33名HSK中级水平的学生。他们的ICC分数均值为25.7818，很接近26.0，说明HSK中级水平的33位中亚留学生的跨文化交际能力普遍处于一般水平。这33位学生的语言能力均值为2.9848，小于3.15，但很接近；社会语言能力均值为2.3394，大于2.0；语篇能力方面的平均值为2.0333，小于2.5；策略能力的平均值为3.2242，接近3.0；跨文化知识均值为4.6788，小于5.0；跨文化态度方面的均值为3.9545，大于3.5；跨文化意识方面的均值为3.2242，也很接近3.0。跨文化技能的均值为3.3424，大于3.0。

上述统计表明目前HSK中级水平的中亚留学生的跨文化交际能力一般，整体处于中等水平。在跨文化交际能力的各项能力中，他们在社会语言能力、跨文化态度和跨文化技能方面处于中等偏上水平，在语言能力、策略能力和跨文化意识方面处于中等水平，在语篇能力和跨文化知识方面处于较低水平。

从表9和图10中可以看出，调查对象中HSK高级水平的学生有17人，他们的ICC分数均值为30.1647，参考值在[5.2，46.8]区间，居于中位数26.0以上。说明HSK高级水平的中亚留学生的跨文化交际能力一般都处于中等偏上的水平。从跨文化交际能力的单项评价来看，语言能力的均值（4.5353）大于语言能力参考范围的中位数（3.15）；社会语言能力均值（2.6941）大于参考值中位数（2.0）；语篇能力的均值（2.7706）很接近中位数（2.5）；策略能力的均值（3.7412）大于中位数（3.0）；跨文化知识方面的平均值（5.1059）与中位数（5.0）很相近；跨文化态度方面的均值（4.4059）大于中位数（3.5）；跨文化意识方面的均值（3.2588）很接近中位数（3.0）；跨文化技能方面的均值（3.6529）大于中位数（3.0）。

表9 HSK高级17人ICC综合评价和各ICC单项评价描述统计量

	N	极小值	极大值	均值	标准差
跨文化交际能力（ICC）	17	28	31.2	30.1647	0.73904
语言能力	17	4.1	4.9	4.5353	0.23702
社会语言能力	17	1.8	3.6	2.6941	0.4905
语篇能力	17	2.3	3.3	2.7706	0.33868
策略能力	17	2.6	4.4	3.7412	0.39853
跨文化知识	17	3.6	6	5.1059	0.51048
跨文化态度	17	3.9	5.3	4.4059	0.41903
跨文化意识	17	2.8	4	3.2588	0.30631
跨文化技能	17	2.9	4.1	3.6529	0.343

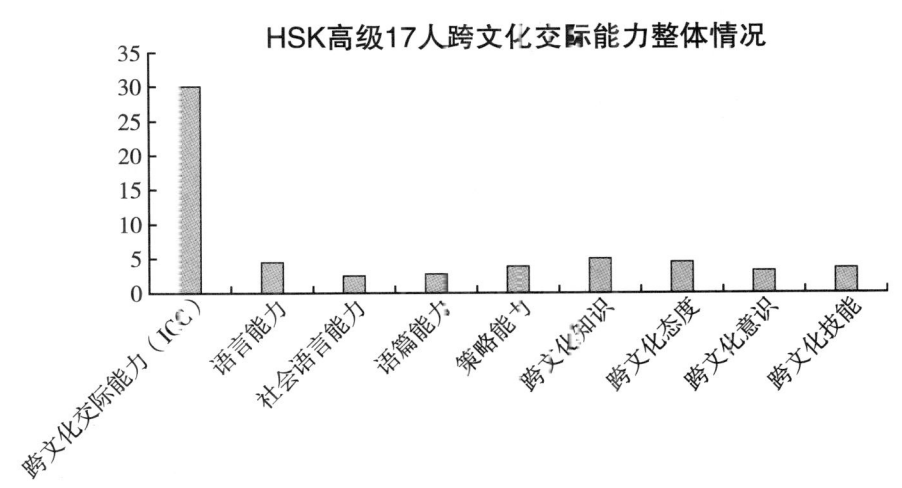

图10 HSK高级17人ICC综合评价和各ICC单项评价

数据结果说明，HSK高级水平的中亚留学生目前的跨文化交际能力比较理想，整体处于中等偏上的水平。跨文化交际能力八项要素中，他们在语言能力、社会语言能力、策略能力、跨文化态度和跨文化技能方面属于中高水平，在语篇能力、跨文化知识和跨文化意识方面处于中等水平。

（三）结果与讨论

表 10　不同 HSK 水平留学生的 ICC 和各 ICC 单项均值描述统计表

	所有样本	HSK 初级	HSK 中级	HSK 高级
N	60	10	33	17
跨文化交际能力（ICC）	26.7733	24.28	25.7818	30.1647
语言能力	3.32	2.36	2.9848	4.5353
社会语言能力	2.4	2.1	2.3394	2.6941
语篇能力	2.1433	1.44	2.0333	2.7706
策略能力	3.3567	3.14	3.2242	3.7412
跨文化知识	4.8	4.68	4.6788	5.1059
跨文化态度	4.1167	4.16	3.9545	4.4059
跨文化意识	3.22	3.14	3.2242	3.2588
跨文化技能	3.4167	2.36	3.3424	3.6529

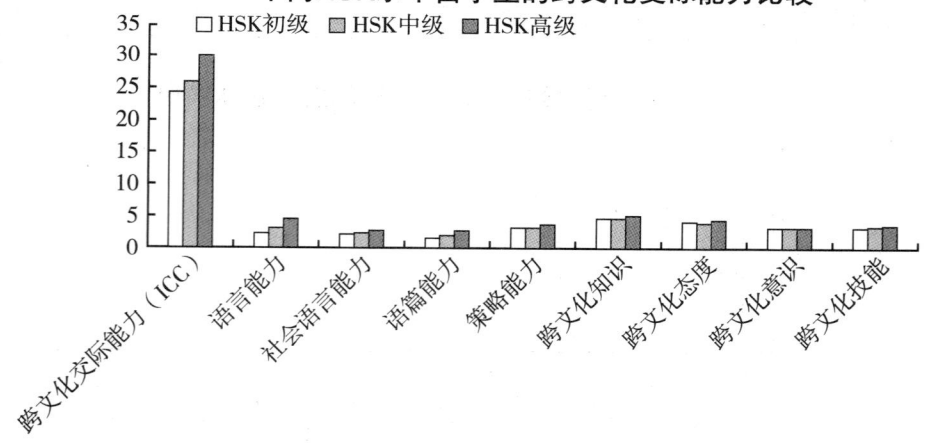

图 11　不同 HSK 水平的留学生 ICC 综合评价和各 ICC 单项评价对比分析

从表 10 和图 11 中可以看出，随着所选调查对象 HSK 等级的正向变化，其跨文化交际能力也随着出现了正向变化，但波动不大，均居于中等水平。而且留学生的汉语水平考试等级越高其语言能力、社会语言能力、语篇能力、策略能力和跨文化知识及技能方面的均值也越高。可以说明，汉语水平在较大程度上会影响跨文化交际综合能力及相关要素的发展。但是，随着留学生 HSK 等级的变化，跨文化态度和跨文化意识基本上没有发生明显的有规律的变化，说明汉语水平与跨文化态度和跨文化意识没有直接的联系，也说明汉语水平高，跨文化交际能力随之一定也强的说法不全面。

（四）小结

总的来说，中亚留学生目前的跨文化交际能力整体处于一般水平。跨文化交际能力各项要素中，中亚留学生在语篇能力和跨文化知识方面低于中等水平，其他六项要素方面都处于中等或中等偏上一点的水平。其中跨文化态度方面的得分最为理想，说明中亚留学生对跨文化交际整体持有比较积极、包容的态度。还发现跨文化交际能力与性别没有显著性的联系，而与留学生的学历和在中国待的时间存在正相关性。从 HSK 等级作为变量分析发现，随着 HSK 等级的正向变化，其跨文化交际能力也随着发生了积极的变化。HSK 初级和 HSK 中级学生的跨文化交际能力相差不是很大，但 HSK 高级水平的留学生的跨文化交际能力明显比初级和中级的学生强。说明汉语水平在较大程度上会影响跨文化交际能力，并具有一定的促进作用。本节研究结论可以为对外汉语教学中培养中亚留学生跨文化交际能力提供一定的参考作用。

四、中亚留学生跨文化交际状况及问题分析

通过上述问卷调查，已从整体上把握了调查对象汉语水平和跨文化交际能力状况。研究者根据问卷调查所反映出的调查对象趋势分布状况，接着采用个体访谈的方法对调查对象的跨文化交际状况进行调查，进一步验证前期数据分析得出的结论，并总结出了目前中亚留学生的跨文化交际中存在的问题，为中亚留学生跨文化交际能力的培养提出针对性建议提供有效依据。

（一）访谈对象的选择

访谈调查的访谈对象是根据上一阶段问卷调查所反映出的调查对象的汉语水平，即 HSK 等级所选择。HSK 初级 10 人，中级 33 人，高级 17 人，从这三组范围中每组随机选择两份问卷后，通过问卷填写的联系信息对选出的受访者进行访谈。

受访者中既有女生，也有男生，有 HSK 初级的学生也有中级和高级的学生，有短期语言生也有本科生和研究生预科在读生。受访者分别来自哈萨克斯坦、塔吉克斯坦、乌兹别克斯坦和吉尔吉斯斯坦，中国学习的时间也不同。研究者相信研究对

象的多元化能为访谈带来许多不同的视角和观点,有助于更加全面地了解跨文化交际活动和跨文化交际能力。在对访谈内容进行语料转换时,为了方便,笔者用"受访者1、2、3、4、5、6"来表示不同的学生。由于受访者1的汉语水平比较薄弱,无法用汉语进行交流。因此在访谈中,笔者用维吾尔语与其进行了交流。最后把受访者1想表达的大意翻译成了汉语呈现在访谈记录中。其他受访者的访谈记录也是以完全尊重受访者本意为前提,在语言组织上进行了一些调整。

表11 访谈样本统计表

汉语水平	编号	性别	国籍	HSK等级	来华时间	学历
初级	1	男	乌兹别克斯坦	一级	三个月	本科以下
	2	男	哈萨克斯坦	二级	一年	本科在读
中级	3	女	哈萨克斯坦	四级	一年	本科在读
	4	女	塔吉克斯坦	三级	两年	本科在读
高级	5	男	乌兹别克斯坦	五级	三年	预硕
	6	女	吉尔吉斯斯坦	五级	两年	预硕

(二)受访者跨文化交际情况

六位受访者都是中亚来华留学生,他们每天都会接触不同文化背景的人,在日常的学习和生活中都会遇到中国人,但进行跨文化交际情况各不相同。受访者对自己在学习或生活中的跨文化交际情况以及对自己的跨文化交际能力的强弱描述如下:

受访者1:……我来中国三个月了。因为来中国的时间还不是很长,所以还没有交到中国朋友,对中国文化的了解也不是很深。一般都是跟班里的同学和来自同一个国家的朋友们一起玩儿。上课的时候我会认真听课,但不会积极参加课堂互动。也不知道该怎么丰富自己的跨文化交际活动,我甚至觉得我没有跨文化交际能力……

受访者2:……我来中国一年了。我有一个在新疆做生意的堂兄。来中国之前,我从他那里听说了很多关于中国的事儿。来中国留学就是为了学好汉语,学会与中国人交流,然后跟堂兄一起做生意。现在的班级里也有几个同学跟我一样以后想做商人。课余时间,我们会一起讨论中国和中亚几个国家之间的文化差异和商业模式差异。因为我对做生意感兴趣,所以跟中国人交流时也总是聊这一个话题，又觉得中国学生对做生意不是很感兴趣。由于文化知识是我的弱项，跟他们聊文化知识的时候我感觉我们的跨文化交际没办法进行得很顺利。我觉得我的跨文化交际能力还不错，但就是发挥不好……

受访者3：……我来中国一年了。我对中文特别感兴趣。虽然来中国之前也学习过汉语，但我觉得来中国之后我的汉语进步很快。来中国不到一年我就考过了HSK四级。这应该是因为在这里我能接触汉语的机会很多，听的机会也多，说的机会也很多。我很乐意主动跟中国人交流。在学院组织的"我是主持人"大赛中认识了两个中国朋友，偶尔会在国教楼五楼一起吃饭。有时候会在微信上问一些自己不懂的问题。我觉得我的跨文化交际能力比较强，但不知道具体处于什么水平……

受访者4：……我来中国两年了。我是真心想学好汉语，但是找不到好的学习方法，每次上课都会认真听，作业也都会认真完成。晚自习其他同学闲聊的时候我也认真看书，背单词。我在学习汉语上花了这么多的时间和精力，但进步还是不太明显。因为我把精力都放在自己的学习上，所以也没有结交中国朋友。跟他们交流时我不敢开口，我胆子比较小。我不知道怎么评价自己的跨文化交际能力。你觉得我的跨文化交际能力大概处于什么水平？……

受访者5：……我来中国三年了。大一年，我在天津外国语大学语言班学了一年的汉语。在新疆师范大学学了两年，现在我是一名本科二年级学生。已经通过了HSK 5级，准备考HSK 6级，我有信心一次考过HSK 6级。在天津外国语大学读书的时候，我们的校友来自100多个国家，其中来自俄罗斯和中亚的学生比较少，我只能用汉语和英语跟我的同学们交流。我们天天一起学习，讨论，还经常一起出去玩儿。在这种环境下我们大部分同学都锻炼出了比较综合的跨文化交流能力。来了新疆师范大学之后，因为班级里的同学大部分都来自中亚国家，交流都是用俄语或者是自己的母语。感觉交流的圈子变单一了，大家一起玩得挺好的，就不怎么想交中国朋友了。因此，我也不知道我现在的跨文化交际能力到底强还是弱……

受访者6：……我来中国三年了。我想当翻译，所以我一直都在努力提高自己的听力和口语能力。练听力一般用看中国电视剧和综艺节目的方法。

> 我有一个来自塔吉克斯坦的好朋友,我们说好平时用汉语交流。因为感觉像我一样容易害羞又不主动的人交到中国朋友有点难,目前我的口语只能跟她进行汉语对话来练。因为跟中国人交流的次数很少,我也很难判断自己的跨文化交际能力怎么样。我个人觉得还不错……

六位受访者都表示来中国学习汉语是自己的选择,而且都有明确的学习目的和对将来的规划。从各自的描述中不难看出,目前中亚留学生在课堂上和课堂外的跨文化交流大氛围并不理想。有人因为个人的心态不敢跟中国人交流,有人想进行跨文化交流但因为没有共同话题而受阻,有人满足于单一的社交圈而忽视了跨文化交际。但是,大家似乎都很期待跟中国人进行跨文化交际,只是还没有找到合适的方法。最重要的一点是,笔者发现六位受访者均对自己的跨文化交际能力的强弱无法给出一个明确的判断。他们都不知道自己目前的跨文化交际能力到底处于一个怎样的水平。说明制定有针对性的跨文化交际能力测评很有必要。

(三)受访者对跨文化交际能力重要性的描述

国内和国外的教育领域均强调学生综合素质的培养。跨文化交际能力作为语言和文化相结合的综合性能力,在一定程度上也能体现个人或组织的综合素质。而中亚留学生对跨文化交际能力的重要性也表达了各自的看法。

> 受访者1:……我来中国不只是为了学习语言,是为了看这个国家、了解中国人。如果没有一定的跨文化交际能力,我没有办法在中国学习和生活,更没办法旅游和了解中国人。所以我觉得应该尽快提高自己的跨文化交际能力,去看中国,了解中国……
>
> 受访者2:……我周围有很多在哈萨克斯坦和中国之间经商的亲戚和邻居。其中有成功的,也有失败的。我跟他们都交流过,发现失败的大部分原因是因为他没有融入中国的生活,没有跟顾客进行有效的沟通。我觉得以后这种商业交流会越来越频繁。要想把生意做得好,就需要有两者之间能够自然并流利地进行交流的能力……
>
> 受访者3:……我一直觉得跨文化交际很重要,也相信只要我肯开口交流就没有什么学不会的。我喜欢尝试各种交际来挑战自己的跨文化交际能力。我觉得来中国之后汉语水平的迅速提高都是受益于跨文化交际。跨文

化交际能力能让我迅速掌握了语言特征，让我交到了很多朋友，也让我变得更加自信……

受访者4：……我在班里是一个好学生，虽然学习成绩稳定，但我现在有点羡慕我们班的学习不太好但是很会交中国朋友的同学。他在班里很受欢迎，能跟老师说笑，还积极参加学校的活动认识了很多中国同学。觉得他的跨文化交际能力能让他的留学生活每天都过得很开心。跨文化交际能力真的是一个很重要的能力……

受访者5：……跨文化交际能力当然很重要。我在中国待了三年，学了汉语，也在努力了解中国文化。我知道我学习的这些语言和文化知识最终会以跨文化交际能力的形式呈现在自己的工作上。如果在以后的学习和工作上因为自己的跨文化交际能力差而用不到所学到的知识，就真的太可惜了……

受访者6：……我想从事翻译工作。这个工作就是要在不同文化背景的两方之间起到桥梁的作用。基于这样的工作需要，对中国文化的理解能力和解释能力对我来说特别重要。跨文化交际能力高了才能把理解和解释中国文化做到位。所以我一定要提高自己的跨文化交际能力……

所有受访者都强调了跨文化交际能力的重要性。认为跨文化交际已经成为现代人们的日常生活和工作中必不可少的一种行为。无论是从国际大环境视角出发，还是从个人学习和将来的工作发展视角出发，跨文化交际能力的重要性不言而喻。

（四）受访者对跨文化交际难点的描述

交际上的障碍一直是语言学、心理学和人类学等领域热议的话题。比起文化内的交际，跨文化交际中的障碍和难点会显得更为突出、复杂。中亚来华留学生在这新的文化环境中，在学习、生活上都会遇到很多困难。笔者访谈的六位中亚留学生也谈到了自己在与中国人的交际中遇到的障碍，其跨文化交际中出现的难点如下：

受访者1：……我觉得语言的理解、语音语调和语速是跨文化交际中的难点。现在对我来说汉语水平是跨文化交际中最大的阻碍。因为以我现在的汉语水平，都没办法开口跟中国人交流。我还以为我能很快就学会一些简单的日常对话，但到现在我就只会说几十个单词和几个招呼语……

受访者2：……我觉得交际方法（交际策略）的选择很难。在文化内交际的时候，一般不会刻意去想交流的方法。但是，在跨文化交际中需要根据交际对象确定交际策略。观察交际对象，联想对方的价值观，找到对方感兴趣的话题，这些都太难了……

受访者3：……我觉得最难的是走出第一步。其实刚开始我也不敢主动跟中国同学说话，对自己的汉语水平没有信心。但是，想到自己已经来中国了，为了学好知识早晚要面对和中国人的交流，就开始逼自己迈出了第一步。有了第一次之后，感觉也不是什么大事儿……

受访者4：……我觉得在跨文化交际中调整自己的心态真的很难。我看周围交际能力强的同学都有几个共同的特点，他们积极、阳光、开放，很容易融入新的环境和新的文化。我要是能把自己的心态也能调整得那么有包容性就好了……

受访者5：……我觉得对跨文化交际始终保持积极的态度很难。刚开始大家来中国的时候都想好好学习，用一口流利的汉语非常自然地跟中国人交流。但是，后来很容易受周围环境的影响，忘了一开始的想法。我就是例子……

受访者6：……我觉得跨文化交际的难点在于文化知识的掌握上。我了解自己国家的文化又了解对方国家的文化，才能找到两者之间的共同点和差别。这样我就有了跟对方交流的话题。但是，我对自己国家文化的认识也不深，中国文化知识知道的也不多。学习文化知识需要时间，需要积累……

大家都根据自己目前的跨文化交际情况反映出了自己正在面临的困惑。受访者描述的跨文化交际难点大致集中在了语言、策略、心态、态度和知识五个方面。其实，所有受访者都提到了汉语水平是跨文化交际能力的难点，都认为有一定的语言能力是进行跨文化交际的前提条件。

（五）受访者对跨文化交际能力组成的描述

笔者在进行访谈之前，回顾了相关研究并对跨文化交际能力的定义和组成部分进行了综述，也界定了本文中跨文化交际能力的组成要素，为了进一步验证前期对跨文化交际能力的相关要素的界定，补充了访谈的内容。受访者对跨文化交际能力组成部分的描述如下：

受访者1：……我觉得跨文化交际能力由比较流畅的语言能力、随和的性格、能化解尴尬的幽默感和对对方文化的尊重组成。我只要提高第一点，其他三个方面我是很有自信的……

受访者2：……我觉得跨文化交际能力除了语言能力之外，还需要有短时间内让交际对方对自己话题感兴趣的能力和短时间内发现彼此间的文化差异的敏感度。这样就可以避免很多跨文化交际中的冲突……

受访者3：……我认为跨文化交际能力由语言技能、能换位思考的包容的态度和主动进行跨文化交流的意愿组成。以平稳的心态和包容的态度去倾听，去理解，然后以主动的意愿去交流才是跨文化交际中应该培养的能力……

受访者4：……我觉得跨文化交际能力包括对自己的信心、主动的态度、语言能力和文化知识。对自己有信心又有主动的态度的话我就可以向交际对象走过去，有了一定的语言能力我就可以开口开始我的交流，加上自己的文化知识就可以顺利地进行一次成功的跨文化交际……

受访者5：……个人觉得跨文化交际能力包括语言能力、模仿能力、变通能力和文化知识的掌握。在有些场合需要学习和模仿交际对方的行为方式，以更好地融入跨文化环境来达成最有效的沟通。在有一定的语言技能和文化知识的基础上具备良好的变通能力会使跨文化交际更顺利……

受访者6：……我认为跨文化交际能力包括语言能力、自己国家的文化知识、交际者国家的文化知识和主动的态度。跨文化交际中交际双方除了了解和学习对方文化之外，还应该成为自己国家文化的传播者……

六位受访者无一例外都把语言技能或语言能力归为跨文化交际能力的一个组成部分。除此之外，受访者认为跨文化交际能力还包括随和的性格、能化解尴尬的幽默感、能换位思考、能尊重及包容对方文化的态度、发现文化差异的敏感度、主动进行跨文化交流的意愿、对自己的信心、文化知识（自己国家的和对方国家的）、模仿能力和变通能力。受访者对跨文化交际能力组成的描述根本研究思路中对跨文化交际能力进行的划分基本吻合。

（六）受访者对汉语水平与跨文化交际能力关系的描述

根据问卷调查获取的数据分析中亚留学生汉语水平对其跨文化交际能力的影响，

结果显示，留学生汉语水平越高其跨文化交际能力也越强。以下为留学生自己对汉语水平与跨文化交际能力关系的看法。

受访者1：……我觉得汉语水平的高低会直接影响交际者的跨文化交际能力。汉语水平越高跨文化交际能力越强。较高的语言水平能让交际内容更加丰富，表达更加到位。也能让彼此之间的了解更深，避免不必要的冲突……

受访者2：……汉语水平当然很重要，汉语水平越高跨文化交际就会越频繁，跨文化交际能力也会越来越强。能用汉语表达的领域越多，跟中国人交流时的话题就可以很丰富。不用担心找不到可以交流的话题，跨文化交际就会很自然，很顺利。我觉得中国人也是更乐意跟汉语水平更高的留学生交谈……

受访者3：……我觉得语言是跨文化交际能力中的一个载体，有了一定的语言能力才能去讨论良好的跨文化交际能力。语言水平越高跨文化交际能力也越强。但是不能说有了较高的语言水平就一定可以成为一个良好的跨文化交际者。也就是说两者不是必然关系。语言是基础没有错，但是跨文化交际还需要一种积极地态度和心态……

受访者4：……我觉得较强的语言能力可以推动跨文化交际能力的提升。我觉得语言水平在跨文化交际能力中占40%左右，这与其他要素所占的比例相比，可以说是很大了。所以，语言水平越高跨文化交际能力也会比较乐观。但是，语言水平再好，不拿出来用都是没用的。想要把学好的语言拿出来用就需要克服内心的胆怯，放平心态，以积极开放的态度去跟中国人交流。所以在跨文化交际中除了语言能力，更主要的还是态度……

受访者5：……我觉得语言水平是跨文化交际能力的一部分。语言水平一定可以成为跨文化交际能力的加分项。但在跨文化交际中比语言水平更重要的是对中国文化的熟悉程度和对中国文化的认可程度。比如说，我在天津外国语大学的时候有很多从韩国和日本过来的同学。他们在跨文化交际上明显比我们有优势，知道哪些话题能引起共鸣，总是很快就能交到中国朋友。很明显这都是因为他们对中国文化背景的了解比我们多得多……

受访者6：……首先，语言能力和跨文化交际能力是有密切的联系的，但两者之间也是有区别的。在跨文化交际中语言水平上的障碍并不是最大的障碍。最大的障碍是大家对中国文化缺乏理解和思考。有很多同学汉语水平明明很高，但他们就是不肯在中国人面前表达想法。因为他们对中国的理解不够深入，没有想法可以表达……

很显然，六位受访者认为汉语水平对跨文化交际能力而言至关重要。其中，有四个同学认为语言能力跟跨文化交际能力成正比关系，觉得汉语水平越高跨文化交际能力就会越强，更有可能在跨文化交际中有良好的表现。有两个同学认为，可以把汉语水平看作是跨文化交际能力的一个重要组成部分，但只具备了语言能力是远远不足以应对跨文化交际，并强调了比语言能力更重要几个要素，即积极的态度和心态、对中国文化的熟悉程度、对中国文化的认可程度和对中国文化的理解与思考。从数量来看，大部分同学还是认同语言水平与跨文化交际能力之间的正相关性。访谈结果与数据分析结果基本一致。

（七）受访者对于提高跨文化交际能力策略的描述

受访者们适合自身情况提供的策略如下。

受访者1：……我觉得请教跨文化交际能力比较突出的学长学姐们是很有帮助的。我发现他们也很乐意分享自己的学习经验和跨文化交际经历，毕竟他们也是跟我们一样从一开始的不知所措，再通过不断磨合、不断适应成为一个优秀的跨文化交际者。我希望我们学院能组织一下活动让那些优秀的学长学姐们给我们讲一讲他们的心得……

受访者2：……我觉得通过看中国电影和中国综艺节目来提高跨文化交际能力是很有效的。我发现最近中国电影和中国综艺节目的发展特别快。无论是看中国电影还是中国综艺节目，都能感受到浓厚的中国风。通过看电影和综艺节目，不仅能提高自己的语言能力，还能了解中国文化，明白我们之间的文化差异……

受访者3：……我觉得提高跨文化交际能力最有效的方法是实践中锻炼。尤其是像我们一样来中国学习的留学生。我们有很好的交流环境，每天都能遇到很多中国人。只要我们愿意开口，以乐观的心态来对待跨文化交际中可能会犯的错或一些冲突，就能锻炼自己的适应能力和跨文化交际能力……

受访者4：……我觉得整理和分析跨文化交际案例对提高跨文化交际能力的提高有很大的帮助。我对于跨文化交际的理解大部分都来自跨文化交际这门课程。虽然老师讲的大部分内容的理论性很强，但老师也会根据每节课的课程内容准备一些案例。刚开始听老师讲的理论部分感觉有点模糊，但通过后面的案例分析，就能对跨文化交际理解的更深入……

受访者5：……我觉得老师可以在课堂上组织一下跨文化交际活动。我认为课堂上的理论知识很难真正培养学生的跨文化交际能力。除了案例分析之外老师可以组织一些实践活动。比如，请几位中国学生进课堂跟留学生一起讨论某一个话题，在课堂上让留学生给中国学生打电话用汉语进行交流等……

受访者6：……我觉得理论和实践相结合了才能提高跨文化交际能力。如果没有上过跨文化交际课程我可能对跨文化交际的概念都搞不清楚，也不可能知道影响跨文化交际的因素会那么多。上课的时候学到的跨文化交际知识和案例分析帮我在实践中避免冲突，表现得更自然更优秀。有了一定的理论知识之后，把更多的精力放在实践上，要更多地进行跨文化交际……

虽然只有六位受访者，但他们对如何提高跨文化交际能力的对策有过思考。

他们提出的策略有：请教优秀的跨文化交际者、看中国电影和中国综艺节目、实践中锻炼交际能力、整理和分析跨文化交际案例、课堂上组织跨文化交际活动以及拓展实践空间。根据中亚留学生的描述，可以把提高跨文化交际能力的策略分成课堂和课外两个部分。课堂上除了理论知识和案例分析之外还应该有情景化的跨文化交际活动。课外学生除了请教优秀的跨文化交际者和看电视节目之外，还要注重实践并主动进行跨文化交际。

（八）中亚留学生跨文化交际中存在的问题

本研究通过问卷调查的方式对中亚留学生跨文化交际能力进行了现状分析，并通过深度访谈中的实证例子能弥补问卷调查的不足，使得调查更加完整。这种质和量相结合的调查方法使问题的发现变得更加全面。经梳理归纳，将目前中亚留学生跨文化交际中存在的问题概括为以下四点：

（1）中亚留学生汉语水平限制了其跨文化交际能力的提升

针对上文对不同HSK水平的留学生所做的ICC综合评价和各ICC单项要素评价，分析结果显示，留学生HSK水平越高，其跨文化交际能力就会越高。同时，跨文化交际能力的八项要素中，语言能力、社会语言能力、语篇能力、策略能力和跨文化知识都跟留学生HSK成绩呈正相关。说明汉语水平在很大程度上会影响跨文化交际综合能力和相关要素的发展。

在访谈中，受访者们也提到了汉语水平在跨文化交际中的重要性。在描述自己在跨文化交际中遇到的困难时，多次提到了由于汉语水平而受阻的实例。有人由于汉语水平低而不敢进行跨文化交际，也有人因为汉语水平不够无法有效掌握和运用跨文化交际知识点。这导致汉语水平高的学生跨文化交际能力一直在进步，而汉语水平低的学生一直无法进步。因此，笔者认为目前中亚留学生跨文化交际中存在的最大的问题是，汉语水平限制了他们跨文化交际能力的提升。

（2）中亚留学生在语篇能力和跨文化知识方面表现比较薄弱

上文对60位调查对象的ICC综合评价和各ICC单项评价数据分析，结果显示，中亚留学生在语篇能力和跨文化知识方面的分值低于参考值范围的中位数以下，其他六个要素都处于中位数及以上的位置。

访谈内容中也不难找出由于语篇能力和跨文化知识方面表现较弱而无法顺利进行跨文化交际的留学生。比如，虽然汉语水平不错但语篇能力较弱而受阻的受访者4和由于缺乏跨文化知识而无法顺利进行跨文化交际的受访者2。将数据分析结果和访谈结果结合在一起可以发现，语篇能力和跨文化知识方面的不足可以成为目前中亚留学生跨文化交际中存在的问题之一。

（3）中亚留学生对自身跨文化交际能力的定位不够准确

就访谈内容来看，描述自己跨文化交际能力的强弱时，几乎所有受访者都使用了比较模糊、不太确定的表达方式。有人表示不清楚自己的跨文化交际能力到底处于什么水平，也有人表示自己觉得挺好，但实际表现的时候发挥不好。如果对自己的实际水平也不了解，那在这方面的学习就会失去方向，进步就会变得更缓慢。因此，笔者认为目前中亚留学生跨文化交际中存在的问题还包括他们对自身跨文化交际能力的定位不够准确。

（4）中亚留学生目前的跨文化交际氛围不够活跃

从访谈结果来看，中亚留学生都希望能提高自己的跨文化交际能力，对跨文化交际整体持有比较积极、包容的态度，且已经意识到了跨文化交际中的难点和问题所在。但是，目前中亚留学生的跨文化交际整体氛围不是很理想，有人因为个人的心态不敢跟中国人交流，有人想进行跨文化交流但因为没有共同话题而感到生疏，有人满足于单一的社交圈而忽视了跨文化交际。在这种没有热情、没有活力的大环境下，留学生很难体会并提高自身的跨文化交际能力。因此，笔者认为不够活跃的跨文化交际氛围也是目前中亚留学生跨文化交际中存在的问题之一。

五、对外汉语教学中培养跨文化交际人才的建议

通过研究，不难发现提高学生的跨文化交际能力必须引导学生有效融合语言学习和文化学习，让学生通过实践有效克服跨文化交际中的障碍。笔者根据目前中亚留学生跨文化交际中存在的问题，在对外汉语教学中跨文化交际人才培养方面提出几点相应的建议。

（一）根据学生不同汉语水平进行分层培养

对于中亚留学生汉语水平限制其跨文化交际能力提升的问题，笔者认为针对留学生不同的汉语水平层次，培养其跨文化交际能力的教学内容和教学方法也应有所区分。

HSK初级水平的中亚留学生目前的跨文化交际能力比较弱，整体处于中等偏下水平。学生在汉语水平的初级阶段就应该开始接触基本的人文、历史、文学和艺术等知识。因此，在教学中可以用听说法、视听说法、直接法、情景法等教学方法。

HSK中级水平的中亚留学生目前的跨文化交际能力一般，整体处于中等水平。这个阶段的学生有了基本的人文知识背景，可以在这基础上着重培养学生在实际语言环境中的汉语实际运用能力、非语言交际能力、抽象的思维能力和概括能力等。因此，在教学中可以运用交际法、任务法、认知法、暗示法等教学方法。

HSK高级水平的中亚留学生目前的跨文化交际能力比较理想，整体处于中等偏上的水平。因此在这阶段的学生的教育可以适当地提高层次，比如，较高的素养、思辨能力、鉴赏能力的素质、和解决较为复杂问题的能力。所以，在教学中可以用协商法、论辩法等教学方法。

上述的分层教学的方式只是大致地根据留学生的汉语水平划分提出，在教学上

不能只根据汉语水平的差异千篇一律地运用同种教学模式。具体选择教学方式时一定要考虑学生的个体差异性。

（二）提高留学生语篇能力和跨文化知识方面的能力

要同时提高留学生语篇能力和跨文化知识方面的能力，笔者认为对中国学生和留学生进行分组，让他们结伴讨论是一个很好的解决办法。平时大家可以聊聊自己的家常、一起看看旅游景点、品尝中国美食。让留学生能从日常交流中获得自然而流畅的语篇能力，亲身体验后加深对中国社会和文化的了解来丰富自己的跨文化知识，这种方式还可以让他们感到亲切和温暖。大家也可以谈一谈平时在生活和学习中的各种问题和困难，这样可以进一步加深对留学生的了解，而且能及时发现留学生遇到的问题和困难。最重要的是结伴讨论的过程是双赢的过程。这不仅能提高留学生的汉语水平和跨文化交际能力，还能为中国学生提供锻炼跨文化交际能力的机会，是一个能让跨文化交际氛围活跃起来的好方法。

（三）制定有针对性的测评方式

对于中亚留学生对自身跨文化交际能力的定位不够准确这个问题，笔者认为学校应该制定有针对性的跨文化交际能力测评方式。

国内外对语言能力测试的开发和研究已经相当成熟，种类和方式也很多。英语水平测试有雅思，托福，GRE，英语四、六级，英语专业四、八级考试等。日语有日本语能力测试（N6-N1）和日语专业四、八级考试等。俄语有俄语四、六级和俄语专业四、八级考试等。这些考试已经具有相当成熟的经验和研究。但是，关于跨文化交际能力测评的研究还是很少。外语界的学者们也意识到应该注重语言文化的相融性，并在语言水平测试中融入了一些人文知识。比如，英语专业八级、日语专业八级和俄语专业八级等考试中都有10道题左右的人文知识题目。而在汉语水平考试（HSK）中没有涉及人文知识方面的测评。不难发现，人文知识方面的题目只在外语专业学生的最高专业性测评中才会出现。而且题量也很少，考查方式也比较单一。很明显这不能反映考生真正的跨文化交际能力水平。除此之外，在为了测评语言水平而设计的问卷中增加文化知识题目，可能会对学生语言能力知识产生影响。无论是在教学中还是在测评中都不能忽略跨文化交际能力和语言能力的区别。因此，笔者不建议在HSK考试中增加文化知识题目。

近年来，国外学者们普遍指出最好使用多种评价方法去测评跨文化交际综合能力，认为用量表测评跨文化交际能力太过单一。与量的方法相比质性方法更合理，比如：观察法、访谈法以及案例分析法[①]。教师可以在平时的教学过程中观察学生的基本情况和跨文化适应过程中的变化，再用访谈法从跨文化交际能力各项要素出发了解学生的跨文化交际能力基本情况，也可以让学生分析跨文化交际案例来测评其跨文化交际能力。笔者认为，这种在对学生的了解的基础上进行有针对性的测评方式才有可信度。

（四）营造跨文化交际氛围

中亚留学生来到陌生的文化环境，他们会感到来自语言、文化、风俗和人情交际等多方面的压力，甚至有可能出现抵触情绪。所以，无论是在课堂上（对外汉语课堂或跨文化交际课堂），还是在课堂之外，营造跨文化交际氛围是提升留学生跨文化交际能力的环境基础。对于营造跨文化交际氛围，笔者认为本文中的六位受访者总结得很全面。

首先，课堂上除了理论知识和案例分析之外还应该有跨文化交际活动。教师要学会理论、实例和实践相结合，让学生在课堂上学习读写，分析案例再利用学到的语言和交际知识与老师或同学进行情景会话。这种以学生为中心的自主个性学习模式，能让课堂上的跨文化交际氛围活跃起来，能让学生更快地了解跨文化交际技能，有利于学生的跨文化适应。

其次，课外学生除了请教优秀的跨文化交际者，看电视网络节目之外还要注重实践，主动进行跨文化交际。对于刚来到陌生环境感到不适应的留学生来说，最能安慰他们的是来华时间长一点的前辈们。如果能及时安排这些跨文化交际能力相对优秀的前辈们给新生们讲述自己的成功经验的话，就能早一点培养留学生的跨文化交际意识。

还有，引导学生在课外通过杂志书籍、电视网络和广播音像等了解中国社会背景和中国历史文化，并就学生发现的文化差异进行讨论。这对丰富留学生的跨文化知识有很大的帮助。既然来到了中国，就要告诉留学生要积极利用身边资源，主动进行跨文化交际。比如，可以找中国老师或中国朋友进行跨文化交际锻炼。也可以出去走一走，亲身感受中国的语言、文化、风俗和人情交际，给自己营造一个活跃的跨文化交际氛围。

---

① 焦晶.国外跨文化交际能力测评50年［J］.晋阳学刊，2017（5）.

六、总结

（一）本研究的主要结论

本研究通过国内外研究现状分析了跨文化交际能力的相关要素及模型，用访谈法和问卷调查法对中亚来华留学生进行实证调查，主要研究结论如下：

（1）本研究介绍了选题背景和意义，回顾了跨文化交际理论、跨文化交际能力理论以及语言水平与跨文化交际能力关系的相关研究，并发现现有的研究有以下特点：第一，跨文化交际学有多学科性，因此各领域对跨文化交际学的研究角度也不同。第二，国内外学者们对跨文化交际能力的定义和构成要素存在不同的看法，因此也出现了很多不同的跨文化交际能力模型。第三，国内对外汉语教学界关于语言水平对跨文化交际能力影响的研究很少，这方面的研究主要集中在外语教学界，而且多侧重于理论研究。

（2）本研究使用适用于中亚来华留学生的跨文化交际能力自评问卷对其跨文化交际能力进行了问卷调查。对数据进行分析之后的结论有：第一，中亚留学生目前的跨文化交际能力整体处于中等水平。跨文化交际能力各项要素中，中亚留学生除了在语篇能力和跨文化知识方面低于中等水平之外，其他六项要素方面都处于中等或中等偏上一点的水平。其中跨文化态度方面的得分最为理想。第二，跨文化交际能力与性别没有显著性的联系。第三，留学生学历与跨文化交际能力之间存在正相关性，不同学历留学生的均值依次为硕士及硕士在读 > 本科及本科在读 > 本科以下。第四，中亚留学生在中国待的时间与其跨文化交际能力之间也存在正相关性。他们的均值依次为 3 年以上 > 2-3 年 > 1-2 年 > 1 年以下。第五，中亚留学生的汉语水平与跨文化交际能力是密切相关。以不同汉语水平考试（HSK）等级作为变量发现，留学生汉语水平与跨文化交际能力呈现出正相关性，尤其体现在总体跨文化交际能力和语言能力、社会语言能力、语篇能力、策略能力以及跨文化知识方面。

（3）对中亚留学生目前的跨文化交际情况进行深度访谈，并对整理出来的语料进行分析之后得出结论。第一，目前中亚留学生的跨文化交际氛围不是很活跃，但是大家都希望能提高自己的跨文化交际能力。第二，积极地心态、对中国文化的理解和思考的意识、交际技能和交际策略是跨文化交际中的难点。第三，课堂教学和课外活动需要多样化，从而使学生获得更多的跨文化交际机会。

（二）本研究的不足之处

本研究还存在一些不足之处：第一，笔者在本文中使用的跨文化交际能力自评问卷形式过于简单、问题设置含金量不高，而且自测量表本身相对来说比较主观，这可能会影响调查结果的真实性。第二，本研究只是验证了学生汉语水平对跨文化交际能力的影响，跨文化交际能力的其他相关要素是否存在影响以及影响程度还有待进一步验证；第三，本文中无论是进行问卷调查还是访谈，样本数量都太少，将来还需扩大样本的数量进一步进行验证性研究。

（三）对后续研究的建议

第一，根据跨文化交际能力的相关要素，需要进一步针对跨文化交际课程的设置及教材设计进行实证研究。有可能的话做出国别化的教材，进行国别化教育。这样能在两国文化的对比中找到对应的关系、有效传播中国文化、培养跨文化交际人才。

第二，针对对外汉语教学与跨文化交际的接口问题进行深入研究。比如，尝试从跨文化交际相关要素的角度解释对外汉语教学中出现的一些问题和现象。

第三，国内外外语教学界关于跨文化交际学的研究已经比较成熟，对外汉语教学界也可以紧跟着外语学界跨文化交际研究的更新步伐，有选择地参考外语教学界的研究成果丰富相关理论及研究方法。

第四，试着去创建对外汉语教学领域跨文化研究的刊物，形成针对性的研究。

习总书记提出"提高对外文化交流水平，完善人文交流机制，创新人文交流方式"[①]。这要求我们在外语教学中培养本国的跨文化交际复合型人才，更要在对外汉语教学中培养国外热爱中国文化的复合型人才，把"走出去"和"引进来"相结合，使国与国之间的人才交流更加活跃，为全球经济一体化和"一带一路"倡议做出贡献。虽然还有很多不足，但笔者希望通过本实证性研究为中亚来华留学生跨文化交际能力的培养提供一定的参考和服务。

---

① 新华社北京电.习近平在中共中央政治局第十二次集体学习时强调建设社会主义文化强国着力提高国家文化软实力［N］.人民日报，2014-01-01（1）.

参考文献

著作类

[1] 拜拉姆.跨文化交际能力的教学与评估[M].上海：上海外语教育出版社，2014.

[2] 胡文仲.跨文化交际学选读[M].长沙：湖南教育出版社，1990.

[3] 贾玉新.跨文化交际学[M].上海：上海外语教育出版社，1997.

[4] 王振亚.以跨文化交往为目的的外语教学：系统功能语法与外语教学[M].北京：北京语言大学出版社，2005.

[5] 文秋芳.英语口语测试与教学[M].上海：上海外语教育出版社，1999.

[6] 杨军红.来华留学生跨文化适应问题研究[M].上海：上海社会科学院出版社，2009.

[7] 张红玲.跨文化外语教学[M].上海：上海外语教育出版社，2006.

期刊论文类

[1] 毕继万.第二语言教学的主要任务是培养学生的跨文化交际能力[J].中国外语，2005（1）：66-70.

[2] 曹忠芹，赵晓芳.非英语专业本科生跨文化交际能力与英语成绩的相关性研究[J].师道：教研，2010（5）：19-20.

[3] 董越.培养外国留学生跨文化交际能力的对策分析[J].好家长，2017（37）：251-251.

[4] 樊笛.对外汉语教学中留学生跨文化交际能力的培养[J].芒种，2014（5）：171-172.

[5] 方敏.来华留学生跨文化交际能力培养现状初探[J].电影评介，2015（2）：109-110.

[6] 高一虹."文化定型'与"跨文化交际悖论"[J].外语教学与研究：外国语文双月刊，1995（2）：35-42.

[7] 高一虹.跨文化交际能力的培养："跨越"与"超越"[J].外语与外语教学，2002（10）：27-31.

[8] 高一虹.跨文化意识与自我反思能力的培养——"语言与文化""跨文化交际"课程教学理念与实践[J].中国外语教育，2008（2）：59-68.

[9] 高永晨.大学生跨文化交际能力的现状调查和对策研究[J].外语与外语教学，2006（11）：26-28.

[10] 高永晨.中国大学生跨文化交际能力测评体系的理论框架构建[J].外语界，2014（4）.

[11] 谷甜田.跨文化交际——中亚跨文化案例分析[J].语文学刊：教育版，2012（20）：62-62.

[12] 胡金蝉，刘涵.跨文化交际能力测试的几点思考[J].群文天地，2013（5）.

[13] 胡文仲.跨文化交际学在美国[J].外语研究，1994（1）：35-38.

[14] 胡文仲.论跨文化交际的实证研究[J].外语教学与研究，2005（5）：323-327.

[15] 胡文仲.趋势与特点：跨文化交际研究评述[J].中国外语，2006（3）：4-5.

[16] 胡文仲.试论跨文化交际研究[J].外语教学，1992（2）：3-8.

[17] 胡文仲.迎接跨文化交际研究的新局面——评介最近出版的三本跨文化交际学著作[J].外国

语（上海外国语大学学报），1998（4）：75-77.

[18] 贾玉新.美国跨文化交际研究[J].外语学刊，1992（3）：50-53.

[19] 焦晶.国外跨文化交际能力测评50年[J].晋阳学刊，2017（5）.

[20] 李丹宁.对外汉语教育与俄汉跨文化交际人才培养[J].继续教育研究，2018，No.237（05）：114-120.

[21] 李昊.汉语国际传播视角下的跨文化交际能力及其培养[J].现代传播（中国传媒大学学报），2012（7）：119-122.

[22] 李炯英.中国跨文化交际学研究20年述评[J].解放军外国语学院学报，2002（6）：86-90.

[23] 刘德斌.关于跨文化交际与外语语言能力的培养[J].世纪桥，2007（9）：149-150.

[24] 刘涵，胡金婵.跨文化交际能力概念及理论模型文献综述[J].学理论，2013（8）：169-171.

[25] 刘明.新疆汉语国际教育专业发展的区域特征——以新疆师范大学为中心[J].云南师范大学学报：对外汉语教学与研究版，2017（4）.

[26] 刘星.跨文化交际能力构成要素探析[J].文教资料，2015（23）：178-179.

[27] 刘颖.浅谈留学生教育中的跨文化交际[J].语文教学通讯·D刊：学术刊，2015（7）：60-61.

[28] 马岚.浅议对外汉语教学中留学生跨文化交际能力的培养[J].北方文学：中，2014（6）：222-222.

[29] 毛虹丹.来华留学生管理的难点及应对[J].都市家教月刊，2017（10）：90-90.

[30] 彭云鹏，孙彩云.论语言能力、交际能力和跨文化交际能力之特性及关系[J].科教导刊：中旬刊，2013（5）：198-199.

[31] 沈菲菲.论跨文化交际中的能力[J].金陵科技学院学报，2014（4）：62-65.

[32] 宋雅智.论跨文化交际与外语语言能力培养[J].齐齐哈尔大学学报，2008（3）：126-128.

[33] 覃俏丽.文化习得与跨文化交际能力的培养[J].南方论刊，2015（5）：49-51.

[34] 谭旭虎.来华留学生跨文化交际课程教学探索[J].黑龙江高教研究，2014（7）.

[35] 王剑虹.简评陈国明的《跨文化交际学》[J].考试周刊，2012（72）：23-25.

[36] 王娇.来华留学生跨文化交际策略研究[J].才智，2017（10）：164.

[37] 王魁京.对外汉语教学与跨文化问题的多面性[J].北京师范大学学报，1994（6）：91-96.

[38] 王秋云，周州.浅谈近年来对外汉语教学中的跨文化交际研究[J].科教文汇，2018.

[39] 王潇潇.如何培养外国留学生跨文化交际能力[J].考试周刊，2009（4）：193-195.

[40] 王勇.在语言教学中培养跨文化交际能力[J].外语教学理论与实践，1998（4）：7-12.

[41] 王振亚.以跨文化交际为目的的外语教学[J].外语界，1993（1）：1-7.

[42] 翁立平，顾力行.当今跨文化交际研究中的文化悖论[J].中国外语，2014（3）：85-90.

[43] 吴海迪.试论"一带一路"背景下来华留学生跨文化交际能力的培养[J].亚太教育，2016（28）：250-250.

[44] 吴显英.国外跨文化能力研究综述[J].科技进步与对策，2008（3）：190-192.

[45] 武晓燕.跨文化能力培养与案例教学法研究[J].山东文学月刊，2008（5）.

[46] 徐波, 黄沈渝. 论跨文化交际能力[J]. 外语学刊, 1998(1): 60-62.

[47] 许力生. 跨文化的交际能力问题探讨[J]. 外语与外语教学, 2000(7): 17-21.

[48] 薛永健. 大学生语言能力与跨文化交际能力的学习需求分析[J]. 现代交际, 2018(11): 141-142.

[49] 杨郁梅. 第三空间视域下跨文化交际能力与英语水平的关系[J]. 现代外语, 2016(3): 418-428.

[50] 叶海, 吴荣先. 浅论提高跨文化适应能力的策略[J]. 沿海企业与科技, 2006(2): 155-156.

[51] 伊万娜. 来华汉语学习者跨文化交际能力实证研究: 跨文化意识及态度[J]. 语文学刊: 教育版, 2016(4): 147-150.

[52] 尹丕安. 关于交际能力与跨文化交际能力的对比研究[J]. 西安石油大学学报, 2002(1): 84-86.

[53] 张瑞. 对外汉语教学中跨文化交际能力的培养[J]. 学园, 2013(20): 16-17.

[54] 张以荣. 留学生跨文化交际能力的培养[J]. 语文学刊: 教育版, 2012(6): 128-129.

[55] 张云鹤. 基于不同语言水平下大学生移情能力与跨文化交际能力的实证研究[J]. 辽宁工业大学学报: 社会科学版, 2014(1): 93-95.

[56] 张泽宇. 论对外汉语教学中的文化导入[J]. 吉林省教育学院学报: 下旬, 2014(8): 81-82.

[57] 赵琪凤. 汉语水平考试的历史回顾及研究述评[J]. 中国考试, 2016(9): 47-53.

[58] 钟华, 樊葳葳. 中国大学生跨文化交际能力量具构建的理论框架[J]. 中国外语教育, 2013(3): 19-28.

[59] 周小兵. 对外汉语教学中的跨文化交际[J]. 中山大学学报, 1996(6): 119-125.

[60] 朱俊华. 外国留学生跨文化交际能力现状考察及教学对策[J]. 辽宁师范大学学报, 2017(3): 116-122.

[61] 庄恩平. 对经济全球化背景下跨文化交际学研究的思考[J]. 中国外语, 2006(1).

硕博学位论文类

[1] 白谦慧. 语言能力与跨文化交际能力关系实证研究[D]. 华中科技大学, 2012.

[2] 白雪峰. 在华留学生跨文化交际能力测试与分析[D]. 南京师范大学, 2016.

[3] 翟佳瑜. 对外汉语文化教学与跨文化交际能力的培养[D]. 广西大学, 2012.

[4] 褚亚姣. 留学生跨文化交际语言得体性的考察与分析[D]. 黑龙江大学, 2016.

[5] 高珊. 对外汉语文化类教材的跨文化意识研究[D]. 山东大学, 2012.

[6] 孔维娜. 语言文化学理论框架下的跨文化交际能力的培养[D]. 黑龙江大学, 2014.

[7] 刘婧怡. 浅谈对外汉语教学中留学生跨文化交际能力的培养[D]. 黑龙江大学, 2012.

[8] 刘宝权. 跨文化交际能力与语言测试的接口研究[D]. 上海外国语大学, 2004.

[9] 罗颖德. 高中生跨文化交际能力的调查与分析[D]. 华东师范大学, 2006.

[10] 马哲. 中亚留学生汉语教学中的跨文化交际案例分析[D]. 新疆师范大学, 2014.

[11] 明辉. 跨文化交际能力与雅思成绩间关系的实证研究[D]. 哈尔滨工业大学, 2016.

[12] SANAT SULTANBEK. 在华留学生跨文化交际问题分析［D］. 河南大学，2012.

[13] 王薇薇. 语言与跨文化交际［D］. 首都师范大学，2003.

[14] 武娇娇. 跨文化交际能力的培养对对外汉语教学的影响［D］. 天津师范大学，2016.

[15] 吴卫平. 中国大学生跨文化能力综合评价研究［D］. 华中科技大学，2014.

[16] 阎啸. 中国高校跨文化交际课程现状分析［D］. 山东大学，2010.

[17] 杨洋. 跨文化交际能力的界定与评价［D］. 北京语言大学，2009.

[18] 翟佳瑜. 对外汉语文化教学与跨文化交际能力的培养［D］. 广西大学，2012.

[19] 郑呢喃（RAHARISOA ZENAIDE）. 来华马达加斯加留学生跨文化适应问题研究［D］. 2016.

[20] 胡鹏. 中外跨文化能力和跨文化交际能力研究综述（2001—2010）［D］. 华中科技大学，2011.

[21] 朱爱秀. 对我国跨文化交际研究的重新认识［D］. 华东师范大学，2004.

外文文献类

[1] Byram M, Anwei Feng. Culture and Language Learning: teaching, research and scholarship［J］. *Language Teaching*，2004（37）：149-168.

[2] Byram M. Teaching and assessing intercultural communicative competence［M］. 2014.

[3] Chen G M, Starosta W J. A review of the concept of intercultural awareness［J］. *Human Communication*，1999（2）：27-54.

[4] Chen G M, Starosta W J. The development and validation of the Intercultural Sensitivity Scale［J］. *Communication Research*，2000（6）：22.

[5] Chen G M, Starosta W J. Intercultural Communication Competence: A Synthesis［J］. *Annals of the International Communication Association*，1996（1）：18-19.

[6] Fantini A E. Improving intercultural interactions modules for cross-cultural training programs［J］. *International Journal of Intercultural Relations*，1994（1）：354.

[7] Gudykunst W B. Bridging differences effective intergroup communication［J］. *Etc A Review of General Semantics*，1993（3）：246-247.

[8] Gudykunst W B, Mody B. Handbook of International & Intercultural Communication 2ed［J］. 2001.

[9] Hall E T. Beyond culture［J］. *Chicago*，1979（7）：4-20.

[10] Hymes D. On Communicative Competence［M］. *Harmondsworth*: Penguin，1972.

[11] Ruben B D. Assessing Communication Competency for Intercultural Adaptation［J］. *Group & Organization Management An International Journal*，1976（3）：334-354.

[12] Samovar, Larry A, et al. Communication between cultures. *Wadsworth/thomson Learning*，2010.

[13] Spitzberg B, Cupach W. Interpersonal communication competence［M］. *Beverly Hills, CA*: Sage，1984.

中亚留学生汉语社会称谓语使用现状调查
——以新疆师范大学为例

玛日曼 *

一、绪论

（一）选题缘由

社会称谓语在人类社会发展以及人类日常交际活动中发挥着重要的作用，它是称谓语的重要组成部分。在社交活动中，交谈的人不同，所处的场合不同，使用的称谓语也就不同。正确的使用称谓语可以拉近彼此的距离，为搭建良好的人际关系做铺垫，反之称谓语使用不恰当，则会造成对方的反感，破坏人际关系。再加上汉民族的社交称谓语数量庞大，中华文明历史悠久，在漫长的发展历程中，人际关系错综复杂，衍生出众多的称谓。

留学生受到文化差异的影响，要掌握好社会称谓语的正确使用，绝非易事。在跨文化交际中，社会称谓语的正确使用尤为重要，错误地使用社会称谓语会造成人际关系恶化和交际的中止。所以留学生在异国正确的使用社会称谓语是确保自己能够融入异国生活的重要保障。然而留学生在社会称谓语的学习上远远不能满足其日常的生活交流。留学生受到文化差异的影响，以及对于汉语称谓语掌握程度不够，使得其在使用汉语交流的过程中闹出很多笑话，有时甚至会制造不小的麻烦。针对留学生学习社会称谓语研究方面的不足，本文通过查阅大量的资料文献，结合现阶

---

① 作者简介：玛日曼（1994—），女，汉语国际教育硕士，主要从事语言与文化教学工作。

段留学生汉语社会称谓语的掌握情况，提出相应的参考意见，希望可以为汉语社会称谓语研究提供参考价值，同时也为汉语第二语言教学在世界范围内的推广贡献一点力量。

因此，针对中亚留学生汉语社会称谓使用情况的研究，对于中亚留学生学习有着重要意义。

（二）研究目的

中华文化博大精深，源远流长，这一点在汉语社会称谓系统中可以很好地展现。汉语社会称谓语不但有着深刻的中华文化内涵，还会随着社会发展而产生新的意义和用法，因此社会称谓语探讨很有必要。本文将新疆师范大学中亚留学生作为研究对象，通过实地调查，获取在校中亚留学生汉语社会称谓语使用的真实情况并进行分析。针对不同文化背景下的学生，更好地掌握汉语社会称谓提供一些帮助，以提高他们的社会交际水平。

（三）研究意义

文本在整理相关文献时发现，国内学术界对于汉语称谓语研究的成果比较丰富，其中亲属称谓语和社会称谓语都是如此。然而绝大多数都是通过第一语言习得，通过第二语言学习社会称谓的研究甚少，更别说中亚留学生对汉语社会称谓的掌握使用方面的研究。

1. 理论意义

更加深刻的认识汉语社会称谓语本体的内涵。目前国内外学者主要从称谓语来源以及功能方面对汉语社会称谓语展开研究，在跨文化背景下以及作为汉语学习的重要载体传播中国文化方面的研究甚少。本文结合中亚留学生在汉语称谓语学习使用情况，整理统计数据完成调查问卷设计，根据中亚留学生的文化背景以及汉语称谓语的特征，改善中亚留学生汉语称谓语学习环境，丰富汉语称谓语研究体系。

2. 实践意义

本文旨在加深中亚留学生对于汉语社会称谓语的理解，从学习、使用等方面研究对汉语社会称谓语使用现状，结合留学生的角度研究汉语称谓语，可以消除文化差异造成的影响，发现中亚留学生在汉语称谓语学习中存在的困难，有助于指导中亚留学生正确地使用汉语社会称谓语，提高中亚留学生的跨文化交际能力。在保证数据客观真实的前提下，为改善学习质量提供参考价值，为完善现有的汉语教学体系作出贡献。

(四)研究设计

1. 研究思路

笔者通过问卷与访谈相结合的方式,定量、定性分析新疆师范大学中亚留学生使用情况、掌握情况等问题,客观描述中亚留学生汉语社会称谓语使用情况,发现使用过程中的问题以及寻找具体原因,并提出具有针对性的合理建议。

2. 调查对象

本次调查对象是新疆师范大学中亚留学生,其中对国际文化交流学院华文教育教研室本科留学生,硕士研究室留学包括预科硕士班的留学生和商务汉语教研室的留学生进行了调查;为了扩大问卷量笔者对外院地科院旅游管理专业、法经学院政治和经济专业的学生进行了调查。

此次问卷学生,共有205人,笔者在发放问卷时利用留学生晚自习时间去各学院各教研室各班级进行发放,并当场收回,在收回的问卷中有199份具有研究价值,有效率为95%。

3. 研究方法

问卷法:调查的对象是新疆师范大学国际文化交流学院中亚留学生。本文以问卷法为主要调查方法。为了了解中亚留学生的社会称谓语使用现状,为了保证研究的客观科学,选择不同教研室的不同汉语水平学生作为调查对象。共计发放问卷数量205份,199份具有研究价值,有效率在95%。问卷主要从学生个人信息、学生学习情况以及学习方式三方面展开调查,设置题目为38题。问题内容涉及学习环境、学习方式、学习内容以及个人看法等方面,保证调查信息的客观科学。

访谈法:为了了解新疆师范大学不同教研室社会称谓语使用的现状与问题,笔者访谈多位汉语学习者。访谈对象为在校中亚留学生。

(五)文献综述

称谓语是在人类日常生活中由于血缘关系,或者身份转变产生的人与人之间的称谓。由此得出社会称谓语就是在社会环境下出现的称谓。人们的生活和工作的过程中往往要接触到不同级别、不同身份以及不同年龄的人群,不仅仅局限于家庭成员,还会和同学、同事、朋友、陌生人等许多非亲属关系的社会人交往,在交往时我们就需要称呼对方,我们称之为社会称谓。社会称谓语在人类社交活动中发挥着重要的作用,在不同的场合使用正确的社会称谓有助于建立良好的人际关系,社会称谓语也是语言系统的重要组成部分。

1. 现代汉语社会称谓语研究

社会称谓语是指在社会中对于不同阶层人群的称呼，是社会地位和职业的象征，是对他人的一种尊重的称谓。随着社会的发展，学者开始更多的关注社会称谓语的研究，为建立良好的人际关系做铺垫。

高剑华[①]围绕20世纪50年代后期社会称谓语历经的三个阶段变化展开研究，对社会称谓语的来源以及普及展开分析：得出社会称谓语的发展历程主要受到其自身特征、社会变迁以及人类自身价值观转变的影响。李东明[②]结合关联理论对现代社会中的社会称谓展开研究，得出现代社会称谓语主要受到被称谓者身份地位、职业特征等因素的制约；体现出双方之间的相互尊重，对于维系两者之间的关系起到重要作用。李琼等[③]从"同志""师傅""老板"称谓的研究中得出，随着社会的发展三个称谓所具有的含义以及使用的环境都在发生改变，受到政治、社会、经济等因素的影响。

通过上述的分析得出社会称谓语的使用受到各种因素的制约，并且其自身的内涵也在不断变化。所以在实际使用过程中就需要结合使用场所，被称呼者身份职业等特征，正确的使用社会称谓语。因此，很多学者将社会称谓语在交际功能上进行分类。

郑尔宁[④]通过研究，按照其交际功能将其分为社交称谓（是指对于身份地位较高人群的礼貌称谓，代表着一类人群。）、职衔称谓（职衔称谓是一种非常普及的称谓方式，头衔称谓可以在官衔、学衔和职衔的前面加上姓氏，如果是副职，为了体现对他人的尊重可以省去"副"字）、关系称谓（是反映人和人之间的社会关系）、戏谑称谓（是对他人不尊重的一种称谓，但是在不同的场合表现出的意味也不同，如在非正式场合也可以理解为开玩笑）、谦敬称谓（谦敬称谓有两种：一是谦称，也叫贱称，另一种是敬称。谦称一般是指地位身份较高的人群的自称，也包含客气的成分；敬称则是地位身份较低的人群称呼地位身份较高的人群的称谓）和亲昵称谓（亲昵称谓主要是用来表达情感，在实际的使用中常在姓名最后一个字前加个"小"字，直接称呼为小什么什么，体现出一种关爱喜欢之情）六个层次。刘楚群[⑤]通过

---

① 高剑华.新中国成立以来社会称谓语的变化与发展[J].大连民族学院学报，2008（4）.
② 李东明.现代汉语中社会称谓语的选择模式[J].重庆理工大学学报，2012（12）.
③ 李琼，杜敏.当代中国汉语社会称谓语变迁的研究[J].西北大学学报，2011（6）.
④ 郑尔宁.近二十年来现代汉语称谓语研究综述[J].语文学刊，2005（2）.
⑤ 刘楚群.人际接纳与汉语称呼语[J].华中师范大学学报：人文社会科学版，2003（3）.

研究总结出凸显型、抬高型和尊重型泛称语三类称呼语，并在人际交往中发挥着重要的作用，是维系良好人际关系的重要工具。施春宏①结合"博士"和"教授""先生"两组例子对称谓在不同空间上的使用展开研究。杨同用等②通过研究，从"大/小+职衔性称谓"组合、使用范围以及限制因素等方面展开研究，对组合特征以及内涵展开讨论分析。马宏基等③在《称谓语》中提出社会称谓语"社会称谓语是在社会活动中使用，因此其在人际交往中具有普适性，更具有研究价值"。田惠刚④指出"社会称谓语是在人际交往过程中称呼不同身份地位人群的语言工具，其受到被称呼人群职业、头衔、身份等因素的影响"来鲁宁等⑤则认为"社交称谓是脱离家庭成员，在社交活动中依据场所、需求、特征等不同因素而出现的维持人际关系的称呼"。

部分学者对日常生活中常见的社会称谓语进行研究。黄南松⑥根据"老师"称谓，对社会上不同单位进行走访调查，得出"老师"称谓的使用非常常见。方传余⑦从社会语言学角度，对"同志"称谓进行分析，得出在过去的几十年里"同志"这一称谓所代表的内涵正在发生巨大改变。阎德早⑧针对"老"组合的称谓语进行研究，对"老"字作用的变化进行分析。

2. 对外汉语称谓语教学研究

（1）从对外汉语教学的角度进行称谓语研究

丁夏⑨从汉语称谓语民族性、层次性、特异性以及产生的文化背景基础上，分析对外汉语称谓的教学，指出对外汉语称谓教学需要结合时代特征丰富教学模式，制定灵活多变的教学方案，容纳现实生活中的"活的"语言的对外汉语教材编写意见。崔希亮⑩通过研究，指出对外汉语教学领域中汉语称谓语功能方面的研究更具实用性，并给出了以下参考角度：①对现代汉语的称谓系统进行描写；②称谓词使用情况的研究；③称谓词正确使用环境的研究；④不同称谓体现出的含义；⑤研究不同

---

① 施春宏.交际空间与称谓系统的共变关系［J］.语言文字应用，2011（4）.
② 杨同用，刘惠瑶."'大/小'+职衔性称谓"组合情况分析［J］.语言文字应用，2005（3）.
③ 马宏基，常庆丰.称谓语［M］.北京：新华出版社，1998.
④ 田惠刚.中西人际称谓系统［M］.北京：外语教研出版社，1998：292.
⑤ 来鲁宁，郭萌.称呼语及其语用功能［J］.北京理工大学学报，2003（5）.
⑥ 黄南松.非教师称"老师"的社会调查［J］.语言教学与研究，1988（4）.
⑦ 方传余."同志"一词的社会语言学研究［J］.语言教学与研究，2007（1）.
⑧ 阎德早."老"字的称谓化作用［J］.语言教学与研究，1992（3）.
⑨ 丁夏.称谓与文化——从对外汉语教学的角度看汉语称谓词语［J］.清华大学学报，1995（4）.
⑩ 崔希亮.现代汉语称谓系统与对外汉语教学［J］.语言教学与研究，1996（2）.

文化背景以及不同环境下对于称谓词的理解差异。温象羽[①]将13名中级班英国学生口语测试录音材料对比研究得出，学生在称谓词的使用上频率甚少，有的学生会用别的语言代替称谓词的使用，主要是受到第一语言英语的影响，造成学生对汉语称谓词理解出现歧义。对比教学法是常用的汉语称谓教学方法。但是在国际班学生的教学中，受到不同文化背景的影响，在教学中需要掌握文化称谓之前的差异，讲解其中的歧义，保证学生正确理解汉语社会称谓，同时也可以找出母语对于汉语社会称谓的影响。本文将英语作为研究对象，在我国漫长的历史中，形成了严格的等级制度，下级称呼上级都会用"姓氏+头衔"的方式，如"张部长、李校长"等，而西方人都是直呼其名，所以在教学中可以结合文化背景，让学生对称谓的来源以使用方式充分掌握，消除母语以及文化差异造成的理解歧义。周建[②]通过研究认为，阶段性和层次性是称谓教学的主要特征，通过对中英文使用方式以及含义的对比，消除两种语言内涵差异造成的影响，对于称谓教学学以致用有着重要意义，通过模拟环境提高教学质量进行称谓教学。郭风岚等[③]从日本留学生中随机选择具有汉语基础和不具备汉语基础的学生作为研究对象，日本留学生在第二语言使用上的差异体现在：中日文化差异、中日体制结构差异。李莹[④]结合外汉语称谓语发展现状展开研究，指出其具有三个特征：汉语亲属称谓具有复杂性；常见的汉语组合形式为"姓氏+职衔/职业"；汉语称谓语具有的无称可呼的缺环现象，需要在实际的教学中重点讲解；更加不同学生的文化差异以及汉语掌握情况，制定针对性的教学模式，确保学生正确理解汉语称谓的内涵。关然[⑤]通过对称谓语不同搭配形式的研究，模拟出不同的教学环境，提高教学质量，改善教学环境，对于提升对外汉语称谓教学水平起到积极作用。本文从实际出发对汉语称谓语教学中存在的问题展开分析，对汉语社会称谓语的形式，组合，含义展开全面剖析，对留学生在HSK考试时使用到的称谓语和他们在HSK考试中对称谓语的理解程度以及出现的问题进行总结。

（2）从对外汉语教学的角度进行社会称谓语的研究

田昊罡[⑥]总结对外教学经验，分析留学生在学习汉语时出现的常见问题，从中提

---

① 温象羽.称谓语——对外汉语教学中的一个难点[J].天津师大学报，1997（6）.
② 周健.汉语称谓教学初探[J].语言教学研究，2001（4）.
③ 郭风岚，松原恭子.日本留学生对汉语部分称谓的适应与认同[J].语言教学与研究，2000（4）.
④ 李莹.留学生称谓习得的偏误分析及教学探讨[D].华中科技大学硕士学位论文，2011.
⑤ 关然.基于HSK动态作文语料库的称谓语研究[D].吉林大学硕士学位论文，2012.
⑥ 田昊罡.欧美留学生汉语社交称谓语学习使用情况的调查及教学策略研究[D].上海外国语大学硕士学位论文，2008.

取在教学方面需要考虑的角度和努力的方向。语境是对外汉语教学中重要的一个内容，不同文化的语境形成了社会称谓语的不同使用方法。通过情景设置来让教学更加的生动。例如，在教学过程中，我们让一部分同学作为普通行人，一部分作为需要使用社会称谓语进行询问的人，要求双方或者多方进行实操对话；或者可以设置在某个特定的室外场所偶遇到熟悉的但扮演不同身份的个体，也可以尝试让学生们想象在参加一场同学会的场景等，贴近生活的对话可以让学生们更加了解社会称谓语选择的情形。不同的对话场景也可以拓宽社会称谓语的词汇量以及相关的使用场合，使教学更加符合实际使用情况。在实操联系中要注意对话场景的选择和人物的角色，有代入感才有利于对相关语言环境中社会称谓语使用的更深层次的理解。老师要尊重学生的自主选择权，同时也要让学生有更全方位的认识，所以角色之间需要交替进行，场景的选择也应该多样化。比如在设置一个问询的场景时，针对设置的角色性别不同，年龄层次不同，对应的社会称谓语应该如何使用。在实操的过程中，对学生们产生的问题，老师可以做出相应的引导，并鼓励学生之间相互检查、学生个人自我认识等方式，同时进行语言背景的一些说明，帮助学生更好地理解和纠正错误。这种互动对话的实操方法有趣、简单、有效，让学生正确认识到汉语语境中社会称谓语的使用方式。不同国家的学生在学习汉语时，会受到母语语境的影响，比如在陈佩秋[1]研究中，日本留学生在对汉语拟亲称呼进行使用时，会有使用过度或者引起他人的误会等问题。不同的国家、不同的文化背景、不同的时代环境都会影响到语境中社会称谓语的使用，所以老师在授课的过程中还应该向学生阐述社会称谓语使用的社会背景，以及相关的功能性、作用性。许昕[2]的《中·韩社会称谓语对比研究与教育法探讨》正是对这一问题进行了说明。在拟亲属称谓语教学方面，何红霞[3]通过采用多种形式对留学生进行考察，从学生的接受程度、称谓语选择、使用来源和所学教材的认可程度等方面，对学生们学习过程中出现的问题进行剖析，提出首先要培养学生学习兴趣，运用电化教学活跃课堂气氛，缩短教学过程；通过不同的电子教学传播方式，让学生们多渠道、更快乐地吸收知识，拥有获取知识的成就感，渴望自主地了解更多的知识内容；同时，可以借鉴"英语角"的教学模式组建"汉语角"，学生们通过演讲比赛等不同的实践活动，更好地理解和使用汉语。

---

[1] 陈佩秋. 日本留学生拟亲称呼语偏误分析 [J]. 汉语学习，2002（6）.
[2] 许昕. 中·韩社会称谓语对比研究与教育法探讨 [D]. 延边大学硕士学位论文，2012.
[3] 何洪霞. 留学生社交称谓语运用调查研究与教学探讨 [D]. 吉林大学硕士学位论文，2008.

从刘箈[①]的研究中可以看出，学生对于社会称谓语使用问题主要出现在：生造、误用、混淆、误加和语篇这五个方面，最高的错误率是"通用称谓语"。提出应通过以下几点来增强教师对汉语社会称谓语教学的意识：①在教学过程中应该让学生们对汉语的社会称谓语有一个整体的认识，不能让学生零散记忆，这样会造成学生在学习过程中的缺失；②深入学生群体，充分了解其所思所想，以及在其学习和使用过程中容易出现的问题进行及时介入，提高学习的有效性；③不能忽视简单错误的出现，细节的学习是十分重要的，同时也要培养学生们在语篇中相关社会称谓语的使用。李忠平[②]经过全面考察呼吁要从社会语言学的角度对教材中的社会称谓语进行分级，可以根据HSK划分为初、中、高三等级。张丽[③]、陈凤梅[④]也分别对《新实用汉语课本》《博雅汉语》中社会称谓语的使用情况提出了自己的看法。

3. 对外汉语社会称谓语对比研究

汉语跟世界多国的语言在称谓语方面的对比研究取得了实质性的进展。对德国、韩国、越南、日本等国的称谓语研究中拥有较为丰富的成果，但是最突出的还是汉语与英语在称谓语中的对比研究。

田惠刚[⑤]先生通过对比中外在亲属、社会、指代、礼貌用语等不同方面社会称谓语的使用情况，全面剖析了中外在称谓系统使用方面的情况，并写成《中西人际称谓系统》一书，是为中英称谓语对比研究结出的硕果之一。葛艳[⑥]从家庭称呼语、泛亲属称呼及家庭称呼语社会化等方面出发，比较了汉语与德语中称呼语的不同定义，探讨出文化差异是中德称呼语不同的根本原因。许昕[⑦]的研究主要是以中韩两国的文化大背景为出发点，根据对两国语言在词义和特点方面的区分，对每种社会称谓语使用方式和具体功能进行研究。构建了中韩两国在称谓语方面的内在和外在的联系。

丸山梅子[⑧]在对中日两国的称谓语方面有所研究，提出了从用法和意义上进行对比研究。首先，从称谓语的词义上来说，两种语言存在差异。比如，中国人在某人

---

① 刘箈. 中高级阶段泰国学生汉语社会称谓语偏误分析[D]. 广西民族大学硕士学位论文，2014.
② 李忠平. 析对外汉语教学中的称呼语教学[D]. 中南大学硕士学位论文，2007.
③ 张丽. 称呼语与对外汉语教学[D]. 西北大学硕士学位论文，2010.
④ 陈凤梅.《博雅汉语》系列教材中的称谓语研究[D]. 云南大学硕士学位论文，2012.
⑤ 田惠刚. 中西人际称谓系统[M]. 北京：外语教学与研究出版社，1998.
⑥ 葛艳. 中德文化差异比较——从中德称呼语的不同谈起[J]，同济大学学报，2001（4）.
⑦ 许昕. 中·韩社会称谓语对比研究与教育法探讨[D]. 延边大学硕士学位论文，2012.
⑧ 丸山梅子. 汉日称谓语比较与教学研究[D]. 中国海洋大学硕士学位论文，2012.

的姓氏前面添加一个"老"字，是可以表示对人敬重的称呼，像"老王、老李、老宋"等。但是如果在日语中使用"老"这个字，表达的就只是苍老、暮年这一类的意思了。所以称谓语存在这样的词义的差别，在使用的时候需要注意。其次，由于文化历史背景的不同，中日在亲属系统上的称谓语也存在差别。在汉语中，对于亲戚的称呼非常多，而且根据男女差异的不同、辈分的区别、以及亲疏远近的关系等，形成的亲属称谓语系统比较复杂，而日本则要简单得多。再次，称谓语在使用时惯用思维也存在差别。在中国，一个单位里的"主任""副主任"其实都可以在姓氏后面使用"主任"这个称谓，传递的是一种对领导的尊重。但是在日本这种称谓是不允许的，如果是"副主任"，那么只能用"副主任"来称呼，决不能使用"主任"这个称谓，这样使用会让领导觉得受到羞辱。金炫兑[①]著有《交际称谓语和委婉语》一书，在附录中对中韩两国的人称、亲属以及社会的称谓语进行了研究。杨悦[②]主要是在中越两国使用称谓语的异同点上进行总结归纳、对比研究。吴氏锦兰[③]则是从两国语言的人称、亲属以及社会的称谓语等不同方面出发，以及两国在历史文化中的渊源为大背景，研究分析两国称谓语产生差异的缘由：①汉语称谓语的面称和背称分工明确。越语称谓语有些称谓词语虽有面称和背称之分，但区分不严格。②越语亲属称谓语也受到了儒家思想、宗法等历史因素的影响，其含义和用法也是较为丰富的，但是相比之下，中国在亲属称谓语方面的使用则更加细致、系统。③两种称谓语不同的构词法透视着两个国家的文化差异。④从社会称谓语的角度来对比，在中国，由于传统的等级观念比较浓厚，所以在称谓语的使用上往往使用的更多是具体的职称或者职衔等，但是在越南的称谓语中更多地使用拟亲属称谓语来进行表达。王明新[④]等从中英两国的文化角度对比了两国在称谓语使用上的不同，在中国由于社会价值观的不同，称谓语的使用多是采用集体主义感明显的词语，而在英国由于更提倡个人价值的实现，所以其称谓语的使用在这方面较为突出。杨丽周[⑤]在中泰两国的语言对比研究中，通过对人称代词的研究发现这两种语言都有着一个相同的发展趋势——在语言系统中的人称代词的作用不断精简，使用数量也呈下降的态势。沈佩琳[⑥]同样从事中泰

---

① 金炫兑.交际称谓语和委婉语[M].北京：台海出版社，2002.
② 杨悦.汉越称谓语的异同及教学策略[J].云南师范大学学报，2006.
③ 吴氏锦兰.汉越称谓语对比研究及其教学应用[D].湖南师范大学硕士学位论文，2012.
④ 王明新，王毅.中西社会称谓语跨文化及价值维度研究[J].管子学刊，2014（3）．
⑤ 杨丽周.汉泰人称代词的称谓功能和语法特征[J].云南民族大学学报，2008（2）．
⑥ 沈佩琳.汉语与泰语的亲属称谓词对比[D].厦门大学硕士学位论文，2008.

两国的语言对比研究工作,其研究的方向主要从词汇、语法、文化、谱系等方面进行,分析两者的共同点和区别,并通过问卷调查的方式来分析中泰两国在亲属称谓语方面的使用情况。职业称谓词语的研究方面庄巧凤[1]对中泰两国的社会称谓语进行了对比研究,从感情色彩、口语与书面语表达、外来和本国用语三个方向进行了职业称谓的剖析,比较两者的相同点和不同点。魏清[2]在对中泰两国的称谓用语方面主要做了亲属和社会两个系统的对比研究,将研究方向定为:称谓语种类、构成和使用原理、词汇含义。研究成果体现在:民族性、感情色彩、年龄、性别、身份、动机、人际关系和环境是决定汉泰称谓语使用差异的几种相关因素。魏清还通过对两国相关联的词汇里的称谓语进行两方面(词语含义和词汇发音)的对比分析,得出两国的称谓语都是以古汉语的意思为源头,只是随着历史的变迁以及地理位置的差异,从而导致了其在词汇发音上面的差别。文光[3]在中泰两国称谓语上分析了使用情况的差别,主要是称谓语和姓名的使用放置在不同的位置。这就是通过对人称、姓名、职位等方面的称谓语进行比对后的研究结果。

纵观上述研究,20世纪90年代以后,对于称谓语的相关研究和分析逐日递增,所涉及的内容也朝着多元化的方向发展。在我查阅相关文献过程中,认为汉语与其他民族语言的对比研究资料十分丰富,并从亲属、社会等称谓语的方面进行了大量的研究。虽然对比研究的内容有很多,但从对调查者角度研究出发研究汉语社会称谓语的力度还不够,研究内容也不够丰富和深入。从查找的这些资料文献中不难发现,以日韩、以泰国等东南亚国家和欧美国家留学生为研究对象的汉语社会称谓语的研究较多。但是,专门针对中亚留学生汉语社会称谓语进行的研究是有待进一步地深入挖掘。所以,在这一方面我们需要均衡研究成果。

二、汉语社会称谓语的概述

(一)社会称谓语的界定

为了确定本研究的内容和范围,在探讨汉语社会称谓语问题之前,先要对汉语中社会称谓语做出一定的解释说明。

---

[1] 庄巧凤.现代汉泰职业称谓词语的对比分析[J].现代语文,2012(2).
[2] 魏清.汉泰语相关词中的社会称谓语[J].云南师范大学学报,2005(4).
[3] 文光.中印尼称谓语对比及教学策略[D].山东师范大学硕士学位论文,2015.

称谓语主要分为：社会称谓语和亲属称谓语。社会称谓语主要用以社会生活的交流领域，不包含亲属关系范畴，不涉及婚姻、法律、血亲等特殊因素，只是单纯地依据一定的社会关系而产生的称谓语，而且社会称谓语的使用比较统一化；亲属称谓语则是包含了婚姻、法律、血亲等特殊因素，会涉及亲属关系之间的人群进行使用，由于受到历史原因、文化背景等因素的影响，亲属称谓语在经历了漫长的发展之后，形成了自己的体系，在书面表达上称呼为"父亲""母亲"，在口语的表达上则会称呼为"爸爸""妈妈"，这样的差别在亲属称谓语上体现的比较明显。

不同学者对于"社会称谓语"做过不同的研究，对其的定义主要分为：

马宏基、常庆丰（1998）在《称谓语》一书中这样定义称谓语：首先对象是人，社会称谓语的来源应该是从人们的性别、职位、地位等信息中提炼出来的，从这里可以体现出人们在社会生活交流过程中的所使用的名片。虽然到目前为止，"称呼"和"称谓"这两项的概念是否能统一仍在学者们的探究中，但不可否认的是："称谓"在诸多的研究资料文献中都展现了其与时俱进和覆盖面广的特点，具有更大的现实意义。

崔希亮在 1996 出版的《现代汉语称谓系统与对外汉语教学》一书中是这样定义的：社交称谓是主要适用于社会交流的过程中，或者是对有专属身份和地位的人群的礼貌性的称谓。

田惠刚在《中西人际称谓系统》指出：社会称谓主要按照人的相关职位、职称、头衔等进行使用，这样的使用方法可以体现出对方所处的社会地位，在社交过程中十分重要。

曲彦斌在《中国民俗语言学》中指出：社交称谓是对人们在社会交流过程中的社会关系的一种有效体现。

来鲁宁、郭萌在《称呼语及其语用功能》中指出：社交称谓是人们在社会交流的场景中实现相互之间的关系的一种具体表现形式。相较于亲属称谓，社交称谓能够更加直接的展现当前生活环境和大的时代背景，能凸显当前的时代特色、民族特色、阶级关系、社会关系等色彩，同时在不同的语言环境中的使用也更为灵活。

总结归纳起来，虽然对"社会称谓语"定义有所不同，叫法也有差别，但社会称谓语用来进一步表示人与人之间的各种社会关系网，它主要充分展现了人的社会地位和所扮演的社会角色所使用的名称。

值得一提的是，我国社会成员之间的称谓方式是多种多样，并且也会随着社会制度的发展和经济水平的不断提高而不断改变。所以，汉语社交称谓语系统体系繁多庞杂。就是因为它具有全面性和复杂性，为了更好地方便人们使用就统一归纳为使用汉语普通话，不考虑历史和地域变体等等因素。

（二）汉语社会称谓语的分类

主要是因为汉语社会称谓多种多样，与亲属称谓主要按照血缘关系的亲疏进行比较和分析，社会称谓语的分类标准的不同使用情况也很复杂，社交称谓语的分类众说纷纭，学界也是看法不一，为了进一步了解中亚留学生的社会称谓的发展现状，和本文的研究重点保持一致，搜集了大量的数据和资料，社会称谓语比较集中的有几种划分方法：

崔希亮（1996）"针对交际功能而言，可以将其划分为以下几个层面次：代词称谓、亲属称谓、亲昵称谓和戏谑称谓等等"。

曲彦斌在《中国民俗语言学》（1996）社交称谓分为非亲属称谓和语境称谓这两种方式。而且非亲属称谓也包括人称姓名等等称谓。语境称谓也包括敬称、谦称、昵称等等。

马宏基，常庆丰在《称谓语》（1998）中对社交称谓进行了详细的划分；主要将适用范围和对象数量作为基本的划分标准，可能会因为适用范围和对象数量的不同而存在不同的称谓。

丁安仪（2001）在《当代中国社会关系称谓》中主要利用语用角度和语义的方式进行了划分；泛称社会关系称谓、借称社会关系称谓、职务职业社会关系称谓。金炫兑在《中西交际称谓与委婉语》（2002）对社会称谓语的分类，他按照社交活动中的不同情况，将汉语社会称谓划为多种不同的类型，分别为通用称谓，姓名称谓、恭敬称谓语。

田昊罡在《欧美学生汉语社交称谓语学习使用情况调查及教学策略研究》（2008）提出，将汉语亲属称谓词和社交称谓词作为基本的划分标准，可以进一步细分为：人称代词、姓名称谓词、亲属称谓词、职业称谓词等等。"不同的分类方式展现了汉语称为系统分类的难度系数存在差异。多种多样的划分标准增加了汉语学习者学习汉语的难度。

综合各家分类现状，文章对社会称谓划分为以下几种类别：职衔称谓、姓名称谓、关系称谓、通用称谓、拟亲属称谓。在这同时需要注意的是，在汉语的交际过程当中，用亲属称谓和自己没有亲属关系的人进行交流是非常普遍的一种现象，这种现象带有很强的中华民族特色，部分学者也将其称作为"亲属称谓语泛化"或"亲属称谓的外化"。为了人们使用方便，在本论文中主要使用"拟亲属称谓"的提法。需要关注的有两点。本文将零称谓语融入社会称谓语的范畴之内，比如"您好""不好意思……""请问……""对不起，打扰一下……"等词语。我们认为所谓的零称谓语只是起到了发起谈话的作用，只是在日常交际中习惯用礼貌用语来开始一段对话，一方面没有表明自己的身份，也没有彰显出双方的关系，因此不能称作称谓语，更不属于社会称谓语的范畴。第二个就是代词称谓，我国学术界在分析称谓问题上还存在着很多的矛盾，有的学者认为其不关乎称代词，但崔希亮（2000）认为"人称也是一种独特的称谓形式。"但在这里的人称代词和其他的人称代词存在着明显的不同。本论文所指的社会称谓语主要是指：现代汉语之中规范化的称谓形式，代词称谓并不属于本文研究的范畴，因此，本论文无法进行深入的分析。

在本研究中，我们将社会称谓语分成以下五类：职衔称谓、姓名称谓、关系称谓、通称称谓、拟亲属称谓。社会称谓语的选择是根据国家汉办考试中心制定的《汉语水平词汇与汉字等级大纲（修订本）》中甲、乙、丙级词语中的社会称谓语进行选择的，具体阐述如下：

1. 职衔称谓语

中国的封建社会历经二千多年，封建社会的伦理道德深深地影响着每一个中国人，无论是过去还是现在，很明显的一个例子就是在对人的称谓上。在我国，以职业为头衔的称谓深受孔子"名不正言不顺"这一思想的影响。但在现代，职业已没有了高低贵贱之分，以职业相区别的称谓常常用在工作或学习场合中，以一个人的职业或头衔作为称谓语在汉语中十分普遍。以职业头衔来称呼对方，有很大的好处，那就是不论是否与对方熟悉，都可以很好地与对方建立良好的沟通。常用的职称称谓有职业称谓与头衔称谓。

2. 职业称谓

职业称谓是指对一个人所从事的职业名称来直接称呼对方，这些职业比如有工人、大夫、商人以及老师等。随着社会的发展，社会分工日益细化，出现了很多新的职业，一些新的称谓也随之出现，比如快递员等。与传统的称谓在结构与认识没有多少出入，所以很容易得到人们的认可。职业称谓是一个较开放的系统，它的变化和发展是不断进行的，社会经济的快速发展，也是职业称谓不断发展的一个动力。

3. 头衔称谓

这一种称谓是对对方的职业职称、官衔职务来称呼，职业职称诸如"讲师、教授"，官衔职务的诸如"部长、局长"等。

人们的彼此称谓表面上是一种语言的表达方式，但实质是人们对社会规范以及社会等级的一种认同，从而在日常的称谓上反映出来。需要说明的是，在汉语里，可以直接称呼对方的头衔或者在对方头衔前加上对方的姓氏，来作为对对方的称谓，以职业加姓氏的称谓有：张老师、王大夫、韩导演、王警官等；以职衔称谓为例：王省长、刘局长、吴书记、王经理等。

4. 姓名称谓语

人们在社会中相互区别的标识就是一个人的姓名，它是人与人之间交流必要的一种工具，是人们利用语言符号区别他人的标志。伴随着社会经济的快速发展，社会文化也更加丰富，人们的生活、心理的变化也更加多样化，姓名这种称谓也有了更加鲜明以及多样化的表现形式。从语言学这样的角度出发可以发现，姓氏和名字这两个要素组成了姓名这个称谓，如"王丽娜"、这是姓名的本称；那"老王""小王"是姓名的变称。姓名本称可以方便地与称谓进行组合，组成复合称谓，如：王丽娜老师、王丽娜同志、王丽娜阿姨等。

5. 关系称谓

关系称谓是指人与人之间所具有的社会关系的区别，作为对方的称谓有：老乡、战友、同学、朋友等，这类的称谓通常单独使用，不与姓氏或者名字来共同使用，这是因为关系称谓的着重点是强调双方的关系，不是体现某一方的身份，比如"老乡"这个关系称谓，强调的是一种"老乡"关系。这里值得一提的是同志这个称谓，"同志"这个称谓在新中国成立之时以及在改革开放以前，是用途极为广泛的，对熟悉的人以及不熟悉的人，都可以用"同志"这个称谓来与对方交流；但到了现在，由于网络的普及，人们与外界的交往更加方便，新东西接触的也更多，"同志"这个称谓渐渐发生了变化，在网络用语中成为同性恋这一现象的代名词。

6. 通用称谓语

通用称谓语没有特定的对象，在日常的社会交往中使用是最为广泛的，通常是根据被称呼者的年龄、身份以及职业等进行相应的区分，但这种区分是比较随意的，并不十分严格，通用称谓语的特点是可用于社会各界人士，但通用称谓语的数量不太多，常用的有先生、女士、老板、同志、师傅等，其使用范围是最为广泛的，同时它的含义使用度也是最广泛，它随着社会的发展而处于不断变化中，下面本文以简单的例子来对使用情况进行说明。

在古代，"师傅"这一称谓通常是对老师的尊称，发展到现代社会，其本义是对一些具有丰富经验和技能的老工人的一种尊称，但现在"师傅"这一称谓语的应用就更加的广泛了，对凡是有技能的人都可以称之为"师傅"，比如出租车司机师傅，家电维修师傅，锅炉工师傅等。还有"老板"这个通用称谓语，其最初是雇员对雇主的一种称呼，体现的是两者之间的雇佣关系。但发展到现在，其应用范围也得到了极大地扩大，我们到商店去买东西，到菜市场买菜，我们可以称店主为老板。

本研究中所采用的社会称谓语，是现代汉语中标准的社会称谓语，不考虑通用称谓语的时间变体。因此不考虑时间变体中变换的通用称谓语

7. 拟亲属称谓语

在中国社会中，浓厚的人情味非常明显。在称谓上有很充分的体现，比如，在日常交往的过程中，不知该怎么称呼对方，而且对方是与自己没有血亲关系。"叔叔"就是一个很好的例子。对一个年长于我们的男子，我们可以称之为"叔叔""大叔"，但双方之间不存在任何亲属血缘关系。以及在有求于陌生人时也经常使用，更多时候这种称谓是用来"套近乎"的，亲属称谓语对不一定存在血缘关系的人的称呼，是对对方的一种尊重，也可以接近彼此之间的距离，消除陌生感，从而更好地进行交流，但是在这种场合，亲属称谓语的词意已经发生了一定的变化，基本上已不属于传统的亲情称谓语，在这里，我们称之为拟亲属称谓语，常用的有大哥、大姐、大叔、大妈、大爷等，这种称呼可以在一定程度上拉近双方的内心距离，消除对方的心戒备，可以在很大程度上增加双方交流的效果，这种应用于日常交往中的拟亲属称谓，从一个侧面也反映了中国传统家族观念在中国人心中的地位。使用拟亲属称谓语要合理把握分寸，首先要注意对方与自己的年龄情况，是否适合利用亲属称谓来拉近双方距离；其次，要注意对方的年龄情况，来决定使用何种称谓；比如对一个年龄相差不多的人，可以用大哥、老弟这样的称谓，对一个年轻人使用大爷、大妈这样的称谓明显不合适，所以拟亲属称谓在实际使用过程中不能不变的，灵活的使用可以使双方建立一种良好的关系，可以使对方产生一种亲和感，对双方增进交流是有很好的作用的。

三、中亚留学生汉语社会称谓语的使用情况调查

（一）中亚留学生汉语社会称谓语的使用情况调查设计

1. 调查目的

随着我国"一带一路"倡议的提出，与中亚国家的交往日渐活跃，越来越多的中亚国家的留学生到中国进行学习，他们对社会称谓语的熟练运用对社会生活和汉语学习是很有必要的。针对其使用现状，本文对中亚留学生进行了调查研究，我们利用问卷调查的方法来收集样本，对回收的问卷进行归纳整理，对数据进行统计分析，从而比较全面的了解中亚国家留学生在交往中社交称谓语的使用情况，并根据调查结果发现问题、分析原因并且提出相应有效的面向中亚留学生的社会称谓语学习建议。

2. 调查设计

在问卷设计中，考虑到留学人员的汉语水平，决定调查问卷使用中俄两种语言，以便不同水平的留学生阅读、理解和回答问题。本次调查发放的调查问卷为205份，对205名中亚国家的留学生进行了调查，其中回收的有效问卷为199份，调查问卷包括以下几个内容：

（1）问卷说明。这一部分主要是针对被调查者，向他们介绍此次调查的目的以及调查内容，同时向被调查者承诺保证他们的个人信息不会公开，希望他们积极参与。

（2）被调查者的个人信息。包括性别、年龄、国籍、接触汉语时间等，这些信息对这些留学生对社会称谓语的学习有很大关系，所以这方面的信息情况也是十分必要的。

（3）问卷的具体内容。这部分是调查最基本的内容，包括两个部分，一是社会称谓语题型，一是日常的学习使用情况。有18道单选题，每题有四个选项，分别是A、B、C、D，这四个选项中一个是正确的，另三个是干扰项；第二部分是调查留学人员对汉语社会称谓语主观认知情况，其中包括具体的掌握情况、对此的学习态度、日常的使用情况以及学习途径，这部分设置了9道选题，其中2道是多项选择，7道是单项选择。

情况如下表：

表3-1　中亚留学生汉语社会称谓语的使用情况调查设计

问卷项目	考题内容	数据处理
第一部分	被测学生的基本情况	对填写情况进行汇总记录
第二部分	汉语社会称谓语题型	将全部留学生合并统计 计算出每条题目每个选项的百分比 计算出汉语社会称谓语不同类型的正确率
第三部分	留学生汉语社会称谓语主观认知情况	计算出全体学生每个选项百分比

调查结果的正确度与可信度，取决于被调查者在回答问题时是否排除了其他的不必要因素的影响，专心在问卷设计上，为了消除被调查者的顾虑，使他们认真填写，注明了这样一条："希望你认真如实地填写答案，对你的协助表示真诚的感谢，问卷仅供研究和学习目的，我们对你的信息和对问题的回答会严格保密！"减少被调查者的抵触情绪和担心因为测试想要提高正确率引起的抄袭他人等问题。

另外，考虑到中亚留学生的汉语水平有限，在问题的设计中，主要是从实际交际的需要和使用习惯方面进行考虑，选取的问题多是一些比较简单的，常用的社会称谓语。为避免题目中出现不理解设置的问题，我们对问卷采用了汉文、俄文两种语言，确保不同汉语水平的中亚留学生都能顺利完成问卷。

3. 调查过程

在进行正式调查前，首先对10个留学生预调查。目的是检验问卷设计的合理性，并根据反馈的问题进行问卷调整，使其可操作性大大提高。正式的调查时间是在2018年10月～11月之间，与学校管理部门进行协调后，利用学生晚自习时间进行调查，采用的是当堂填写，当堂回收，调查人员起到疑难解答及现场监督的作用，在问卷填写过程中，要独立完成，不能查阅字典及其他工具，不能相互商量，以保证问卷调查的质量，调查人员对被调查对象的疑难问题应该给予解答。

（二）调查结果与分析

1. 测试者背景情况

本次共发放问卷205份，回收199份。其中留学生的个人信息情况见下表：

表3-2　个人信息分布情况

个人信息	取值	频率	百分比（%）
性别	男	106	53.3
	女	93	46.7

个人信息	取值	频率	百分比（%）
年龄	15-20	38	19.1
	21-25	141	70.9
	26-30	16	8.0
	30以上	4	2.0
国籍	哈萨克斯坦	64	32.2
	塔吉克斯坦	33	16.5
	吉尔吉斯斯坦	69	34.7
	乌兹别克斯坦	24	12.1
	土库曼斯坦	9	4.5
年级	预硕	35	17.6
	大学二年级	37	18.6
	大学三年级	31	15.6
	大学四年级	23	11.6
	研究生一年级	59	29.6
	研究生二年级	14	7.0
学习汉语的时间	半年	13	6.5
	一年	11	5.5
	一年以上两年以下	53	26.6
	两年以上	122	61.3
HSK等级	未参加	55	27.6
	中级	53	26.6
	高级	91	45.7

表3-2为个人信息的一个直观的分布情况，从中可以清晰看出调查留学生男女、各个年龄段、各个国家、各个年级、各个学习汉语的时间段、各个HSK等级的人的频率情况，可以看出，此次调查，男女、各个年龄段、各个国籍、各个年级、各个学习汉语的时间段、各个HSK等级的人均有选取，所以此次调查的对象具有一定的代表性。但是需要说明的是新疆师范大学中亚留学生各个国家比重本身就有一些偏差，尤其是土库曼斯坦的学生人数为数不多。

2.汉语社会称谓语使用情况

在汉语称谓语的使用情况这类选题中，针对五种社会称谓语进行了调查，这五类社会称谓语的组成包括：职称、姓名、通用、关系以及拟亲属这五类称谓语。如表 3-2 所示。

表 3-3 试题与考查内容对应表

类别	试题
职衔称谓	第 1、2、3、4、5、6 题
姓名称谓	第 7、8 题
关系称谓	第 9、10 题
通用称谓	第 11、12、15、16、17、18 题
拟亲属称谓	第 13、14 题

分别分析如下：

表 3-4 1.老师说要在班级选出一名同学当_____，帮助老师管理班级。

		频率	百分比	有效百分比	累积百分比
有效	队长	9	4.5	4.5	4.5
	老大	18	9.0	9.0	13.6
	领导	13	6.5	6.5	20.1
	班长	159	79.9	79.9	100.0
	合计	199	100.0	100.0	

从第 1 题中可知，在班级能够帮助老师管理班级的学生应该是"班长"。中亚留学生从四个选项中依次选择的比重为：A 选项"队长" 4.5%、B 选项"老大" 9.0%、C 选项"领导" 6.5%、D 选项"班长"约 79.9%。

表 3-5 2.你在校园里看到了你的汉语老师张晓丽（女性），你应该怎么跟她打招呼？

		频率	百分比	有效百分比	累积百分比
有效	小姐	8	4.0	4.0	4.0
	张老师	171	85.9	85.9	89.9
	张先生	6	3.0	3.0	93.0
	张教师	14	7.0	7.0	100.0
	合计	199	100.0	100.0	

在第 2 个问题当中可以发现，在学校选择对方为"张老师"。中亚留学生从四个选项中依次选择的比重为：A 选项"小姐" 4.0%、B 选项"张老师" 85.9%、C 选项

"张先生"3.0%、D选项"张教师"7.0%。正确占比为74%，多数可以正确使用。

表3-6　3.为了更好地照顾两个小孩儿，妈妈决定请一名＿＿＿＿＿＿帮忙。

		频率	百分比	有效百分比	累积百分比
有效	保人	19	9.5	9.5	9.5
	保姆	157	78.9	78.9	88.4
	顾问	12	6.0	6.0	94.5
	工人	11	5.5	5.5	100.0
	合计	199	100.0	100.0	

第3题应该选择"保姆"。在四个问题选项中中亚留学生称呼对A选项"保人"（生造词）9.5%、B选项"保姆"79%、C选项"顾问"6.0%、D选项"工人"5.5%，选择正确的占比为79%。

表3-7　4.张星是公司的总经理，你是这家公司的职员，你应该怎么称呼张星?

		频率	百分比	有效百分比	累积百分比
有效	张经理	111	55.8	55.8	55.8
	张星	24	12.1	12.1	67.8
	张先生	58	29.1	29.1	97.0
	小张	6	3.0	3.0	100.0
	合计	199	100.0	100.0	

这题考查的是职衔称谓中的头衔称谓，中亚留学生从四个选项中依次选择的比重为：A选项"张经理"55.8%、B选项"张星"12.1%、C选项"张先生"29.1%、D选项"小张"约3.0%。虽然B、C、D三个选项本身都没有错误，但是适合用于下级对上级，还是使用"张经理"最为合适。由上表3-7可知过半的人选择了"张经理"还有将近一半的人发生了偏误。

表3-8　5.你的朋友张晓丽是你所在单位的处长，而你只是一名普通职工，在单位时你应该怎么称呼她?

		频率	百分比	有效百分比	累积百分比
有效	晓丽	15	7.5	7.5	7.5
	张晓丽	66	33.2	33.2	40.7

		频率	百分比	有效百分比	累积百分比
	张处长	107	53.8	53.8	94.5
	朋友处长	11	5.5	5.5	100.0
	合计	199	100.0	100.0	

从第 5 题中可知，这题考查的依旧是职衔称谓。C 选项"张处长"最合适，因为在工作场合，直呼领导的姓名是不礼貌的，中亚留学生从四个选项中依次选择的比重为：A 选项"晓丽"7.5%、B 选项"张晓丽"33.2%、C 选项"张处长"53.8%、D 选项"朋友处长"5.5%。由上表 3-8 可知，近一半的留学生出现了偏误。

表 3-9　6. 张明是一名警察，他在街上巡逻时发现一家珠宝店遭到了抢劫，他马上向上级请求帮助，"报告，_____。××路××珠宝店发生抢劫，请求支援！"

		频率	百分比	有效百分比	累积百分比
有效	警察官	108	54.3	54.3	54.3
	警官	64	32.2	32.2	86.4
	上司	19	9.5	9.5	96.0
	领导	8	4.0	4.0	100.0
	合计	199	100.0	100.0	

上题的正确选项是 B，A 选题"警察官"是一个生造词；C 选题"上司"通常是在背后称呼；D 选项"领导"范围过大，而且不够正式。中亚留学生从四个选项中依次选择的比重为：A 选项 54.3%、B 选项 32.2%、C 选项 9.5%、D 选项 4.0%。由表 3-9，可知中亚留学生对这部分称谓语掌握较薄弱，正确率为 32.2%。

表 3-10　7. 你工作几年后，公司来了一位姓张的年龄比你小的新人，你应该怎么称呼他？

		频率	百分比	有效百分比	累积百分比
有效	小张	111	55.8	55.8	55.8
	张先生	69	34.7	34.7	90.5
	老张	11	5.5	5.5	96.0
	弟弟	8	4.0	4.0	100.0
	合计	199	100.0	100.0	

从第 7 题可以看出，应该选择"小张"这个选项。而选项"张先生"比较正式，

不太适合用于同事之间，C 选项"老张"适合对年长者的称呼，D 选项"弟弟"并不适合同事之间。中亚留学生从四个选项中依次选择的比重为：A 选项"小张"55.8%、B 选项"张先生"34.7%、C 选项"老张"5.5%、D 选项"弟弟"4.0%。由表格 3-10，可知中亚留学生过半的学生选择正确，正确率为 55.8%。

表 3-11　8.王丽娜是你的好朋友，平时你应该怎么称呼她？

		频率	百分比	有效百分比	累积百分比
有效	王丽娜	26	13.1	13.1	13.1
	丽娜	123	61.8	61.8	74.9
	王同志	16	8.0	8.0	82.9
	朋友	34	17.1	17.1	100.0
	合计	199	100.0	100.0	

从第 8 题可以看出，应选择 B 选项"丽娜"最为合适。因为称呼"丽娜"最为亲切。中亚留学生从四个选项中依次选择的比重为：A 选项"王丽娜"13.1%、B 选项"丽娜"61.8%、C 选项"王同志"8.0%、D 选项为 17.1%。由表格 3-11 可知正确率为 61.8%，人数过半的留学生选择正确。

表 3-12　9.你觉得"老朋友"是什么意思？

		频率	百分比	有效百分比	累积百分比
有效	年纪大的朋友	20	10.1	10.1	10.1
	经常见面的朋友	14	7.0	7.0	17.1
	认识很久的朋友	148	74.4	74.4	91.5
	所有朋友中年纪最大的	17	8.5	8.5	100.0
	合计	199	100.0	100.0	

第 9 题中我们可以看出正确答案应该是选项 C"认识很久的朋友"，但是"老朋友"中"老"字很多留学生产生了歧义，认为"老"代表的是年龄最大的意思，导致选项错误，主要集中在 A 选项和 D 选项。中亚留学生从四个选项中依次选择的比重为：A 选项 10.1%、B 选项 7.1%、C 选项 74.4%、D 选项 8.5%。由表格 3-12 中得知正确率为 74.4%，可知留学生关系称谓掌握较乐观。

表 3-13　10. 在中国留学时，你认识了一个跟你来自同一个城市的人，他是你的＿＿＿＿＿＿＿。

		频率	百分比	有效百分比	累积百分比
有效	老乡	101	50.8	50.8	50.8
	同行	65	32.7	32.7	83.4
	老家	20	10.1	10.1	93.5
	家乡	13	6.5	6.5	100.0
	合计	199	100.0	100.0	

在第 10 个问题当中可以发现，应该选择 A 选项"老乡"，老家和家乡通常是指位置，而不是指人，在这一选题中，最大的干扰项是"同行"这一选项，留学人员容易受这一选项影响。中亚留学生从四个选项中依次选择的比重为：A 选项"老乡"50.8%、B 选项"同行"32.7%、C 选项"老家"10.1%、D 选项"家乡"6.5%。由上表可知，正确率为 50.8%。

表 3-14　11. 一天，你出门时看到一个小男孩儿自己站在马路上哭，你想过去询问一下发生了什么事情，你应该怎么称呼小男孩儿？

		频率	百分比	有效百分比	累积百分比
有效	小朋友	122	61.3	61.3	61.3
	儿童	37	18.6	18.6	79.9
	小伙子	37	18.6	18.6	98.5
	小姑娘	3	1.5	1.5	100.0
	合计	199	100.0	100.0	

从第 11 题中可以看出，A 选项"小朋友"最为合适。"儿童"不能用于面称；"小伙子"适合年长者称呼青年男子；"小姑娘"性别有误。留学生对四个答案的选择比例：A 选项"小朋友"61.3%、B 选项"儿童"18.6%、C 选项"小伙子"18.6%、D 选项"小姑娘"1.5%。由上表可知，正确率过半为 61.3%。

表 3-15　12. 乘坐出租车时，你怎么称呼开车的人？

		频率	百分比	有效百分比	累积百分比
有效	先生	29	14.6	14.6	14.6
	司机	80	40.2	40.2	54.8
	大爷	22	11.1	11.1	65.8
	师傅	68	34.2	34.2	100.0
	合计	199	100.0	100.0	

从12题可以看出，此题应选择D选项"师傅"。A选项"先生"多用在外交场合，用词不当；B选项"司机"直接称呼出租车驾驶员，不太礼貌；C选项"大爷"用于尊称老年人；中亚留学生从四个选项中依次选择的比重为：A选项"先生"14.6%、B选项"司机"40.2%、C选项"大爷"11.1%、D选项"师傅"34.2%。此题考察的是通用称谓语，由表3-15可知，此题答题状况并不乐观，正确率仅有34.2%。

表3-16　13.你想去红山公园，想跟一位70岁左右的老人问路，你应该怎么称呼他？

		频率	百分比	有效百分比	累积百分比
有效	老人	80	40.2	40.2	40.2
	老人家	70	35.2	35.2	75.4
	古人	31	15.6	15.6	91.0
	路人	18	9.0	9.0	100.0
	合计	199	100.0	100.0	

从第13题可以看出，选择B选项最合适；其余A选项"老人"、D选项"路人"不能用于面称；C选项"古人"是指古代的人；中亚留学生从四个选项中依次选择的比重为：A选项"老人"40.2%、B选项"古人"35.2%、C选项"古人"15.6%、D选项"路人"9.0%。由表3-16得知正确率仅有35.2%。

表3-17　14.张明在校园里自己经营了一家水果店，你去买水果想询问价钱时应该怎么称呼他？

		频率	百分比	有效百分比	累积百分比
有效	售货员	53	26.6	26.6	26.6
	服务员	20	10.1	10.1	36.7
	先生	27	13.6	13.6	50.3
	老板	99	49.7	49.7	100.0
	合计	199	100.0	100.0	

张明是水果店的老板，正确选项是老板；"售货员"是出售货物的工作人员，"服务员"是指服务行业中的工作人员；"先生"不合适。中亚留学生从四个选项中依次选择的比重为：A选项"售货员"26.6%、B选项"服务员"10.1%、"先生"13.6%、"老板"49.7%。由上表3-17可知，在这个问题上，正确率是比较低的。

表 3-18　15. 你在乘坐汽车、船、飞机等交通工具时，你的身份是什么？

		频率	百分比	有效百分比	累积百分比
有效	游客	94	47.2	47.2	47.2
	客户	32	16.1	16.1	63.3
	用户	9	4.5	4.5	67.8
	乘客	64	32.2	32.2	100.0
	合计	199	100.0	100.0	

从第 15 道题可以看出，正确答案应该是选项 D "乘客"。其余三个选项虽然都是身份称谓语，但每个称谓语所用场合不同。A 选项"游客"一般是游览的人；B 选项"客户"一般指顾客、客商；C 选项"用户"是指使用人、消费者；中亚留学生从四个选项中依次选择的比重为：A 选项"游客"47.2%、B 选项"客户"16.1%、C 选项"用户"4.5%、D 选项"乘客"32.2%。由上表 3-18 可知，正确率仅为 32.2%。

表 3-19　16. 如果你在学校附近租房子，租给你房子那个人是你的_____。

		频率	百分比	有效百分比	累积百分比
有效	主人	31	15.6	15.6	15.6
	主管	32	16.1	16.1	31.7
	股东	9	4.5	4.5	36.2
	房东	127	63.8	63.8	100.0
	合计	199	100.0	100.0	

从第 16 题可以看出，选择选项 D "房东"合适。其余选项"主人""主管""股东"都无关。中亚留学生从四个选项中依次选择的比重为：A 选项"主人"15.6%、B 选项"主管"16.1%、C 选项"股东"4.5%、D 选项"房东"63.8%。由上表 3-19 可知，正确率为 63.8%。

表 3-20　17. 你去你的同学家做客，你应该怎么称呼同学的妈妈？

		频率	百分比	有效百分比	累积百分比
有效	女士	17	8.5	8.5	8.5
	美女	31	15.6	15.6	24.1
	阿姨	132	66.3	66.3	90.5
	大妈	19	9.5	9.5	100.0
	合计	199	100.0	100.0	

此题应该选择"阿姨"。"女士"过于正式;"美女"用来称呼长辈显得不礼貌;"大妈"也不恰当,显得不礼貌。中亚留学生从四个选项中依次选择的比重为:A 选项"女士"8.5%、B 选项"美女"15.6%、C 选项"阿姨"66.3%、D 选项"大妈"9.5%。由上表 3-20 可知,正确率为 66.3%。

表 3-21 18. 在公交车上,你想给一位 60 岁左右的男性让座,你应该怎么称呼他?

		频率	百分比	有效百分比	累积百分比
有效	老头儿	25	12.6	12.6	12.6
	大爷	142	71.4	71.4	83.9
	老男人	24	12.1	12.1	96.0
	帅哥	8	4.0	4.0	100.0
	合计	199	100.0	100.0	

"大爷"这个称呼是恰当的,是对年长的男性正常的称呼。"老头儿"这个称呼很不礼貌;"老男人"也很不礼貌;"帅哥"称呼年龄大的人很不庄重。留学生的选题比例分别是:A 选项"老头儿"12.6%、B 选项"大爷"71.4%、C 选项"老男人"12.1%、D 选项"帅哥"4.0%。由上表 3-21 可知,正确率为 71.4%。与前几道通用称谓语的题型相比此题正确率高了很多,但整体上留学生在通用称谓语掌握上欠缺些。

从整体上分析,每道题的正确率如表 3-22,由高到低排列。

表 3-22 测试题正确率统计表

题项	正确率
二 2	85.93%
二 1	79.90%
二 3	78.89%
二 9	74.37%
二 18	71.36%
二 17	66.33%
二 16	63.82%
二 8	61.81%
二 11	61.31%

题项	正确率
二 4	55.78%
二 7	55.78%
二 5	53.77%
二 10	50.75%
二 14	49.75%
二 13	35.18%
二 12	34.17%
二 6	32.16%
二 15	32.16%

表 3-23 各类社交称谓语正确率统计表

类别	正确率
职衔称谓	64.41%
关系称谓	62.56%
姓名称谓	58.79%
通用称谓	54.86%
拟亲属称谓	42.46%

由表 3-23 可见，中亚留学生社会称谓语使用平均正确率最高的是职衔称谓，为 64.61%；正确率最低的是拟亲属称谓语，为 42.46%。其中，第 13 题的正确率低于平均正确率。第 6 题和第 15 题的正确率最低，为 32.16%。第 2 题的正确率最高，为 85.93%。

可见，通用称谓和拟亲属称谓语这两个选项的出错率是比较高的，说明这是留学生在称谓语中学习的难点，在教学中对此要加以注意。其中，留学生掌握拟亲属称谓程度较低是由于拟亲属称谓语是以亲属称谓语为基础演化而成的，由于词义的泛化和扩大形成。但中亚留学生在中国没有血缘关系，由血缘建立的亲属关系很少使用，中亚留学生对此概念模糊，以及中亚留学生对跨文化交际对不同社会文化的不了解造成了这一现象。在通用称谓语的掌握上主要是体现了语言的动态性以及语言词义的扩大及缩小造成学生掌握程度较低的现象出现。

3. 留学生汉语社会称谓语主观认知情况

问卷的第三部分是对留学生对称谓语的学习途径与看法，这是一类自由填写的

题目,答案不固定,如下表:

表 3-24 试题与考查内容对查表

类别	题型
掌握情况	第 1 题
使用情况	第 2 题
学习途径	第 3、8 题
学习难点	第 5 题
学习态度	第 6、7 题
课堂教学和教材涉及	第 4、9 题

分别分析如下:

表 3-25 三 1 你觉得自己对汉语社会称谓语掌握的怎么样?

		频率	百分比	有效百分比	累积百分比
有效	全部,都理解并且会使用	48	24.1	24.1	24.1
	大部分,但是有些词不知道是怎么用	98	49.2	49.2	73.4
	小部分,很多词是第一次看到	33	16.6	16.6	89.9
	非常少,只理解几个常用的	20	10.1	10.1	100.0
	合计	199	100.0	100.0	

可以看出此题主要目的是了解中亚留学生对社会称谓语掌握情况。由表 3-25 可以看出,各个频率段的人分别为 48、98、33、20,分别占比 24.1%、49.2%、16.6%、10.1%。有 49.2% 的被调查人员可以掌握大部分社会称谓语,但有些仍然不能熟练运用。

表 3-26 三 2 你在日常交际中是否经常使用汉语社会称谓

		频率	百分比	有效百分比	累积百分比
有效	经常使用	78	39.2	39.2	39.2
	偶尔使用	99	49.7	49.7	88.9
	不经常使用	22	11.1	11.1	100.0
	合计	199	100.0	100.0	

第2题主要是考察中亚留学生平时称谓语的使用频率,由表3-26可以得知,被调查对象在日常交往中,对称谓语的使用程度方面,经常使用、偶尔使用、不经常使用的各个频率段的人分别为78、99、22,分别占比39.2%、49.7%、11.1%。其中,占比最大的是偶而使用,其次是经常使用,最后是不使用,这说明,社会称谓语在交往中的使用还是比较多的。

表3-27 三3你平时学习汉语社会称谓语主要方式

		响应		个案百分比
		N	百分比	
三3你平时学习汉语社会称谓语主要有哪些方式	老师讲解	101	39.0%	50.8%
	阅读书籍	42	16.2%	21.1%
	看中文电视剧	56	21.6%	28.1%
	和中国人交流	60	23.2%	30.2%
总计		259	100.0%	130.2%

第3题考查的是中亚留学生社会称谓语的学习途径。由表格3-27可以看出,在平时学习汉语社会称谓语老师讲解、阅读书籍、看中文电视剧、和中国人交流的各个频率段的人分别为101、42、56、60,个案所占比50.8%、21.1%、28.1%、30.2%。得知中亚留学生学习社会称谓语的途径主要是靠老师讲解,个案所占比最高为50.8%,其次是和中国人交流个案所占比30.2%,这说明老师的讲解,是留学人员学习最重要的途径,老师在课堂上要对这部分知识加以重视。

表3-28 三4在课堂,教师讲解汉语社会称谓语的情况

		频率	百分比	有效百分比	累积百分比
有效	经常讲解	87	43.7	43.7	43.7
	偶尔讲解	102	51.3	51.3	95.0
	基本不讲解	10	5.0	5.0	100.0
	合计	199	100.0	100.0	

第4题主要目的是了解课堂上教师讲解社会称谓语的情况。由表3-28可以看出,三个选项的占比分别是87、102、10分别占比43.7%、51.3%、5.0%。得知从课堂教

师讲解社会称谓语的情况来看，过半的学生反映教师在课堂上偶尔讲解社会称谓语，只有极少数学生反映教师在课堂上几乎不讲解。

表 3-29　三 5 对你来说汉语社会称谓语的难点频率

		响应		个案百分比
		N	百分比	
三 5 对你来说汉语社会称谓语的难点	太多，不知道应该用哪个	108	42.5%	54.5%
	和母语不同，不能理解	51	20.1%	25.8%
	不知道每个的具体用法	39	15.4%	19.7%
	包含很多文化知识，不了解	30	11.8%	15.2%
	平时接触太少，也不经常使用	26	10.2%	13.1%
总计		254	100.0%	128.3%

第 5 题主要反映中亚留学生学习社会称谓语的难点。由表格 3-29 可以得知汉语社会称谓语的难点方面的问题中，占比最多的是第一个选项"太多，不知道应该用哪个"；其次认为和母语不同，不能理解。这些原因的造成主要是由于汉语的复杂性，这是解决汉语社会称谓语在教学过程中困难的一个关键。

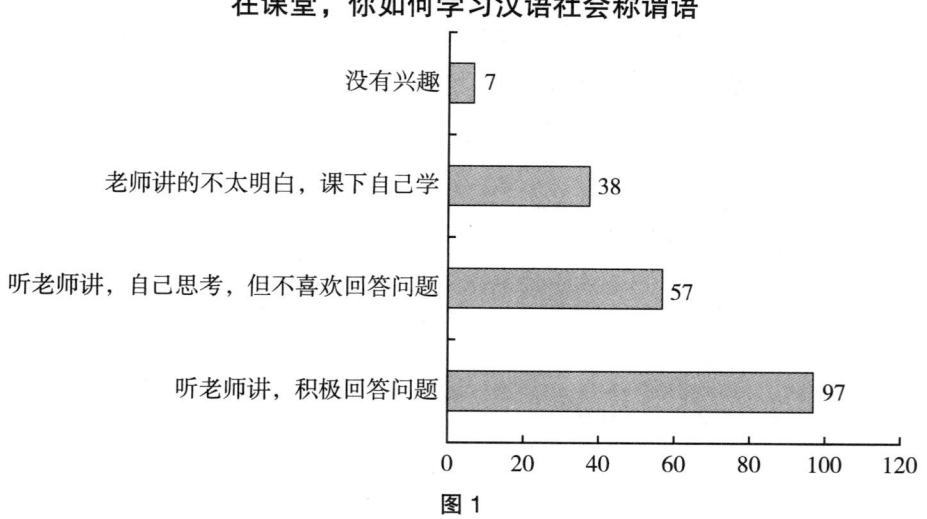

图 1

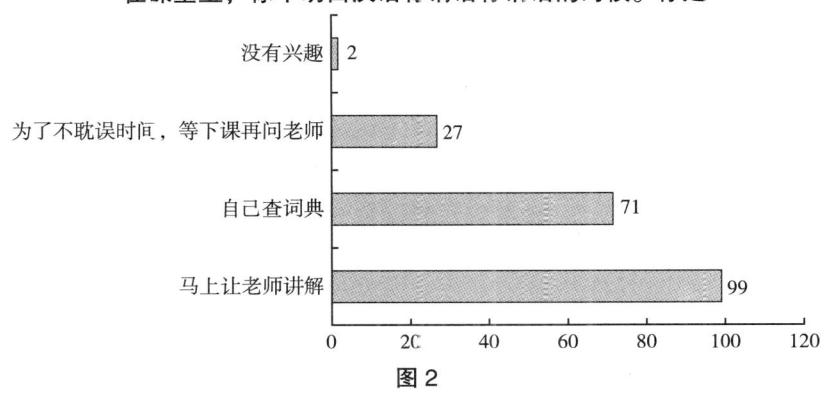

图2

这两道题主要是了解学生学习态度情况，检测学生如何在课堂上学习汉语社会称谓语和在课堂上如何解决不解的汉语社会称谓语。在你如何学习汉语社会称谓语方面，调查结果显示各个频率段的人分别为97、57、38、7，分别占比48.7%、28.6%、19.1%、3.5%。其中48.7%近一半的人在课堂上是通过认真听教师讲解，并主动回答问题来学习社会称谓语，极个别人表示不感兴趣。

在课堂上如何解决不解的汉语社会称谓语方面，调查结果显示的各个频率段的人分别为99、71、27、2，分别占比49.7%、35.7%、13.6%、1.0%。其中在课堂上49.7%的人遇到不解的社会称谓语会马上要求老师讲解，其次部分的学生会通过自主学习查字典或者课下寻求老师帮助。

从上面二道题的调查中，我们不难发现，留学生对称谓语在日常交往中的重要性还是有清醒的认识的，学习途径是通过老师讲解以及私下查资料等方法来学习，态度正确是最重要的，这可以为这些留学人员的学习提供强大动力。

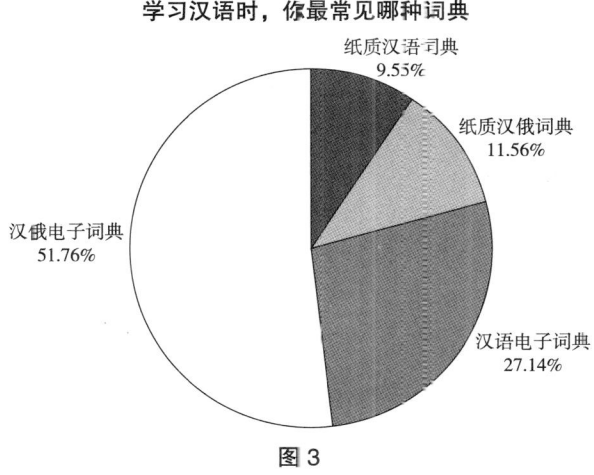

图3

此题主要考察留学生在学习汉语社会称谓语时，借助什么类型的词典来辅助学习。由上图可以看出，四种词典的使用人数分别为19、23、54、103，分别占比9.55%、11.56%、27.14%、51.76%。但是通过调查我们可以看出，总数过半的学生最常用汉俄电子词典，利用纸质汉语词典的总人数比重最低。

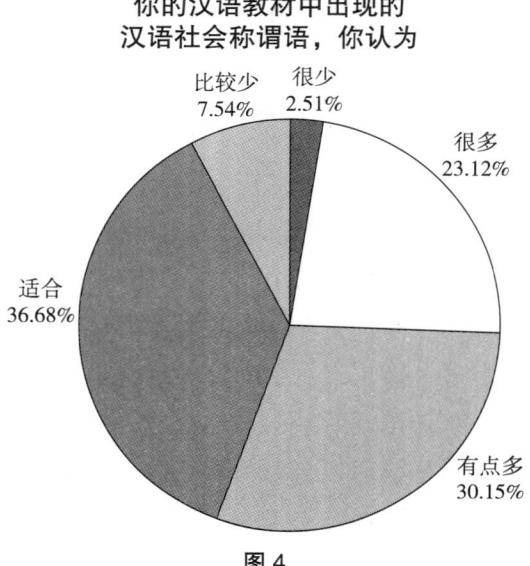

图4

此题主要目的是了解在留学人员使用的教材中称谓语出现的频率，上图中几个项的调查如下，各个频率段的人分别为46、60、73、15、5，分别占比23.12%、30.15%、36.68%、7.54%、2.51%。由此可见，认为教材中出现的汉语社会称谓语数量合适的人比重最多为36.68%，其次认为有点多的比重位居第二占总人数30.15%，认为汉语教材中汉语社会称谓语出现的频次很少的比重最低。仅为2.51%。

（三）小结

通过以上分析得出如下结论：

从留学生汉语社会称谓语掌握情况来看，近一半49.2%的被调查者表示了解大部分的汉语社会称谓语，但有些社会称谓语存在不知道怎么使用的情况，以及通过访谈了解到有些词在校园内很少使用，有几个还是第一次遇到。

在汉语社会称谓语的使用情况来看，49.7%的被调查者反应只是偶尔使用社会称谓语。

在汉语社会称谓语学习方式上来看，老师的讲解比重最高，是留学人员学习的最重要的途径，老师授课中应对社会称谓语的教学加以重视。

从学习汉语社会称谓语难点来看，多达42.5%的被调查者认为由于汉语社会称谓语自身的复杂性，数量的庞大的原因成为他们学习途中的主要难点，其次是与母语不同，从访谈中了解到被调查者反映汉语社会称谓语分类细致，自己的母语不会区分得这么细致也没有或者与其相对应社会称谓语。

从汉语社会称谓语学习方式上了解到，个案比重达50.8%的被调查者主要是通过老师讲解学习来习得其次是与中国人交流。以及通过访谈了解到留学生想与中国学生能有更多的机会进行交谈，即使在交谈中有错误发生，也会有人及时纠正。从中更好的学习和正确使用汉语社会称谓语；其次，在学习社会称谓语中学生在字典的使用有51.76%的学生是依赖汉俄电子词典来学习。

从留学生学习态度上来看，48.7%的被调查者反应会在课堂上通过教师讲解，并能主动回答问题来学习社会称谓语。在课堂上如若遇到不理解的汉语社会称谓语49.7%的人会马上要求老师讲解，剩余的学生会通过自主学习或者课下寻求老师帮助。以及在访谈中在问到学习社会称谓语对于留学生是否有必要的问题上，多数表示很有必要。表示人在他国，处在跨文化的环境中，如果不了解汉语社会称谓语的正确用法，可能会引起尴尬和误解直接影响交际的成果。多数访谈者表示曾有不知道如何称呼对方而结束交际或者放弃交际的经历。以及有几位访谈者也谈到对汉语社会称谓语背景下的中国文化颇为好奇。可以看出学生学习态度还是比较端正的，态度的端正可以对学习提供强大动力。

从被调查者课堂教学和教材涉及来看，过半的学生反映教师在课堂上偶尔讲解社会称谓语；其次通过访谈也了解到学生希望教师能在课堂上通过用情景对话练习来更好的学习社会称谓语，还有几名同学提到希望教师在课堂上能多讲解与社会称谓语有关的文化，讲述到自己对汉语社会称谓语很感兴趣。谈到例如："陛下""皇帝""大臣""下官""哀家""臣妾""代理"等。这些都是学生通过观看中国电视剧了解到的社会称谓语，但表示有些并不了解其中的用法和所隐藏的文化；在教材涉及上，认为教材出现的社会称谓语频率较为合理的比重最大，但教材的编排还需要进一步的改进，方便中亚留学生学习。

四、汉语社会称谓语与被调查者相关性分析

汉语社会称谓语题型共计 18 道题目，选对一题积 1 分，选错积 0 分，作为汉语社会称谓语得分，满分 18 分；结合性别、年龄、学历、学习汉语的时间、HSK 等级进行关系研究，其中不与国籍进行相关度分析，因为中亚各国留学生抽样量差额较大，这样统计的结果没有太大的意义，会影响数据的有效性。结果如下：

（一）性别与社会称谓语使用相关性分析

为了研究性别在汉语社会称谓语使用方面是否存在显著差异，进行独立样本 T 检验，结果见表 4-1 所示。

表 4-1 性别差异

	性别	N	均值	标准差	T	P
汉语社会称谓语得分	男	106	9.4811	3.96708	-3.797	P<0.001
	女	93	11.5161	3.53742		

可以看出，在显著性水平为 0.05 下，性别在汉语社会称谓语使用方面的独立样本 T 检验的 P 值小于 0.001，小于 0.01，所以认为男女在汉语社会称谓语使用方面存在显著性差异，且由均值大小可知，男性显著低于女性。由此可见，女性在社会称谓语使用掌握程度上比男性高。

（二）年龄与社会称谓语使用相关性分析

为了研究不同年龄在汉语社会称谓语是否存在显著差异，进行单因素方差分析，结果见表 4-2 所示。

表 4-2 年龄差异

	N	均值	标准差	F	P	LSD（最小显著性差异）多重比较
15-20	38	9.0263	3.57534	2.897	0.036	
21-25	141	10.7447	3.87557			15-20<21-25
26-30	16	11.5625	4.17882			15-20<26-30
30 以上	4	8.2500	3.77492			
总数	199	10.4322	3.89822			

可以看出，在显著性水平为 0.05 下，不同年龄在汉语社会称谓语方面的行单因素方差分析的 P 值为 0.036，小于 0.05，所以认为不同年龄在汉语社会称谓语得分方面存在显著性差异，且由事后两两比较可知，15—20 岁的留学生在汉语社会称谓语得分低于 21—25 岁和 26—30 岁的留学生。

（三）学历与社会称谓语使用相关性分析

为了研究不同学历在汉语社会称谓语得分方面是否存在显著差异，进行单因素方差分析，结果见表 4-3 所示。

表 4-3　学历差异

	N	均值	标准差	F	P	LSD 多重比较
预硕	35	9.4000	3.29170	21.211	P<0.001	预硕＜研究生 本科＜研究生
本科	91	9.0110	4.00692			
研究生	73	12.6986	2.88524			
总数	199	10.4322	3.89822			

可以看出，在显著性水平为 0.05 下，不同学历在汉语社会称谓语得分方面的行单因素方差分析的 P 值小于 0.001，小于 0.05，所以认为不同学历在汉语社会称谓语得分方面存在极显著性差异，学历与社会称谓语的掌握度息息相关。

（四）学习汉语时间与社会称谓语使用相关性分析

为了研究不同学习汉语时间的人在汉语社会称谓语得分方面是否存在显著差异，进行单因素方差分析，结果见表 4-4 所示。

表 4-4　学习汉语时间差异

	N	均值	标准差	F	P
半年	13	8.4615	3.88620	2.428	0.067
一年	11	10.7273	3.13340		
一年以上两年以下	53	9.7170	3.95833		
两年以上	122	10.9262	3.86373		
总数	199	10.4322	3.89822		

可以看出，在显著性水平为 0.05 下，不同学习汉语时间的人在汉语社会称谓语得分方面的行单因素方差分析的 P 值为 0.067，大于 0.05，所以认为不同学习汉语时

间的人在汉语社会称谓语得分方面不存在显著性差异。由此可见学习汉语的时间与掌握社会称谓语并没有太大的关系。

（五）HSK 等级与社会称谓语使用相关性分析

为了研究不同 HSK 等级在汉语社会称谓语得分方面是否存在显著差异，进行单因素方差分析，结果见表 4-5 所示。

表 4-5　HSK 等级差异

	N	均值	标准差	F	P	LSD 多重比较
未参加	55	8.4000	3.41890	21.950	$P<0.001$	未参加 < 高级 中级 < 高级
中级	53	9.5283	3.56049			
高级	91	12.1868	3.60220			
总数	199	10.4322	3.89822			

可以看出，在显著性水平为 0.05 下，不同 HSK 等级在汉语社会称谓语得分方面的行单因素方差分析的 P 值小于 0.001，小于 0.01，所以认为不同 HSK 等级在汉语社会称谓语得分方面存在极显著性差异，且由事后两两比较可知，未参加 HSK 的留学生得分低于 HSK 高级水平的得分、HSK 中级水平的留学生小于高级水平的得分。由此可见得分最高的掌握社会称谓语更好的是高级水平的留学生，HSK 等级与社会称谓语的掌握程度有着密不可分的联系。

（六）小结

通过对汉语社会称谓语与被调查者相关性分析得出以下结论：

从被调查者的不同性别来看，性别在汉语社会称谓语使用方面存在显著差异，女生汉语社会称谓语掌握程度明显比男生好，这是由于女性在语言学习和语言习得过程中与男性相比较更自律和自觉，其次是由于中亚国家，男女社会地位不等，女性社会地位普遍低于男性，所以女性更加着重社会称谓语的掌握。

在被调查者不同年龄段来看，年龄段的不同汉语社会称谓语的掌握也存在着明显差异，其中 15—20 岁年龄段的被调查者明显低于 21—25、26—30 岁年龄段的调查者。这充分体现了社会化程度。15—20 岁的留学生社会化程度低，没有在社会中使用社会称谓语的需求。

从被调查者的学历来看，研究生学历的被调查者的掌握程度明显高于学历为预硕、本科的被调查者。学历越高汉语社会称谓语的掌握程度越好。

从被调查者学习汉语时间看，被调查者学习汉语时间与汉语社会称谓语的掌握并没有明显的差异。说明了汉语社会称谓语并不是在课堂学习及教材中掌握使用的，社会称谓语是在社会生活实践中使用的，说明了语言的应用性。由于语言是要进入到社会的，语言是需要情境的，社会称谓语是在社会使用中发生的，所以教材只是教会学生发音、笔顺和写法，并没有告诉学生怎么使用，社会称谓语是要到具体情境中使用的。

从被调查者不同汉语水平来看，汉语水平越高，对汉语社会称谓语的掌握程度越高。

五、汉语社会称谓语的调查启示

对于留学生而言，汉语社会称谓语的学习并非易事。作为中国人都未必能一一掌握和区分，何况是汉语是第二语言的留学生。通过这次对中亚留学生汉语社会称谓语使用现状的调查，笔者首先要对此次调查结果进行分析，后根据分析得出启示。

（一）调查结果分析

文章将从这四个方面进行分析：学习者、教师、教材，以及学生学习环境。

1. 学习者

说到学习者首先谈学习者是否有端正的学习态度能为留学生学习汉语社会称谓语提供动力，从而增强学习动机。因为学习动机是学习者学习时非常重要的内部动力，可以激发学生学习兴趣，指导和激励学生进行学习的重要存在。学习动机与学习是成正比的，学习能产生动机，动机也能促进学习。想要有效，有意义的学习，两者缺一不可。留学生在学习汉语社会称谓语时，如若不端正学习态度，学习动机不强，对学习汉语社会称谓语没有兴趣，就会出现很被动学习的状况。影响学习汉语社会称谓语的掌握。

其次要谈到的是所有第二语言学习者都会面临的问题，那就是母语对第二语言的迁移，通过调查问卷及访谈多数调查者认为汉语社会称谓语和母语不同，不能理解。众所周知，正迁移能有利于第二语言学习，反之，负迁移会影响干扰第二语言的学习。学习汉语社会称谓语无一例外。由于中亚留学生受母语文化与汉语文化有差别，在日常使用社会称谓语时多多少少会受母语的影响，习惯将其母语的学习模式用在汉语上。其中中亚留学生在称呼与自己关系亲密人时，不太会顾及年龄和场合会直呼对方姓名。但是在汉语社会称谓语中，我们会顾及社交场合及其他因素，未必会直呼大名，直呼大名可能会给人生疏的感觉。可能会根据场合需要使用变称称呼对方小名，或者使用拟亲属称谓来称呼对方。

2. 教师

通过问卷第三部分留学生汉语社会称谓语主观认知情况以及访谈中可知中亚留学生学习社会称谓语的途径主要是靠教师讲解，所以教师是学生掌握社会称谓语的至关因素。但是，教师未能对学生进行及时有效的指导。未能在教授社会称谓语时及时地进行系统的梳理，社会称谓语教学多数情况下比较散乱，学生没有系统地掌握社会称谓语，区分各类社会称谓语的区别。其次对学生学习社会称谓语出现的问题，没有及时总结学生社会称谓语偏误规律。

3. 教材

"教材是老师为学生授课的重要媒介物，是教育思想、原则的物化，是教育方法、要求的外化，也是培养学生能力的重要依据。不仅仅是学习的基础，同样也是教学工作落实的基本规范。"[①]因此来说，合适的教材对于学生学习社会称谓语才能更加容易。

通过问卷中汉语社会称谓语主观认知情况中有关教材涉及部分，学生表示教材出现社会称谓语的频率还是比较合适的，但通过对中亚留学生使用的教材中不难发现没有专门对社会称谓语进行文化知识的讲解部分，也没有系统地对社会称谓语进行梳理，教材上出现的社会称谓语较分散。

4. 学生学习环境

提到学习环境不仅仅指的是课堂学习环境还有指课外学习环境。不用说课堂学习环境，因为在课堂上均是在目的语环境里学习。但是通过调查问卷和访谈中了解到，课下学习汉语社会称谓语有部分同学是通过与中国学生交谈以及希望认识语伴，认为有了语伴可以及时纠正错误，并通过交谈增加汉语学习的机会，学习更多的社会称谓语。其次在访谈中也了解到学生期望通过用情景对话练习学习社会称谓语。其实教师也可以在课堂外给学生提供良好的课外学习环境。在课外根据学生实际情况，以发展学生学习兴趣，编排情景剧，培养学生学习能力。

---

① 张英.对外汉语文化教材研究［J］.汉语学习，2004.

（二）调查结果显示

1. 学生学习兴趣的培养

学生是学习的主体，教师在传授、引导知识中，只有通过学生吸收才会内化成自己的东西。因此，教师要充分调动学生学习的主动性、积极性。让学生具有浓厚的学习兴趣，诱发出强烈的求知欲望，端正学习态度增强学习动机，从而由被动学习到自动学习的转变。

在社会称谓语的教学中诱发学生学习兴趣成为至关重要的因素。在课堂教学中，可以开展多种形式的体验式教学来激发学生的学习兴趣。如情景教学和电化教学，设置情境进行交谈、角色扮演、课文主要内容的复述、利用多媒体给学生播放一些相关影片或视频、制作幻灯片、听录音等旦教方法，丰富学生的学习生活，调动他们的学习热情，活跃课堂气氛。使学生在学习中获得知识的满足和乐趣，形成一种渴求掌握知识的内在需要和强大动力；教师可以为学生提供学习社会称谓语的平台。组织有意识的演讲比赛，社会称谓语接龙、猜词活动等，以丰富课堂内容。

2. 教师

课堂教学是留学生学习汉语社会称谓语的主要途径。教师在社会称谓语教学中应该充分考虑到社会称谓语的文化背景知识，避免学生在学习时出现对目的语文化的缺乏而出现失误，影响交际的正常进行。其次教师要根据学生汉语水平，采用分层教学。因为汉语社会称谓语数量庞大、种类多、使用的范围也大，所以我们应分阶段来教授社会称谓语。

美国语言学家萨丕尔认为：语言是不能离开文化而存在的，语言是文化的载体。首先，对外汉语教师为留学生教授社会称谓语时，应该有效的将文化知识与社会称谓语词汇有机结合起来。"语言是文化的积淀，储存着民族在漫长发展过程中积聚起来的厚重的文化。因此，汉语的学习必然绕不开汉文化的学习。从理论上说，对中国文化了解越多，越有利于汉语的习得和运用，越有利于语言交际能力的提高。[①]"留学生也只有了解了汉语称谓文化并且积累了较多的汉语称谓知识之后，才可能自如的处理实际交际中面临的各种问题。通过称谓教学使留学生接受并融入中华文化氛围是较为困难的，同时也是称谓教学的最高目标。然而，师生之间的知识存量或许存在差异，但以贴近学生的文化和情感作为突破口。结合中亚留学生的群体特点，

---

① 张慧芳，陈海燕. 对外汉语教学中的文化教学内容和语言文化因素［J］. 社会科学家，2006（3）.

在此基础上再嫁接需要掌握的语言知识,可以实现语言和文化的双向贯通①。

其次,在不同的语言背后蕴含着不同的文化内容,由于语言的不同,产生的社会称谓语也会有不同。课堂作为教与学的载体,还承载着文化习惯的差异,要想彼此认识、了解,还有更广阔的跨文化交际和沟通工作可做。在社会称谓语讲解中要让学生对两种语言所产生的社会称谓语有深入的体会。教师要引导学生进行文化对比,让学生熟悉文化差异,强调留学生他们的母语和汉语社会称谓习惯上的不同,从而使母语负迁移转化为更好地学习和掌握汉语社交称谓语的正动力。引导他们认识理解中国的称谓文化,鼓励他们按照中国的称谓文化进行有效交际。

最后,分层教学尤为重要。在留学生零基础阶段,对初学者可以不必进行过多的教学。这个阶段的教学应以满足留学生日常生活中最基本的人际交往的称谓语为主;例如老师,同学,朋友,服务员等。当留学生掌握了一定的汉语文化知识,达到中级阶段,学生已经初步掌握了一些基本的社会称谓语,对称谓语的学习不能仅停留在表面,应掌握不同类型的汉语称谓语,展示各种社会称谓语变化,教授学生按照交际场景选取不同的社会称谓语。到了高级阶段,学生已经基本掌握汉语社会称谓语,并且没有太大的交际困难。尤其是对中国的社会文化更加熟悉和了解,已经可以很顺畅的选择恰当的称谓语进行交际。所以应将所学的社会称谓语知识系统化。全面掌握汉语社会称谓语系统。

3.完善教材内容

教材不仅仅是学生学习的最重要的工具,也是教师必不可少的教学工具。好的教材有利于教师课堂教学,也能给予学生正确的指导,而不好的教材反而会影响课堂教学质量和学生的学习效果。

通过对各高校常用教材的分析,我们得知对外汉语教材存在社会称呼语编排方面的问题,影响学生掌握社会称谓语的能力。教材中社会称谓语零零散散,缺乏系统性和条理性的编排。既没有按照使用频率高低安排,也没有按社会称谓语难易程度循序渐进的编排,致使学生也无法形成对汉语社会称谓语全面系统的认识,不利于对社会称谓语的掌握。

为此,首先应增加常用社会称谓语在教材中出现的频率,社会称谓语的选择应该由学习者汉语水平及学习教材时间由浅入深、由易到难,有了这样循序渐进的过

---

① 刘明.中亚来华留学生课堂教学优化实证研究[J].新疆师范大学学报,2018(5).

程，对于学习者逐步掌握社会称谓语的含义及其用法大有好处，而且又能激发学习者学习兴趣。其次，编排教材时要推陈出新与时代同步，选择合适的、实用的、有效的汉语社会称谓语对留学生至关重要。此外，应该选择以现代汉语中的社会称谓语作为教学重点。最后，要以中亚留学生母语或者俄语当中没有的而汉语当中常用的社会称谓语作为教学重点，要考虑的是两种不同文化的语言系统，定会存在一些称谓语在汉语当中有而在学生母语当中没有的情况，这些内容适合作为教学重点。

4. 利用课外学习的机会

可以将课外环境划分为两部分。一个是人文环境，另一个是语言环境。人文环境主要是为留学生提供自然习得汉语社会文化环境，而语言环境则是给留学生提供语言学习的资源。这些与留学生学习汉语的习得和教师的课堂教学有很大的影响。最终影响留学生汉语社会称谓语学习的质量。

因此，课外活动是学生学习社会称谓语的重要途径，在教师的引导下，有计划、有组织地进行，也要根据学生的兴趣多种形式开展。在课外教学的过程中，留学生可以充分利用汉语社会环境的学习优势，利用目的语完成交际并且及时获得反馈的真实活动场景。这样可以有效提高学习者的交际能力和提高学习效果。

六、结语

（一）研究结论

汉语语言作为人们交流的工具，称谓语在其中占有着重要的位置，但由于不同语言的交往背景、不同国家的思维方式的异同，给留学人员在掌握称谓语的过程中造成了一定的困难，而且，汉语的博大精深从另一个方面说明了汉语的复杂，这进一步加大了汉语称谓语学习的难度，所以汉语称谓语的教学是汉语言教学中一个比较有代表性的难点。本文对其进行研究分析，具有一定的现实意义。

通过根据新疆师范大学中亚留学生问卷调查及访谈反馈，对中亚留学生汉语社会称谓语使用状况有了较为全面的认识和理解，从文中限定的五种社会称谓语统计中分析得出中亚留学生在汉语拟亲属称谓语和通用称谓语正确率最低，占总人数的42.46%和54.86%；职务称谓语和关系称谓最高。了解拟亲属称谓语与通用称谓语是留学生学习中的难点，这是今后教学中要注意的领域。

其次，在汉语社会称谓语与被调查者的相关分析中了解到调查者的性别、和年龄上存在显著性差异；在学生学习汉语时间上没有明显的显著性差异；但是在学历和HSK水平上存在极显著性差异。

最后，文章经对所调查结果进行分析和访谈调查可知，学习者、教师、教材，以及学习环境是影响调查者社会称谓语的主要原因，并提出了相关建议。诱发学生学习兴趣对社会称谓语学习至关重要；由于受学习者很难摆脱母语的影响，教师教学可以通过文化导入以及通过学习者汉语水平和个人喜好来进行分层学习的具体内容；针对教材缺乏系统性问题提出可行性意见，认为教材上社会称谓语的选择应该推陈出新与时代同步的社会称谓语；利用课外活动是学生学习社会称谓语的重要途径。

在对外汉语教学中，对社会中的称谓语的研究是比较少的，相关文献也明显不足，针对中亚学生的社会称谓语的研究屈指可数。当前，中亚留学生已经成为我们对外汉语教学的主要群体之一，针对他们的汉语社会称谓语学习使用情况进行研究非常必要，然而现有的研究成果显然远远不能满足中亚留学生的社会称谓语教学需要，笔者是在整理中亚留学生学习使用汉语称谓语的大量的统计数据的基础上，分析了一些比较困扰留学生学习汉语的问题，并期望抛砖引玉，丰富这一领域的研究。

（二）本研究的不足之处

由于各种原因，以及笔者的能力所限，本研究存在诸多不足：

1. 调查范围狭窄，而且问题选取的语料也比较少，所以无法代表整个中亚留学生社会称谓语使用状况，呈现出的仅仅是新疆师范大学中亚留学生社会称谓语的概况。其次是调查对象的交际范围主要以校园为主，没有对走出校园的留学人员进行调查，调查结果的效果也会大打折扣。

2. 虽然调查对象都是中亚国家的留学人员，由于之前都属于苏联的加盟共和国，所以他们有一定的共性；但由于语言以及文化上的差异，他们对事物也存在一定的不同认知；在对调查结果进行分析时，没有考虑到这一问题，从而使问卷的针对性不足。

3. 本调查研究仍然属于静态研究，许多问题没有涉及，比如被调查者的兴趣、爱好、感受、动机等，这些因素对留学人员的影响也是比较大的。

对外教学中的社会称谓语教学是一个复杂的系统，其所涉及的因素很多，有留学人员个人的因素，有教学人员的因素，有教材的因素，也有社会因素，这些众多的因素在调查中，笔者无法做到一一分析，很多问题都未能进行深入透彻的分析，发现的问题多浮于表面,无法达到穷尽的效果。以及笔者的理论知识和实践经验还有些欠缺,这使得本次研究有一定的局限性不够细致。但是,希望通过这篇论文为今后的研究者提供有价值的参考,同时也希望更多的人可以在这方面进行更多、更有价值的研究。希望对中亚汉语学习者给予学术上的参考。

参考文献

著作

[1] 马宏基,常庆丰.称谓语[M].北京:新华出版社,1998.
[2] 田惠刚.中西人际称谓系统[M].北京:外语教学与研究出版社,1998.
[3] 金炫兑.交际称谓语和委婉语[M].北京:台海出版社,2002.
[4] 刘珣.对外汉语教学引论[M].北京:语言大学出版社,2000.
[5] 胡士云.汉语亲属称谓研究[M].北京:商务印书馆,2007.

学位论文

[1] 李莹.留学生称谓语习得的偏误分析及教学探讨[D].华中科技大学硕士学位论文,2011.
[2] 关然.基于HSK动态作文语料库的称谓语研究[D].吉林大学硕士学位论文,2012.
[3] 田昊罡.欧美留学生汉语社交称谓语学习使用情况的调查及教学策略研究[D].上海外国语大学硕士学位论文,2008.
[4] 许昕.中·韩社会称谓语对比研究与教育法探讨[D].延边大学硕士学位论文,2012.
[5] 何洪霞.留学生社交称谓语运用调查研究与教学探讨[D].吉林大学硕士学位论文,2008.
[6] 刘箔.中高级阶段泰国学生汉语社会称谓语偏误分析[D].广西民族大学硕士学位论文,2014.
[7] 李忠平.析对外汉语教学中的称呼语教学[D].中南大学硕士学位论文,2007.
[8] 张丽.称呼语与对外汉语教学硕士学位论文[D].西北大学硕士学位论文,2010.
[9] 陈凤梅.《博雅汉语》系列教材中的称谓语研究[D].云南大学硕士学位论文,2012.
[10] 丸山梅子.汉日称谓语比较与教学研究[D].中国海洋大学硕士学位论文,2012.
[11] 吴氏锦兰.汉越称谓语对比研究及其教学应用[D].湖南师范大学硕士学位论文,2012.
[12] 沈佩琳.汉语与泰语的亲属称谓词对比[D].厦门大学硕士学位论文,2008.
[13] 文光.中印尼称谓语对比及教学策略[D].山东师范大学硕士学位论文,2015.
[14] 江诗鹏.泰国学习者汉语社会面称语使用状况研究[D].北京大学博士学位论文,2013.
[15] 于颖.基于欧美留学生的汉语称谓语教学研究[D].沈阳师范大学硕士学位论文,2011.
[16] 李珊珊.留学生汉语称呼语语用能力调查研究[D].南京师范大学硕士学位论文,2016.
[17] 张聪.面向对外汉语教学(中高级)的社会称谓语研究[D].沈阳师范大学硕士学位论文,2016.

期刊论文

[1] 刘明.中亚来华留学生课堂教学优化实证研究［J］.新疆师范大学学报，2018（5）：157-160.

[2] 高剑华.新中国成立以来社会称谓语的变化与发展［J］.大连民族学院学报，2008（4）.

[3] 李东明.现代汉语中社会称谓语的选择模式［J］.重庆理工大学学报，2012（12）.

[4] 李琼，杜敏.当代中国汉语社会称谓语变迁的研究［J］.西北大学学报，2011（6）.

[5] 郑尔宁.近二十年来现代汉语称谓语研究综述［J］.语文学刊，2005（2）.

[6] 刘楚群.人际接纳与汉语称呼语［J］.华中师范大学学报：人文社会科学版，2003（3）.

[7] 施春宏.交际空间与称谓系统的共变关系［J］.语言文字应用，2011（4）.

[8] 杨同用，刘惠瑶."'大/小'+职衔性称谓"组合情况分析［J］.语言文字应用，2005（3）.

[9] 来鲁宁，郭萌.称呼语及其语用功能［J］.北京理工大学学报，2003（5）.

[10] 黄南松.非教师称"老师"的社会调查［J］.语言教学与研究，1988（4）.

[11] 方传余."同志"一词的社会语言学研究［J］.语言教学与研究，2007（1）.

[12] 阎德早."老"字的称谓化作用［J］.语言教学与研究，1992（3）.

[13] 丁夏.称谓与文化——从对外汉语教学的角度看汉语称谓词语［J］.清华大学学报，1995（4）.

[14] 崔希亮.现代汉语称谓系统与对外汉语教学［J］.语言教学与研究，1996（2）.

[15] 温象羽.称谓语——对外汉语教学中的一个难点［J］.天津师大学报，1997（6）.

[16] 周健.汉语称谓教学初探［J］.语言教学与研究，2001（4）.

[17] 郭风岚，松原恭子.日本留学生对汉语部分称谓的适应与认同［J］.语言教学与研究，2000（4）.

[18] 陈佩秋.日本留学生拟亲称呼语偏误分析［J］.汉语学习，2002（6）.

[19] 葛艳.中德文化差异比较——从中德称呼语的不同谈起［J］,同济大学学报，2001（4）.

[20] 杨悦.汉越称谓语的异同及教学策略［J］.云南师范大学学报，2006（6）.

[21] 王明新，王毅.中西社会称谓语跨文化及价值维度研究［J］.管子学刊，2014（3）.

[22] 杨丽周.汉泰人称代词的称谓功能和语法特征［J］.云南民族大学学报，2008（2）.

[23] 庄巧凤.现代汉泰职业称谓词语的对比分析［J］.现代语文，2012（2）.

[24] 魏清.汉泰语相关词中的社会称谓语［J］.云南师范大学学报，2005（4）.

[25] 张英.对外汉语文化教材研究［J］.汉语学习，2004.

[26] 张慧芳，陈海燕.对外汉语教学中的文化教学内容和语言文化因素［J］.社会科学家，2006（3）.

吉尔吉斯斯坦奥什国立大学孔子学院学习者中华才艺需求分析调查研究

赵 健*

一、绪论

（一）研究背景

中华文化博大精深、源远流长。中华才艺凝聚了中国历史的发展精华，汇集了人类文明与智慧的结晶，是一个将中华文化和语言推向全世界的很好的传播载体。中国经济的稳步提升，使中国在国际上的地位日益上升，对世界各国的影响也日益增大；中国与世界各国的交流日益频繁，世界各国对汉语学习的需求也急剧增加；中华才艺也越来越受到国外学习者的关注。如何有效、高效地在孔子学院进行中华文化教学尤其是中华才艺的教学已成为越来越多人关注的问题，也是本研究所要探讨的问题。

通过梳理文献发现，国外孔子学院和国内中华才艺的研究都集中在现状调查、个案研究等方面。关于吉尔吉斯斯坦孔子学院教学的研究一般都集中在汉语本体研究上，针对才艺教学的研究也基本在现状调查和个案方面，从学习者需求出发来研究中华才艺的文章较少。

（二）研究目的

孔子学院的中华才艺课是传播中华文化最直接的方式，也是孔院学生了解中国的一扇窗户。本研究在需求分析理论的指导下，通过调查分析奥什国立大学孔子学院学习者对中华才艺了解和需求的相关因素，据此来改进该孔子学院中华才艺的教

---

* 作者简介：赵健（1986—）女，汉语国际教育硕士，主要从事语言与文化教学工作。

学方法，增加与学生需求相对应的中华才艺教学内容，开展他们感兴趣的中华才艺课程，进而更有效地传播中华文化。

（三）研究意义

本研究整理国内近年来需求分析的相关文献，发现全面深入地根据国别化来研究学习者汉语学习需求的文献寥若晨星，具体国家和地区对孔子学院的文化推广工作和文化教学情况的研究不多，而专门针对学习者中华才艺需求的实证研究更是屈指可数。

1. 理论意义

本研究尝试将"需求分析"引入国际汉语教育的中华才艺课程中，在研究的过程中运用问卷调查法、访谈法和课堂观察法，对奥什国立大学孔子学院学习者中华才艺的了解和需求进行实证性研究，分析归纳出该孔子学院学习者对中华才艺需求的特点。并根据不同汉语水平、不同性别学生的才艺需求来确定该孔子学院中华才艺的教学方法和具体的教学内容，激发学生了解和学习中华文化的兴趣与动力。该文本有具体的研究区域、明确的研究对象，研究成果也可以用来丰富汉语国际教育需求分析理论。

2. 实践意义

本研究对奥什国立大学孔子学院学习者中华才艺的需求分析属于实证性研究，研究成果便于了解该孔子学院学习者中华才艺的需求现状，可为该孔子学院组织和实施中华才艺教学提供参考。一方面，需求分析的结果有利于才艺老师的具体教学，教师可以根据学生个性化的需求，制定中华才艺课程计划、确定具体的教学内容，使教学更好地为满足学生需求服务。另一方面，该孔子学院学习者对中华才艺的需求分析结果也可为中亚孔子学院开展的中华才艺教学提供参考。

（四）相关文献综述

1. 国外需求分析文献综述

（1）需求分析的起源

在20世纪20年代的印度出现了"需求分析"一词，并由Michael West最早提出，之后50年需求分析理论几乎没有在相关文献中出现。而Taba·H（1962：12）在20世纪60年代才正式将需求分析列为外语教学课程设置流程，他倡导课程设置的"七步骤"中，需求分析是第一步。到20世纪70年代，在欧洲委员会（Council of Europe）的努力倡导下，外语需求分析才在外语教学中得以正式推广。为了丰富需求分析内容，完善需求分析体系，1987 年 Hutchinson，T. 首次将需求分析引入专门用途英语教学。

（2）需求分析的发展

徐微（2012）在《外语教学中的需求分析研究综述》①一文中，把国外需求分析的发展，总结为以下四个阶段：

20 世纪 70 年代，研究的重点集中于专门用途英语，研究模式目标情景，主要的代表人物 Richerich（1973），Jordan & Mackay（1973）等。

20 世纪 80 年代，研究的重点集中于专门用途英语和通用英语，研究的范围和模式主要是目标情景分析、缺陷分析、策略分析，方法分析和语言审查，主要代表人物 Hutchin&waters（1987）。

20 世纪 90 年代，研究的重点集中于专门用途英语，研究的范围和模式主要是综合性和基于计算机的分析和材料选择，代表人物有 Jones（1991）。

2000—2005 年，研究的重点集中于专门用途英语，研究的范围和模式主要是任务型需求分析，主要代表人物 Gilabert.（2005）。

（3）需求分析的分类

通过阅读文献发现，迄今为止，中外学者尚未统一界定需求分析的分类。陈冰冰（2010）②梳理的相关分类主要有以下几种：

Hutchinson & Waters（1987）把需求分为目标需求和学习需求。又把目标需求细化为必学知识、欠缺知识和想学知识；而学习需求则分为环境条件、学习知识、学习者技能和策略以及学习者动机。

Berwick（1989）将需求分为意识需求和觉察需求，他认为前者是学习者本人的需求和愿望，后者是教育者设立的需求，应重视学习者的需求。

Brindley（1989）把需求分为客观需求和主观需求，他认为学习者的国籍、年龄、性别、婚姻、教育背景及目前或打算从事的职业等属于客观需求；而主观需求一般指学习者语言学习的认知和情感需求如：自信、态度和期望等。

（4）需求分析的类型

陈冰冰在《国外需求分析研究述评》（2009）③中把国外需求分析归纳为四类，即

---

① 徐微. 外语教学中的需求分析研究综述［J］. 科研园地，2012（2）.
② 陈冰冰. 大学英语需求分析模型的理论构建［J］. 外语学刊，2010（2）.
③ 陈冰冰. 国外需求分析研究述评［J］. 外语教学与研究：外国语文双月刊，2009（2）.

目标情景分析（Target Situation Analysis）、目前情景模式（Present Situation Analysis）、Hutchinson＆Waters（1987）的分析模式和Dudley-Evans&St.John（1998）的分析模式。四种需求分析模式各有利弊、互相借鉴、不断完善。就现有的研究成果来看，Dudley-Evans&St.John的理念是最新、最完善的，而Hutchinson＆Waters的分析模式却是在相关领域使用最广的。

该文本比较赞同Hutchinson&Waters的需求分类和需求分析模式，现将他的模式做一具体阐述：Hutchinson＆Waters（1987）的分析模式采用以学习为中心的路径，由目标情景分析框架和学习需求分析框架两部分组成，前者主要关注语言运用，后者关注语言学习。他们认为"目标情景分析可以解决我们的目的地，并像指南针一样指引我们到达目的地，而学习需求分析则像我们必须选择的符合现有交通工具（学习条件）、路况（学习者知识、技能和学习策略）和动机等情况的路线"。两部分均由六个问题组成，具体内容见表1-1：

表1-1 Hutchinson和Waters的分析模型

	Hutchinson＆Waters的需求分析模型
目标情景分析架构	为什么需要这种语言？这种语言如何被使用？ 语言使用内容涉及那些领域？学习者将与谁使用这种语言？ 何处使用这种语言？何时使用这种语言？
学习需求分析架构	为什么学习者要学习这门课程？学习者是如何学习的？ 学习的资源有哪些？谁是学习者？ 何处开设ESP课程？在什么时候开设ESP课程？

（5）需求分析研究动态

2005年至今，国外需求分析的范围较广。从研究领域上看，需求分析涉及语言教学领域、职业领域、公共领域，政府部门等各个方面。Solar，Ekrem（2012）《A Study of Needs Analysis at Turkish Gendarmerie in Terms of English for Specific Purposes》[1]一文旨在调查土耳其宪兵队人员对英语在特定目的方面的需求，通过调查问卷对70个有英语学习经验的员工进行语言需求分析，发现说和写的技能应该引起重视，并引入到相应的评估体系。Juan，L.I.（2014）在《Literature Review of the

---

[1] Ekrem S. A Study of Needs Analysis at Turkish Gendarmerie in Terms of English for Specific Purposes. Online Submission, *Journal of Language and Linguistic Studies*, Oct2012.

classifications of "Needs" in Needs Analysis Theory》①中，指出需求分析使语言课程满足不同国家、不同语言、不同目标的语言学习者的需求成为可能，文章回顾了一些研究者观点中的要点，试图在需求理论中梳理出需求的分类，以期为相关领域的研究提供一些参考。

综上所述，国外的需求分析基本都倾向于理论研究，大多数集中于需求分析模式和分类的研究，很多研究成果是实证需求分析的重要参考，对日后需求分析的实证研究具有引领性的作用。

2. 国内需求分析文献综述

（1）外语需求分析

1998年发表在《外语教学与研究》上的关于外语专业毕业生社会需求的调查报告是国内第一篇相关研究的文章②。该文章通过问卷调查的方式，主要探讨了英语教学内容，课程设置与改革开放的社会需求是否相适应的问题③。在此基础上出现了一系列外语需求分析研究的理论成果。

夏纪梅和孔宪（1999）在《外语课程设计的科学性初探》④一文中，率先把需求分析的理念引入外语课程设计。

余卫华（2002）在《需求分析在外语教学中的作用》⑤一文中，对需求分析过程中应该注意的问题做了阐述，并重点提出了如何利用需求分析了解和改进外语教学。束定芳（2004）在《外语教学改革：问题与对策》⑥一书中阐明了需求分析在外语教学领域，尤其是语言开展方面的重要性。这一研究对外语课程检查和评估提供了依据和参考。倪传斌（2006）在《汉语作为外语的需求分析》⑦一书中，对外语需求的特征进行了细致的分析，进一步丰富和完善了需求分析理论。而李萌涛和龚立（1994）在《科技外语界英语需求调查》⑧一文中，首次在科技外语界运用需求分析理论做了实证研究。

---

① Juan L I. Literature Review of the classifications of "Needs" in Needs Analysis Theory. *International Journal of Education and Literacy Studies*, Jul2014.
② 北方课题组.关于外语专业毕业生的调查报告[J].外语教学与研究，1999（3）.
③ 李燕.汉语作为第二语言学习需求研究述评[J].海外华文教育，2017（6）.
④ 夏纪梅，孔宪.外语课程设计的科学性初探[J].外语界，1999（1）.
⑤ 余卫华.需求分析在外语教学中的作用[J].外语与外语教学，2002（8）.
⑥ 束定芳.外语教学改革：问题与对策[M].上海：上海外语教育出版社，2004.
⑦ 倪传斌.汉语作为外语的需求分析[M].南京：河海大学出版社，2006.
⑧ 李萌涛，龚立.科技外语界英语需求调查[J].外语界，1994（4）.

综上所述，需求分析在外语教学领域的研究起步比较早，最早出现在科技外语界。随着相关研究的深入，需求分析在外语教学领域的运用日益广泛，在语言开展方面的重要性日益突出，国内许多学者也通过实践研究进一步丰富和完善了需求分析的理论。

（2）汉语作为第二语言需求分析

与英语相比，需求分析在汉语作为第二语言的研究中出现较晚。从目前的研究现状来看，主要包括理论研究和实证研究两个方面：

国内现有的汉语学习需求的理论研究主要侧重于汉语国际传播和商务汉语。李宇明（2005）在《语言学习需求和对外汉语教学》[14]一文中，首次提出外国人学习汉语的需求问题值得研究和关注。文章还指出"不仅应积极满足外籍人士现有的汉语学习需求，更要努力创造国际上新的汉语学习需求，提升汉语价值"。①李宇明（2006）在《中国的话语权问题》[15]一文中，指出中国的语言文字工作者应该考虑通过语言规划、学术研究来促成中国在世界领域的话语权。张静（2013）的《汉语作为第二语言需求研究的语言经济及规划意义》②指出语言需求对语言经济和语言规划所具有的重要意义，并指出语言需求是进行汉语国际传播要关注的首要问题。董学峰（2016）在《国家语言战略背景下的汉语国际推广研究》③一文中，提出应充分了解国际汉语的需求，推广"价值汉语"。

张黎（2006）通过《商务汉语教学需求分析》④概括性地总结了商务汉语的总体分布特征，认为需求分析是商务汉语教学的基础和前提。勾丽红（2011）在《商务汉语本科课程设置需求分析研究》⑤一文中对商务汉语的课程设置、教材主题和教学内容进行了需求分析。

通过阅读相关文献发现，国内汉语学习需求的实证研究分为以下几个方面：

第一、整体性研究

倪传斌（2007）的《外国留学生汉语的学习需求分析》⑥通过问卷调查法对上海、北京和广州三地的外国留学生，从物质条件、心理条件、知识技能条件、支持条件

---

① 李燕.汉语作为第二语言学习需求研究述评［J］.海外华文教育，2017（6）.
② 张静.汉语作为第二语言需求研究的语言经济及规划意义［J］.江汉学术，2013（5）.
③ 董学峰.国家语言战略背景下的汉语国际推广研究［D］.东北师范大学博士学位文，2016.
④ 张黎.汉语在国际商务领域使用状况调查与分析［J］.语言教学与研究，2012（1）.
⑤ 勾丽红.商务汉语本科课程设置需求分析研究［J］.语文学刊，2011（7）.
⑥ 倪传斌.外国留学生汉语的学习需求分析［J］.语言教学与研究，2007（1）.

进行了实证调查研究,得出目前对外汉语教师基本能够了解外国学生的需求,但对学生在语言教学活动、课堂分组、教辅工具等方面表现出的偏好需要进一步研究。王俊(2011)在《来华留学生汉语学习需求研究》①一文中,以学制为变量,通过对比的方法,对短期和长期来华留学生的汉语学习需求进行比较研究。

第二、商务汉语的学习需求实证研究

张黎(2012)的《汉语在国际商务领域使用状况调查与分析》②在问卷调查的基础上,结合有关信息,对汉语在国际商务交际领域使用的现状进行分析。得出汉语在国际商务活动中的交际功能不平衡,听和说是从事商务工作的人员使用最多的技能,读和写是使用最少的两项技能;商务人员对汉语的学习需求较大的结论。张婷燕(2012)的《中亚外商汉语学习需求调查报告》③通过问卷调查法、访谈法对与新疆有经贸往来的中亚外商的汉语学习需求进行调查,厘清了中亚外商商务汉语学习需求的程度和特点,并对这一群体的汉语推广培训模式提出了自己的建议。权执(2013)在《来华韩国留学生商务汉语学习需求调查分析》④中,以复旦大学和上海财经大学韩国留学生为研究对象,通过问卷的形式对他们的学习需求进行调查和分析,并针对调查分析结果提出了建议和对策。

第三、不同国家来华留学生汉语学习需求研究

梁焱(2010)的《新疆高校中亚留学生汉语学习需求调查研究》⑤通过问卷调查法对新疆大学国际文化交流学院的中亚留学生的汉语需求进行了整体性研究。并针对留学生汉语水平的不同、学习时间短、汉字学习占用时间多等问题,提出了留学生汉语学习的区别性教学对策、速成强化模式和"语文分开、集中识字"教学模式;陈婷(2014)在《上海师范大学初级阶段留学生汉语需求分析》⑥中,以上海师范大学初级阶段留学生为样本,从目标需求和学习需求两个方面对留学生的汉语学习进行了需求调查,并对现有的汉语教学给出了切实可行的建议;许晓华(2014)的《留学生对中级汉语听力课的需求分析及教学启示》⑦通过问卷调查,针对留学生中

---

① 王俊.来华留学生的汉语学习需求研究[D].浙江大学硕士学位论文,2011.
② 张黎.汉语在国际商务领域使用状况调查与分析[J].语言教学与研究,2012(1).
③ 张婷燕.中亚外商汉语学习需求调查报告[D].新建师范大学硕士学位论文,2012.
④ 权执.来华韩国留学生商务汉语学习需求调查分析[D].复旦大学硕士学位论文,2013.
⑤ 梁焱.新疆高校中亚留学生汉语学习需求调查研究[J].新疆大学学报:哲学人文社会科学版,2010(1).
⑥ 陈婷.上海师范大学初级阶段留学生汉语需求分析[D].上海师范大学硕士学位论文,2014.
⑦ 许晓华.留学生对中级汉语听力课的需求分析及教学启示[J]语文学刊,2014(7).

级汉语听力课的需求进行调查研究，发现留学生对听力课的重要性和作用较为认可；张宁（2017）在《不同认知风格的中亚汉语学习者学习需求调查分析》①中，以威特金的认知风格理论和 waters 的学习需求理论为基础，通过问卷调查及访谈对不同认知风格的中亚留学生学习需求进行调查分析，区分不同认知风格的学习者在汉语学习需求方面可能存在的差异。并分别从学习者本身、教师及学校三个方面出发，提出相关的教学建议；杨里娟（2011）②丁国琳（2012）③依裴（2014）④分别对泰国、日韩、东南亚留学生的汉语学习需求进行了相关实证研究。

第四、不同国家孔子学院学习者汉语学习的需求研究

佟毅（2010）在《吉尔吉斯斯坦国立民族大学孔子学院学生汉语需求分析研究》⑤一文中，根据 Michael Long 的理论，通过问卷调查对吉尔吉斯斯坦国立民族大学孔子学院一至五年级的学生，按照汉语水平（初中高）随机进行了 64 项汉语学习和使用任务的调查，根据调查结果，对吉民大孔子学院的汉语教学从教学目的、教学内容和教学方法的角度提供了可供借鉴和参考的建议和措施。陈欣悦（2017）在《摩洛哥哈桑二世大学孔子学院初级汉语学习者课堂学习需求分析》⑥中，以 Hutchinson & waters 的需求分析理论为蓝本，从课堂学习的角度出发，通过问卷形式对摩洛哥孔院主体人群初级学习者进行了汉语学习需求分析，发现孔院现状与学生需求之间的不匹配之处并给予相应的意见和建议；谭荣华（2012）⑦、杨芷一（2013）⑧、洪梅子（2014）⑨、张丹（2015）⑩、陈琰（2015）⑪、刘苗苗（2016）⑫分别对博茨瓦纳、捷克、厄瓜多尔、布隆迪、泰国、秘鲁的孔子学院学习者的汉语需求进行了实证调查研究。

---

① 张宁.不同认知风格的中亚汉语学习者学习需求调查分析［D］.新疆大学硕士学位论文，2017.
② 杨里娟.泰国学生汉语学习需求与建议［J］.课题研究，2011（1）.
③ 丁国琳.汉语言（对外）专业日韩本科生学习需求调查研究［D］.复旦大学硕士学位论文，2012.
④ 依裴.东南亚汉语专业短训班留学生汉语学习需求调查研究［D］.云南师范大学硕士学位论文，2014.
⑤ 佟毅.吉尔吉斯斯坦国立民族大学孔子学院学生汉语需求分析研究［D］.新疆师范大学硕士学位论文，2010.
⑥ 陈欣悦.摩洛哥哈桑二世大学孔子学院初级汉语学习者课堂学习需求分析［D］.上海外国语大学硕士学位论文，2017.
⑦ 谭荣华.博茨瓦纳大学孔子学院汉语学习者需求分析［D］.上海师范大学硕士学位论文，2012.
⑧ 杨芷一.捷克汉语学习者课堂学习需求分析［D］.北京外国语大学硕士学位论文，2013.
⑨ 洪梅子.波多维耶霍孔子学院学习者汉语学习需求分析［D］.广东外语外贸大学硕士学位论文，2014.
⑩ 张丹.布隆迪大学孔子学院汉语学习者需求分析［D］.渤海大学硕士学位论文，2015.
⑪ 陈琰.泰国宋卡王子大学普吉孔子学院学习者的汉语需求分析［D］.云南师范大学硕士学位论文，2015.
⑫ 刘苗苗.秘鲁圣玛丽亚天主教大学孔子学院汉语学习者需求分析［D］.广东外语外贸大学硕士学位论文，2016.

而富宇（2017）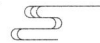又从汉语国际传播的角度，对古巴孔子学院学习者的汉语需求进行实证调查研究。

第五、不同国家学习者对中国文化的需求分析

不同国家学习者对中国文化的需求分析，主要集中于国内留学生和国外孔子学院的汉语学习者。

雷茜（2012）的《来华中亚留学生对中国文化需求分析的研究》②，首次将需求分析引入国际汉语教育的文化教学领域，运用问卷法和访谈法调查了来华中亚留学生对中国文化的了解和需求，得出四个等级留学生需求存在差异的文化项目，并据此对四个等级留学生的文化教学设计提出建议；王瑷珲（2012）的《留学生对中国文化知识的态度和需求》③通过问卷调查法研究了不同母语背景的留学生对中国文化知识的态度，从引入时机、文化知识的获得途径和文化体验获得途径三个方面进行了研究分析，并根据聚类结果，分析了留学生在性别、母语和汉语水平三方面体现出的整体差异和内部差异；张瑞（2013）的《来华中亚留学生对中国文化需求分析研究》④，通过问卷调查对新疆四所高校的中亚留学生中国文化需求做了分析，研究得出中亚留学生已经掌握和了解的文化内容和想要掌握和了解的文化内容之间的差异，并分析统计出不同等级学生对中国文化的需求以及学生在口语、听力和写作方面的教学优化设计方案；王倩（2014）在《来华留学生对中国文化认知情况和需求分析的研究》⑤中，通过问卷调查和逻辑分析法对该校来自8个国家的70名留学生的中国文化学习现状、认知情况和需求情况三方面进行了全面分析，并根据调查结果提出了相应的文化教学建议；叶欢（2016）的《莫桑比克孔子学院初级学生对中国文化需求分析》⑥通过问卷调查和访谈对莫桑比克孔子学院的本地初级汉语水平的学生已经了解/学习和想要了解/学习的文化项目进行分析研究，归纳出当地学生需求比较高的中国文化项目，并结合当地教材对初级阶段的文化教学提出建议；宋志华（2016）的《韩国孔子学院对中国文化认知现状与需求调查分析》⑦通过问卷调查法，对东西大学孔子学院的学生展开中华文化认知现状和文化需求的调查，对比不

---

① 富宇.古巴汉语国际传播现状与汉语学习需求情况调查［D］渤海大学硕士学位论文，2017.
② 雷茜.来华中亚留学生对中国文化需求分析的研究［D］.新疆师范大学硕士学位论文，2012.
③ 王瑷珲.留学生对中国文化知识的态度和需求［D］.北京大学硕士学位论文，2012.
④ 张瑞.来华中亚留学生对中国文化需求分析研究［J］.新疆社会科学，2013（5）.
⑤ 王倩.来华留学生对中国文化认知情况和需求分析的研究［J］.时代文学，2014（6）.
⑥ 叶欢.莫桑比克孔子学院初级学生对中国文化需求分析［J］.海外英语，2016（12）.
⑦ 宋志华.韩国孔子学院对中国文化认知现状与需求调查分析［D］.山东大学硕士学位论文，2016.

同水平、不同社会背景的汉语学习者对中华文化在认知需求上的差异，分析差异产生的原因，进而寻求最佳的传播内容和传播方式；曾苑兰（2016）在《秘鲁孔子学院汉语学习者对中国文化需求分析的研究》[①]一文中，从学习者学习汉语的目标出发，通过问卷对孔子学院汉语学习者学习中国文化的途径、已了解和学习的中国文化、想要了解和学习的中国文化项目、学习中国文化的方式和对中国文化的认同程度进行了实证研究，分析归纳出该孔院不同汉语水平的学习者对中国文化需求的差异性及其他相关性问题，并对不同级别的文化教学提出可行性策略与建议；李珈琪（2016）的《基于轻松学中文的汉语学习者文化需求研究》[②]则是以《轻松学中文》这本教材出发，对教材中出现的文化点进行梳理归纳，针对当地孔子学院暑期班和晚班的汉语学习者进行问卷调查，了解他们的文化需求、文化倾向及对教材文化因素和文化教学的评价，将教材中的文化因素和汉语学习者的文化需求及教学评价对比分析，总结出呈现的问题，并针对教材中出现的问题及学生的反馈提出相关的建议。

综上所述，需求分析在汉语教学中的运用涉及范围越来越广，分析内容也越来越深入。但需求分析理论还没有被引入到中华才艺课中，文本尝试将需求分析理论运用到中华才艺课中，更好地了解学生对中华才艺的需求，为中华才艺教学提供一点参考。

（3）国内中华才艺相关研究

通过梳理相关文献发现，迄今为止，国内在国际汉语教学领域内的相关学者对中华才艺教学的研究成果不多，并且大多数中华才艺研究是以实际汉语教学为基础的，下文将对相关且具有参考价值的论文进行综述。

第一，从宏观上对中华才艺教学进行讨论分析的文章

王红（2012）在《论对外汉语专业中华才艺研习课程的教学策略》[③]一文中，针对目前中华才艺教学中出现的课程目标不明确、师资力量匮乏、教学方式和考核方式单一等问题，从理论层面概括性地提出了几点教学策略，并论述了中华才艺教学在汉语教学中的意义。文章具有一定的高度和概括性，但尚未将教学策略放在实践

[①] 曾苑兰.秘鲁孔子学院汉语学习者对中国文化需求分析的研究［D］.广东外语外贸大学硕士学位论文，2016.
[②] 李珈琪.基于轻松学中文的汉语学习者文化需求研究［D］.广东外语外贸大学硕士学位论文，2016.
[③] 王红.论对外汉语专业中华才艺研习课程的教学策略［J］.读与写杂志，2012（4）.

中进行检验；谭薇（2013）在《汉语国际教育中的中华才艺课研究》①一文中，认为在汉语教学中开展中华才艺教学已经成为一种趋势，她通过调查国内外汉语课堂里的中华才艺教学情况和自己的才艺教学实践，以中华才艺课的开展背景和发展现状为主线，分析了中华才艺课的开展对汉语国际推广的作用；李晓琼（2015）的《云南师范大学留学生中华才艺课调查研究》②通过问卷的方式，对云南师范大学留学生的中华才艺课进行了全面调查，运用多因素方差分析对留学生中华才艺课进行了定量分析，并对中华才艺课教学中存在的问题提出了解决的办法；马生元（2015）在《中华才艺与国际汉语教学研究——基于学习需求的角度》③一文中，通过网络问卷和文献法，对样本涉及的14个国家的学生和老师的中华才艺需求和认知做了全方位分析调查，针对调查中出现的问题，提出了中华才艺在汉语国际教学中的教学策略；魏梦影（2017）在《中华才艺在对外汉语教学中的定位》④中，通过调查问卷，对比分析留学生对中华才艺的了解掌握程度和学习才艺后的态度，再通过个案调查得出中华才艺在对外汉语教学中的作用，得出中华才艺的定位。并提出才艺与汉语课相结合、在汉语课上增加才艺知识，实践与理论相结合的建议。

综上所述，以上文章多数是从中华才艺教学的现状和地位进行的调查研究，研究对象也只针对国内的中华才艺课和留学生，针对国外中华才艺教学的研究较少；从需求角度研究中华才艺的文章也仅仅是基于需求的角度探索中华才艺与国际汉语教学的问题；从学习者需求出发，对中华才艺进行相关研究的文章较少。

第二，细化到具体才艺教学为主的文章

刘璇（2014）的《太极拳与中国文化传播》⑤以墨西哥蒙特雷科技大学高中部太极拳教学为例，探讨了作为中华才艺的太极拳对于推动中国文化传播的积极作用以及传播过程中的一些问题；张洋帆（2014）的《来华汉语夏令营中华才艺课教学初探》⑥通过问卷调查，从中华才艺课的内容与形式入手，结合书法和剪纸两个案例对中华才艺课的教学原则、教学内容、教学条件、教学形式及教学评价等方面进行了分析，并对中华才艺教学提出了若干改进建议；宋楠楠（2015）在《简论汉语作为

---

① 谭薇.汉语国际教育中的中华才艺课研究［D］.西广民族大学硕士学位论文，2013.
② 李晓琼.云南师范大学留学生中华才艺课调查研究［D］.云南师范大学硕士学位论文，2015.
③ 马生元.中华才艺与国际汉语教学研究——基于学习需求的角度［D］.广西师范大学硕士学位论文，2015.
④ 魏梦影.中华才艺在对外汉语教学中的定位研究［D］.河北大学硕士学位论文，2017.
⑤ 刘璇.太极拳与中国文化传播［D］.上海外国语大学硕士学位论文，2014.
⑥ 张洋帆.来华汉语夏令营中华才艺课教学初探［D］.北京外国语大学硕士学位论文，2014.

第二语言教学中的中华才艺教学——以秧歌舞、葫芦丝教学为例》①中,以泰国秧歌舞和葫芦丝的教学为例呈现了自己的教学过程,通过观察分析、理论推理与实例相结合等研究方法,探索了在泰国汉语课堂的文化、政策、教学对象等方面融入中华才艺的可行性。总结了将中华才艺融入泰国汉语教学的优缺点,并结合自己的教学经验提出了相关的注意事项;肖煌辉(2015)的《中华民族传统体育在韩国孔子学院传播的现状和对策研究》②,通过问卷调查、实地考察、访谈等方法对中华民族传统体育在韩国孔子学院传播的现状进行了详细调查,并分析了传播中存在的问题,针对现状与问题提出对策,为今后中华民族传统体育在韩国孔子学院更好地传播提供一些新思路;郝巧芝(2016)在《对外汉语教学中书法教学研究》③中,通过问卷法、观察法、访谈法对四所教学单位所开设的书法课程的师资概况、课程设置、教学对象、教学实施及书法活动等方面的现状进行了调查分析,并提出了有关对外汉语书法教学的有效策略;樊洁茹(2017)的《对外汉语古琴文化才艺课教学研究》④以文化才艺课(古琴)为研究对象,分别以该校的古琴班和古琴教程《中学生古琴文化教程》为例,对古琴才艺课和古琴文化课的教学应用现状进行了分析并提出了相应的教学策略;张雅楠(2017)在《泰国职业技术学校的中华才艺教学——以民族舞、中国结、中国画为例》⑤中,以民族舞、中国结、中国画为例,分析研究了将中华才艺引入职业教育中的可行性,总结出中华才艺在汉语课堂的优缺点,并针对出现的问题提出了相应的教学策略;陈茜灵(2017)在《中文教师中华才艺在泰国初级汉语课堂上的实际应用研究》⑥中,以绘画和武术为例,以中文教师的中华才艺为切入点,通过案例分析法和观察法,探索了中华才艺应用于泰国初级汉语课堂上的有效策略。

综上所述,以上文章都是以具体的才艺为研究对象进行的研究,中华才艺项目也涉及了书法、绘画、剪纸、葫芦丝、武术等,但基本上只涉及了某一项中华才艺

---

① 宋楠楠.简论汉语作为第二语言教学中的中华才艺教学——以秧歌舞、葫芦丝教学为例[D].河北大学硕士学位论文,2015.
② 肖煌辉.中华民族传统体育在韩国孔子学院传播的现状和对策研究[D].北京体育大学硕士学位论文,2015.
③ 郝巧芝.对外汉语教学中书法教学研究[D].新疆师范大学硕士学位论文,2016.
④ 樊洁茹.对外汉语古琴文化才艺课教学研究[D].青岛大学硕士学位论文,2017.
⑤ 张雅楠.泰国职业技术学校的中华才艺教学——以民族舞、中国结、中国画为例[D].辽宁师范大学硕士学位论文,2017.
⑥ 陈茜灵.中文教师中华才艺在泰国初级汉语课堂上的实际应用研究[D].淮北师范大学硕士学位论文,2017.

与汉语教学或文化传播的关系。

第三，细化到具体国别的文章

赵越（2012）在《将中华才艺引入泰国汉语教学——以竹笛、剪纸、书法三方面为例》[①]一文中，以汉语作为选修课或者兴趣班的汉语课堂为研究对象，以研究一种新颖的汉语教学方法为目标，将中华才艺作为泰国汉语课堂的主导线，串引汉语课堂，以竹笛、剪纸、书法为例，分析了将中华才艺直接引入汉语课堂的优缺点，并提出了具体的实施方法，让学生在学习中华才艺、中华文化的同时，也从中学到汉语知识；谢沅锟（2013）的《泰国中学中华才艺课研究》[②]以其教学实习所在地披迈威塔亚中学为例，通过对该校汉语课堂教学现状的分析和中华才艺课的研究，发现中华才艺课的教学问题，并从教师和学生两方面对该校中华才艺课的教学提出了一些对策。但提出的五点教学对策，没有以实际的教学经验为基础，只是概括性地论述；严艺海（2015）的《泰国公立中小学中华文化及才艺课程现状分析与对策》[③]以泰国公立中小学的中华才艺课为研究内容，通过对比分析厘清了当前泰国公立中小学文化及才艺课的现状和存在的问题，并结合实例给出了相应的策略。但提出的教学建议有点偏理论，缺乏实践经验的总结；任晓婕（2015）的《马达加斯加孔子学院文化教学实践与探索》[④]以马达加斯加孔子学院为主要研究对象，结合塔那那利佛大学和其他主要教学点近年来的活动总结报告，调查马达加斯加孔子学院近四年来的文化教学情况，包括以课本《中国文化常识》形式为主的文化教学、非课本形式的中国文化才艺课和作为辅助教学的文化活动三个方面，分析总结孔子学院发展中出现的一些问题，继而探索适合当地孔子学院完善的文化教学模式。并以图阿马西纳大学汉语强化班教学点为个体案例，以点带面进一步分析和探讨适合马达加斯加孔子学院发展的文化教学模式；张洪洋（2016）的《吉尔吉斯斯坦国立民族大学孔子学院才艺教学现状研究》[⑤]一文，是一篇关于中华才艺课比较全面的调查报告。他以吉尔吉斯国立民族大学孔子学院为研究对象，通过问卷法、访谈法和课堂观察

---

① 赵越.将中华才艺引入泰国汉语教学——以竹笛、剪纸、书法三方面为例［D］.广西大学硕士学位论文，2012.
② 谢沅锟.泰国中学中华才艺课研究［D］.四川师范大学硕士学位论文，2013.
③ 严艺海.泰国公立中小学中华文化及才艺课程现状分析与对策［D］.四川师范大学硕士学位论文，2015.
④ 任晓婕.马达加斯加孔子学院文化教学实践与探索［D］.江西师范大学硕士学位论文，2015.
⑤ 张洪洋.吉尔吉斯斯坦国立民族大学孔子学院才艺教学现状研究［D］.新疆师范大学硕士学位论文，2016.

法对该孔院中华才艺课现状进行调查分析，并以该孔子学院中华才艺培训班（也称文化培训班）课程设置、师资力量、学生情况，教学场地等方面为切入点，总结该孔子学院在才艺教学中取得的经验和存在的不足；张欣（2017）在《吉尔吉斯斯坦奥什国立大学孔子学院中华才艺教学及实践研究》①一文中，以该孔子学院的中华才艺教学及实践活动为研究对象，通过文献法、问卷法、访谈法以及课堂观察法对奥什孔院的中华才艺教学现状进行调查分析，总结了该孔子学院在中华才艺教学及文化实践活动中取得的成绩与存在的不足。并从宏观设计、教学管理、课程设置、师资状况、学生学习、教学场地以及教材教具等层面提出了自己的建议与策略；巨梦（2017）的《马来西亚彭亨大学中华才艺课教学初探》②通过问卷调查和教学案例相结合的方式，以京剧脸谱和茶文化为研究个案，分析调查了彭亨大学中华才艺课的现状，总结了才艺课的经验与不足。在此基础上，对教师、教学、教材三方面提出了相应的建议。

综上所述，此类题材的论文多见于硕士论文，涉及泰国汉语教学中的中华才艺研究居多，但其他国家汉语教学中的中华才艺研究却寥寥无几，吉尔吉斯斯坦孔子学院中华才艺方面的研究更是屈指可数，并且研究的内容基本集中在中华才艺的现状方面。本研究尝试将需求分析引入吉尔吉斯斯坦孔子学院中华才艺课堂，试图通过分析奥什孔院学习者对中华才艺的实际需求，了解学习者内心深处的需求，根据学生的需求制定相应的中华才艺教学目标、教学内容和教学方法。

3. 基本概念界定

（1）需求分析

需求分析（needs analysis，NA）指通过内省、访谈、观察和问卷等手段对需求进行研究的技术和方法，已广泛应用于教育、经贸、制造和服务等方面。在外语教学领域，需求分析的重要性等同于医生对病人开处方前的诊断[70]。

（2）中华才艺

"才"的本义为"在"，通常用来表示有用之物。如有用的称为"才"，无用的就称为"不才"。引申为人的本质能力，如："才气、天才"。"才"也是"材"字的初始字③。

---

① 张欣. 吉尔吉斯斯坦奥什国立大学孔子学院中华才艺教学及实践研究［D］. 新疆师范大学硕士学位论文，2017.
② 巨梦. 马来西亚彭亨大学中华才艺课教学初探［D］. 河北大学硕士学位论文，2017.
③ 唐汉. 汉字密码［M］. 陕西：陕西师范大学出版社，2009：217，458.

"艺"是"藝"的简化字。"艺"的最初的意思是栽种或种植。古人认为栽种或移植苗木，都需要一定的技能。因此，又引申出技艺之义，如"园艺、手工艺"等。随着技艺范围的扩大，又引申为艺术的"艺"。如古代贵族教育子弟的"六艺"：礼（礼节）、乐（音乐）、射（射箭）、御（驾车）、书（写字）、数（算术）。

"才艺"是才能和技艺的意思。中华才艺，即有别于世界其他国家，独具民族特色，体现中华民族文化内涵，展现中华民族特有风貌的才能、技艺和艺术。它包含中华民族传统文化范畴中的舞蹈、曲艺、相声、书画、武术、太极拳、中国民间手工艺及中国传统器乐等[①]。

（3）中华才艺的项目

王仁法（2015）在《中华文化才艺与展示课程设置的现状与分析》[②]一文中对15所高校的中华才艺的项目进行了分类，将其分为8大类30个小项：

书法类：书法；

武术类：太极拳、太极、太极扇、武术；

绘画类：国画、绘画、简笔画；

舞蹈类：民族舞蹈、民族歌舞、二人转；

民乐类：中国民乐、民歌、中国传统音乐、中国歌曲、京剧、昆曲、中国传统乐器、巴乌、二胡；

饮食类：饮食文化、中国烹饪、中国菜、中国茶道、茶文化；

手工类：剪纸、中国结、手工；

其他：棋艺、园林。

文本结合吉尔吉斯斯坦奥什国立大学孔子学院中华才艺课的实际情况，对以上中华才艺项目进行了整合、修改，将本研究涉及的才艺项目分为以下10大类33项：

书法类：篆书、隶书、楷书、行书、草书；

武术类：太极拳、太极扇、三路长拳；

绘画类：国画、简笔画；

舞蹈类：民族舞蹈、汉族古典舞；

乐器类：竹笛、唢呐、葫芦丝、巴乌、古筝、古琴；

---

① 赵越.将中华才艺引入泰国汉语教学——以竹笛、剪纸、书法三方面为例[D].广西大学硕士学位论文，2012：3

② 王仁法.中华文化才艺与展示课程设置的现状与分析[J].国际汉语教育研究，2015（3）.

音乐类：中国民歌、中国传统音乐、中国歌曲、戏曲音乐；

饮食类：中国烹饪、中国菜、中国茶道、茶文化；

手工类：剪纸、中国结、风筝；

棋艺：围棋、象棋；

语言类：相声、快板

（五）研究设计

1. 研究问题

该文本主要是调查分析奥什国立大学孔子学院（以下简称奥什孔院）学习者对中华才艺的需求情况。通过调查，文本想了解该孔院不同阶段、不同性别的学习者对中华才艺是否存在不同的需求，他们的需求是否有差异性，如果有主要集中在哪几项才艺，分析出现差异的原因，尝试总结出该孔院学习者中华才艺需求的特点。

2. 研究对象

奥什国立大学孔子学院设有本科部和高中部，并且都是汉语相关专业。该文本拟设的调查对象为该孔院本科部和高中部的学生，并按汉语水平等级分为初级、中级、高级。

3. 研究工具

该文本以 Hutchinson & Waters 需求分析理论为主，结合 Dudley-Evans & St John 的需求分析理论思路和研究对象的实际情况，设计调查问卷和访谈提纲，问卷分为三部分，研究对象的基本情况调查，学习者对中华才艺的了解情况调查和学习者对中华才艺的需求情况调查。

4. 研究方法

本研究以"需求分析"的理论和方法为支撑，通过以下方法对笔者所在孔子学院学习者对中华才艺的需求情况进行实证性研究。

（1）文献查阅法

论文题目确定以后，笔者通过学校图书馆、中国知网等渠道查阅、搜集，下载与题目相关的论文著作、期刊论文和学位论文，并对这些资料进行分类整理。筛选出与自己研究题目最相近的文章仔细研读，通过阅读这些文章厘清相关课题的研究脉络，了解本课题研究领域的动态和现状，确定自己的研究思路。

（2）资料归纳整理法

对搜集到的各种文献资料按照类别进行归纳整理。然后按照发表时间先后研读相关文章，在阅读的同时做好笔记、心得和文献摘录，对参考价值比较大的文章进行反复研读，最大限度地从这些文献资料中吸取有价值的信息。

（3）问卷调查和数据统计分析法

依据需求分析理论设计问卷，并根据当地学生实际情况修改翻译问卷，最后发放问卷收集调查结果。运用 SPSS 24.0 统计软件对调查结果进行分析，使数据分析更具科学性。

5. 研究思路

根据研究对象的实际情况设计调查问卷、进行预调查、修正问卷内容、翻译并发放问卷、数据统计与分析。

二、奥什孔院学习者中华才艺需求分析调查说明

（一）调查工具

本研究采用《奥什国立大学孔子学院学习者对中华才艺的需求分析调查问卷》（吉文版）作为研究工具。调查前期，在新疆师范大学留学生中对问卷进行预调查，并针对个别问题进行反复修改以后才对奥什孔院的学生进行正式的问卷调查。收集的数据采用 SPSS 24.0 进行描述性统计分析。在具体的分析过程中，根据实际数据和论文需要，采用了单因素方差分析和多重响应频率分析。

（二）问卷设计

1. 中华才艺项目的选取

该文本主要参考王仁法（2015）对中华才艺项目的分类，并结合研究对象所在孔子学院的实际情况，对才艺项目进行整合、修改。在设计问卷的过程中文本主要参考了雷茜（2012）的《来华中亚留学生对中国文化需求分析的研究——以新疆师范大学的中亚留学生为例》中的《来华中亚留学生对中国文化需求分析的调查问卷》，同时参考了程裕祯《中国文化要略》中绘画、书法艺术的相关内容。

2. 问卷的翻译

本研究对象主要为奥什国立大学孔子学院的学习者，所以文本的问卷翻译为俄语版和吉语版。在发放问卷前，文本对研究对象的俄语和吉语水平做了了解，由于该学院的学习者主要来自奥什周边的各个村镇，大多数都是母语（吉语）比较好，

为了方便调研，调研所用的问卷都是吉语版。文本所用吉语版问卷的翻译主要委托该孔院大四的学生完成，该学生汉语已经通过了 HSK 汉语水平考试六级，具备良好的翻译功底，翻译完成后请孔院的本土老师进行了校正和修改。

3. 调查内容

文本的调查内容分为三部分：

第一部分包括：年龄、性别、班级、性格、民族、汉语水平、汉语学习时长、对中华才艺的了解程度和了解中华才艺的途径一共 9 项内容。其中汉语水平是按照 HSK 的考试成绩分类，文本中初级为 HSK1.2 级，中级为 HSK3.4 级，高级为 HSK5.6 级。

第二部分主要通过问卷形式考查奥什孔院学习者对开设的 10 门中华才艺课程的了解情况，主要包括书法、国画、剪纸、竹笛、唢呐、葫芦丝、巴乌、古筝、曲艺、武术。通过此部分的调查分析，可得出学习者对孔院所开设的中华才艺课程的了解程度，也可以得出不同性别的学习者了解程度比较高的中华才艺项目，同时也可以得出不同汉语水平的学习者了解程度比较高的中华才艺项目，以及了解程度比较低的中华才艺项目。

第三部分主要通过问卷和访谈的形式，结合孔院开设的中华才艺课程，了解奥什孔院学习者对中华才艺的需求情况，把它们整理为 10 个大类，分别为书法、绘画、武术、舞蹈、乐器、音乐、饮食、手工制作、棋艺、语言类，每一类下面又列出若干子项目，共 33 项。通过此部分的调查分析，可得出学习者对中华才艺子项目整体的需求频率，也可以得出不同性别学习者对中华才艺子项目的需求频率，不同汉语水平学习者对中华才艺子项目的需求频率，以及不同性别学习者需求频率存在差异的中华才艺项目和不同汉语水平学习者需求频率存在差异的中华才艺项目。

4. 问卷调查的信度检验

表 2-1 可靠性统计

克伦巴赫系数	项数
.706	43

本研究所用量表的信度评估方法是内部信度，根据 SPSS24.0 计算，内部信度指标克伦巴赫的阿尔法系数为 0.706，可见该问卷信度较好。

5. 样本基本信息

（1）样本整体情况说明

本研究于 2018 年 10 月—12 月在奥什孔院本科部、高中部及教学点选取学生进行调查。本次调查随机发放问卷共 429 份，其中本科部 200 份，高中部 184 份，教学点 25 份。共回收问卷 405 份，回收率为 94%，其中有效问卷 393，无效问卷 12 份，有效率为 97%。其中男生 178 人，占总数的 46%，女生 214 人，占总数的 54%。一个性别缺失值。

（2）样本缺失值说明

文本在具体分析过程中发现，个别样本存在个别问题的缺失值，此处加以说明。文本的有效问卷为 393 份，其中包括单份问卷中有一个问题学生未做出选择的样本。所以在问卷分析过程中就会出现样本总量前后不符的情况。如：问题 B3 关于中国的剪纸，您了解多少，有 3 位学生未做出选择，所以，在这个问题上出现了 3 个缺失值。

（3）样本的汉语水平

从图 2-1 可见，被试者中汉语在初级水平学生有 175 人，占总人数的 44.8%，在中级水平的有 185 人，占总人数的 47.3%，在高级水平的有 31 人，占总人数的 7.9%。被试者中有两位同学未对汉语水平做出选择，因此，汉语水平有两个缺失值。

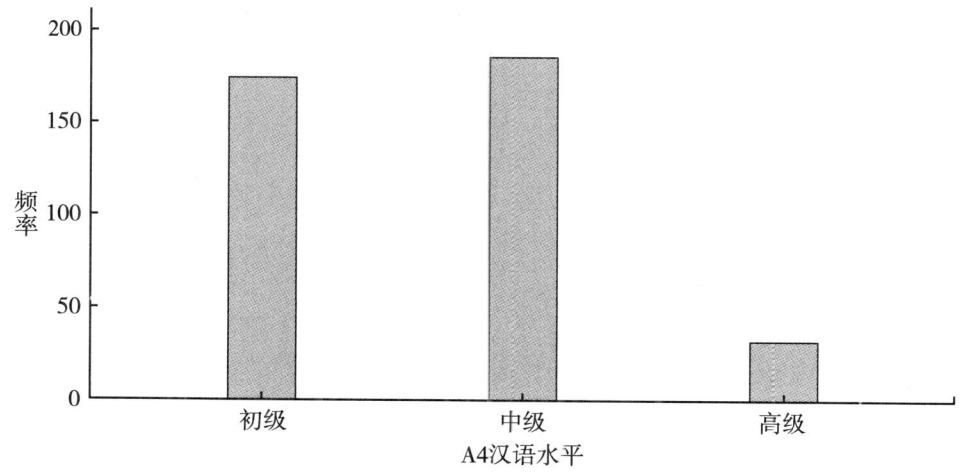

图 2-1　汉语水平条形图

（4）样本的汉语学习时长

从图 2-2 可知，学习汉语时间在一年以下的有 195 人，占总人数的 49.6%，一年到两年的有 98 人，占总人数的 24.9%，两年到三年的有 49 人占总人数的 12.5%，三年到四年的有 51 人，占总人数的 13%，没有学习时间在四年以上的学生。

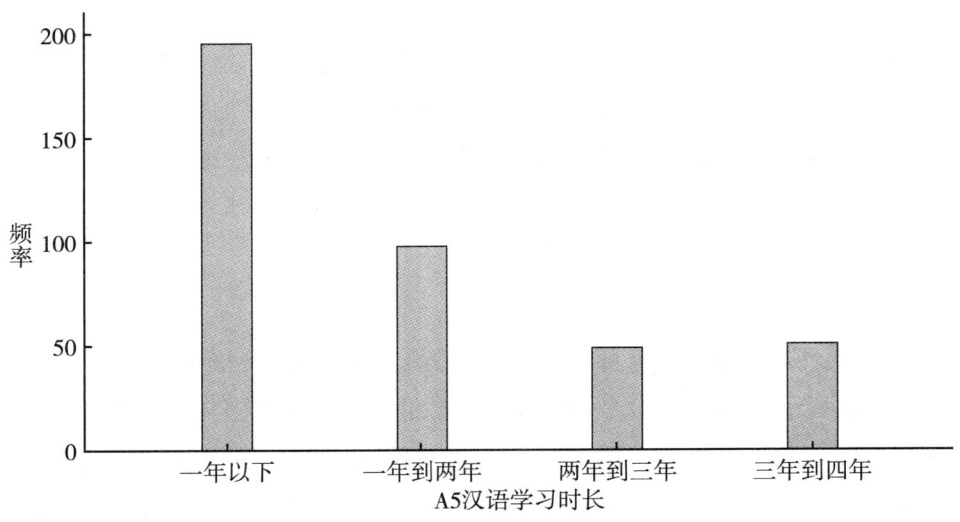

图 2-2　汉语学习时长条形图

（5）学习者对中华才艺的了解情况

从图 2-3 可见，对中华才艺的了解程度在 20% 以下的有 90 人，占总人数的 23.1%；20%—40% 有 148 人，占总人数的 38%；40%—60% 有 106 人，占总人数的 27.2%；60%—80% 有 39 人，占总人数的 9.9%；80% 以上的有 6 人，占总人数的 1.5%。

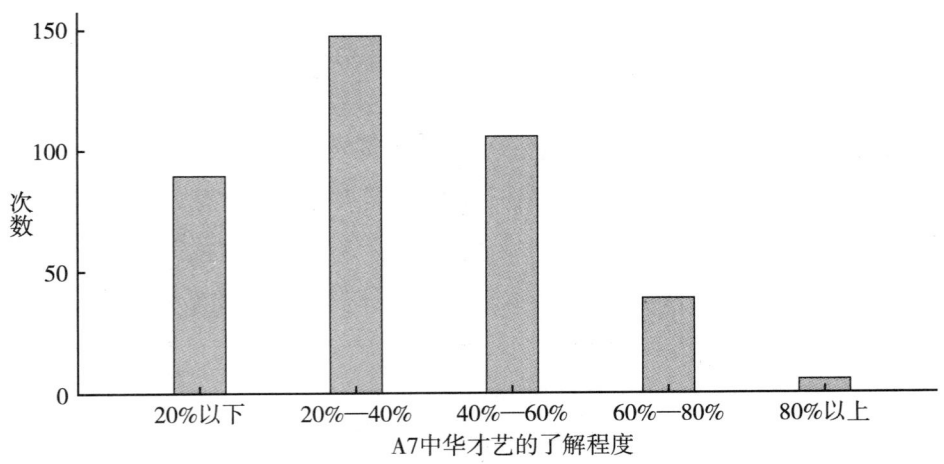

图 2-3　中华才艺的了解程度条形图

（6）中华才艺的了解途径

表 2-2 是对中华才艺了解途径做了多重响应频率分析，结果中出现的百分比是基

于个案百分比。数据显示,被试者主要选择书籍作为了解途径的占 24.6%,网络的占 50.5%,电视占 15.1%,才艺课占 34.9%,其他课堂占 13.8%;由此可见,被试者了解中华才艺的途径依次为:网络、才艺课、书籍、电视和其他课堂。通过网络来了解中华才艺所占百分比最高,说明被试者更倾向于通过网络了解中华才艺。而才艺课堂占比为 34.9%,说明才艺课堂也是被试者了解中华文化的主要途径之一。不少被试者也会通过书籍、电视去了解中华才艺,但大多数人都不倾向于选择其他课堂作为了解中华才艺的途径。

表 2-2　中华才艺了解途径多重响应频率表

		N	个案百分比
途径	书籍	96	24.6%
	网络	195	50.0%
	电视	59	15.1%
	才艺课	136	34.9%
	其他课堂	54	13.8%
总计		540	138.5%

6. 小结

从以上分析数据可知,被试者中汉语中级水平的人数最多,汉语高级水平的人数最少;说明大多数被试者汉语都通过了 HSK3 或者 4 级,基本可以听懂教师的日常用语,并能和老师进行简单的沟通交流。大多数被试者学习汉语的时间都没有超过一年;对中华才艺的整体了解程度集中在 20%—40% 之间;说明大多数被试者对中华才艺的了解程度不高。被试者中大多数都倾向于通过网络了解中华才艺,中华才艺课堂也是他们了解中华才艺的主要途径,只有极少数人会通过其他课堂去了解中华才艺。由此可以说明,奥什孔院学习者了解中华才艺的途径比较单一,对中华才艺的整体了解程度也不高。

三、奥什孔院学习者对中华才艺的了解现状分析

奥什孔院成立虽然只有短短的五年时间,但在这五年时间里,奥什孔院始终充满活力,发展迅速。管理、教学、文化等各方面工作都取得了良好的成绩,尤其是

在中华才艺教学方面取得的成绩更是让人倍感欣慰。该孔院本部每学期都开设中华才艺课程，学生可以根据自己的兴趣和需求选择学习。孔院本部以外的其他孔子课堂和教学点的学生也可以来孔院本部学习自己喜欢的中华才艺。孔院本部的才艺老师也会根据教学的实际情况在教学点开展一些才艺活动。由于教学设备和教学场地有限，一般建议教学点的学生来孔院本部学习中华才艺。

（一）奥什孔院基本情况介绍

奥什孔院是中亚地区乃至全球范围内率先具备本科学历教育的孔子学院，该孔院成立于2013年6月，是一所与新疆师范大学合作建立的孔子学院。

截至2018年9月，全院有学生700余名，其中本科一年级到四年级，共有学生316名，14个授课班级；高中部共学生373人，15个授课班级。该孔院根据当地学生的实际情况和教育培养政策开设了两个汉语专业，分别"中国学"和"语言学（翻译方向）"。各个班级的汉语课和班主任都由教学经验丰富的优秀汉语教师承担。奥什孔院开设的中华才艺课形式多样，并且面向孔院本部和教学点的全体学生。

（二）奥什孔院中华才艺课程情况介绍

从建院截至2018年9月，奥什孔院开设过的中华才艺项目总共有六项，具体有古筝、书法、国画、剪纸、民乐和武术。今年开设的中华才艺项目总共有七项，具体有书法、绘画、剪纸、管弦乐器（包括文本中的竹笛、巴乌、葫芦丝、唢呐）、古筝、舞蹈、曲艺、功夫。教授这些课程的老师基本都是专业出身，对自己教授的中华才艺项目有比较深厚的基础和独特的方法。而且奥什孔院对中华才艺课很重视，每项才艺课程每周都会有专门的上课时间，并且有专门的教师和授课地点。具体内容见表3-1：

表3-1 奥什孔院才艺课程内容及上课时间表

序号	才艺项目	上课时间
1	书法	每周三次，一次60到90分钟不等
2	绘画	每周三次，一次60到90分钟
3	剪纸	每周两次，一次90分钟
4	竹笛	每周四次，一次90到180分钟
5	唢呐	每周两次，一次90到180分钟
6	葫芦丝	每周四次，一次90到180分钟
7	巴乌	每周四次，一次90到180分钟

序号	才艺项目	上课时间
8	古筝	一、二年级每周各一次课共90分钟
9	曲艺	每周四次,每天两点以后,时长不定
10	武术	每周两次,一次90分钟

(三)奥什孔院学习者对中华才艺的整体了解程度分析

从奥什孔院开设的才艺课程情况和表3-1的信息显示,文本认为奥什孔院学习者对所开设的才艺课的了解程度应该比较高。所以文本通过表3-2对奥什孔院开设的10项中华才艺的了解程度做了平均值分析。从数据可以看出,被试者整体对书法、国画、剪纸、竹笛、唢呐、葫芦丝、巴乌、古筝、曲艺、武术的了解程度不高。

其中对书法、国画、武术的了解稍微多一点,处于一般水平偏低;而对剪纸、竹笛、葫芦丝、巴乌、古筝、曲艺只了解一点;对唢呐基本不了解。由此可以得出被试者对上述才艺项目了解程度由高到低依次为书法、国画、武术、剪纸、曲艺、古筝、竹笛、葫芦丝、巴乌、唢呐。

此处的缺失值是指被试者中有三位同学对问题B2关于中国的国画您了解多少未做选择;有两位同学分别对问题B3关于中国的剪纸您了解多少和B7关于中国的巴乌您了解多少未做选择;在问题B5、B6、B9的选择上,分别有一位同学未做选择。

表3-2 被试者对中华才艺项目整体了解程度平均值统计表

		书法	国画	剪纸	竹笛	唢呐	葫芦丝	巴乌	古筝	曲艺	武术
N	有效	393	390	391	393	392	392	391	393	392	393
	缺失	0	3	2	0	1	1	2	0	1	0
平均值		2.92	2.63	2.29	2.14	1.61	2.04	2.04	2.17	2.23	2.52

(四)不同性别学习者对中华才艺的了解程度分析

为了具体了解男女生对文本所涉及的中华才艺项目了解程度,文本首先对性别和中华才艺项目进行了单因素方差分析,得出男女生了解程度差别比较大的才艺项目,对这些才艺项目进行重点分析,对差别不大的才艺项目整体分析。具体分析如下:

从表3-3数据可以看出,P<0.05的才艺项目有书法、国画、葫芦丝、巴乌、古筝、曲艺,说明男女生对中华才艺的了解程度在书法、葫芦丝、巴乌、古筝、曲艺上有显著的差异性;而国画(P=0.041)基本接近0.05,说明男女生在国画的了解程

度上差别不大；其他项目（剪纸、竹笛、唢呐、武术）的 P 值都大于 0.05，说明男女生在这几项中华才艺的了解程度上几乎没有差别。所以，文本采用交叉表具体分析男女生在了解程度上差异比较显著的 5 项中华才艺（古筝、曲艺、书法、葫芦丝、巴乌）具体见下表：

表 3-3　性别和中华才艺项目单因素方差分析

		显著性
B1 书法的了解	组之间	.010
B2 国画的了解	组之间	.041
B3 剪纸的了解	组之间	.071
B4 竹笛的了解	组之间	.086
B5 唢呐的了解	组之间	.205
B6 葫芦丝的了解	组之间	.018
B7 巴乌的了解	组之间	.010
B8 古筝的了解	组之间	.000
B9 曲艺的了解	组之间	.000
B10 武术的了解	组之间	.601

表 3-4 数据显示，被试者对古筝的了解程度整体偏低，但男女生存在明显的差异，男生对古筝的了解程度远低于女生的了解程度。从数据可以看出，对古筝了解一点和一般了解的男女生没有太大差别，对古筝非常了解的男生很少，对古筝非常了解女生占 6.1%，说明非常了解古筝的女生比男生多；基本了解的男生所占百分比为 7.3%，女生占 14.5%，也就是说基本了解古筝的女生比男生多一半；完全不了解古筝的男生占 47.2%，女生占 29.4%，说明非常不了解古筝的男生比女生多。由此可见，男生对古筝的了解程度很低，大多数男生只是了解皮毛而已，少数男生的了解程度处于一般水平，而基本了解和非常了解的男生则很少。而女生对古筝的了解程度比男生高，大多数女生处于一般水平，基本了解和非常了解古筝的女生也有不少。由此可以得出：男生对古筝只了解一点，程度偏低，女生对古筝的了解程度处于一般水平。

原因分析：被试者对古筝的了解整体偏低，通过访谈得知，奥什孔院虽然开设了古筝课，但上课时间少，一周只有一次课，而且古筝的教学只针对一二年级的学生，而文本中涉及的调查对象包括高中生和其他年级的学生，所以有好多学生可能对古筝一无所知。男女生了解程度有差异是因为，女生认为古筝音色优美、演奏技巧丰富、具有很强的表现力，弹奏古筝的样子很美，觉得学习古筝既可以让自己有一技之长，也可以陶冶情操，提升气质。而男生普遍觉得古筝太女性化，学习古筝对手的要求比较高，琴谱学起来太难。

表3-4 性别*古筝的了解交叉表

			完全不了解	了解一点	一般了解	基本了解	非常了解	总计
性别	男	计数	84	45	34	13	2	178
		百分比在性别内	47.2%	25.3%	19.1%	7.3%	1.1%	100.0%
	女	计数	63	60	47	31	13	214
		百分比在性别内	29.4%	28.0%	22.0%	14.5%	6.1%	100.0%
总计		计数	147	105	81	44	15	392
		百分比在性别内	37.5%	26.8%	20.7%	11.2%	3.8%	100.0%

从表3-5总体来看，被试者对曲艺的了解程度一般，偏低。但男女生对曲艺的了解程度有明显的差异，男生对古筝的了解程度要低于女生。具体来看，对曲艺了解一点的男女生相差无几，对曲艺完全不了解的男生占40.4%，而女生只占23.0%，也就是说，对曲艺完全不了解的男生大约是女生的175.65%；对曲艺一般了解的男生占23.6%，女生占34.3%，说明对曲艺一般了解的女生比男生多；基本了解曲艺的女生占10.8%，男生只有7.9%，说明基本了解曲艺的女生比男生多。非常了解曲艺的男生有0.6%，女生2.8%，可以看出非常了解曲艺的女生人数是男生的一半还多。由此可见，男生对曲艺了解的程度很低，大多数男生对曲艺所知甚少，少数男生对曲艺的了解程度处于一般水平，而基本了解和非常了解曲艺的男生也是寥若晨星；而女生对曲艺的了解程度比男生高，少数女生对曲艺毫无所知，大多数女生对曲艺的了解处于一般水平，非常了解曲艺的女生也是男生的数倍。由此可见，男生对曲艺只了解一点，程度偏低，女生对曲艺的了解处于一般水平偏上。

原因分析，被试者对曲艺了解程度整体偏低。因为今年奥什孔院新开设了曲艺课，虽然一周四次，但上课时间基本都在下午，好多学生只有上午有课，即使下午有课，有些同学也会找各种借口不去上课。学习一门新知识需要一定的过程，曲艺课开设时间短，是学生了解程度低的主要原因。男女生了解程度有差异是因为，女生认为教授曲艺的老师上课很有趣，学习曲艺既可以提升自己的口语水平，又可以了解中国的语言文化。在平时的上课过程中发现，男生没有女生活跃，语言表达能力也没有女生强。在曲艺的选择上，某种程度上跟性格和语言能力有一定的关系，而不少男生认为，学好了汉语就可以很容易地学习曲艺，觉得没必要专门去学习。

表3-5 性别 * 曲艺的了解交叉表

			完全不了解	了解一点	一般了解	基本了解	非常了解	总计
性别	男	计数	72	49	42	14	1	178
		百分比在性别内	40.4%	27.5%	23.6%	7.9%	0.6%	100.0%
	女	计数	49	62	73	23	6	213
		百分比在性别内	23.0%	29.1%	34.3%	10.8%	2.8%	100.0%
总计		计数	121	111	115	37	7	391
		百分比在性别内	30.9%	28.4%	29.4%	9.5%	1.8%	100.0%

从表3-6总体来看，男女生都对书法有所了解，但了解程度不高，处于一般水平。通过数据也可以看出一般了解书法的男生和女生差不多一样，而基本了解书法的女生占32.2%，男生占21.9%，由此可以推断对书法知识了解比较多的女生比男生多。完全不了解书法的男生为14.0%，女生为7.0%，也可以看出男生完全不了解书法的人数要比女生多出将近两倍。非常了解书法的男生占3.9%，而非常了解书法的女生占4.2%，说明对书法非常了解的男生和女生在人数上相差不大。由此可见，男生对书法的了解程度低，大多数男生对书法的了解程度处于一般水平，只有少数男生对书法基本了解；还有接近1/5的人对书法一无所知；而大多数女生对书法的了解程度也是也处于一般水平，但大约1/3的女生对书法基本了解，也仅有少数女生对书法一无所知。由此可以推断，男生对书法的了解处于一般水平偏下，而女生对书法的了解程度要比男生高，处于一般水平偏上。

原因分析，被试者整体对书法有所了解，是因为奥什孔院每周有三次书法课，并且有专业的老师教授相关知识，平时的汉语课，授课教师也会时常教授一些汉字书写及书法的相关知识。男女生在了解程度上有差异是因为，女生认为用毛笔写出来的字很飘逸流畅，非常好看，而且不少女生对书法也很感兴趣。而男生则认为书法太难，毛笔掌控很难，而且学习书法需要很长时间才能见成效。所以，很多男生都不愿意长期学习书法。

表 3-6 性别 * 书法的了解交叉表

			完全不了解	了解一点	一般了解	基本了解	非常了解	总计
性别	男	计数	25	42	65	39	7	178
		百分比在性别内	14.0%	23.6%	36.5%	21.9%	3.9%	100.0%
	女	计数	15	46	75	69	9	214
		百分比在性别内	7.0%	21.5%	35.0%	32.2%	4.2%	100.0%
总计		计数	40	88	140	108	16	392
		百分比在性别内	10.2%	22.4%	35.7%	27.6%	4.1%	100.0%

从表 3-7 总体来看，被试者对葫芦丝的了解程度偏低。但男女生在具体了解程度上有细微差异。数据显示，一般了解和基本了解葫芦丝的男女生相差无几，说明对葫芦丝一般了解和基本了解的男女生在人数上相差不多；完全不了解葫芦丝的男生有 51.4%，女生 38.8%，也就是说完全不了解葫芦丝的男生比女生多，大多数男生完全不了解葫芦丝，而完全不了解葫芦丝的女生比男生少。对葫芦丝有一点了解的女生比男生多一点；非常了解葫芦丝的男生屈指可数，非常了解葫芦丝的女生为数不多。由此可知，男生只了解一点葫芦丝，程度偏低，大多数男生对葫芦丝毫无所知，只有极少数的人基本了解葫芦丝，处于一般水平的也不到 1/2。女生对葫芦丝也只了解一点，但程度比男生稍高，也有接近 1/3 的人对葫芦丝闻所未闻。而了解一点葫芦丝的女生也不多，一般了解和基本了解的人也只有 1/3，非常了解的人更是寥寥无几。由此推断，男生和女生对葫芦丝都只了解一点，但女生的了解程度稍微偏高一点。

原因分析，被试者整体上对葫芦丝只了解一点。究其原因，奥什孔院的葫芦丝由专业的乐器老师教授，但是老师同时要教授好几种乐器，难免在教授和练习上有所偏颇。而男女生了解程上有所差异是因为，大多数女生都对葫芦丝独特优美的音色，古朴的外观感兴趣，并且认为葫芦丝柔美，典雅，适合女生去学习。而男生觉得葫芦丝简单易学，小巧易携带，多数是因为感兴趣。

表 3-7　性别 * 葫芦丝的了解交叉表

			完全不了解	了解一点	一般了解	基本了解	非常了解	总计
性别	男	计数	91	41	28	9	8	177
		百分比在性别内	51.4%	23.2%	15.8%	5.1%	4.5%	100.0%
	女	计数	83	58	41	19	13	214
		百分比在性别内	38.8%	27.1%	19.2%	8.9%	6.1%	100.0%
总计		计数	174	99	69	28	21	391
		百分比在性别内	44.5%	25.3%	17.6%	7.2%	5.4%	100.0%

从表3-8数据来看，被试者对巴乌了解程度不高。其中男生对巴乌的了解程度百分比为：完全不了解50.6%，了解一点25.6%，一般了解13.6%，基本了解7.4%，非常了解2.8%；女生对巴乌的了解程度百分比为：完全不了解40.2%，了解一点25.2%，一般了解17.3%，基本了解11.7%，非常了解5.6%。对巴乌完全不了解的男生占50.6%，是男生总数的一半，女生占40.2%，可见被试者中对巴乌完全不了解的男生比女生多；而了解一点和一般了解的男生和女生相差无几；对巴乌基本了解的男生占7.4%，女生占11.7%，也就是说，基本了解巴乌的女生比男生多一点；非常了解巴乌的男生占2.8%，女生占5.6%，可见非常了解巴乌的男生是女生人数的一半。由此可见，男生对巴乌的了解程度较低，大多数男生对巴乌闻所未闻，只有极少数人非常了解巴乌，基本了解巴乌的人也不多，处于一般水平的人不到15%；女生对巴乌的了解程度比男生高一点，但也有近1/3的女生对巴乌一无所知，非常了解巴乌的女生比男生多。

原因分析，少数女生喜欢巴乌柔美悦耳的音色，有的女生是为了有一技之长。少数男生选择巴乌大多数是因为兴趣，吹奏巴乌可以表达自己的心情。

表 3-8　性别 * 巴乌的了解交叉表

			完全不了解	了解一点	一般了解	基本了解	非常了解	总计
性别	男	计数	89	45	24	13	5	176
		百分比在性别内	50.6%	25.6%	13.6%	7.4%	2.8%	100.0%
	女	计数	86	54	37	25	12	214
		百分比在性别内	40.2%	25.2%	17.3%	11.7%	5.6%	100.0%
总计		计数	175	99	61	38	17	390
		百分比在性别内	44.9%	25.4%	15.6%	9.7%	4.4%	100.0%

从表 3-9 总体来看，被试者比较了解国画，了解程度一般。其中男生对国画的了解程度百分比分别为：完全不了解占 18.6%，了解一点占 29.9%，一般了解占 35.6%，基本了解占 13.0%，非常了解占 2.8%；女生对国画的了解程度百分比为：完全不了解占 14.2%，了解一点占 24.5%，一般了解占 40.6%，基本了解占 15.6%，非常了解占 5.2%。可以看出女生和男生对国画的了解程度相差无几。

被试者对剪纸的整体了解程度不高。其中男生对剪纸的了解程度百分比为：完全不了解占 20.3%，了解一点占 48.0%，一般了解占 24.3%，基本了解占 6.2%，非常了解占 1.1%；女生对剪纸的了解程度百分比为：完全不了解占 17.4%，了解一点占 43.2%，一般了解占 26.3%，基本了解占 11.7%，非常了解占 1.4%。

被试者普遍对竹笛了解一点，了解程度比较低。其中男生对竹笛的了解程度的百分比为：完全不了解占 37.1%，了解一点占 33.7%，一般了解占 20.2%，基本了解占 6.7%，非常了解占 2.2%；女生对竹笛的了解程度百分比为：完全不了解占 34.6%，了解一点占 26.6%，一般了解占 24.3%，基本了解占 10.7%，非常了解占 3.7%。

大多数被试者对唢呐完全不了解，了解程度非常低。其中男生对唢呐的了解程度百分比为：完全不了解占 66.9%，了解一点占 19.1%，一般了解占 7.9%，基本了解占 4.5%，非常了解占 1.7%；女生对唢呐的了解程度百分比为：完全不了解占 54.0%，了解一点占 30.5%，一般了解占 10.8%，基本了解占 4.2%，非常了解占 0.5%。

数据显示，男女生对武术的了解处于一般水平，男女生在了解程度上没有太大差异。其中男生对武术的了解程度百分比为：完全不了解占 24.2%，了解一点占 27.0%，一般了解占 30.9%，基本了解占 11.8%，非常了解占 6.2%；女生对武术的了解程度百分比为：完全不了解占 23.8%，了解一点占 26.2%，一般了解占 26.6%，基本了解占 17.8%，非常了解占 5.6%。

表 3-9　性别 * 国画 剪纸 竹笛 唢呐 武术交叉表

			男	女	总计
国画	完全不了解	计数	33	30	63
		百分比在性别内	18.6%	14.2%	16.2%
	了解一点	计数	53	52	105
		百分比在性别内	29.9%	24.5%	27.0%
	一般了解	计数	63	86	149
		百分比在性别内	35.6%	40.6%	38.3%

			男	女	总计
国画	基本了解	计数	23	33	56
		百分比在性别内	13.0%	15.6%	14.4%
	非常了解	计数	5	11	16
		百分比在性别内	2.8%	5.2%	4.1%
总计		计数	177	212	389
		百分比在性别内	100.0%	100.0%	100.0%
剪纸	完全不了解	计数	36	37	73
		百分比在性别内	20.3%	17.4%	18.7%
	了解一点	计数	85	92	177
		百分比在性别内	48.0%	43.2%	45.4%
	一般了解	计数	43	56	99
		百分比在性别内	24.3%	26.3%	25.4%
	基本了解	计数	11	25	36
		百分比在性别内	6.2%	11.7%	9.2%
	非常了解	计数	2	3	5
		百分比在性别内	1.1%	1.4%	1.3%
总计		计数	177	213	390
		百分比在性别内	100.0%	100.0%	100.0%
竹笛	完全不了解	计数	66	74	140
		百分比在性别内	37.1%	34.6%	35.7%
	了解一点	计数	60	57	117
		百分比在性别内	33.7%	26.6%	29.8%
	一般了解	计数	36	52	88
		百分比在性别内	20.2%	24.3%	22.4%
	基本了解	计数	12	23	35
		百分比在性别内	6.7%	10.7%	8.9%
	非常了解	计数	4	8	12
		百分比在性别内	2.2%	3.7%	3.1%
总计		计数	178	214	392
		百分比在性别内	100.0%	100.0%	100.0%

			男	女	总计
唢呐	完全不了解	计数	119	115	234
		百分比在性别内	66.9%	54.0%	59.8%
	了解一点	计数	34	65	99
		百分比在性别内	19.1%	30.5%	25.3%
	一般了解	计数	14	23	37
		百分比在性别内	7.9%	10.8%	9.5%
	基本了解	计数	8	9	17
		百分比在性别内	4.5%	4.2%	4.3%
	非常了解	计数	3	1	4
		百分比在性别内	1.7%	0.5%	1.0%
	总计	计数	178	213	391
		百分比在性别内	100.0%	100.0%	100.0%
武术	完全不了解	计数	43	51	94
		百分比在性别内	24.2%	23.8%	24.0%
	了解一点	计数	48	56	104
		百分比在性别内	27.0%	26.2%	26.5%
	一般了解	计数	55	57	112
		百分比在性别内	30.9%	26.6%	28.6%
	基本了解	计数	21	38	59
		百分比在性别内	11.8%	17.8%	15.1%
	非常了解	计数	11	12	23
		百分比在性别内	6.2%	5.6%	5.9%
	总计	计数	178	214	392
		百分比在性别内	100.0%	100.0%	100.0%

从以上分析可以得出结论，对文本所涉及的中华才艺女生比男生了解程度高；男女生对国画、武术的了解处于一般水平偏上，男女生之间没有太大的差异；对剪纸、竹笛只了解一点，程度不高；而大多数被试者对唢呐完全不了解。男生对古筝只了解一点，程度偏低，女生对古筝的了解程度处于一般水平。男生对曲艺只了解一点，程度偏低，女生对曲艺的了解处于一般水平偏上。男生对书法的了解处于一般水平偏下，而女生对书法的了解程度要比男生高，处于一般水平偏上。男生和女

生对葫芦丝都只了解一点,但女生的了解程度稍微偏高一点。由此可以得出,女生了解程度比较高(一般水平偏上)的才艺项目为书法、国画、武术、曲艺、古筝;而男生了解程度比较高(一般水平偏上)的才艺项目只有国画、武术。

原因分析,虽然奥什孔院都开设了这些中华才艺课,但学生对这些中华才艺的了解程度普遍偏低,这和之前对中华才艺的整体了解在20%—40%之间是相吻合的。究其原因有如下四点,第一、学生的兴趣,都说兴趣是最好的老师,一个人对一件事情很有兴趣,他就会想方设法去了解、学习并研究它。第二、部分课程开设时间不合适(古筝),很多学生因为上课时间与其他专业课的时间冲突,就选择放弃学习。第三、师资缺乏,好多老师身兼数职,奥什孔院的书法、国画、剪纸只有一个老师教授,竹笛、巴乌、唢呐、葫芦丝也只有一位老师,在很大程度上老师不能面面俱到。第四、在汉语课上,授课教师对才艺的相关知识拓展不多。所以,从学生自身出发,对学习者的中华才艺进行需求分析十分有必要。

(五)不同汉语水平学习者对中华才艺的了解程度分析

表 3-10 数据显示,10 项中华才艺项目的 P 值均小于 0.05,说明汉语水平达到初、中、高级的学习者在书法、国画、剪纸、竹笛、唢呐、葫芦丝、巴乌、古筝、曲艺、武术这些中华才艺项目的了解程度上有明显差异。具体见下表:

表 3-10 不同汉语水平和中华才艺项目单因素方差分析

		显著性
B1 书法的了解	组之间	.000
B2 国画的了解	组之间	.000
B3 剪纸的了解	组之间	.000
B4 竹笛的了解	组之间	.000
B5 唢呐的了解	组之间	.000
B6 葫芦丝的了解	组之间	.000
B7 巴乌的了解	组之间	.000
B8 古筝的了解	组之间	.000
B9 曲艺的了解	组之间	.000
B10 武术的了解	组之间	.000

为了更具体地了解差异性,该文本又对其进行了多重分析比较,从表中可以发现,在国画的了解程度上,初、中、高级学习者两两(初中、初高、中高)之

间都有明显的差异;而在其他九项中华才艺的了解程度上,中高级学习者之间没有差异,初高级学习者,初中级学习者之间有纽微差异。具体见表3-11:

表3-11 事后多重分析表

因变量	(I)汉语水平	(J)汉语水平	显著性
书法	初级	中级	.000
		高级	.000
	中级	初级	.000
		高级	.088
	高级	初级	.000
		中级	.088
国画	初级	中级	.000
		高级	.000
	中级	初级	.000
		高级	.003
	高级	初级	.000
		中级	.003
剪纸	初级	中级	.000
		高级	.000
	中级	初级	.000
		高级	.552
	高级	初级	.000
		中级	.552
竹笛	初级	中级	.002
		高级	.004
	中级	初级	.002
		高级	.523
	高级	初级	.004
		中级	.523
唢呐	初级	中级	.001
		高级	.000
	中级	初级	.001
		高级	.102
	高级	初级	.000
		中级	.102

因变量	（I）汉语水平	（J）汉语水平	显著性
葫芦丝	初级	中级	.000
		高级	.000
	中级	初级	.000
		高级	.032
	高级	初级	.000
		中级	.032
巴乌	初级	中级	.000
		高级	.000
	中级	初级	.000
		高级	.211
	高级	初级	.000
		中级	.211
古筝	初级	中级	.000
		高级	.000
	中级	初级	.000
		高级	1.000
	高级	初级	.000
		中级	1.000
曲艺	初级	中级	.000
		高级	.000
	中级	初级	.000
		高级	.366
	高级	初级	.000
		中级	.366
武术	初级	中级	.000
		高级	.006
	中级	初级	.000
		高级	1.000
	高级	初级	.006
		中级	1.000

表 3-12 数据显示，整体上汉语水平越高对国画的了解程度越高，但初、中、高

级学习者在了解国画的具体程度上又有显著的差异；对国画非常了解的高级学习者占 19.4%，中级学习者占 3.8%，初级学习者占 1.7%，说明高级学习者非常了解国画的人比中级和初级的多；基本了解国画高级占 22.6%、中级占 17.8%，初级占 8.7%，说明基本了解国画的高级和中级学习者人数相差无几，而初级的却很少；对国画一般了解的高级和中级学习者分别占 48.4% 和 47.0%，而初级学习者只占 26.7%。由此可知，一般了解国画的高级和中级学习者将近是初级学习者的两倍。了解一点国画的高级学习者只有 6.5%，中级学习者占 22.2%，初级学习者占 36.6%，说明对国画只了解一点的初级学习者比中级和高级的人多；完全不了解国画的初级、中级、高级学习者分别占 26.2%、9.2%、3.2%，说明完全不了解国画的高级学习者屈指可数，中级学习者也为数不多，初级学习者却不少。由此推断，初级学习者对国画只了解一点，中级学习者处于一般水平，高级学习者处于一般水平偏上。

表 3-12　国画的了解 * 汉语水平交叉表

			初级	中级	高级	总计
国画	完全不了解	计数	45	17	1	63
		百分比在汉语水平内	26.2%	9.2%	3.2%	16.2%
	了解一点	计数	63	41	2	106
		百分比在汉语水平内	36.6%	22.2%	6.5%	27.3%
	一般了解	计数	46	87	15	148
		百分比在汉语水平内	26.7%	47.0%	48.4%	38.1%
	基本了解	计数	15	33	7	55
		百分比在汉语水平内	8.7%	17.8%	22.6%	14.2%
	非常了解	计数	3	7	6	16
		百分比在汉语水平内	1.7%	3.8%	19.4%	4.1%
总计		计数	172	185	31	388
		百分比在汉语水平内	100.0%	100.0%	100.0%	100.0%

原因分析，高级水平学习者因为汉语水平较高，平时也会通过书本、网络等各种途径去了解中国的相关文化知识，在平时的汉语课堂上教师也会有意识地讲解一些课外的文化知识。中级水平的学习者大多都学过一些中华才艺，或者同学、朋友都在学习，受同学朋友的影响也会去有意识地了解相关的知识；而初级学习者大多数接触汉语不久，学习的重点基本都在汉语本体知识方面，也有个别同学会对某些

中华才艺十分感兴趣而去学习。

从表 3-13 数据可以看出，整体上汉语水平越高对书法的了解程度越高。其中高级学习者完全不了解书法的占 0%，了解一点占 3.2%，一般了解占 45.2%，基本了解占 38.7%，非常了解占 12.9%；中级学习者完全不了解占 3.8%，了解一点占 17.3%，一般了解占 37.8%，基本了解占 36.8%，非常了解占 4.3%；初级学习者完全不了解占 19.4%，了解一点占 31.4%，一般了解占 32.0%，基本了解占 14.9%，非常了解占 2.3%；可知，高级学习者和中级学习者对书法的了解程度相差不大，都是基本了解；而初级学习者对书法的了解程度处于一般水平偏下。

表 3-13　书法的了解 * 汉语水平交叉表

			初级	中级	高级	总计
书法	完全不了解	计数	34	7	0	41
		百分比在汉语水平内	19.4%	3.8%	0.0%	10.5%
	了解一点	计数	55	32	1	88
		百分比在汉语水平内	31.4%	17.3%	3.2%	22.5%
	一般了解	计数	56	70	14	140
		百分比在汉语水平内	32.0%	37.8%	45.2%	35.8%
	基本了解	计数	26	68	12	106
		百分比在汉语水平内	14.9%	36.8%	38.7%	27.1%
	非常了解	计数	4	8	4	16
		百分比在汉语水平内	2.3%	4.3%	12.9%	4.1%
总计		计数	175	185	31	391
		百分比在汉语水平内	100.0%	100.0%	100.0%	100.0%

从表 3-14 总体来看，汉语水平越高对剪纸的了解程度越高，其中高级学习者完全不了解剪纸的占 3.2%，了解一点占 35.5%，一般了解占 41.9%，基本了解占 16.1%，非常了解占 3.2%；中级学习者完全不了解占 9.2%，了解一点占 41.1%，一般了解占 33.5%，基本了解占 14.1%，非常了解占 2.2%；初级学习者完全不了解占 31.2%，了解一点占 52.0%，一般了解占 13.9%，基本了解占 2.9%，非常了解占 0.0%；可以很明显地看出，高级学习者和中级学习者了解剪纸的程度基本一致，差不多处于一般水平偏上；而初级学习者了解剪纸的程度明显偏低，大多数初级学习者只了解一点。

表 3-14 剪纸的了解 * 汉语水平交叉表

			初级	中级	高级	总计
剪纸	完全不了解	计数	54	17	1	72
		百分比在汉语水平内	31.2%	9.2%	3.2%	18.5%
	了解一点	计数	90	76	11	177
		百分比在汉语水平内	52.0%	41.1%	35.5%	45.5%
	一般了解	计数	24	62	13	99
		百分比在汉语水平内	13.9%	33.5%	41.9%	25.4%
	基本了解	计数	5	26	5	36
		百分比在汉语水平内	2.9%	14.1%	16.1%	9.3%
	非常了解	计数	0	4	1	5
		百分比在汉语水平内	0.0%	2.2%	3.2%	1.3%
总计		计数	173	185	31	389
		百分比在汉语水平内	100.0%	100.0%	100.0%	100.0%

表 3-15 数据显示，被试者汉语水平越高，对竹笛的了解程度越高。从下表可以明显看出，高级学习者和中级学习者在对竹笛的了解程度上相差不大，具体来看高级学习者对竹笛完全不了解的占 19.4%，了解一点占 32.3%，一般了解占 25.8%，基本了解占 16.1%，非常了解占 6.5%；中级学习者对竹笛完全不了解的占 29.2%，了解一点占 29.7%，一般了解占 28.1%，基本了解占 3.1%，非常了解占 4.9%，差不多处于一般偏下水平；而初级学习者对完全不了解的与 44.6%，了解一点占 29.7%，一般了解占 16.6%，基本了解占 8.6%，非常了解占 0.6%，可以看出非常了解和基本了解竹笛的初级学习者人数很少，不到 10%，而一般了解竹笛的初级学习者人数也不多，由此可知，初级学习者对竹笛可能只了解一点，程度不高。

表 3-15 竹笛的了解 * 汉语水平交叉表

			初级	中级	高级	总计
竹笛	完全不了解	计数	78	54	6	138
		百分比在汉语水平内	44.6%	29.2%	19.4%	35.3%
	了解一点	计数	52	55	10	117
		百分比在汉语水平内	29.7%	29.7%	32.3%	29.9%
	一般了解	计数	29	52	8	89
		百分比在汉语水平内	16.6%	28.1%	25.8%	22.8%

			初级	中级	高级	总计
竹笛	基本了解	计数	15	15	5	35
		百分比在汉语水平内	8.6%	8.1%	16.1%	9.0%
	非常了解	计数	1	9	2	12
		百分比在汉语水平内	0.6%	4.9%	6.5%	3.1%
	总计	计数	175	185	31	391
		百分比在汉语水平内	100.0%	100.0%	100.0%	100.0%

从下表可以看出，被试者汉语水平越高，对唢呐的了解程度越高。从高级学习者和中级学习者所占的百分比可以发现，被试者中高级学习者和中级学习者对唢呐的了解程度相差无几，了解程度都不高，大概只了解一点；而初级学习者中有大部分人 68.6% 完全不了解唢呐，而几乎没有人非常了解唢呐，基本了解和了解一般的人也只有不到 10%，说明大多数初级学习者对唢呐完全不了解，只有极少数的人基本了解和一般了解唢呐，了解一点的人也不多；由此可知，大多数初级学习者对唢呐完全不了解。

表 3-16　唢呐的了解 * 汉语水平交叉表

			初级	中级	高级	总计
唢呐	完全不了解	计数	120	100	14	234
		百分比在汉语水平内	68.6%	54.3%	45.2%	60.0%
	了解一点	计数	41	49	8	98
		百分比在汉语水平内	23.4%	26.6%	25.8%	25.1%
	一般了解	计数	13	21	3	37
		百分比在汉语水平内	7.4%	11.4%	9.7%	9.5%
	基本了解	计数	1	12	4	17
		百分比在汉语水平内	0.6%	6.5%	12.9%	4.4%
	非常了解	计数	0	2	2	4
		百分比在汉语水平内	0.0%	1.1%	6.5%	1.0%
	总计	计数	175	184	31	390
		百分比在汉语水平内	100.0%	100.0%	100.0%	100.0%

从表 3-17 数据可以看出，被试者汉语水平越高，对葫芦丝的了解程度越高，但在具体的了解程度上中级学习者和高级学习者之间的差别不大，而初级学习者和中

高级之间有明显的差异。通过数据，可以看出完全不了解葫芦丝的初级学习者占比达58.0%，而完全不了解葫芦丝的中级和高级学习者占比不到40%，说明对葫芦丝完全不了解的初级学习者人数比中高级的人数要多，非常了解葫芦丝的初级学习者只占2.3%，说明对葫芦丝非常了解的初级学习者只有极少数，基本了解和一般了解葫芦丝的初级学习者占比不到20%，说明基本了解和一般了解葫芦丝的初级学习者人数也不多，基本了解和一般了解葫芦丝的中高级人数比初级多；而对葫芦丝了解一点的初级学习者和中高级学习者人数差不多；由此可知，初级学习者对葫芦丝的了解程度很低，中高级学习者对葫芦丝的了解程度比初级学习者高，了解处于一般水平偏下，而大多数初级学习者对葫芦丝完全不了解。

表 3-17 葫芦丝的了解 * 汉语水平交叉表

			初级	中级	高级	总计
葫芦丝	完全不了解	计数	101	64	8	173
		百分比在汉语水平内	58.0%	34.6%	25.8%	44.4%
	了解一点	计数	40	53	5	98
		百分比在汉语水平内	23.0%	28.6%	16.1%	25.1%
	一般了解	计数	23	40	7	70
		百分比在汉语水平内	13.2%	21.6%	22.6%	17.9%
	基本了解	计数	6	15	7	28
		百分比在汉语水平内	3.4%	8.1%	22.6%	7.2%
	非常了解	计数	4	13	4	21
		百分比在汉语水平内	2.3%	7.0%	12.9%	5.4%
总计		计数	174	185	31	390

表 3-18 数据显示，整体上被试者汉语水平越高，对巴乌的了解程度越高。但在具体的了解程度上初级学习者和中高级之间差别比较明显；初级学习者对巴乌完全不了解的占59.0%，而中级占35.1%，高级只有22.6%，说明完全不了解巴乌的初级学习者占大多数，而初级学习者完全不了解巴乌的人要比中级和高级的多；非常了解巴乌的初级学习者占1.7%，中级和高级的都占6.5%，说明非常了解巴乌的初级学习者比中级和高级要少；基本了解和一般了解巴乌的初级学习者只占不到20%，而中高级学习者却达到了30%以上，说明一般了解和基本了解巴乌的初级学习者也不多；了解一点巴乌的初级学习者和中高级学习者相差不多。由此可知，初级学习者

对巴乌的了解程度偏低，大多数初级学习者对巴乌完全不了解，了解一点的人也不多，一般了解、基本了解和非常了解的人更少；而中级和高级学习者对巴乌的了解程度比初级要高，也有少数中高级学习者对巴乌完全不了解，但了解一点、一般了解和基本了解巴乌的却占到大多数。由此可见，初级学习者对巴乌了解程度偏低，大多数人几乎不了解巴乌，而中高级学习者对巴乌的了解程度比初级高，处于一般水平偏下。

表 3-18　巴乌的了解 * 语水平交叉表

			初级	中级	高级	总计
巴乌	完全不了解	计数	102	65	7	174
		百分比在汉语水平内	59.0%	35.1%	22.6%	44.7%
	了解一点	计数	39	51	8	98
		百分比在汉语水平内	22.5%	27.6%	25.8%	25.2%
	一般了解	计数	15	40	7	62
		百分比在汉语水平内	8.7%	21.6%	22.6%	15.9%
	基本了解	计数	14	17	7	38
		百分比在汉语水平内	8.1%	9.2%	22.6%	9.8%
	非常了解	计数	3	12	2	17
		百分比在汉语水平内	1.7%	6.5%	6.5%	4.4%
总计		计数	173	185	31	389
		百分比在汉语水平内	100.0%	100.0%	100.0%	100.0%

从表 3-19 数据可以看出，整体上汉语水平越高对古筝的了解程度越高。但具体了解程度上初级学习者和中高级学习者还存在一些差异；其中初级学习者对古筝完全不了解的占 54.3%，中级和高级占 24.3% 和 19.4%，说明有一半初级学习者对古筝完全不了解，而对古筝完全不了解的中高级只有少数人；对古筝了解一点的初中高级学习者所占百分比差不多，分别为初级占 25.7%，中级占 29.2%，高级占 22.6%，说明对古筝了解一点的初中高级学习者人数差不多；而一般了解古筝的初级学习者占 11.4% 不到中高级的一半，对古筝基本了解和非常了解的初级者只有 8.5%，也不到中高级的一半。由此可知，初级学习者对古筝的了解程度比较低，大多数初级学习者对古筝完全不了解，只有少数人对古筝了解一点和一般了解，而基本了解和非常了解的只有极少数；而中高级学习者对古筝的了解程度比初级学习者高，只有少

数人对古筝完全不了解，对古筝一般了解和基本了解的人占大多数。由此可见，初级学习者了解古筝的程度偏低，大多数人完全不了解；中高级学习者对古筝的了解处于一般水平。

表 3-19 古筝的了解 * 汉语水平 交叉表

			初级	中级	高级	总计
古筝	完全不了解	计数	95	45	6	146
		百分比在汉语水平内	54.3%	24.3%	19.4%	37.3%
	了解一点	计数	45	54	7	106
		百分比在汉语水平内	25.7%	29.2%	22.6%	27.1%
	一般了解	计数	20	49	11	80
		百分比在汉语水平内	11.4%	26.5%	35.5%	20.5%
	基本了解	计数	9	28	7	44
		百分比在汉语水平内	5.1%	15.1%	22.6%	11.3%
	非常了解	计数	6	9	0	15
		百分比在汉语水平内	3.4%	4.9%	0.0%	3.8%
总计		计数	175	185	31	391
		百分比在汉语水平内	100.0%	100.0%	100.0%	100.0%

表 3-20 数据显示，整体来看中高级水平学习者对曲艺的了解程度比较高，但中高级对曲艺了解具体程度之间差别不大，都处于一般水平。具体来看，初级学习者完全不了解曲艺的占 48.9%，了解一点占 23.6%，一般了解占 21.8%，基本了解占 3.4%，非常了解占 2.3%，中级学习者完全不了解曲艺的占 15.1%，了解一点占 35.7%，一般了解占 36.8%，基本了解占 11.4%，非常了解占 1.1%，高级学习者完全不了解曲艺的占 22.6%，了解一点占 16.1%，一般了解占 25.8%，基本了解占 32.3%，非常了解占 3.2%；完全不了解曲艺的初级学习者占 48.9%，说明初级学习者大约有一半的人完全不了解曲艺，基本了解和非常了解的人也仅有 5.7%，不到 10%，说明基本了解和非常了解曲艺的人也只有少数，了解一点和一般了解的人也不是很多。由此可知，初级学习者对曲艺只了解一点，而中高级对曲艺的了解处于一般水平。

表 3-20　曲艺的了解 * 汉语水平交叉表

			初级	中级	高级	总计
曲艺	完全不了解	计数	85	28	7	120
		百分比在汉语水平内	48.9%	15.1%	22.6%	30.8%
	了解一点	计数	41	66	5	112
		百分比在汉语水平内	23.6%	35.7%	16.1%	28.7%
	一般了解	计数	38	68	8	114
		百分比在汉语水平内	21.8%	36.8%	25.8%	29.2%
	基本了解	计数	6	21	10	37
		百分比在汉语水平内	3.4%	11.4%	32.3%	9.5%
	非常了解	计数	4	2	1	7
		百分比在汉语水平内	2.3%	1.1%	3.2%	1.8%
总计		计数	174	185	31	390
		百分比在汉语水平内	100.0%	100.0%	100.0%	100.0%

从表 3-21 总体来看，被试者汉语水平越高对武术的了解程度越高。从数据可以看出，中高级学习者对武术的了解程度相差不大，基本处于一般水平；而初级与中高级之间却有细微差异，初级学习者完全不了解武术的人占 34.3%，说明有少数的人对武术完全不了解，非常了解 3.4%，说明只有极少数的初级学习者对武术非常了解，而了解一点、一般了解、非常了解的人占了大多数，说明大多数初级学习者对武术了解一点。而中级和高级学习者对武术完全不了解的人只有不到 20%，非常了解武术的人也比初级多；由此可知，初级学习者对武术的了解程度低，基本只是了解一点，而中级和高级学习者了解程度比初级高，基本处于一般水平。

表 3-21　武术的了解 * 汉语水平交叉表

			初级	中级	高级	总计
武术	完全不了解	计数	60	29	6	95
		百分比在汉语水平内	34.3%	15.7%	19.4%	24.3%
	了解一点	计数	49	50	5	104
		百分比在汉语水平内	28.0%	27.0%	16.1%	26.6%
	一般了解	计数	42	61	7	110
		百分比在汉语水平内	24.0%	33.0%	22.6%	28.1%

			初级	中级	高级	总计
武术	基本了解	计数	18	29	12	59
		百分比在汉语水平内	10.3%	15.7%	38.7%	15.1%
	非常了解	计数	6	16	1	23
		百分比在汉语水平内	3.4%	8.6%	3.2%	5.9%
总计		计数	175	185	31	391
		百分比在汉语水平内	100.0%	100.0%	100.0%	100.0%

（六）小结

从以上分析可以得出如下结论：

从不同性别来看，对文本所涉及的10项中华才艺，女生比男生的了解程度高。男女生对国画、武术的了解处于一般水平偏上，男女生之间没有太大的差异；对剪纸、竹笛只了解一点，程度不高；而大多数被试者对唢呐完全不了解。男生对古筝只了解一点，程度偏低，女生对古筝的了解程度处于一般水平。男生对曲艺只了解一点，程度偏低，女生对曲艺的了解处于一般水平偏上。男生对书法的了解处于一般水平偏下，而女生对书法的了解程度要比男生高，处于一般水平偏上。男生和女生对葫芦丝都只了解一点，但女生的了解程度稍微偏高一点。由此可以得出，女生了解程度比较高（一般水平偏上）的才艺项目为书法、国画、武术、曲艺、古筝；而男生了解程度比较高（一般水平偏上）的才艺项目只有国画、武术。

从不同汉语水平来看，汉语水平越高，对文本所涉及的中华才艺项目的了解程度越高。具体来说，汉语初级水平学习者对书法的了解程度处于一般水平偏下，对剪纸、国画、竹笛、曲艺、武术只了解一点，而对唢呐、葫芦丝、巴乌、古筝大多数人完全不了解；汉语中级和高级水平学习者对文本所涉及的中华才艺项目的了解程度相差不大，对书法基本了解，对剪纸、国画的了解处于一般水平偏上，对曲艺、古筝、武术的了解处于一般水平，而对葫芦丝、竹笛、巴乌的了解处于一般水平偏下，对唢呐只了解一点。不同汉语水平的学习者了解程度比较高的才艺项目为书法，了解程度低的才艺项目为葫芦丝、巴乌、唢呐、竹笛。

原因分析，虽然奥什孔院都开设了这些中华才艺课，但学生对这些中华才艺的了解程度普遍不高，这和之前对中华才艺的整体了解在20%—40%之间是相吻合的。通过访谈得知原因有如下四点，第一、学生的兴趣，都说兴趣是最好的老师，一个人对一件事情很有兴趣，他就会想方设法去了解、学习并研究它。第二、部分课程开设时间不合适（古筝），好多学生因为上课时间与其他课程的时间冲突，就选择放弃学习。第三、师资缺乏，不少才艺老师身兼数职，奥什孔院的书法、国画、剪纸只有一个老师教授，竹笛、巴乌、唢呐、葫芦丝也只有一位老师，在很大程度上老师不能面面俱到。第四、在汉语课上，授课教师对才艺的相关知识拓展不多。

不同汉语水平学习者对书法的了解程度比较高，有以下三个原因：第一、孔院每周为不同汉语水平的学习者开设了书法课。第二，奥什孔院每学期都会针对不同水平学习者举行硬笔、软笔书法大赛，并会将优秀作品在全院展出。第三、在汉语课上，授课教师在教授汉字的时候，也会拓展一些汉字书写方面的知识。而对葫芦丝、竹笛、巴乌、唢呐了解程度比较低的原因，有以下三点：第一、这几种乐器平时都是以民乐合奏的形式出现，单独来说，学生不是很了解。第二、这几种乐器的教授老师只有一位，一个人身兼数职，除了教基本课程以外，也没有太多的时间对相关内容进行扩展。第三、汉语高级水平被试者认为，学习压力的增大是他们无暇学习中华才艺的主要原因。

所以，从学生的兴趣和自身出发，对学习者的中华才艺进行需求分析十分有必要。

四、奥什孔院学习者对中华才艺的需求分析

陈冰冰在《国外需求分析研究述评》一文中提到，在外语教学领域，在开始一门课程之前，对学习者的需求进行分析是至关重要的一个环节，它相当于医生对病人开处方前的诊断。可见，需求分析的重要性不言而喻。本章节重点从学习者的需求出发，分析学习者对其他中华才艺的需求情况，分析结果可以为奥什孔院以后的才艺教学提供一些参考。

（一）奥什孔院学习者对中华才艺的整体需求分析

表 4-1 对 10 项中华才艺整体需求做了多重响应频率分析。其中的个案百分比是指选择该项的人数所占样本总数的百分比，所以分析的过程中会出现大于 100% 的数值。数据显示，被试者对文本涉及的 33 项中华才艺都有需求，但需求的高低各有不同。具体来看，楷书占书法类才艺的 48.1%、太极拳占武术类才艺的 54.7%、国画占绘画类才艺的 74.8%、汉族古典舞占舞蹈类才艺的 66.6%、古筝占乐器类才艺的 48.1%、中国歌曲占音乐类才艺的 43.3%、中国烹饪占饮食类才艺的 56.0%、剪纸占手工类才

艺的62.8%、象棋占棋艺类才艺的52.4%、相声占语言类才艺的69.8%，说明被试者在十项中华才艺项目中分别对楷书、太极拳、国画、汉族古典舞、古筝、中国歌曲、中国烹饪、剪纸、象棋和快板的需求比较高。

表4-1　10项中华才艺多重响应频率表

		N	个案百分比
书法	书法的需求篆书	73	18.6%
	书法的需求隶书	142	36.1%
	书法的需求楷书	189	48.1%
	书法的需求行书	95	24.2%
	书法的需求草书	85	21.6%
	总计	584	148.6%
武术	武术的需求太极拳	214	54.7%
	武术的需求太极扇	134	34.3%
	武术的需求三路长拳	107	27.4%
	总计	455	116.4%
绘画	绘画的需求国画	291	74.8%
	绘画的需求简笔画	130	33.4%
	总计	421	108.2%
舞蹈	舞蹈的需求民族舞蹈	149	38.3%
	舞蹈的需求汉族古典舞	259	66.6%
	总计	408	104.9%
乐器	乐器的需求竹笛	125	31.8%
	乐器的需求唢呐	51	13.0%
	乐器的需求葫芦丝	74	18.8%
	乐器的需求巴乌	76	19.3%
	乐器的需求古筝	189	48.1%
	乐器的需求古琴	70	17.8%
	总计	585	148.9%
音乐	音乐的需求中国民歌	145	36.9%
	音乐的需求中国传统音乐	77	19.6%
	音乐的需求中国歌曲	170	43.3%
	音乐的需求戏曲音乐	50	12.7%
	总计	442	112.5%

		N	个案百分比
饮食	饮食的需求中国烹饪	220	56.0%
	饮食的需求中国菜	123	31.3%
	饮食的需求中国茶道	65	16.5%
	饮食的需求茶文化	90	22.9%
	总计	498	126.7%
手工制作	手工制作的需求剪纸	246	62.8%
	手工制作的需求中国结	122	31.1%
	手工制作的需求风筝	60	15.3%
	总计	428	109.2%
棋艺	棋艺的需求象棋	206	52.4%
	棋艺的需求围棋	205	52.2%
	总计	411	104.6%
语言类	语言类的需求相声	270	69.8%
	语言类的需求快板	194	50.1%
	总计	464	119.9%

整体来看，被试者对文本涉及的33项中华才艺都有不同程度的需求，但男女生对这些中华才艺的需求是否存在差异是本章所要讨论的主要问题之一。如果男女生对这些中华才艺的需求有明显的差异，这种差异性可以为授课教师因需施教提供一点参考。

（二）不同性别学习者对中华才艺的需求分析

从表4-2整体来看，被试者对书法的需求基本没有差别，数据显示男生有需求的书法项目由高到低依次为楷书、隶书、行书、篆书、草书；而女生有需求的书法项目从高到低依次为楷书、隶书、行书、草书、篆书。可见男女生在书法类才艺项目上对楷书的需求最高，但男生对草书的需求最低，女生对篆书的需求最低。

原因分析：男女生都认为楷书在学习生活中很常见，汉语课本的字体基本为楷书，孔子学院许多的中文标语都是楷书，汉语教师上课板书字体基本为楷书，同学们用楷书写的书法作品也很漂亮，想通过学习自己也能用楷书写出漂亮的书法作品。男生对草书的需求比较低，是因为对草书这种字体不太了解，在平时的课堂上也很少接触到这种字体。女生对篆书的需求最低，主要是因为从表面看起来篆书很难，和现在学习的汉字字体差别有点大。

表 4-2 性别 * 书法的需求交叉表

			篆书	隶书	楷书	行书	草书	总计
性别	男	计数	41	64	79	44	34	178
		百分比在性别内	23.0%	36.0%	44.4%	24.7%	19.1%	
		占总额的百分比	10.5%	16.3%	20.2%	11.2%	8.7%	45.4%
	女	计数	31	77	109	50	50	214
		百分比在性别内	14.5%	36.0%	50.9%	23.4%	23.4%	
		占总额的百分比	7.9%	19.6%	27.8%	12.8%	12.8%	54.6%
总计		计数	72	141	188	94	84	392
		占总额的百分比	18.4%	36.0%	48.0%	24.0%	21.4%	100.0%

从表 4-3 总体来看，男女生对太极拳、太极扇、三路长拳都有需求且需求高低差别不大，其中男生选择太极拳的占 52.2%，太极扇占 33.1%，三路长拳占 31.5%；女生选择太极拳的占 56.6%，太极扇占 34.9%，三路长拳占 24.1%；由此可见男生和女生对武术的需求从高到低依次为太极拳、太极扇、三路长拳。

原因分析，男女生对太极拳需求比较高是因为，在电视和网络上经常看到太极拳的相关视频，觉得很有意思。学习太极拳既能强身健体，又可以陶冶情操。对三路长拳需求比较低是因为好多学生不了解。

表 4-3 性别 * 武术交叉表

			太极拳	太极扇	三路长拳	总计
性别	男	计数	93	59	56	178
		百分比在性别内	52.2%	33.1%	31.5%	
		占总额的百分比	23.8%	15.1%	14.4%	45.6%
	女	计数	120	74	51	212
		百分比在性别内	56.6%	34.9%	24.1%	
		占总额的百分比	30.8%	19.0%	13.1%	54.4%
总计		计数	213	133	107	390
		占总额的百分比	54.6%	34.1%	27.4%	100.0%

表 4-4 数据显示，男女生在绘画类的才艺项目上基本没有差异，其中男生对国画的需求占 76.1%，简笔画占 31.8%；女生对国画的需求占 73.6%，简笔画占 34.4%；

说明男女生对简笔画和国画都有需求，而且对国画的需求比较高。

原因分析，国画大多是通过自然的景色来表达作画者的胸襟意象，而大多数男生都喜欢国画这种心灵感受，笔随意走的绘画形式；而女生认为学习国画可以提升自己内在的气质和涵养。男女生对简笔画都有需求，是因为，老师在课堂上经常会用简笔画讲解一些比较难懂的词语，觉得形象、有趣，上课效果比较好；如果自己以后当老师也可能会用到。

表4-4 性别 * 绘画交叉表

			国画	简画	总计
性别	男	计数	134	56	176
		百分比在性别内	76.1%	31.8%	
		占总额的百分比	34.5%	14.4%	45.4%
	女	计数	156	73	212
		百分比在性别内	73.6%	34.4%	
		占总额的百分比	40.2%	18.8%	54.6%
总计		计数	290	129	388
		占总额的百分比	74.7%	33.2%	100.0%

从表4-5总体来看，男女生对民族舞蹈和汉族古典舞都有需求，需求高低上基本没有差异，其中男生选择汉族古典舞的占69.5%，民族舞蹈33.9%，选择汉族古典舞的女生占64.0%，民族舞蹈占41.6%；说明在舞蹈类才艺中男女生对汉族古典舞的需求都比较高，对民族舞蹈的需求相对较低。

表4-5 性别 * 舞蹈交叉表

			民族舞蹈	汉族古典舞	总计
性别	男	计数	59	121	174
		百分比在性别内	33.9%	69.5%	
		占总额的百分比	15.2%	31.2%	44.8%
	女	计数	89	137	214
		百分比在性别内	41.6%	64.0%	
		占总额的百分比	22.9%	35.3%	55.2%
总计		计数	148	258	388
		占总额的百分比	38.1%	66.5%	100.0%

原因分析，大多数被试者认为，汉族在中华民族中占主体地位，通过学习汉族古典舞，可以了解一些汉族人民的传统习惯和文化；不少被试者对民族舞蹈有需求是因为，吉尔吉斯族舞蹈与中华民族中的一些少数民族舞蹈某些动作和表达形式上有相同之处，比较容易学。

从表4-6总体来看，男女生对竹笛、唢呐、葫芦丝、巴乌、古筝、古琴都有需求，男女生的需求差别不大。数据显示，男生对乐器类才艺的需求从高到低依次为古筝、竹笛、葫芦丝、巴乌、古琴、唢呐；而女生对乐器类才艺的需求从高到低依次为古筝、竹笛、古琴、巴乌、葫芦丝、唢呐；由此可见男生需求较高的三项乐器为古筝、竹笛、葫芦丝，而女生需求较高的三项乐器为古筝、竹笛、古琴；男生和女生对唢呐的需求最低。

原因分析，对古筝和竹笛需求高，男生大多数认为古筝和竹笛的声音很好听，女生大多数是因为感兴趣。女生比男生对古琴的需求高是因为，大多数女生都学过古筝，觉得古琴和古筝应该有相似之处，想多学一项技能。男女生对唢呐的需求都最低，大多数被试者认为自己对唢呐不了解。

表4-6 性别*乐器的需求交叉表

			竹笛	唢呐	葫芦丝	巴乌	古筝	古琴	总计
性别	男	计数	73	22	41	35	74	27	178
		百分比在性别内	41.0%	12.4%	23.0%	19.7%	41.6%	15.2%	
		占总额的百分比	18.6%	5.6%	10.5%	8.9%	18.9%	6.9%	45.4%
	女	计数	51	28	32	40	114	42	214
		百分比在性别内	23.8%	13.1%	15.0%	18.7%	53.3%	19.6%	
		占总额的百分比	13.0%	7.1%	8.2%	10.2%	29.1%	10.7%	54.6%
总计		计数	124	50	73	75	188	69	392
		占总额的百分比	31.6%	12.8%	18.6%	19.1%	48.0%	17.6%	100.0%

从表4-7数据可以看出，被试者对中国民歌、中国传统音乐、中国歌曲、戏曲音乐都有需求，男女生的需求差别不大。其中男生对音乐类才艺的需求从高到低依次为中国歌曲、中国民歌、中国传统音乐、戏曲音乐；女生的需求从高到低依次为中国歌曲、中国民歌、中国传统音乐、戏曲音乐；可见，在音乐类才艺中男女生需求最高的是中国歌曲，最低的是戏曲音乐。

原因分析，大多数被试者认为，中国歌曲现在很流行，年轻人都很喜欢；有的被试者在学校举办的各种活动中接触过戏曲音乐（川剧），觉得很有意思。

表 4-7　性别 * 音乐的需求交叉表

性别			中国民歌	中国传统音乐	中国歌曲	戏曲音乐	总计
性别	男	计数	65	39	74	19	178
		百分比在性别内	36.5%	21.9%	41.6%	10.7%	
		占总额的百分比	16.6%	9.9%	18.9%	4.8%	45.4%
	女	计数	79	37	95	30	214
		百分比在性别内	36.9%	17.3%	44.4%	14.0%	
		占总额的百分比	20.2%	9.4%	24.2%	7.7%	54.6%
总计		计数	144	76	169	49	392
		占总额的百分比	36.7%	19.4%	43.1%	12.5%	100.0%

从表 4-8 总体来看，被试者对中国烹饪、中国菜、中国茶道和茶文化都有需求，但男女生的需求有细微差异。具体来看，男生对饮食的需求依次为中国烹饪、中国菜、茶文化和中国茶道；女生的需求依次为中国烹饪、中国菜、茶文化和中国茶道。可见，在饮食方面，男生和女生对中国烹饪的需求最高，对中国茶道的需求最低。

原因分析，中国人烹饪的方式多样、复杂，不同的烹饪方式做出来的饭菜色、香、味都不同，而吉尔吉斯斯坦人烹饪方式单一，饭菜简单，大多数被试者对复杂、多样的烹饪方式很感兴趣。也有不少被试者不了解中国茶道，认为茶道就是泡茶，很简单，不需要专门去学习。

表 4-8　性别 * 饮食的需求交叉列表

性别			中国烹饪	中国菜	中国茶道	茶文化	总计
性别	男	计数	82	57	37	38	178
		百分比在性别内	46.1%	32.0%	20.8%	21.3%	
		占总额的百分比	20.9%	14.5%	9.4%	9.7%	45.4%
	女	计数	137	65	27	51	214
		百分比在性别内	64.0%	30.4%	12.6%	23.8%	
		占总额的百分比	34.9%	16.6%	6.9%	13.0%	54.6%
总计		计数	219	122	64	89	392
		占总额的百分比	55.9%	31.1%	16.3%	22.7%	100.0%

表4-9数据显示,被试者对剪纸、中国结、风筝都有需求,男女生对这些项目的需求差别不大。具体来看,男生对手工制作的需求从高到低依次为:剪纸、中国结和风筝;女生的需求从高到低依次为:剪纸、中国结和风筝。由此可见,在手工制作方面,男女生对剪纸的需求最高,对风筝的需求最低。

原因分析,大多数被试者认为剪纸简单易学,在学习之余练习剪纸可以让自己的大脑得到充分的休息,很有意思。不少被试者认为,风筝是小孩子才玩的玩具,他们是大学生,风筝不适合他们学习。

表4-9 性别*手工制作的需求交叉列表

			剪纸	中国结	风筝	总计
性别	男	计数	109	56	31	178
		百分比在性别内	61.2%	31.5%	17.4%	
		占总额的百分比	27.9%	14.3%	7.9%	45.5%
	女	计数	136	65	28	213
		百分比在性别内	63.8%	30.5%	13.1%	
		占总额的百分比	34.8%	16.6%	7.2%	54.5%
总计		计数	245	121	59	391
		占总额的百分比	62.7%	30.9%	15.1%	100.0%

从表4-10总体来看,被试者对象棋和围棋都有需求,但男女生的需求有差异。具体来看,男生对象棋的需求占56.7%,围棋占48.9%,女生对象棋的需求占49.1%,围棋占54.7%。由此可见,男生对象棋的需求高,而女生对围棋的需求高。

表4-10 性别*棋艺的需求交叉表

			象棋	围棋	总计
性别	男	计数	101	87	178
		百分比在性别内	56.7%	48.9%	
		占总额的百分比	25.8%	22.2%	45.4%
	女	计数	105	117	214
		百分比在性别内	49.1%	54.7%	
		占总额的百分比	26.8%	29.8%	54.6%
总计		计数	205	204	392
		占总额的百分比	52.6%	52.0%	100.0%

原因分析，大多数男生对象棋很感兴趣，认为象棋简单，容易学习；大多数女生则认为围棋更能开阔人的思维。

表4-11数据显示，被试者对相声和快板都有需求，男女生的需求差别不大。具体来看，男生对相声的需求占68.0%，快板占50.9%，女生对相声的需求占71.6%，快板占49.3%。由此可见，男女生对相声的需求比较高，相对来说，对快板的需求低。

原因分析，大多数被试者认为相声很有意思，在电视上看到过相声节目，觉得相声的语言很有趣。对快板的需求低是因为大多数被试者不了解。

表4-11 性别 * 语言类才艺的需求交叉表

			相声	快板	总计
性别	男	计数	119	89	175
		百分比在性别内	68.0%	50.9%	
		占总额的百分比	30.8%	23.1%	45.3%
	女	计数	151	104	211
		百分比在性别内	71.6%	49.3%	
		占总额的百分比	39.1%	26.9%	54.7%
总计		计数	270	193	386
		占总额的百分比	69.9%	50.0%	100.0%

为了能更好地开展中华才艺课程，文本不仅调查了男女生对中华才艺的需求，还调查了不同汉语水平学习者对中华才艺的需求，具体分析如下：

（三）不同汉语水平学习者对中华才艺的需求分析

表4-12数据显示，不同汉语水平的学习者对书法都有需求，且初中高级之间需求的差别不大。具体来看，初级水平学习者对书法的需求从高到低依次为：楷书、隶书、行书、篆书和草书；中级水平学习者对书法的需求从高到低依次为：楷书、隶书、行书、草书和篆书；高级水平学习者对书法的需求从高到低依次为：楷书、行书、草书、隶书和篆书。由此可见，不同汉语水平被试者对楷书的需求最高，中级和高级学习者对篆书的需求最低，初级学习者对草书的需求最低。

原因分析，大多数初级学习者基本都是刚开始接触汉语和汉字，草书尽管很有气势，很飘逸，但为了打好基础，还是要踏踏实实地学习。而楷书在学习生活中接触得比较多，写出来比较工整，因此被试者对楷书的需求比较高。

表 4-12 汉语水平 * 书法的需求交叉表

			篆书	隶书	楷书	行书	草书	总计
汉语水平 A4	初级	计数	39	65	95	40	32	175
		百分比在 A4 内	22.3%	37.1%	54.3%	22.9%	18.3%	
	中级	计数	30	73	78	46	41	185
		百分比在 A4 内	16.2%	39.5%	42.2%	24.9%	22.2%	
	高级	计数	3	4	15	8	11	31
		百分比在 A4 内	9.7%	12.9%	48.4%	25.8%	35.5%	
总计		计数	72	142	188	94	84	391

从表 4-13 总体来看，不同汉语水平的被试者对武术都有需求，但初中高级学习者之间有细微的差别。具体来看，初级水平学习者对武术的需求从高到低依次为：太极扇、太极拳和三路长拳；中级水平学习者对武术的需求从高到低依次为：太极拳、太极扇和三路长拳；而高级水平学习者对武术的需求则是太极拳、三路长拳和太极扇。由此可见，初级水平学习者对太极扇的需求最高，中级和高级水平学习者对太极拳的需求最高。

原因分析，初级学习者认为太极扇既有飘逸萧洒的美感，又有武术的阳刚威仪，它融合了太极拳与其它武术、舞蹈的动作，是一种风格独特的武术健身项目，所以想学习。而大多数中高级学习者认为在中国的武术中太极拳比较经典，学习太极拳既能增强体质又能提高自身素养。

表 4-13 汉语水平 * 武术的需求交叉表

			太极拳	太极扇	三路长拳	总计
汉语水平 A4	初级	计数	75	82	53	174
		百分比在 A4 内	43.1%	47.1%	30.5%	
	中级	计数	120	44	43	184
		百分比在 A4 内	65.2%	23.9%	23.4%	
	高级	计数	19	7	10	31
		百分比在 A4 内	61.3%	22.6%	32.3%	
总计		计数	214	133	106	389

表 4-14 数据显示，不同汉语水平的被试者对国画和简笔画都有需求，并且初中高级学习者的需求差别不大。具体来说，初级学习者对国画的需求占 78.0%，简笔画

占 34.7%；中级学习者对国画的需求占 72.1%，简笔画占 31.7%；高级学习者对国画的需求占 71.0%，简笔画占 38.7%。由此可见，在绘画类才艺中，初中高级学习者对国画的需求比简笔画高。

原因分析，大多数被试者认为简笔画很简单，随手就能画出来，不需要专门花时间去学习，而国画是中国传统的绘画形式，学习国画可以了解相关的文化知识。

表 4-14 汉语水平 * 绘画的需求交叉表

			国画	简笔画	总计
汉语水平 A4	初级	计数	135	60	173
		百分比在 A4 内	78.0%	34.7%	
	中级	计数	132	58	183
		百分比在 A4 内	72.1%	31.7%	
	高级	计数	22	12	31
		百分比在 A4 内	71.0%	38.7%	
总计		计数	289	130	387

从表 4-15 总体来看，不同汉语水平的被试者对民族舞蹈和汉族古典舞都有需求，并且初中高级学习者之间需求的差别不大。从数据可以看出，初级学习者对民族舞蹈的需求占 38.5%，汉族古典舞占 69.5%；中级学习者对民族舞蹈的需求占 38.5%，汉族古典舞占 63.7%；高级学习者对民族舞蹈的需求占 38.7%，汉族古典舞占 64.5%。由此可以得出，在舞蹈类才艺中，初中高级学习者对汉族古典舞的需求比民族舞蹈高。

原因分析，大多数被试者认为汉族古典舞比较有意思，并且风格各异有较强的表现力。

表 4-15 汉语水平 * 舞蹈的需求交叉表

			民族舞蹈	汉族古典舞	总计
汉语水平 A4	初级	计数	67	121	174
		百分比在 A4 内	38.5%	69.5%	
	中级	计数	70	116	182
		百分比在 A4 内	38.5%	63.7%	
	高级	计数	12	20	31
		百分比在 A4 内	38.7%	64.5%	
总计		计数	149	257	387

表4-16数据显示，不同汉语水平的被试者对竹笛、唢呐、葫芦丝、巴乌、古筝和古琴都有需求，且初中高级学习者之间的需求差别不大。从数据可以看出，初级水平学习者对乐器的需求从高到低依次为：古筝、竹笛、葫芦丝、巴乌、古琴和唢呐；中级水平学习者对乐器的需求从高到低依次为：古筝、竹笛、葫芦丝、巴乌、古琴和唢呐；高级水平学习者对乐器的需求从高到低依次为：古筝、巴乌、古琴、竹笛、葫芦丝和唢呐。由此可见，在乐器类才艺中，初中高级学习者对古筝的需求最高，对唢呐的需求最低。

原因分析，大多数被试者在奥什孔院开展的各项活动中经常见到古筝、竹笛、葫芦丝的表演，觉得声音很好听。而高级学习者认为古琴为中国传统文化四艺"琴棋书画"之首，想通过学习古琴，了解更多的中国传统文化。

表4-16 汉语水平 * 乐器的需求交叉表

汉语水平 A4			竹笛	唢呐	葫芦丝	巴乌	古筝	古琴	总计
	初级	计数	66	23	35	35	84	31	175
		百分比在A4内	37.7%	13.1%	20.0%	20.0%	48.0%	17.7%	
	中级	计数	50	21	31	32	86	30	185
		百分比在A4内	27.0%	11.4%	16.8%	17.3%	46.5%	16.2%	
	高级	计数	7	5	7	9	18	8	31
		百分比在A4内	22.6%	16.1%	22.6%	29.0%	58.1%	25.8%	
总计		计数	123	49	73	76	138	69	391

从表4-17总体来看，不同汉语水平的被试者对音乐类的才艺都有需求，且初中高级学习者的需求差别不大。从数据可以看出，初级水平学习者对音乐的需求从高到低依次为：中国民歌、中国歌曲、中国传统音乐、戏曲音乐；中级水平学习者对音乐的需求从高到低依次为：中国歌曲、中国民歌、中国传统音乐和戏曲音乐；高级水平学习者对音乐的需求从高到低依次为：中国歌曲、中国民歌、戏曲音乐和中国传统音乐。由此可见，在音乐类才艺中，初级水平学习者对中国民歌的需求最高，对戏曲音乐的需求最低。中级和高级水平学习者对中国歌曲的需求最高，中级水平学习者对戏曲音乐的需求最低，但高级水平学习者对中国传统音乐需求最低。

原因分析，不少初级水平学习者认为民歌多数来源于实际的生活场景，歌词简单明快，很适合汉语初学者学习。

表 4-17 汉语水平 * 音乐的需求交叉表

			中国民歌	中国传统音乐	中国歌曲	戏曲音乐	总计
汉语水平 A4	初级	计数	78	36	74	15	175
		百分比在 A4 内	44.6%	20.6%	42.3%	8.6%	
	中级	计数	57	36	85	26	185
		百分比在 A4 内	30.8%	19.5%	45.9%	14.1%	
	高级	计数	9	5	10	9	31
		百分比在 A4 内	29.0%	16.1%	32.3%	29.0%	
总计		计数	144	77	169	50	391

从表 4-18 总体来看，不同汉语水平的被试者对中国的饮食都有需求，且初中高级学习者对饮食的需求差别不大。从数据显示，初级学习者对饮食的需求从高到低依次为：中国烹饪、中国菜、茶文化和中国茶道；中级学习者对饮食的需求从高到低依次为：中国烹饪、中国菜、茶文化和中国茶道；高级学习者对饮食的需求从高到低依次为：中国烹饪、中国菜、茶文化和中国茶道。由此可见，在饮食的需求方面，初中高级学习者对中国烹饪需求最高，对中国茶道需求最低。

原因分析，对中国烹饪需求比较高，是因为大多数学生认为中国的烹饪方式很多样，而且做出来的菜花样繁多，味道也很好，而自己国家的烹饪方式很单一，想学会更多的烹饪方法，以后可以做饭给自己的家人吃。

表 4-18 汉语水平 * 饮食的需求交叉表

			中国烹饪	中国菜	中国茶道	茶文化	总计
汉语水平 A4	初级	计数	95	56	32	45	175
		百分比在 A4 内	54.3%	32.0%	18.3%	25.7%	
	中级	计数	103	57	28	38	185
		百分比在 A4 内	55.7%	30.8%	15.1%	20.5%	
	高级	计数	20	9	5	7	31
		百分比在 A4 内	64.5%	29.0%	16.1%	22.6%	
总计		计数	218	122	65	90	391

表 4-19 数据显示，不同水平的汉语学习者对剪纸、中国结和风等都有需求，并且初中高级学习者在需求上差别不大。具体来看，初级水平学习者对手工制作的需

求从高到低依次为：剪纸、中国结和风筝；中级水平学习者对手工制作的需求依次为：剪纸、中国结和风筝；高级水平学习者对手工制作的需求依次为：剪纸、中国结和风筝。由此说明，在手工制作类的才艺方面，不同水平的汉语学习者对剪纸的需求最高，对风筝的需求最低。

原因分析，大多数被试者认为剪纸简单易学，取材也很方便，剪纸造型各异，感觉很神奇；对风筝需求比较低是因为大多数学生认为风筝不适合他们学习，很幼稚。

表 4-19　汉语水平 * 手工制作交叉表

			剪纸	中国结	风筝	总计
汉语水平 A4	初级	计数	124	48	25	174
		百分比在 A4 内	71.3%	27.6%	14.4%	
	中级	计数	105	66	26	185
		百分比在 A4 内	56.8%	35.7%	14.1%	
	高级	计数	16	7	9	31
		百分比在 A4 内	51.6%	22.6%	29.0%	
总计		计数	245	121	60	390

从表 4-20 数据可以看出，不同汉语水平的被试者对棋艺类才艺都有需求，但初中高级学习者之间有细微差别。初级对象棋的需求占 59.4%，围棋占 47.4%，中级象棋占 49.2%，围棋占 53.5%，高级象棋占 32.3%，围棋占 71.0%。由此可知，初级水平学习者对象棋的需求比围棋高，而中高级水平学习者对围棋的需求比象棋的高。

原因分析，不少中高级的学习者认为围棋比象棋更有难度，它是中国文化与文明的体现，蕴含着中华文化的丰富内涵。

表 4-20　汉语水平 * 棋艺的需求交叉表

			象棋	围棋	总计
汉语水平 A4	初级	计数	104	83	175
		百分比在 A4 内	59.4%	47.4%	
	中级	计数	91	99	185
		百分比在 A4 内	49.2%	53.5%	
	高级	计数	10	22	31
		百分比在 A4 内	32.3%	71.0%	
总计		计数	205	204	391

从表 4-21 总体来看，不同汉语水平的被试者对相声和快板都有需求，但初中高级学习者之间略有差别。从数据可以看出，初级学习者对相声的需求占 61.8%，快板占 55.9%；中级学习者对相声的需求占 78.9%，快板占 43.2%，高级学习者对相声的需求占 56.7%，快板占 63.3%；说明初级和中级学习者对相声的需求比快板高，而高级学习者对快板的需求比相声高。

原因分析，初中级对相声的需求比较高是因为在网络和电视上看过相声表演，而对快板了解的较少。高级学习者因为学习汉语时间较长，对中国的各种文化常识都有涉猎，大多数高级学习者认为快板节奏明快，形式简单，比较容易掌握。

表 4-21 汉语水平 * 语言类才艺的需求交叉表

			相声	快板	总计
汉语水平 A4	初级	计数	105	95	170
		百分比在 A4 内	61.8%	55.9%	
	中级	计数	146	80	185
		百分比在 A4 内	78.9%	43.2%	
	高级	计数	17	19	30
		百分比在 A4 内	56.7%	63.3%	
总计		计数	268	194	385

（四）小结

由以上数据可以得出如下结论：

从不同性别来看，被试者对文本所涉及的 10 项中华才艺中的 33 项子项目都有需求，但男女生在个别项目上的需求高低有差异。在书法类才艺中，男女生需求位于前三项的项目为楷书、隶书和行书，但男生对草书的需求最低，女生对篆书的需求最低。在武术类才艺中，男女生对太极拳的需求都比较高，对三路长拳的需求比较低。在绘画类才艺中，男女生对国画的需求比简笔画的需求高。在舞蹈类才艺中，男女生对汉族古典舞的需求比民族舞蹈的需求高。在乐器类才艺中，男生需求位于前三项的项目为古筝、竹笛和葫芦丝，而女生需求位于前三项的项目为古筝、竹笛和古琴，男女生对唢呐的需求都比较低。在音乐类才艺中，男女生对中国歌曲的需求最高，而对戏曲音乐的需求最低。在饮食方面，男女生对中国烹饪的需求最高，对中国茶道的需求最低。在手工制作方面，男女生需求高低依次为剪纸、中国结和风筝。在棋艺方面,男生对象棋的需求高,而女生对围棋的需求较高。在语言类的才艺中,男女生对相声的需求比快板高。

从不同汉语水平来看,被试者对文本所涉及的10项中华才艺的33项子项目都有需求,但初中高级学习者在具体项目上的需求高低有差异。在书法类才艺中,初中级学习者需求位于前三项的项目为楷书、隶书和行书,高级学习者需求位于前三项为楷书、行书和草书,初级学习者对草书的需求最低,中高级学习者对篆书的需求最低。在武术类才艺中,初级水平学习者对太极扇的需求最高,中级和高级水平学习者对太极拳的需求最高。在绘画类才艺中,初中高级学习者对国画的需求比简笔画高。在舞蹈类才艺中,初中高级学习者对汉族古典舞的需求比民族舞蹈高。在乐器类才艺中,初级水平学习者需求在前三项的分别为:古筝、竹笛、葫芦丝;中级水平学习者需求前三项的项目:古筝、竹笛、葫芦丝;高级水平学习者需求前三项的项目:古筝、巴乌、古琴;初中高级都对唢呐的需求最低。在音乐方面,初级水平学习者对中国民歌的需求最高,对戏曲音乐的需求最低。中级和高级水平学习者对中国歌曲的需求最高。在饮食方面,初中高级学习者对中国烹饪的需求最高,对中国茶道的需求最低。在手工制作方面,初中高级水平学习者对剪纸的需求最高,对风筝需求最低。在棋艺方面,初级水平学习者对象棋的需求比围棋高,而中高级水平学习者对围棋的需求比象棋的高。在语言类才艺中,初级和中级学习者对相声的需求比快板高,而高级学习者对快板的需求比相声高。

五、研究思考与建议

(一)研究思考

通过对奥什孔院学习者中华才艺的了解现状和需求调查分析,文本发现,奥什孔院中华才艺课程的开展,在汉语教学和文化传播方面都有非常积极和深远的意义。

1. 奥什孔院设置才艺课程的意义

奥什孔院的学生以学习汉语基础知识和相关的文化知识为主,在汉语学习的过程中,单纯地学习汉语知识比较枯燥乏味。为了提高学生学习汉语的兴趣和积极性,授课教师可以根据教学的实际情况将中华才艺的趣味性融入汉语学习的过程中。由此可见,在奥什孔院开展中华才艺教学很有必要。

从国家层面来说，中华才艺是中华文化传播的重要途径。目前，国家汉办在全球建立的众多孔子学院和孔子课堂中，中华才艺是除了汉语专业课程以外的重要课程。刘延东曾说过，孔子学院以语言为媒、以文化为桥，已经成为深化人文交流的响亮品牌。截至2015年，全球孔子学院共举办文化交流活动近10万场，受众达5000万，120多个国家14万师生和校长等应邀访华。有100多个国家超过50万的大中小学生参加"汉语桥"比赛，还积极开展中医、武术、烹饪和职业技能培训等特色活动，深化了各国人民的友好情谊，开展的这些活动都与中华才艺有关，中华才艺也在各种活动中体现出了中华文化的魅力。

（2）从孔院层面来说，中华才艺课程有助于传播中华文化。语言是文化的载体，学习语言势必要学习语言背后的文化内涵。学习汉语语言知识就必须要学习中华文化。在孔院教授汉语不仅是一个语言推广的过程，更是一个传播中华文化的过程，而中华才艺课程的设置有助于传播中国文化软实力。张德鑫先生曾说过，对外汉语教学的主要目的就是弘扬中华文明，这也就决定了汉语国际教育就是传播和发扬中华文化[①]，而中华才艺的学习就是在提高学生人文素质的同时帮助其掌握相关的中华文化知识，从而更好地传播和发扬中华文化。在访谈中得知，奥什孔院的武术和龙吟乐团在当地的影响力比较大，对相关中华文化的传播有积极的促进作用。

（3）从教师层面来说，中华才艺课程的开设有助于促进汉语教学。任何一种语言与文化都是相互依存，不可分割的。对外汉语教学其实是语言学习和文化互动相结合的一个过程，而中华才艺作为中华文化的精华，它以其独特的表现形式，汇集了人类的文明与智慧，承载了中国劳动人民的勤劳与才智。学生要想了解中华才艺所蕴含的深层文化内涵，就必须要认真地学习汉语，努力提高自己的汉语水平，让学生从"要我学"转变为"我要学"，积极主动的学习态度可以促进教师的汉语教学。

（4）从学生层面来说，学习中华才艺有助于提高学生的汉语水平。通过问卷和访谈可知，大多数学生认为学习中华才艺有助于提高他们的汉语水平，也有不少同学是因为对某项中华才艺所蕴含的中华文化有浓厚的兴趣才想去学习汉语。刘珣在《对外汉语教育学引论》[②]中提到，大多数汉语学习者会对中华文化和社会现实更感兴

---

① 王季娅，张剑平.来华留学生中华才艺学习的调查与思考——以湖北工业大学为例［J］.大众文艺，2008（11）.

② 刘珣.对外汉语教育学引论［M］.北京：北京语言大学出版社，2000：219.

趣，这种兴趣可能成为他们学习汉语的主要动力。而这种动力可以促进学生积极主动地学习汉语，进而提高汉语水平。

根据问卷调查、课堂观察和访谈，结合奥什孔院中华才艺课实际情况，文本对奥什孔院中华才艺课的开展与效果有了深入的了解与思考。发现奥什孔院的中华才艺课程教学总体上是成功的，但也有些不足之处。

2. 奥什孔院中华才艺教学的优点

（1）才艺教学内容丰富

奥什孔院中华才艺的教学涉及多个方面，主要包括书法、国画、剪纸、武术、舞蹈、乐器、茶艺、古筝和曲艺。这些教学内容背后都蕴含了丰富的文化内涵，与中华文化有着紧密的联系。在日常学习生活中，学生时常会接触到以上的文化才艺知识。学习这些才艺不但可以进一步激发学生学习和了解中华文化的兴趣，而且可以帮助他们提高汉语水平。

（2）才艺实践活动形式多样

奥什孔院在才艺实践活动上注重形式多样性、内容趣味性。通过课堂观察发现，孔院教师在教授相关才艺时，一般遵循先示范后实践的原则，比如剪纸、国画和书法。在课堂上，教师首先示范剪法、画法和写法，然后让学生自己尝试动手操作。作品完成以后，教师会将优秀的学生作品和一些国内名家作品在孔院文化展馆展出，各班老师会组织学生去参观剪纸、绘画和书法作品，让学生近距离地感受中国的书法、剪纸等相关文化。每学期奥什孔院也会组织和开展书法、绘画和剪纸大赛，让学生在获得成就感的同时领略和感受中华文化。

（3）学院能为学生提供展示才艺技能的良好平台

奥什孔院每年都会组织各种展示学生才艺技能的比赛，有院级的"演讲比赛""歌曲大赛"和"才艺大赛"，也有吉尔吉斯斯坦所有孔院参与的"汉语桥"比赛，"中国国情知识大赛"。在这些比赛中，学生既可以锻炼自己的汉语水平，又可以充分展示自己的才艺技能，同时也可以调动学生学习汉语和中华文化的积极性。而每年一次的"孔院文艺汇演"，更是一个让学生充分展示自己才艺技能的大舞台。

（4）才艺课程设置基本满足学生的学习需求

奥什孔院虽然建院时间不长，但它是全球范围内率先具备本科学历教育的孔子学院，在各种类型的课程设置方面都已自成体系。奥什孔院开设的中华才艺课程丰富多样，教师专业性强，也有专门的教学场地及时间，并且学院为才艺课尽可能地提供了最大的支持与展现机会。基本能满足不同学习者的学习需求。

（5）才艺教师专业性强

目前，奥什孔院的大多数才艺课都有专业的老师担任。通过访谈得知，每位才艺老师所教授的才艺课程都是自己擅长的，并且也进行过专门学习。在授课过程中，教师也会根据学生要求并结合自身专业知识，为学生制订适合的教学内容，尽量让学生在有限的上课时间里学到更多的知识。

3. 奥什孔院中华才艺教学的不足

虽然奥什孔院的中华才艺课程设置和教学有一些优势，但目前尚处于发展阶段，在某些方面还存在一些不足，仍需不断改进促使课程设置与教学更为合理、系统。具体不足见下述：

（1）专业的才艺教师缺乏

在奥什孔院，有不少才艺老师都是身兼数职，比如，剪纸、国画和书法三门才艺课的教学只有一位老师担任，管弦乐器（竹笛、巴乌、葫芦丝、唢呐）的教授也只有一位老师，虽然这些老师具备良好的专业素质和技能，但是难免也会顾此失彼。除此之外，任课教师的中华才艺技能有待进一步提升，孔院全体教师也缺乏文化与才艺技能培训的机会。

（2）配套的中华才艺教材有待完善

通过调查发现，奥什孔院的大多数中华才艺课程都没有配套和系统的教材，比如：武术、舞蹈、曲艺等中华才艺课都没有相应的教材，教师都是根据学生的实际情况和学习需求自己制定教学内容。书法、国画、剪纸也没有配套教材，授课教师只是按照学生的实际水平自己设计范画、书法和剪纸作品让学生学习和临摹。而在乐器方面，教师会根据学生的学习水平，自己编写适合学生学习的教材。只有古筝有教材，教师可以根据教材内容和学生学习情况适时调整教学内容。但为了能更好地向学生传播中华文化，有一套系统且适合当地学生学习的中华才艺教材是很有必要的。

（3）学生对中华才艺课程重视度不高。

在访谈中得知，在本科一二年级，才艺课作为必修课纳入学生的日常考核体系；但到三四年级，才艺课就作为兴趣课，学生可以自由选择学习科目和时间，这样学生的流动性和学习的随意性比较大，对一项中华才艺的内容没有系统的了解和学习，可能会导致学生的兴趣降低，觉得才艺课程不重要，没有必要认真地学习。

（二）改进奥什孔院中华才艺课程的建议

1. 从中华才艺的了解现状来看

通过问卷调查发现，从奥什孔院目前开设的中华才艺课程来看，被试者对这些中华才艺项目的了解程度不是很高，基本处于中下水平。因此，就整体来说，奥什孔院对所开设的中华才艺项目的传授和普及有待提高，特别在乐器类才艺方面。

（1）制定详细的中华才艺教学内容和教学方法

中华才艺具有较强的实践性和展示性[74]。像书法、国画这些实践性和展示性比较强的才艺项目，需要长时间的学习和实践才能取得一定的成效。文本中学生虽然对这些才艺项目的了解程度比较高，但长期坚持学习的学生却很少。所以，授课教师应该分阶段，分内容，有层次地开展教学，不同阶段有不同的教学目标、教学内容，教学方法；让学生在每一个阶段都有新知识的输入，时刻保持着对这一项中华才艺的兴趣，并想长期学习下去，进而达到精而专的目的。

（2）加强中华才艺课程考核规范化

中华才艺的学习过程具有特殊性。所以，在考核方式上也应该有其独特性，不能和汉语专业课一样通过试卷或论文的形式进行。当前奥什孔院中华才艺课程的考核基本由任课老师自行安排。文本认为，对于中华才艺课程的考核，一方面应考核学生对该项技艺的运用与实践，另一方面更应该考核学生对其背后文化内涵的理解。文本建议通过学院开展的各种课内外活动进行考核，将考核过程细分到日常的教学过程中。在日常学习中，加强学生中华才艺的实践、巩固学生对中华才艺的掌握。

（3）加强中外方之间的合作管理

作为中亚地区示范性孔子学院，奥什孔院在推广和传播中华文化中起到了引领作用。孔院能有条不紊地开展汉语专业课和中华才艺课的教学，离不开外方领导和教师的积极配合与支持。尤其在学生的管理方面，外方教师比中方教师更有震慑力。从访谈中得知，学生对才艺课重视程度不够，才艺课出勤率也比较低。大多数中华才艺如武术、舞蹈等绝非一天就能练成，它具有较强的实践性，需要学习者长时间的学习和练习。①为了保证才艺教学的效果和质量，针对上述情况，才艺课的教学更应该加强中外方的合作管理，从报名、上课到考核都应该由中外方严格监督，尽量让学生按时上课，不半途而废。

---

① 王季娅，张剑平．来华留学生中华才艺学习的调查与思考——以湖北工业大学为例[J]．大众文艺，2008（11）．

（4）加大才艺教师的引进力度

奥什孔院作为中亚地区乃至全球范围内率先具备本科学历教育的孔子学院，不仅要在汉语本体教学方面有完善的体系，在中华才艺课程设置和教学方面也要有自己的特色和专业性。尤其在才艺教师方面，在条件允许的情况下，学院应尽可能地引进专业性强的才艺教师，尽可能地做到一个老师教授自己最擅长的一门才艺课。

2. 从学生需求来看

（1）中华才艺课程应该尽可能地增加学生需求比较高的中华才艺项目

从问卷数据可以看出，被试者对文本涉及的33项中华才艺子项目都有学习的需求。书法类才艺中，不同性别和不同汉语水平的学习者对楷书、隶书、行书这几种书法字体的需求比较高。授课教师可以在重点讲授楷书的同时简单渗透隶书，行书等其他字体的书写技巧和方法。条件允许的情况下，可以根据学生的需求进行单独辅导和练习。

在绘画类才艺中，学生更喜欢以山水和花鸟为绘画题材，教师在授课的过程中，应重点教授学生兴趣比较高的绘画内容，也可以在授课间隙穿插一些简笔画的知识。

在武术类才艺中，学生对太极拳、太极扇、三路长拳都有需求，教师可根据学生需求适当增加教学内容，并分阶段（初中高）教学。

在舞蹈类才艺中，教师可根据学生的需求进行分班（汉族古典舞和民族舞蹈）或者分阶段（初中高）教学。

在乐器类才艺中，教师也可以根据学生的需求进行分班（古筝和古琴）或者分阶段（初级古筝和中高级古琴）教学。管弦乐器（竹笛、巴乌、葫芦丝、唢呐）在奥什孔院一直是以民乐合奏的形式出现。但通过调查，学生对这几项乐器了解程度不高。所以，在条件允许的情况下，建议授课教师能分班分项目进行教学，并能在教学的过程中适当教授一些相关的文化知识。

在手工制作类才艺中，除了剪纸以外，可以适当增加中国结和风筝的一些相关知识。尤其是中国结，它是中国特有的一种手工编织工艺，是中华古老文明的情致与智慧的缩影，许多学生对中国结有需求正是因为中国结所代表的文化内涵。而这些才艺知识，除了专门的才艺课学习，汉语教师在授课的过程中也可以作为小游戏或课间休息时让同学们去了解和学习。

在语言类的才艺中，教师可以根据学生需求分班专门教学（相声和快板）或者分阶段（初中高）教学。汉语教师也可以在授课的过程中播放相关的视频，让学生直观地去了解相关的知识。

（2）切实提高孔院教师中华才艺的技能和水平

通过问卷调查和访谈，还有许多才艺项目是奥什孔院没有开设但学生需求比较高的。比如说：中国歌曲、中国烹饪、中医、刺绣和传统服饰文化。而目前奥什孔院的实际条件和师资水平，可能无法开设相关的课程。但是，在孔院教授中华才艺，可能并不需要授课老师对中华才艺样样精通，而是需要授课老师对各种才艺都有所了解和掌握，还要了解中华才艺背后的文化内涵。所以，奥什孔院教师可以通过自学或参加相关培训，至少了解和掌握一项中华才艺。在授课的过程中，教师可以适当进行一些相关的拓展，以满足学生这些才艺方面的需求。

3. 从文化传播的角度来看

（1）重视中华才艺的系统性

中华才艺教学是一个系统且完整的教学过程，如果不重视中华文化的系统性，随意选取零散的文化点进行授课，这样不仅会影响中华文化的传播效果，也会对学生的学习进度造成不良影响。[①]因此，为了避免在教学过程中出现准备不充分的现象，对中华才艺课程的合理、系统整合提出要求很有必要。

科学有效的计划可以指导工作的顺利开展。一项工作的进行，如果没有总体计划，发展就很容易停滞不前。对于奥什孔院中华才艺课程设置及才艺教学来说，首先要从国家汉办关于中华才艺课程的整体规划出发，以奥什孔院实际为依托，制订出详细、具体、适合奥什孔院文化发展和文化传播的课程设置计划，使课程标准更加规范化、专业化、系统化，以满足学习者的不同需求。

（2）重视中华才艺教学内容的统一性

根据调查得知，大部分的中华才艺课程没有相配套的教材，才艺教师只能根据自己的知识储备和能力选取教学内容。因此，在教学内容的选取上有很大的随意性和主观性。从目前奥什孔院学生对中华才艺课程需求和学生的实际情况来看，有必要统一规划中华才艺教材。奥什孔院领导和相关负责人可以在国家汉办的规划下，尝试制订符合奥什孔院学生乃至中亚孔院学生学习中华才艺的相关教材。在制订的过程中，应综合考虑当地孔院学生的需求，可适当引入本地区民俗文化，确保教材的科学性、合理性、实效性和实用性，为奥什孔院教师和学生在教授和学习中华才

[①] 杨然.留学生中华才艺课程与调查研究——以国内十所高校为例［D］.渤海大学硕士学位论文，2018：28.

艺方面提供一些参考。系统的教材既可以从根本上解决教学的随意性问题，保证课程具有条理性、科学性，又能促进中华文化更好地传播。

（3）重视教师才艺技能的多样性

汉语教师应具备"杂家"的能力。[76]每一位汉语老师和才艺老师，都应该不断学习、不断充电，努力提高自己各方面的能力和素养，尤其要不断汲取中华传统文化中的深刻内涵，来丰富汉语课堂的教学内容，提高汉语课堂的教学效果。奥什孔院应在不断加强管理的同时，大力引进优秀师资，并重视对任课教师中华文化知识和中华才艺技能的培训，从而进一步促进任课教师文化素养和才艺技能的提高。

（4）提高中华才艺自身的影响力

通过访谈发现，在奥什孔院开设的中华才艺课程中，武术、民乐表演在当地传播中华文化方面发挥的作用比较大。孔院应更加重视这些才艺项目在文化传播方面的延续性，提高它们自身的影响力，从而更好地为传播中华文化服务。今年3月份，奥什电视台对奥什孔院的所有才艺课程进行了专门的采访和视频录制，通过电视媒体的宣传，不仅可以增强奥什孔院的知名度，也可以促进中华文化的传播。

六、结语

本论文仅是一次探索性的研究，目的在于通过调查分析奥什孔院学习者对中华才艺的需求，了解和发现该孔院学习者对中华才艺的需求特点和现状，结合学生需求制定中华才艺的教学内容可以更好地指导中华才艺教学，教师也可以根据学生需求选择适合学生的学习方式和学习内容，让学生用最少的时间和精力，了解和学习更多的中华文化。

在研究过程中，由于自身理论水平的欠缺和客观条件的限制，尽管文本采用了科学严谨的研究方法，但还存在很多不足之处，需要认真总结和改善：

首先，本研究调查问卷中所涉及的才艺项目的科学性和合理性有待增强。虽然问卷中的才艺项目是参考相关论文后在预调查后并结合奥什孔院的中华才艺课程确定的，但难免会有不足之处。在今后的相关研究中需要注意这方面的问题。

其次，在分析数据时，语言表述带有一定的主观性，尤其是数据背后的原因分析和提出的建议不够客观和全面。在今后的研究中需要加强数据分析和语言表述的能力。

最后，对部分数据的分析不够深入和细致，对相关问题的阐述也不够完善和科学。在今后的研究中需要加强学习和思考。

总之，通过文本的实证研究，发现"需求分析"在国际汉语教育的中华才艺课程教学中具有可行性和必要性。希望本研究能为针对孔院学习者的中华才艺教学研究提供一种新的思路和方法，并能为深入的研究起到一定的参考作用。

参考文献

学术著作

［1］倪传斌.汉语作为外语的需求分析［M］.南京：河海大学出版社，2006.

［2］束定芳.外语教学改革：问题与对策［M］.上海：上海外语教育出版社，2004.

［3］唐汉.汉字密码［M］.陕西：陕西师范大学，2009：217、458.

［4］刘珣.对外汉语教育学引论［M］.北京：北京语言大学出版社，2000.

期刊论文

［1］徐微.外语教学中的需求分析研究综述［J］.科研园地，2012（2）.

［2］陈冰冰.大学英语需求分析模型的理论构建［J］.外语学刊，2010（2）.

［3］陈冰冰.国外需求分析研究述评［J］.外语教学与研究：外国语文双月刊，2009（2）.

［4］Ekrem S. A Study of Needs Analysis at Turkish Gendarmerie in Terms of English for Specific Purposes. *Online Submission*, *Journal of Language and Linguistic Studies*, Oct2012.

［5］Juan L I. Literature Review of the classifications of "Needs" in Needs Analysis Theory. *International Journal of Education and Literacy Studies*, Jul2014.

［6］北方课题组.关于外语专业毕业生的调查报告［J］.外语教学与研究，1999（3）.

［7］夏纪梅，孔宪.外语课程设计的科学性初探［J］.外语界，1999（1）.

［8］余卫华.需求分析在外语教学中的作用［J］.外语与外语教学，2002（8）.

［9］李萌涛，龚立.科技外语界英语需求调查［J］.外语界，1994（4）.

［10］李燕.汉语作为第二语言学习需求研究述评［J］.海外华文教育，2017（6）.

［11］张静.汉语作为第二语言需求研究的语言经济及规划意义［J］.江汉学术，2013（5）.

［12］张黎.商务汉语教学需求分析［J］.语言教学与研究，2006（3）.

［13］勾丽红.商务汉语本科课程设置需求分析研究［J］.语文学刊，2011（7）.

［14］倪传斌.外国留学生汉语的学习需求分析［J］.语言教学与研究，2007（1）.

［15］张黎.汉语在国际商务领域使用状况调查与分析［J］.语言教学与研究，2012（1）.

［16］梁焱.新疆高校中亚留学生汉语学习需求调查研究［J］.新疆大学学报：哲学人文社会科学版，2010（1）.

［17］刘明，姚勇.论"中华文化"课程设置与大学生文化认同的培养［J］.昌吉学院学报，2012（2）.

［18］许晓华.留学生对中级汉语听力课的需求分析及教学启示［J］.语文学刊，2014（7）.

［19］张瑞.来华中亚留学生对中国文化需求分析研究［J］.新疆社会科学，2013（5）.

［20］王倩.来华留学生对中国文化认知情况和需求分析的研究［J］.时代文学，2014（6）.

［21］叶欢.莫桑比克孔子学院初级学生对中国文化需求分析［J］.海外英语，2016（12）.

［22］陈冰冰.国外需求分析研究述评［J］.外语教学与研究：外国语文双月刊，2009（2）.

［23］王仁法.中华文化才艺与展示课程设置的现状与分析［J］.国际汉语教育研究，2015（3）.

［24］王季娅，张剑平.来华留学生中华才艺学习的调查与思考［J］.大众文艺，2018（11）.

［25］刘明.新疆汉语国际教育发展的区域特征［J］.云南师范大学学报，2017（7）.

［26］刘明.中亚来华留学生课堂教学优化实证研究［J］.新疆师范大学学报，2018（9）.

学位论文

［1］董学峰.国家语言战略背景下的汉语国际推广研究［D］.东北师范大学博士学位文，2016.

［2］王俊.来华留学生的汉语学习需求研究［D］.浙江大学硕士学位论文，2011.

［3］张婷燕.中亚外商汉语学习需求调查报告［D］.新建师范大学硕士学位论文，2012.

［4］权执.来华韩国留学生商务汉语学习需求调查分析［D］.复旦大学硕士学位论文，2013.

［5］陈婷.上海师范大学初级阶段留学生汉语需求分析［D］.上海师范大学硕士学位论文，2014.

［6］张宁.不同认知风格的中亚汉语学习者学习需求调查分析［D］.新疆大学硕士学位论文，2017.

［7］丁国琳.汉语言（对外）专业日韩本科生学习需求调查研究［D］.复旦大学硕士学位论文，2012.

［8］侬裴.东南亚汉语专业短训班留学生汉语学习需求调查研究［D］.云南师范大学硕士学位论文，2014.

［9］佟毅.吉尔吉斯斯坦国立民族大学孔子学院学生汉语需求分析研究［D］.新疆师范大学硕士学位论文，2010.

［10］陈欣悦.摩洛哥哈桑二世大学孔子学院初级汉语学习者课堂学习需求分析［D］.上海外国语大学硕士学位论文，2017.

［11］谭荣华.博茨瓦纳大学孔子学院汉语学习者需求分析［D］.上海师范大学硕士学位论文，2012.

［12］杨芷一.捷克汉语学习者课堂学习需求分析［D］.北京外国语大学硕士学位论文，2013.

［13］洪梅子.波多维耶霍孔子学院学习者汉语学习需求分析［D］.广东外语外贸大学硕士学位论文，2014.

[14] 张丹.布隆迪大学孔子学院汉语学习者需求分析[D].渤海大学硕士学位论文,2015.

[15] 陈琰.泰国宋卡王子大学普吉孔子学院学习者的汉语需求分析[D].云南师范大学硕士学位论文,2015.

[16] 刘苗苗.秘鲁圣玛丽亚天主教大学孔子学院汉语学习者需求分析[D].广东外语外贸大学硕士学位论文,2016.

[17] 富宇.古巴汉语国际传播现状与汉语学习需求情况调查[D].渤海大学硕士学位论文,2017.

[18] 雷茜.来华中亚留学生对中国文化需求分析的研究[D].新疆师范大学硕士学位论文,2012.

[19] 王瑗珲.留学生对中国文化知识的态度和需求[D].北京大学硕士学位论文,2012.

[20] 宋志华.韩国孔子学院对中国文化认知现状与需求调查分析[D].山东大学硕士学位论文,2016.

[21] 曾苑兰.秘鲁孔子学院汉语学习者对中国文化需求分析的研究[D].广东外语外贸大学硕士学位论文,2016.

[22] 李珈琪.基于轻松学中文的汉语学习者文化需求研究[D].广东外语外贸大学硕士学位论文,2016.

[23] 王红.论对外汉语专业中华才艺研习课程的教学策略[J].读与写杂志,2012(4).

[24] 谭薇.汉语国际教育中的中华才艺课研究[D].广西民族大学硕士学位论文,2013.

[25] 李晓琼.云南师范大学留学生中华才艺课调查研究[D].云南师范大学硕士学位论文,2015.

[26] 马生元.中华才艺与国际汉语教学研究——基于学习需求的角度[D].广西师范大学硕士学位论文,2015.

[27] 魏梦影.中华才艺在对外汉语教学中的定位研究[D].河北大学硕士学位论文,2017.

[28] 刘璇.太极拳与中国文化传播[D].上海外国语大学硕士学位论文,2014.

[29] 张洋帆.来华汉语夏令营中华才艺课教学初探[D].北京外国语大学硕士学位论文,2014.

[30] 宋楠楠.简论汉语作为第二语言教学中的中华才艺教学——以秧歌舞、葫芦丝教学为例[D].河北大学硕士学位论文,2015.

[31] 肖煌辉.中华民族传统体育在韩国孔子学院传播的现状和对策研究[D].北京体育大学硕士学位论文,2015.

[32] 郝巧芝.对外汉语教学中书法教学研究[D].新疆师范大学硕士学位论文,2016.

[33] 樊洁茹.对外汉语古琴文化才艺课教学研究[D].青岛大学硕士学位论文,2017.

[34] 张雅楠.泰国职业技术学校的中华才艺教学——以民族舞、中国结、中国画为例[D].辽宁师范大学硕士学位论文,2017.

[35] 陈茜灵.中文教师中华才艺在泰国初级汉语课堂上的实际应用研究[D].淮北师范大学硕士学位论文,2017.

[36] 赵越.将中华才艺引入泰国汉语教学——以竹笛、剪纸、书法三方面为列[D].广西大学硕士学位论文,2012.

［37］谢沅锟.泰国中学中华才艺课研究［D］.四川师范大学硕士学位论文，2013.

［38］严艺海.泰国公立中小学中华文化及才艺课程现状分析与对策［D］.四川师范大学硕士学位论文，2015.

［39］任晓婕.马达加斯加孔子学院文化教学实践与探索［D］.江西师范大学硕士学位论文，2015.

［40］张洪洋.吉尔吉斯斯坦国立民族大学孔子学院才艺教学现状研究［D］.新疆师范大学硕士学位论文，2016.

［41］张欣.吉尔吉斯斯坦奥什国立大学孔子学院中华才艺教学及实践研究［D］.新疆师范大学硕士学位论文，2017.

［42］巨梦.马来西亚彭亨大学中华才艺课教学初探［D］.河北大学硕士学位论文，2017.

［43］杨然.留学生中华才艺课程与调查研究——以国内十所高校为例［D］.渤海大学硕士学位论文，2018.

电子文献

［1］刘延东.迈向孔子学院的新10年——在第九届孔子学院大会开幕式上的主旨演讲［EB/OL］.世界汉语教学学会通讯，2015（1）.（2014-12-07）［2019-02-22］.http://conference.chinesecio.com.